Estabilidad y conflicto civil en la guerra del Peloponeso

Las sociedades corintia y argiva

César Fornis

BAR International Series 762
1999

Published in 2016 by
BAR Publishing, Oxford

BAR International Series 762

Estabilidad y conflicto civil en la guerra del Peloponeso

ISBN 978 0 86054 970 3

© C Fornis and the Publisher 1999

The author's moral rights under the 1988 UK Copyright,
Designs and Patents Act are hereby expressly asserted.

All rights reserved. No part of this work may be copied, reproduced, stored,
sold, distributed, scanned, saved in any form of digital format or transmitted
in any form digitally, without the written permission of the Publisher.

BAR Publishing is the trading name of British Archaeological Reports (Oxford) Ltd.
British Archaeological Reports was first incorporated in 1974 to publish the BAR
Series, International and British. In 1992 Hadrian Books Ltd became part of the BAR
group. This volume was originally published by Archaeopress in conjunction with
British Archaeological Reports (Oxford) Ltd / Hadrian Books Ltd, the Series principal
publisher, in 1999. This present volume is published by BAR Publishing, 2016.

Printed in England

BAR titles are available from:

	BAR Publishing
	122 Banbury Rd, Oxford, OX2 7BP, UK
EMAIL	info@barpublishing.com
PHONE	+44 (0)1865 310431
FAX	+44 (0)1865 316916
	www.barpublishing.com

ἀγαπημένη γυναικί

¿Dónde está tu belleza sin par, tu corona de torres,
Corinto la dóride, tus tesoros de antaño,
los palacios, los templos divinos, las damas sisifias,
la gente innumerable que en tiempos te poblaba?
Ni rastro de ti resta ya, desgraciada, ni rastro;
todo lo arrebató la guerra y devorólo.
Las nereides tan sólo, las hijas del Océano, inmunes
quedamos para ser alciones de tus males.

Antípatro de Sidón, *Anthologia Palatina* IX, 151
(trad. de M. Fernández-Galiano, Ed. Gredos)

...Los argivos [luchan] contra pueblos más poderosos. Todos reconocerían que éste es el mayor de los males... Y lo peor de todo: cuando sus enemigos dejan de hacerles daño, ellos mismos matan a sus conciudadanos más ilustres y ricos, y, al hacerlo, disfrutan tanto como ningún otro pueblo al matar a sus enemigos.

Isócrates, *Philippos* (V), 51-52
(trad. de J.M. Guzmán Hermida, Ed. Gredos)

PREFACIO

Este libro nace de la Tesis Doctoral defendida el 16 de junio de 1995 en el Departamento de Historia Antigua de la Universidad Complutense de Madrid y que mereció la calificación de «Apto *cum laude* por unanimidad». Sobre el texto original de la Tesis he introducido abundantes correcciones, matizaciones e incluso explicaciones cuando lo he considerado necesario, pero la principal labor ha consistido en actualizarlo mediante la incorporación y asimilación del nuevo material bibliográfico, aligerar notablemente el aparato crítico y, por último, madurar y reflexionar sobre algunas cuestiones fundamentales previamente desarrolladas de modo incipiente. Como entonces mi primera deuda es con quien fuera mi director, el profesor Domingo Plácido, que ha prolongado su magisterio con la revisión de las primeras pruebas de esta obra y me ha salvado de no pocos errores. Los miembros del tribunal -los profesores Arminda Lozano, Víctor Alonso Troncoso, Juan Cascajero, Adolfo Domínguez Monedero y Laura Sancho- realizaron interesantes críticas y sugerencias que he tratado de recoger y que sin duda han mejorado el resultado final aquí presentado.

Asimismo, deseo expresar mi sincero reconocimiento a la Comunidad Autónoma de Madrid, que a través de la Oficina Municipal de Fomento a la Investigación me procuró una Beca de Formación de Personal Investigador entre los años 1990 y 1994, cumplimentada en el Departamento de Historia Antigua de la Universidad Complutense de Madrid. Por dos veces (octubre-noviembre de 1991 y octubre de 1993) y por esta misma institución, me fueron otorgadas sendas Becas para Estancias Breves en el Extranjero, que llevé a cabo en el Institute of Classical Studies de la Universidad de Londres. Pero sin el ulterior respaldo de la Fundación Cajamadrid, que me concedió una Beca Posdoctoral de Investigación, este libro no habría visto finalmente la luz. A lo largo de este tiempo el Departamento de Historia Antigua de la Universidad Completense se ha probado el marco ideal para el desarrollo de mi actividad investigadora y en los miembros del mismo siempre he encontrado apoyo y estímulo constante. El profesor José Pascual González (Dpto. de Historia Antigua de la UAM) y D. Esteban Moreno (Centro de Estudios Históricos del CSIC) han puesto los medios técnicos necesarios en la elaboración cartográfica.

Mi última y más profunda expresión de gratitud ha de ser para mi mujer, Dolores, a quien dedico este libro que ella ha vivido tan de cerca.

En cuanto a los aspectos formales, las abreviaturas de revistas son las recogidas por *L'Année Philologique*, mientras que para la cita de obras y autores antiguos sigo el *Diccionario Griego Español (DGE)*, vol. I (Madrid, 1980), que bajo la dirección de Francisco Rodríguez Adrados viene publicando el Instituto de Filología del Consejo Superior de Investigaciones Científicas. Las referencias sin nombre del autor, tanto en texto como en nota, son siempre a Tucídides. La onomástica y toponimia griega ha sido traducida al castellano, excepto en algunos casos en que se transcribe y, por tanto, al igual que los demás términos griegos, aparece en cursiva. Respecto a la literatura científica moderna, cuando existe traducción castellana de monografías en otro idioma he preferido manejarlas por ser de mayor accesibilidad y comodidad para el lector. Por último, las fechas consignadas a lo largo de todo el trabajo se sobreentienden antes de Cristo, a menos que de otra forma sea señalado.

Madrid, junio 1998

ABREVIATURAS

CT	Hornblower, S., *A Commentary on Thucydides* I-II, Oxford 1991-1996.
Corinth	*Corinth. Results of Excavations Conducted by the American School of Classical Studies at Athens* I-XVIII, Cambridge (Mass.)-Princeton, 1929-1989.
FGH	Jacoby, F., *Die Fragmenta der griechischen Historiker*, Berlín-Leiden 1923-1958.
GHI / *Il*	Meiggs, R., Lewis D., *A Selection of Greek Historical Inscriptions to the End of the Peloponnesian War*, Oxford 1988²; Tod, M.N., *A Selection of Greek Historical Inscriptions (from 403 to 323 B.C.)*, Oxford 1948.
HCT	Gomme, A.W., *A Historical Commentary on Thucydides* I-III, Oxford 1945-1956; Gomme, A.W., Andrewes, A., Dover, K.J., *A Historical Commentary on Thucydides* IV-V, Oxford 1970-1981.
IC	Guarducci, M., *Inscriptiones Creticae* I-IV, Roma 1935-1950.
IG	*Inscriptiones Graecae*, Berlín 1873-
RE	*Real-Encyclopädie der Klasischen Altertumswissenschaft*, Stuttgart 1893-
SEG	*Supplementum Epigraphicum Graecum*, Leiden 1923-
SIG	Dittenberger, W. (ed.), *Sylloge Epigraphicum Graecum*, Leipzig 1915-1924³.

ÍNDICE

PREFACIO

ABREVIATURAS

I.-	INTRODUCCIÓN	1
II.-	LA SOCIEDAD CORINTIA EN LA GÉNESIS DEL CONFLICTO	6
III.-	LA GUERRA ARQUIDÁMICA: TRASCENDENCIA EN EL ESTADO CORINTIO	22
IV.-	OLIGARQUÍA CORINTIA Y DEMOCRACIA ARGIVA ANTE LA PERSPECTIVA DE UNA TERCERA LIGA HEGEMÓNICA	58
V.-	LA GUERRA EN LA ARGÓLIDE: PRIMERAS FISURAS EN EL EQUILIBRIO SOCIAL ARGIVO	72
VI.-	LA *STASIS* ARGIVA	82
VII.-	CONCLUSIÓN	94
Apéndice.-	EL IMPERIO COLONIAL CORINTIO: RETROSPECTIVA Y PROYECCIÓN	98
	BIBLIOGRAFÍA	109
	ENGLISH SUMMARY	123
	FIGURAS	131

I.- INTRODUCCIÓN

El análisis del fenómeno bélico como factor y componente primordial de la sociedad griega antigua se ha ido consolidando durante la segunda mitad de nuestro siglo y ocupa hoy día un lugar destacado entre la historiografía moderna. En un exhaustivo repaso a los estudios polemológicos aparecidos entre 1968 y 1983 Raoul Lonis (1985: 321) situaba, no sin razón, el punto de inflexión a partir del cual se desarrolla y se consolida la trayectoria de aquéllos que atienden al papel y a la significación social que reviste la guerra precisamente en 1968, año de la publicación de *Problèmes de la guerre en Grèce ancienne* (París-La Haya) bajo la dirección de Jean-Pierre Vernant. Efectivamente la guerra ayuda a descubrir los antagonismos y contradicciones sociales que en períodos de paz permanecen subyacentes, transforma y disloca las estructuras políticas y reelabora los valores sobre los que se cimenta la vida comunitaria. En este sentido, la guerra del Peloponeso fue paradigmática como lucha civil de los griegos, con graves efectos sobre las diferentes sociedades del momento. Concebida como *megíste kínesis*, esta conflagración rompió el equilibrio, el orden, la armonía de la *Helleniké* contemporánea; la división externa y aparente en dos bloques surgida de este proceso trascendió al ordenamiento interno de las *póleis* implicadas, acrecentando los conflictos de clases y la lucha de poder, que llegaron a traducirse incluso en la inversión de la *politeía* y en la transgresión de los valores éticos y religiosos asentados como pilares de la comunidad. En el curso de este conflicto Tucídides dejará patente el triunfo y la preponderancia de las relaciones de fuerza, que, lejos de quedar sin fundamento, imperan de acuerdo a una lógica, la lógica del poder. Además, esta guerra legó al siglo siguiente una herencia de enfrentamiento político e ideológico entre partidarios de la democracia y de la oligarquía, que, agudizado por el aumento de las desigualdades económicas entre ambos grupos, adquirirá una marcada virulencia en la que las clases pobres llegarán a plantear como reivindicaciones la abolición de deudas y el reparto de la tierra, desconocidas en el siglo V. Asomarnos a las consecuencias de estas luchas internas en las diferentes regiones de Grecia constituye un modo de acercarnos también a la naturaleza humana y a la respuesta del hombre, más concretamente del griego «civilizado», ante un conflicto de carácter civil.

Con respecto a anteriores guerras, la del Peloponeso entrañaba serias diferenciaciones, pues las largas campañas, ya no exclusivamente estacionales, suponían que los hoplitas propietarios tuvieran que abandonar sus tierras y demás actividades y disminuir su presencia en la vida política de la ciudad, lo que ayudó a ir abriendo un abismo entre políticos y militares, progresivamente especializados en un solo campo, aquéllos en la retórica, éstos en pergeñar la estrategia para ejércitos cada vez más profesionalizados. Precisamente la magistratura de la estrategia se consolida como instrumento de poder fundamental al frente del estado, con un destacado protagonismo en los procesos de transformación social y política (Plácido 1997b). Asimismo, con la guerra peloponésica el papel predonderante del hoplita-ciudadano-propietario cede importancia en favor de las tropas subhoplíticas y mercenarias, hecho que trasciende igualmente a la realidad sociopolítica de la *pólis*. Infantes ligeros (*peltástai*), honderos (*sphendonétai*), jabalineros (*akontistaí*) y arqueros (*toxótai*), hasta entonces con una función periférica y marginal en el arte militar griego, son empleados cada vez en mayor número y frecuencia en escenarios bélicos «externos» como el noroeste continental o Tracia; estas regiones son también propicias para la creciente introducción de tropas mercenarias (*epíkouroi* o *misthophóroi*), en lo que constituye un adelante de la preeminencia que adquirirán en el siglo siguiente (Bettali 1995: esp. 140-146). Al mismo tiempo los contendientes buscan aplastar al enemigo en una guerra de desgaste, en la que es lícito recurrir a todo tipo de estrategemas o violar las reglas no escritas del *éthos* hoplítico que dejan obsoletos objetivos de antaño de vencer «honorablemente» en el campo y erigir un trofeo que recuerde la victoria (Garlan 1975; Hanson 1989; últimamente Ober 1994a y Popowicz 1997, ambos con abundante bibliografía). De hecho en los veintisiete años de duración del conflicto sólo hubo dos enfrentamientos hoplíticos que merezcan tal nombre: Delio en 424 y Mantinea en 418. Estas nuevas condiciones bélicas son también visibles en el mar, donde la necesidad de mantener una poderosa flota de forma permanente, principalmente por parte de Atenas, requería de la disponibilidad de recursos financieros a una escala hasta entonces desconocida (Kallet-Marx 1993: 12). Para la estudiosa francesa Claude Mossé (1986a: 11) la guerra del Peloponeso «fue a la vez guerra hoplítica, guerra marítima y guerra de asedio, rompiendo el equilibrio que se había establecido en Grecia en el siglo V». No menos importante es el hecho de que la magnitud de este fenómeno bélico provocará la ruina de muchos campos -notablemente en el Ática, donde el teatro sirve como testimonio del empobrecimiento sufrido por el pequeño y medio campesinado-, que tardarán en volver a ser productivos, y la emigración de la campiña a la ciudad que traerá consigo. Finalmente, la guerra del Peloponeso dejará honda huella y será motivo continuado de reflexión por parte de las diferentes corrientes de pensamiento que la suceden en el tiempo (Murray 1944). A pesar de todas estas consecuencias, que han llevado a ver en este conflicto el inicio de la decadencia de la civilización helénica clásica -en particular de Atenas, llamada por Pericles «Escuela de Grecia»- y de la crisis de la *pólis* como entidad política fundamental, el siglo IV es enormemente rico y fructífero en muchos campos (pensamiento, artes, reflexión política, economía, religión, etc.), bien es cierto que experimentando un cambio de contenido y orientación; en general la vida en las ciudades no decae, las *póleis* conservan su autonomía y un normal funcionamiento político e institucional, generalmente de carácter democrático, que sólo serán cuestionados a finales de siglo (p. ej. en Atenas la democracia no será abolida hasta 322/1 por Antípatro y 317 por Demetrio de Falero, mientras Esparta mantendrá su independencia hasta la batalla de Selasia en 222).

A pesar de esta reseñada importancia, en mi opinión la guerra del Peloponeso no ha recibido la atención que merece y ello tiene su reflejo en la escasez de monografías al respecto, al menos que aborden el tema con la exhaustividad requerida y no desde una perspectiva que tenga su eje central en Tucídides y su tiempo o en el imperio ateniense en su conjunto. Aparte de Henderson 1927, obra narrada en clave épica y con un autor imbuido de un apasionamiento proateniense fuera de lo común -sólo comprensible en el marco del período de entreguerras, cuando se piensa que las democracias occidentales reencarnan a un imperio ateniense que combate contra el totalitarismo germano, identificado con la sociedad espartiata-, únicamente tenemos la tetralogía de Donald Kagan (1969; 1974; 1981; 1987), un libro por cada una de las partes en que podemos dividir el desarrollo de la contienda. En castellano hasta hace muy poco contábamos únicamente con la que fuera Tesis Doctoral de Víctor Alonso Troncoso (1987), que, a pesar de los márgenes impuestos desde el título, conlleva el estudio de no pocos aspectos importantes inherentes al conflicto, al cual ha venido a sumarse ahora el libro de Domingo Plácido (1997a), donde se analiza en profundidad la sociedad ateniense de este período, con especial atención a las transformaciones sufridas como consecuencia directa o indirecta de la guerra.

Por otro lado, siempre han despertado en mí un interés especial las *póleis* de Corinto y Argos, estados de primer orden y significación dentro del mundo helénico, pero cuya importancia se ha visto eclipsada por los dos grandes *hegemónes* de época clásica, Atenas y Esparta. Precisamente romper esta dicotomía Atenas-Esparta, que ha polarizado buena parte de los estudios realizados sobre este período, habida cuenta de la documentación preservada del mismo, ha sido una de las premisas que me han movido igualmente a abordar esta empresa. Además, tanto Argos como Corinto se nos antojan excepciones a la norma dominante en los bloques donde militan. En Argos encontramos a un estado orgullosamente dorio en sus tradiciones, continental, poco abierto al exterior, con estructuras institucionales que conservan rasgos de sabor arcaizante, pero revestidas de una fachada democrática que no logra ocultar el peso específico que en esta sociedad detentan los *olígoi*; la propia composición de la sociedad parece haber sido heterogénea, al menos desde la enorme reorganización del cuerpo cívico en el período subsecuente al desastre de Sepea en 494, donde la caída de seis mil hoplitas obligó a la integración en el *políteuma* de la ciudad primero de población perieca de la campiña argiva y más tarde de comunidades vecinas independientes, lo que para Françoise Ruzé (1997: 254-263, 311-312) sin duda generó tensiones en su enfrentamiento con los primitivos ciudadanos, celosos de acaparar sus derechos políticos. Paradójicamente a su misma idiosincrasia, el estado argivo se encontrará inmerso -de forma discontinua bien es cierto, en gran medida por las características apuntadas, a las que se añade la ancestral hostilidad hacia Esparta- en una coalición esencialmente democrática como es la ateniense, teórica defensora de las libertades de un *dêmos* triunfante, abierta al Egeo y al Occidente, que privilegia el intercambio de ideas y productos y que convive permanentemente -sobre todo para los griegos minorasiáticos- con la amenaza del bárbaro persa, inexistente en el Peloponeso. Por su parte, la sociedad corintia se nos presenta más homogénea, con una articulación más flexible y una amplia y estable oligarquía como régimen político, no lastrada por la sujeción a la tierra, sino abierta al comercio y al intercambio de ideas, centro cultural y artístico al tiempo que eje redistribuidor para la península peloponesia, inserta en una liga encabezada por Esparta donde predominan los regímenes oligárquicos rígidos, las sociedades eminentemente campesinas y cerradas sobre sí mismas, con escaso margen de libertad a sus miembros y más apegadas y defensoras de los valores tradicionales.

Camino del medio siglo de existencia, la Tesis Doctoral de Édouard Will (1955) sobre Corinto y su territorio no resulta demasiado envejecida por nuevos hallazgos arqueológicos y continúa siendo fundamental en muchos aspectos, sobre todo en la vigencia de la interpretación de las fuentes aportada por el eminente historiador francés, bien es cierto que la obra encuentra su fin en los albores del período clásico. Si dejamos al margen el libro de J.G. O'Neill (1930), mera sucesión de hechos políticos y militares en que se vio inmersa Corinto, la otra gran monografía existente sobre ésta, la de John B. Salmon (1984), constituye sin duda un instrumento imprescindible en la elaboración de mi estudio, aunque se resiente de cierta falta de profundidad en los aspectos sociales, en especial durante la guerra del Peloponeso. Los dos libros específicos sobre Argos (Tomlinson 1972 y Kelly 1976) tienen unos objetivos más limitados: la historia política y militar de la ciudad, sin ahondar en la estructura de clases, en la base económica o en las instituciones de la misma. A ello se añade que las excavaciones llevadas a cabo por la Escuela Francesa en Argos, que ocupan sólo un resumen en diferentes números del Ἀρχαιολογικὸν Δελτίον y del *BCH* -si exceptuamos los recientes ensayos compilados por Marcel Piérart (1992) en el suplemento XXII de esta última revista bajo el título *Polydipsion Argos*, una monografía sobre aspectos concretos y destacables de la realidad argiva entre los períodos micénico y clásico-, han sido esporádicas y se han centrado en las épocas micénica y geométrica, cuando la Argólide y su afamado Hereo desempeñaron un papel primordial en la configuración del mapa geopolítico y religioso griego. Una síntesis arqueológica e histórica sobre la evolución del estado argivo desde el Neolítico hasta nuestros días a cargo de M. Piérart y G. Touchais acaba de ver la luz (1996).

La labor en Corinto de la Escuela Americana de Arqueología, aunque ha resultado mucho más sistemática, sin interrupciones desde hace tres décadas, con regulares y extensas publicaciones en la revista *Hesperia* y numerosas Memorias de Excavación, ha descansado en el examen de la ciudad romana, que como capital de la provincia de Acaya tuvo también enorme significación y se ha visto determinada por la meticulosa destrucción que Lucio Mummio llevó a cabo en 146 a.C., tan emblemática y ejemplarizante como la sufrida por Cartago en ese mismo año (Plb. XXXIX,3; Cic. *Verr.* II,2,4; Liv. *Per.* 52; Paus. VII,16; Vell. I,13,4; Anth.Gr. IX,151). Recordemos, además, que Corinto soportó una segunda pero no menos grave expoliación en el año 395 de nuestra Era a cargo del godo Alarico (Claudian. II,190; Zos. V,6). Como consecuencia de estos avatares sólo un diez por ciento de las inscripciones conservadas pertenece a la época de independencia griega, la mayoría de ellas al período helenístico, si bien la contundencia de este dato ha tratado de ser explicada por la hipótesis de que Corinto se sumó tardíamente al hábito de dejar constancia en piedra (Dow 1942: 113-119; Kent 1966: 1-2; Stroud 1968: 233 y 1972: 198) o incluso a la falta de interés de su régimen oligárquico por dar publicidad a los actos de gobierno (Will 1995: 18). No es extraño que antes de dar comienzo a su descripción de la Corintia, Pausanias (II,2,6) haga constar que la mayoría de los restos conservados ya en su apreciar que Tucídides a través de su obra da una imagen de la sociedad griega y de las transformaciones que sufrió durante la guerra indispensable para nuestro conocimiento, por lo que en este sentido considero que el historiador ático logró su objetivo inicial (I,22,4) de que la obra constituyese una «adquisión para siempre» (κτῆμα ἐς αἰεί).

El difícilmente eludible atenocentrismo imperante en nuestras fuentes y particularmente la escasez de información sobre las ciudades-estado objeto de estudio frente al relativo buen conocimiento de las sociedades espartana y ateniense, hacen necesario que en numerosas ocasiones encaremos estas últimas con la finalidad de acercarnos a la realidad sociopolítica corintia y argiva y a sus protagonistas, la mayor parte de los cuales permanece en el anonimato. Aún así debemos considerarnos afortunados de que Tucídides manejara una excelente información sobre historia, topografía, nombres de estrategos y diplomáticos, recursos humanos y materiales y otros detalles internos de las acciones en que el estado corintio tomó parte durante la presente guerra, lo que induce a pensar que fue obtenida de primera mano e *in situ*, fuera o no la Corintia y no su villa de *Scapte Hyle* en el Quersoneso tracio el lugar elegido por el historiador para pasar su exilio de Atenas, como ha sido sugerido recientemente por Ronald Stroud (1994), cuyo trabajo dota del frío aunque necesario soporte estadístico al hecho evidente de que Corinto goza de un lugar preferente en el relato tucidídeo. Estos datos, con ser importantes, sobre todo en comparación con los referentes a Argos, no permiten sin embargo ahondar en las estructuras del estado corintio, en sus instituciones, en su Constitución o en los miembros de la clase dominante -ya que no se ha conservado ni la *Korinthíon Politeía* aristotélica ni el *Korinthiakós* de Teopompo-, ni siquiera por el generoso despliegue prosopográfico de que hace gala Tucídides en cuanto a estrategos corintios (menciona hasta veinticinco, el número mayor después de Atenas y Esparta, trece de ellos con sus respectivos patronímicos, lo que constituye el porcentaje más elevado, por encima de Atenas; cf. Stroud 1994: 269); tal como señalara su gran comentarista A.W. Gomme (*HCT* III.100.1), «as so often, the names remain but names to us». De todos los miembros de las clases dirigentes corintia y argiva sólo alcanzamos a intuir la influencia y significación de la familia integrada desde finales del siglo VI por Ocito, Adimanto, Ocito (II), Aristeo y Eneas, quienes desempeñarán un papel fundamental en la historia interna y externa de Corinto a lo largo del siglo V. Por ello conviene no dejar de tener presente que tras la abstracción de los estados corintio y argivo se esconden una serie de personajes, poderosos económicamente y de gran prestigio, que aglutinan la labor política y dan cuerpo al régimen de gobierno. Finalmente, los hechos militares, que conllevan la muerte de hoplitas, fracasos de estrategias diseñadas por políticos, etc., serán considerados en razón de su repercusión sobre el tejido social de la ciudad.

II.- LA SOCIEDAD CORINTIA EN LA GÉNESIS DEL CONFLICTO

Antes de comenzar el desarrollo de las acciones políticas y militares de la guerra del Peloponeso en que podemos entrever intereses corintios y su posible incidencia en las diferentes capas de la sociedad corintia o en otras realidades de su entorno[1], no estará de más analizar en este capítulo la estructura y organización que adoptaba la misma, así como sus recursos materiales y humanos en el período de la segunda mitad del siglo V.

Un primer punto relevante con que nos encontramos es el hecho de que los miembros de la oligarquía dirigente no parecen haber encontrado una crítica sustancial a su hegemonía política como consecuencia de una contienda que ellos habían prometido fácil de vencer, ni la ciudad se vio afectada por la *stásis* o conflicto civil. Pero difícilmente todos los ciudadanos corintios estarían de acuerdo en llevar adelante el contencioso bélico contra la *arché* ateniense. Es muy posible que a esta conclusión se llegase después de arduos debates en la Asamblea, similares a los que según Tucídides tuvieron lugar en Esparta y Atenas, con posturas enfrentadas (*diaphorá*) de las que sólo una termina por imponerse a las demás *katà krátos*, «por la fuerza». Por otra parte, como ha avisado Nicole Loraux (1991: 48-50), tampoco podemos dejar de tener presente que las fuentes literarias se muestran reacias a dar a conocer los disturbios sociopolíticos internos y, más específicamente, los brotes de *stásis*, al tratarse de un fenómeno desintegrador de la unidad de la *pólis*, unidad teórica e ideal que, por mucho que trate de ser preservada por los autores antiguos, no deja de estar amenazada de forma endémica por unas disensiones subyacentes que afloran ante cualquier atisbo de crisis.

La guerra y, asociada a ella, el florecimiento de la piratería, alteran o incluso disgregan los cimientos de la comunidad y son especialmente perjudiciales para los estados que, como Corinto, cuentan con un importante número de ciudadanos vinculados a intereses comerciales, pero es precisamente la amenaza que la imparable *ischýs* (fuerza) ateniense suponía para este comercio y las tasas generadas por el mismo en Occidente, peligro extensible al apacible control sobre su pequeño imperio colonial en el noroeste continental, lo que motivará que el grupo político en el poder se sumerja en un largo e incierto conflicto que nunca habría deseado. Recientemente G. Shipley (1993: 12) ha puesto de manifiesto una vez más que «en su sentido más profundo las guerras son siempre ocasionadas por la percepción de intereses de un grupo y la preocupación por su bienestar material». Aquí, como en tantas otras ocasiones, la decisión adoptada por la oligarquía dirigente arrastrará de forma más o menos coercitiva al resto de la comunidad. Si bien es cierto que la guerra provee ocasiones para la apropiación de bienes, también lo es que su falta de regularidad hace imposible descansar en ella la perspectiva de unos ingresos continuados, sobre todo para las clases acomodadas (Osborne 1991: 133). Pero todo era mejor que asistir a un proceso por el que Adriático y Jónico se conviertan en «mares cerrados» de los atenienses, como ya lo era el Egeo. No hemos de olvidar que la Atenas, llevada de su inagotable *pleonexía*, había demostrado un creciente interés por el Oeste durante toda la Pentecontecia, desde el arbitraje de Temístocles favorable a Corcira -al margen de los nombres de Italia y Síbaris que puso a sus hijos el estadista ateniense-, pasando por los tratados con Regio, Leontinos, Metaponto y los mesapios, las expediciones de Diótimo, Lampón y Formión, la ocupación de Naupacto, la fundación pretendidamente panhelénica pero catalizada por Atenas de Turios, etc., hasta llegar a la decisiva alianza con Corcira en 433 y a los πλοῖ ἐς Σικελίαν, las expediciones a Sicilia de 427 y 415 (Cataldi 1990). Estos actos se tradujeron en un progresivo deterioro en las relaciones entre corintios y atenienses durante este período, con la única salvedad del veto corintio a la intervención peloponesia en favor de la rebelión samia contra Atenas en 441/0 (I,40,5; cf. Raubitschek 1977). Como ha señalado Mossé (1996c: 225) a propósito de las ambiciones atenienses en el Mediterráneo occidental, «no es una casualidad que los acontecimientos de Corcira fueran el detonante de la guerra».

Sea cual fuere el bagaje previo a la decisión final, los embajadores corintios defendieron ante la Asamblea de la liga peloponesia la movilización de ésta contra la *arché* ateniense y animaron entusiásticamente a los estados del interior a combatir la amenaza que aquélla suponía para su supervivencia (I,120-124). Los argumentos de su discurso, pleno de optimismo pero excesivamente irreal, se mostraron fallidos en la práctica, según había anticipado Pericles en su respuesta a la última embajada espartana antes del inicio de la guerra (I,141-143): no se recurrió a préstamos de los tesoros de Delfos y Olimpia, no se contrató a remeros extranjeros ni se adiestró convenientemente a los propios en las tácticas navales, tampoco se aprovechó la deserción de los aliados de Atenas, mientras que establecer una fortificación en el Ática sólo fue posible en 413[2].

---

[1] Así por ejemplo es indudable que lo que acontece en la vecina ciudad de Mégara tiene especial repercusión en la sociedad corintia; baste recordar que I,103,4 remonta el origen del σφοδρὸν μῖσος, el «violento odio» corintio hacia Atenas a 459, al momento en que ésta acepta a Mégara en su alianza -hasta entonces las relaciones entre ambos estados pueden ser consideradas cordiales hasta el punto de que Corinto vetó en diversas ocasiones la posibilidad de intervención lacedemonia tanto en el Ática como en Samos (Raubitschek 1977)-, por no hablar de los efectos de la aplicación de los decretos megáricos promulgados por Atenas.

[2] Véase Adcock 1927: 194; Salmon 1984: 306-307; Kagan 1974: 22-23; Kelly 1979: 249-250 para la explicación de estos fracasos en las previsiones originales. De hecho, Brunt 1965: 261 califica el discurso corintio de «sofístico» ya que sus relaciones marítimas les hacían más receptivos que la mayoría de los peloponesios a dicha corriente filosófica. Una reciente exposición de la retórica corintia desplegada tanto en este discurso ante la liga como en el previo librado ante la Asamblea espartiata (I,68-71) puede encontrarse en Crane 1992, que principalmente abunda en la contraposición de los caracteres espartano y ateniense y su transfondo literario; cf. también Lendon 1994: 174-177 para las diferencias entre ambos discursos, que el autor explica por la disparidad de objetivos corintios: si el primero sirvió para votar la guerra, en el segundo el énfasis es puesto en la importancia de llevar ésta adelante con celeridad y sin vacilaciones por parte de todos los aliados. Pese a la opinión de Levi (1955: 329) de que los corintios asumían el papel de representantes de los aliados peloponesios de Esparta, resulta claro el tono exagerado de unas palabras que, sin embargo, no debieron de convencer a unos estados que no veían en la actitud ateniense una clara y directa amenaza para sí mismos.

Como gran urbe que era, privilegiadamente localizada además[3], la *pólis* corintia contaba con una economía diversificada en la que comercio, manufacturas, construcción, artes, etc., ocupaban un lugar destacado, lo que daba gran fuerza política y social a aquellos ciudadanos -posiblemente también metecos, si bajo este nombre comprendemos a los extranjeros residentes que, como en Atenas, tenían reconocidos ciertos derechos cívicos, que no políticos[4]- vinculados al sector secundario[5]. Naturalmente, esto no impedía ni que la agricultura fuera la actividad económica dominante ni que la propiedad de la tierra, como en toda la Antigüedad, presidiera la escala de valores y fuera el mecanismo de marginación, integración y promoción sociopolítica por excelencia (Will 1955: 13, 316-338, 477-488; Burford 1993: 66). Ello posibilitaba que una considerable proporción de los beneficios obtenidos en cualquier otra actividad acabasen por ser invertidos en la tierra, dando así la auténtica medida de la riqueza y el peso específico de un individuo en el seno de su *pólis* (Ste. Croix 1988: 147, 151). Esto significaba que no existía una acumulación de capital tendente a un desarrollo industrial en sentido moderno (Hopper 1979: 128-129). Además de por la propia producción de la tierra, su posesión tenía un componente ideológico que enlazaba con la tradición familiar y comunitaria, alimentaba el orgullo y consolidaba el estatuto de ciudadano (Finley 1974: 161-171). Muchos de los ciudadanos que participaban en actividades no agrícolas lo hacían a tiempo parcial, sólo como salida a una temporal penuria económica motivada por una insuficiente producción de su propiedad - la otra alternativa, alquilar su brazo como jornalero en tierras de otros, era aún más deleznable (Hopper 1979: 151-155) -, de modo que en Corinto nunca se abandonaron los valores tradicionales, aristocráticos, cantados todavía por Píndaro a mediados del siglo V (Salmon 1984: 403). Efectivamente, el poeta canta en *Olímpica* XIII, 6-10, dedicada al corintio Jenofonte, vencedor en el pentatlon y en la carrera de un estadio, a la trilogía formada por *Eunomía*, *Eiréne* y *Díke*, rectoras de la vida en la ciudad del Istmo y garantes del orden incontestado de los *áristoi*.

Sin embargo, el gran tráfico comercial y fiscal que se se movía en torno a Corinto ayudó a formar un grupo de *poderosos*, que, como indica de Ste. Croix (1988: 151, 318), habríamos de integrar en la clase de los propietarios en virtud de sus intereses y forma de vida -su consideración social y moral sería inferior a la de otros propietarios acomodados cuya riqueza era de naturaleza fundiaria-, cuyas rentas derivasen en buena medida directa o indirectamente de estas actividades. Pero, aún más importante, esta subclase debió de formar parte de la oligarquía dirigente y sus necesidades y objetivos, por tanto, se dejarían sentir y determinarían parcialmente la política interna y externa del estado corintio[6]. En el mundo griego antiguo resulta imposible discernir cuándo las decisiones políticas responden exclusivamente a intereses económicos, dada la imbricación entre política y economía y la falta de atención de la historiografía antigua hacia la diferenciación de una causalidad económica en los hechos que relata (Austin, Vidal-Naquet 1986: 22-26). En este sentido, en Corinto, como en la democrática Atenas, es donde mejor podemos apreciar la adaptación y redefinición de los viejos valores aristocráticos a los condicionamientos propios del siglo V, en que los *kaloikagathoí* ven desafiada su primacía por el empuje de las masas (*óchlos*) y buscan preservar su preeminencia sociopolítica a través de la proyección de una imagen de talento y disposición innata para el gobierno[7].

Evidentemente, no podemos concebir que estos individuos se embarcaran con sus mercancías en largos y peligrosos viajes, sino que tendríamos que ver su participación en estas empresas, generalmente marítimas -si bien Corinto era punto de partida o de paso de numerosas vías terrestres que comunicaban el Peloponeso y Grecia central-, como inversores y prestamistas, al modo de los *neoploúsioi* o *agoraîoi* de la Atenas de la primera mitad del siglo IV, de los que estamos tan bien informados por los pleitos en que intervenían los oradores

---

[3] Entre la extensa bibliografía que analiza el excepcional enclave geográfico donde se asentaba la antigua Corinto, confluencia natural de las rutas Norte-Sur que comunican el Peloponeso con Grecia central y las Este-Oeste que hacen lo propio con el Egeo, el Jónico y el Adriático, puede consultarse O'Neill 1930: 1-29; Fowler, Stillwell 1932: 18 ss.; Broneer 1958: esp. 85; más recientemente Tomlinson 1992: 75-76, 83.

[4] Los *métoikoi* registrados en otras ciudades como Mégara, Egina, Oropo, Colofón, etc. en época clásica y helenística parecen tener similares derechos y obligaciones a los atenienses amparados por una institución sólidamente establecida (MacDonald 1983: 386-387; Gauthier 1988: 29); contra Salmon 1984: 160-163, para quien los privilegios otorgados por Atenas a los extranjeros asentados en la ciudad fueron presumiblemente excepcionales en el marco de la Hélade. Si bien en Corinto no están atestiguados -Salmon 1984: 162 cita X. *HG*. IV,4,6, donde ciudadanos corintios proespartanos se quejan de que la unión con Argos les había equiparado a simples metecos, como prueba de la existencia de estos últimos en Corinto, pero Jenofonte puede estar hablando de metecos atenienses como de un caso universalmente conocido y, por otra parte, como único testimonio es en sí mismo demasiado débil-, el hecho de que sí lo estén en otros estados tradicionalmente asociados a intereses comerciales y próximos a Atenas como Egina o Mégara, donde se pagaba el *metoíkion* y tenían *prostátai* que los representaban, contribuye a hacer la hipótesis más plausible (X. *HG*. I,6,32; Dem. 29,3; Lycurg. *Leocr.* 21). Véase Whitehead 1977: *passim* y 1984: 51, para el que grandes ciudades urbanizadas como Corinto o Mileto debieron de tener gran número de metecos entre su población y las *póleis* griegas reconocieron tarde o temprano un estatuto de residente con derechos limitados para los extranjeros. En cuanto a su número Wiseman 1978: 12 sospecha que no difería mucho del que sostenía Atenas también en 432, entre doce y veinte mil.

[5] Raaflaub 1991: 567. Salmon 1984: 401-403 minimiza la influencia geográfica en la diversificación económica en favor de otros factores, principalmente la temprana iniciación y desarrollo del comercio y de las artes, principios del siglo VII, en el seno del cuerpo de ciudadanos, pero el estudioso americano fracasa en explicar cómo pudieron mantenerse inalterables a lo largo de la época clásica, incólumes ante la radicalización del ideario político que denigraba la dedicación del ciudadano a labores manuales, máxime en regímenes oligárquicos.

[6] Por el contrario Salmon 1984: 405-406 niega cualquier tipo de vinculación, aun indirecta, entre miembros de la oligarquía e intereses mercantiles, lo que en mi opinión es difícilmente conciliable con su tenaz defensa del carácter comercial e «industrial» de la sociedad corintia, que empapaba a todos los sectores de la misma.

[7] Véase Connor 1971: 104-105 y Donlan 1980: 127-128, que se centran en la reelaboración y enriquecimiento del vocabulario sociopolítico durante el siglo V, con nuevos epítetos para designar a ricoOs y pobres, *áristoi* y *demótai*.

áticos[8]. Pero al abrigo de esta considerable actividad mercantil fue desarrollándose y configurándose en Corinto ya desde época arcaica un destacado sector poblacional - sin duda en principio dependiente de los terratenientes, monopolizadores del capital precisado para este tráfico a gran escala (Salmon 1984: 150-151) -, empleado en comercio, artes, actividades de mercado y manufacturas, lo que contribuyó a hacer de Corinto una *pólis* rica, abierta a hombres y tendencias procedentes de Oriente y Occidente, dispensadora de lujos y placeres a los numerosos visitantes, en suma, un epicentro fundamental del mundo griego antiguo[9]. Admiración despertaba asimismo entre los extranjeros el santuario de Posidón en Istmia, donde bienalmente se celebraban los juegos ístmicos, de carácter panhelénico y controlados por los corintios. Pingües ingresos eran obtenidos mediante el cobro de tasas por la utilización de sus puertos y del *diólkos*[10]. Este enorme flujo de visitantes que visitaba Corinto por uno u otro motivo generaba un nada despreciable beneficio para las prósperas arcas estatales, a través del numerario gastado durante su estancia (Str. VIII,6,20; cf. Wiseman 1978: 13). No obstante, Corinto no fue una excepción dentro del mundo griego, donde no existió por parte de los estados una voluntad o política comercial y sólo hubo un control sobre las importaciones consideradas vitales para el sostenimiento de la población, esencialmente el grano, aunque Atenas hizo ese control extensivo a los materiales de construcción naval (Ps.X. *Ath.* 2,11-12; cf. Ar. *Ra.* 362 y *Eq.* 278).

Corinto constituía así, como Atenas, un polo de atracción para metecos y extranjeros que deseasen mantener negocios en la ciudad, tanto por su actividad comercial dotada de infraestructuras al efecto, como por su continuado y ambicioso programa de obras públicas, su amplio abanico de *téchnai*, etc., si bien en el caso corintio hemos de sospechar un mayor porcentaje de ciudadanos implicados en todas ellas[11]. Como en otras ciudades marítimas, las actividades artesanales florecieron a un alto nivel, también semejante al ateniense, aunque la carencia de información epigráfica y literaria, abundante para Atenas, nos impide conocer su estructura, organización e incidencia real en la economía estatal (Mossé 1993: 49). Con todo, en Corinto las labores banáusicas como «industria» que implica al cuerpo de ciudadanos adquiere mayor importancia que en Atenas. No podemos olvidar las archiconocidas palabras de Heródoto acerca de que los corintios «tenían menos prejuicios contra los artesanos que el resto de los griegos»[12].

El conjunto de la literatura antigua conservada, tanto griega como romana, es coincidente en mostrar la abierta disposición de muchos corintios a trabajar en distintas ramas de las artes y manufacturas. Así, Píndaro atribuye a los corintios la invención del frontón del templo, posiblemente más por el peso de las afamadas tejas corintias que por la autenticidad del hecho mismo (*O.* XIII,29; cf. Thalbn-Hill, Shaw King 1929: 5). Otra tradición, recogida por Plinio (*HN.* XXXV,151-152), hace de Butades de Sición, que trabajó en Corinto, el inventor de las acroteras y de las cabezas plásticas utilizadas como antefijas, elementos ambos en los que Corinto manifestó una destreza y perfección de estilo que se dejó sentir tanto en áreas bajo su influencia como en aquéllas con las que sólo mantenía contactos esporádicos. En la propia Corinto se han descubierto gran número de terracotas arquitectónicas decoradas que permiten hacer un seguimiento de la vitalidad y destreza adquirida por la coroplastia corintia desde el siglo VII hasta el período de ocupación romana[13] y se ha constatado la existencia de diversas factorías en funcionamiento a lo largo de tantos siglos, entre las que destaca la del llamado «Barrio de los Alfareros», donde se han hallado más moldes de terracota que en cualquier otro lugar de Grecia, además de numerosos objetos de bronce y vidrio para uso doméstico (Stillwell 1948: 86-87, 114-115; Davidson 1952: 9-10). Precisamente tanto las fuentes

---

[8] Hasta el siglo III no hay constancia en Corinto de esta especie de «banqueros» que financian empresas marítimas de cierto calibre (*SIG*³ 1075), lo que no impide pensar en una tradición anterior incluso a época clásica. Sobre estos grandes operadores mercantiles y la protección jurídica que les prestaba el estado ateniense puede verse Hopper 1979: 48, 109-117; para Salmon 1984: 149 el tráfico que circulaba por los puertos corintios de Lequeo y Céncreas no debió de ser muy diferente del absorbido por el Pireo.

[9] I,13,5; la opulencia de Corinto era ya cantada por Homero (*Il.* II,570) y otros poetas antiguos como el corintio Eumelo (fr. 8 Bernabé). Al igual que Mégara, el otro gran centro comercial del Istmo, Corinto era reputada por sus cortesanas (cf. el discurso demosténico *In Neaeram*, esp. 18-32), entre las cuales la tradición nos ha legado el nombre de la más bella, Lais (Gell. *Noct.Att.* 1,8); también las hieródulas, cerca de un millar de prostitutas sagradas al servicio de Afrodita en su templo del Acrocorinto, suponían un considerable atractivo para el viajante (Str. VIII,6,20). En general, sobre este carácter lúdico, vital y receptivo, resumido en el proverbio οὐ παντὸς ἀνδρὸς ἐς Κόρινθον ἐσθ'ὁ πλοῦς que recoge Str. VIII,6,20 (*Non cuivis homini contingit adire Corinthum* en Hor. *Ep.* I,17,35), probablemente acuñado a partir de una comedia ática, puede verse Freeman 1950: 81-126; Hopper 1955; Mason 1971; Salmon 1984: 32-37, 397-401; Fornis, Casillas 1994a y 1994b.

[10] Para el cobro de tasas portuarias sobre el comercio como mecanismo enriquecedor del estado corintio en general y de su clase gobernante en particular, cf. I,13,5; Str. VIII,6,20. Para el transporte de barcos a través del *diólkos* en diferentes períodos III,15,1; VIII,7; VIII,8,3; Ar. *Th.* 653-654; Plb. IV,19,7; V,101,4; D.C. LI,5; Str. IV,6; Plin. *HN.* IV,10; Mela II,48; Hsch. *s.v.* ὅλκος. Sobre su funcionamiento, véase el apéndice final, pág. 104 n. 26. En cuanto a los puertos, Lequeo era tanto en tamaño como en infraestructura y acondicionamiento uno de los mejores puertos y con mayor tráfico del mundo helénico (Cloché 1931: 92-97). Véase la localización de los tres puertos corintios en fig. 1.

[11] Específicamente en la producción y comercialización de la cerámica, un estudio de las marcas de comercio revela que los vasos corintios eran llevados mayoritariamente por éstos, mientras los atenienses lo eran por gente de procedencia diversa, lo que indicaría que Atenas tenía una más compleja organización, donde producción y distribución se encontraban netamente diferenciadas (Arafat, Morgan 1989: 325-326, 340). Por tanto, en Corinto debieron de existir más artesanos con dedicación plena que distribuyeran sus propios productos, con mayor razón si tenemos presente que la Corintia tenía una extensión tres veces menor que el Ática y había menos ciudadanos posesores de tierra.

[12] Hdt. II,167,2; cf. Str. VIII,6,23. Era usual que los trabajadores manuales fueran esclavos y extranjeros; cf. Arist. *Pol.* 1278a 3. Ello se debía, según ha expresado con acierto Donlan 1980: 172-173, «a la ausencia de una contraideología que defendiera el valor del trabajo, de modo que el ideal de la minoría propietaria era universalmente aceptado como válido».

[13] Thalbn-Hill, Shaw King 1929: 42. Sobre la calidad de las terracotas arquitectónicas corintias, véase Stillwell 1952: esp. 19-21; Weinberg 1957: 289-319; Salmon 1984: 120-126; Merker 1988: 202; Roebuck 1990: 47-63.

literarias como la arqueología nos hablan de Corinto como uno de los principales centros metalúrgicos del orbe helénico, sobresaliendo sobre todo en el trabajo escultórico en bronce, del que abastecía no sólo a importantes ciudades, sino también a los grandes santuarios (Istmia, Delfos, Olimpia, Hereo argivo...)[14]. La forja y la fundición estaban presentes incluso en pleno núcleo urbano, en el área suroeste del foro romano, que era al mismo tiempo una zona residencial y comercial, con magníficas casas y excelentes vías de comunicación ya que era atravesada por dos arterias principales de la ciudad: una que iba desde el templo arcaico de Apolo, por la fuente de Glauce en dirección al Acrocorinto y otra desde el camino a Lequeo y la fuente de Pirene hasta desembocar en la primera vía[15]. En la misma zona fue excavado a finales de los años 70 el «Edificio del Ánfora Púnica», que mediante la ampliación y adición de estancias anejas, pasó de ser casa puramente residencial a convertirse en establecimiento comercial a la vez que residencia del propietario, dedicado a la importación de grandes cantidades de pescado y vino (Williams II 1978: 15-20 y 1979: 105-111). Encontramos, asimismo, un complejo de casas privadas que alternan con un santuario de culto a un héroe desconocido, otro de culto ctónico (el «Edificio I») y una construcción de carácter oficial (el «Edificio II») con diversas estancias para oficinas o comedores y con acceso al sistema público de agua subterránea de la fuente Pirene -lo que de por sí era un privilegio, aunque no sepamos qué tipo de institución albergaba-, continuada por el sur con el «Edificio III», identificado con la «Taberna de Afrodita» (fig. 2; cf. Williams II, Fisher 1972: 149-171). En el mismo sentido apunta el descubrimiento del llamado «Edificio Norte», al norte del templo arcaico de Apolo, bajo la basílica romana, con una imponente *stoá* clásica, tanques de agua y pequeñas salas que miraban al muro principal en lo que parece haber sido, en opinión de sus excavadores, un mercado, posiblemente de pescado ya que en época romana hubo uno en este mismo emplazamiento (fig. 2; cf. Fowler, Stillwell 1932: 212-228). La piedra, en especial el poros, abundante en el nordeste del Peloponeso y fácil de cortar, fue trabajada igualmente con habilidad en Corinto desde una época temprana (Brookes 1981). Toda esta presencia del mundo artesanal y comercial en el centro político, cívico y religioso de la ciudad nos permite intuir el peso real que ciudadanos y metecos vinculados a estos sectores tenían en el seno de la sociedad corintia y el hecho arriba expuesto de que buena parte de la clase propietaria no era tan reacia como su homónima del resto de Grecia a participar de los beneficios que se desprenden de estas actividades.

Estos condicionamientos favorecían el papel de Corinto como centro redistribuidor de bienes y servicios, función que nos es conocida principalmente en época romana (Wiseman 1979; Engels 1990: 48-50, 173-178; Williams II 1993), pero que sin duda, por otros ejemplos que veremos a continuación, perpetuaba un rasgo esencial del *modus vivendi* de la ciudad durante su período de independencia. Así, en el discurso en la Asamblea de la liga, los embajadores corintios dejan claro que los estados del interior han de defender a los costeros, que no pueden ser otros que los ístmicos, Corinto y Mégara, para no ver interrumpido su aprovisionamiento (I,120,2). En 366 Jenofonte (*HG*. VII,2,17) presenta a los fliasios comprando en el mercado corintio cuando los productos de su tierra no eran suficientes para las necesidades de la población y poco más tarde (*HG*. VII,2,23) a los corintios suministrando trigo a Fliunte, trigo llegado probablemente de Occidente por vía marítima y que abastecía las reservas de los estados peloponesios ya que el acceso a los mercados del Ponto y Egipto era mucho más dificultoso (Grundy 1948: I, 322-330; Ste. Croix 1972: 218). *IG* IV^2 I, 110 es testimonio de que Corinto exportaba madera a Epidauro (cf. Martin 1965: 34), mientras *IG* II^2 1672 se refiere a remesas corintias de fresno y olmo a Eleusis, sin que tampoco procedan de su territorio. El volumen de tráfico rodado a través del Istmo en época clásica ha dejado su impronta en forma de profundas huellas de carriles inscritas en los caminos, algo reseñable considerando la consistencia, semejante al cemento, de las capas inferiores de los mismos (Gebhard 1993: 165). Finalmente, Corinto servía también de lugar de reunión y reclutamiento de población destinada a engrosar los contingentes mercenarios (X. *HG* VI,5,11).

Observamos en estas características constitutivas de la ciudad una diferenciación con respecto a la mayoría de los estados peloponesios dependientes económicamente casi en exclusividad de los *autourgoí*, incluida la propia Esparta, que relegaba en los periecos para el comercio y la actividad mercantil, prohibidas expresamente a los *hómoioi* por la *rhétra* licurguea. No obstante, el ideal del ciudadano seguía siendo el mismo, el ocio productivo y digno (*scholé*), que posibilita alcanzar la virtud y participar de la cosa pública (Arist. *Pol.* 1328b 9), así como determina la división primaria de la sociedad desde un prisma económico entre aquél que vive del trabajo de los demás (πλοῦτος), sean éstos libres o esclavos, y aquél que tiene que emplear su propia fuerza de trabajo (πένης).

Con toda su importancia, las actividades del sector secundario en Corinto no eran más que un complemento a la tradicional y dominante explotación agrícola del territorio. La Corintia se extendía sobre algo más de 800 km², lo que la convertía en un estado pequeño comparado con otros como Laconia (4100 km², excluida Mesenia), el Ática (2400 km²) o la Argólide (1400 km²); dos tercios de su territorio estaban

---

[14] Plin. *HN*. XXXIV,6-7; Hdt. II,167; Str. VIII,6,23; cf. Stillwell 1948: 114-115. Un estudio de las técnicas metalúrgicas realizadas en el santuario de Posidón en Istmia, controlado por los corintios, prueba el excelente dominio del vaciado y del moldeo que tenían estos artesanos del bronce y del hierro (Rostoker, Gebhard 1980); lo mismo sucede en el santuario de Hera Limenia, en la península corintia de Perácora, que ha aportado miles de piezas en bronce (Payne *et alii* 1940: 123-124).

[15] Cf. fig. 2 para su localización dentro del núcleo central de la ciudad de Corinto. En el desarrollo de las excavaciones arqueológicas en esta área, donde hasta hace poco se pensaba que estaba localizada el ágora griega, se han encontrado numerosas escorias metalúrgicas en torno a los pozos de fundición (Williams II, Fisher 1973: 14-19); también en el área sur del foro los «Edificios II y III» han dado muestras de trabajo metalúrgico para los siglos VI y V (Mattusch 1977: 382). Para las grandes casas, alguna de las cuales ha aportado mucha cerámica importada de calidad (etrusca, ática, laconia, quiota...), como la llamada «Complejo del Comerciante», véase Williams II, MacIntosch, Fisher 1974: 23.

ocupados por montañas sin posibilidades de cultivo y sólo los aproximadamente 30 km² de llanura litoral, excepcionalmente feraces y coincidentes con la *chóra politiké* de la gran urbe, proveían un mínimo de suministro vital para abastecer a cerca de la mitad de su población[16]. Ya las fuentes antiguas se hacían eco de esta situación al hablar del suelo pedregoso y pobre de la Corintia, que exigía un duro esfuerzo si se quería obtener algún beneficio[17]. Pero el mayor problema para Corinto era el exceso de población que padecía, con un número de habitantes superior al actual, que en conjunción con la escasez y desigual distribución de la tierra, fenómeno conocido como *stenochoría*, fue motivo esencial en el inicio de la colonización en la segunda mitad del siglo VIII. No obstante, el hecho de que Corinto contase con una *chóra* que puede considerarse relativamente pequeña frente a un amplio y desarrollado *ásty*, sorprendentemente no agudizaba las diferencias campo-ciudad en materia social (Raaflaub 1991: 568), lo que no impedía que el papel del territorio frente al de la ciudad fuera siempre el de receptor de una explotación sistemática (Ste. Croix 1988: 26). Sí en cambio determinaba el sostenimiento de la población urbana, que requería de las importaciones para complementar lo aportado por el territorio[18].

Siempre ha existido una dicotomía al pensar que la guerra del Peloponeso fue dirimida por un poder terrestre y otro marítimo, «entre un elefante y una ballena», por utilizar un conocido e ilustrativo símil, y que ambos seguían una clara estrategia en este sentido: Atenas, de acuerdo a la línea de hegemonía marítima adoptada desde Salamina que hacía partícipes de los beneficios del imperio a toda la población ciudadana, seguiría el consejo de su Primer Ciudadano de encerrarse en sus muros para evitar el enfrentamiento hoplítico con los espartanos y sus aliados, mientras utiliza su flota para realizar incursiones en territorio enemigo (καταδρομαί) sin pretender teóricamente nuevas conquistas; por su parte, Esparta, sociedad opuesta que seguía prestigiando el combate hoplítico como el más digno y representativo de los valores que simboliza -al demostrar la superioridad en el choque en campo abierto (μάχη κρατεῖν), se limitaría a las invasiones anuales del Ática que significaban la devastación sistemática de las cosechas hasta provocar la rendición ateniense, algo que por dos veces Tucídides dice que los griegos pensaban ocurriría en a lo sumo tres años (V,14,3; VII,28,3). Pero estos planteamientos tienden a simplificar una realidad sociopolítica mucho más compleja.

No es éste el lugar idóneo para analizar en detalle el proyecto militar ateniense *in toto* durante la guerra arquidámica, desbrozado en el discurso del propio Pericles ante la Asamblea (I,140-144), por lo que me ceñiré sólo a ciertos puntos interesantes por su incidencia sobre la realidad corintia[19]. La estrategia militar de Atenas para la guerra contra la alianza peloponesia, que evidentemente responde a la estructura social y al bagaje ideológico de la democracia imperialista triunfadora en la Pentecontecia (Plácido 1997a: esp. 11-26), sigue fiel a las líneas maestras diseñadas por Temístocles antes de Salamina que hacen de la ciudad una teórica isla, con una supervivencia asegurada gracias al suministro por mar y que tiene su arma esencial, defensiva y ofensiva, en una flota impulsada por el *dêmos* y no por mercenarios o esclavos, ya que éstos sólo fueron utilizados en momentos de especial emergencia, como en la batalla de las Arginusas. No obstante, y sin llegar a propugnar una estrategia decididamente ofensiva como hiciera B.X. de Wet (1969), recientes estudios (Ober 1985; Spence 1990) han otorgado al uso de la caballería (ἱππεία) y de los fuertes fronterizos (φρούρια) la importancia que hasta ahora no había recibido en la estrategia contra las invasiones, en la idea de que al menos atenuaba el sentido defensivo de la misma y animaba la moral del cuerpo cívico, en especial de los hoplitas y caballeros, clases sociales privilegiadas que sufrían la teórica marginación ante los *thêtes* a la hora de defender la *pólis*, manifestada claramente en su resistencia a la política periclea en las tensas sesiones de la Asamblea. También suponía un triunfo, no sólo material sino también ideológico, el devolver los golpes a la liga peloponesia en forma de rápidas incursiones que, además de destruir, suministraban botín y esclavos, objetivos de toda actividad bélica en su más obvio sentido predatorio[20]. Tenemos, pues, que los planes adscritos al Πρῶτος Πολίτης de Atenas, más que defensivos, responden a una realidad acorde a la política imperialista evidenciada desde las guerras médicas que capacitaba a su *arché* (imperio) para el control de los mares. Pero lo que nos interesa aquí es destacar dos puntos de la estrategia desplegada por Atenas que podían afectar de una forma directa, al menos teóricamente, a la prosperidad material y a la concordia social (*homónoia*) de Corinto: el bloqueo naval del golfo Corintio y la reiterada

---

[16] Cf. fig. 1, donde se aprecia claramente la llanura litoral, libre de curvas de nivel. Véase Will 1955: 14-18 y Salmon 1984: 19-30, éste basado en el estudio de Philippson 1950-52: 948-964 y 1959: 71-92, 96-102, 160-161. El resto del territorio de la Corintia presenta numerosas desigualdades en la producción debido a una mayor escasez de agua, algo que sólo pudo remediarse cuando el emperador Adriano hizo construir un largo acueducto que la traía desde el lago Estinfalo, en Arcadia; aun así, para Will (pág. 15) «l'impression d'enssemble n'est past celle d'une excessive médiocrité».

[17] Isoc. VIII,117; Thphr. *CP*. III,20,4-5; Str. IX,1,7; en VIII,6,23 el geógrafo de Amasia recoge el dicho de que la Corintia estaba llena de hoyos. Más benévolos en cuanto a la fertilidad de la tierra corintia se muestran Sch.Ar. *Au.* 968-969, Ath. V,219a y Liv. XXVII,31.

[18] Jardé 1979: 144, 199 compara el caso de Corinto con el de otras ciudades populosas como Atenas o Egina. Increíblemente Salmon 1984: 402 hace basar la vitalidad del comercio y de las artes «en los excedentes de la fértil tierra», cuyos frutos, sin embargo, apenas bastaban para sustentar a la mitad de la población.

[19] Sobre la estrategia ateniense en su conjunto y en especial la de Pericles durante la guerra arquidámica se puede consultar: Delbruck 1890; Henderson 1927: 87-92; Adcock 1927: 193-196; Grundy 1948: I, 319-322, 354-359; Chambers 1957; Wet 1969; Knight 1970; Ste. Croix 1972: 208-210; Kagan 1974: 24-27; Garlan 1974: 44-65; Cawkwell 1975; Holladay 1978; Cartledge 1979: 235-256; Canfora 1982; Ober 1985; Glotz 1986: 623-624; Hammond 1987: 347-348; Bloedow 1987a; Wilson 1987: 136-138; Powell 1988: 149-154; Spence 1990; Lewis 1992: 380-388; Will 1997: 285-288; particular atención a las expediciones navales en Westlake 1945 y Rosivach 1985.

[20] Ilustrativas a este respecto resultan las obras de Ciccolti 1901; Vernant 1968; Anderson 1970; Garlan 1975, 1989 y 1993; Hanson 1983, 1989 y 1991; Lonis 1969; Ducrey 1968 (esp. 229-270) y 1977; Rich, Shipley 1993.

intervención de Atenas en el noroeste del continente con la finalidad de dañar los intereses corintios en esa zona de su influencia e incluso ponerla bajo su control. Fuera de esto y a diferencia de Mégara, el otro estado ístmico, Corinto sólo sufrió un ataque directo a su territorio, el llevado a cabo por Nicias en 425 con su desembarco en Soligia[21]. El segundo aspecto, la desintegración del imperio corintio del NO, será desarrollado más adelante, cuando atendamos a las campañas atenienses conducidas en la región.

Prima facie, resulta muy difícil poder calibrar si realmente el bloqueo ateniense del Istmo de Corinto fue completo y cuál fue su eficacia sobre los estados corintio y megarense en primera instancia y sobre el Peloponeso ulteriormente, pero es innegable que en relato de Tucídides la posesión de Naupacto se vislumbra como un punto clave para la realización del mismo[22]. Fruto de la retórica de Alcibíades en su discurso ante la Asamblea espartana nos llegan los planes atenienses para un bloqueo total del Peloponeso gracias a nuevos barcos contruidos con la abundante madera siciliana (VI,90). Sin embargo, la península peloponesia era imposible de bloquear debido a la gran cantidad de puertos naturales que posee y a las limitaciones de las trirremes para dejar la costa y adentrarse en mar abierto (O'Neill 1930: 229; Gomme 1933b; Westlake 1945: 77-78; Ste. Croix 1972: 217; Kagan 1974: 29; Cataldi 1990: 116). Por ello Atenas centró sus esfuerzos en el golfo Sarónico y sobre todo en el golfo Corintio. El primero podía ser controlado desde las bases atenienses en Salamina y Egina, aparte de que el tráfico mercantil que accedía a este golfo procedente del Egeo, Helesponto y Asia Menor era considerablemente inferior por ser zonas situadas bajo hegemonía ateniense. El bloqueo del golfo Corintio, en el mar Jónico, pudo realizarse desde el invierno del 430/29 y se prolongaría hasta el 411 (D.S. XIII,48,6), gracias a los mesenios huidos del dominio espartano, que habían sido instalados en Naupacto poco después de finalizada la revuelta de Ítome del 464[23]. Naupacto se encuentra en la boca del golfo, donde se produce un estrangulamiento del mismo, de unos dos kms y medio de ancho, que permite cierto control con escasos medios, ya que nunca fueron superiores a veinte las naves estacionadas en dicho puerto[24]. Tucídides (VII,17,2-4; 19,3-5) nos informa del modo en que los corintios burlaban el bloqueo ateniense, algo que sin duda se repetiría en diversas ocasiones[25], con mayor razón si consideramos que, además, las naves podían deslizarse por los estrechos aprovechando la oscuridad de la noche.

A pesar de sus posibles fallos, no podemos infravalorar la incidencia del bloqueo sobre el nivel de importaciones y exportaciones corintias y megarenses, en este último caso agravadas por la doble invasión anual ateniense de la Megáride y por las incursiones sobre la campiña megarense realizadas por los exiliados[26]. Edmund Bloedow, basándose en datos sobre la fertilidad y productividad del suelo corintio en relación con su numerosa población, ha argüido que Corinto requería tanto o más suministro de grano que Atenas, grano que llegaba principalmente desde el Oeste[27]; también Salmon (1984: 129-131) estima que la Corintia necesitaba importar la mitad del grano que consumía. Tales hipótesis pueden tener una base en la historia recordada por Teopompo (*FGH* 115 F 193 = Ath. VI,232b) sobre el corintio Arquelao, que tras los presentes ofrecidos a Hierón de Siracusa, recibió del tirano una nave cargada de trigo, además de otros muchos regalos. Sin negar que esta anécdota reproduzca la institución aristocrática de la *xenía*, en la cual el mecanismo del don-contradón funcionaba como símbolo del vínculo establecido, la inclusión del grano como un apreciado ofrecimiento demuestra tanto la perentoria necesidad corintia de importar grano como el principal lugar de

---

[21] IV,42-44. Sin embargo, Roberts 1983: 44 concluye que «el territorio de Corinto y sus colonias llegó a ser escenario de duros combates», lo que es cierto para sus *ktíseis*, pero no para la metrópoli.

[22] II,69,1. Wilson 1987: 127, 135 duda de que Atenas pretendiese ejercer un bloqueo serio, lo que sería únicamente obra de Formión, mientras los *strategoí* sólo tendrían órdenes de «ojear periódicamente la zona»; esta hipótesis, al margen de quedar en mera conjetura, se aparta totalmente de la idea que nos transmite Tucídides.

[23] I,103,3. Para asentar a los mesenios, los atenienses aprovecharon una *stásis* que brotó entre los naupactios y los diferentes pueblos locros con quienes convivían en un ambiente pleno de tensiones; véase Asheri 1967 y Badian 1990b. Sobre la fecha, McNeal 1970.

[24] Para la localización geográfica de Naupacto, cf. fig. 1. A pesar de tener un siglo, Woodhouse 1897 sigue suministrando una excelente descripción de esta región: véase en particular 309-322 para Naupacto y 323-331 para sus alrededores (Antirrío y Molicrio), también puntos estratégicos en la vertiente norte del golfo de Corinto.

[25] Cnemo ya lo hizo en II,80,4; en VIII,13 las naves peloponesias son interceptadas, pero la mayoría escapa. Polyaen. V,13,1 también parece aludir a una eficaz protección corintia de barcos cargados de maíz frente a los atenienses.

[26] II,31; IV,66,1. Me parece un tanto exagerada la afirmación de Salmon 1984: 177 de que «las oportunidades que la guerra misma provee pueden haber sido una compensación suficiente a los efectos causados por el bloqueo sobre el comercio». Wick 1979: 3-5 reivindica el importante papel de Mégara como objetivo ateniense en el bloqueo, a pesar del deliberado silencio tucidídeo, mientras Grundy 1948: I, 340 y Brunt 1951: 276 reconocen el enorme daño que el bloqueo y las invasiones debieron de causar en la economía marcadamente comercial del estado megarense; por el contrario, MacDonald 1983: 393-398 es de la opinión de que las invasiones fueron mucho más desastrosas que el bloqueo ya que la economía megarense, a pesar de la creencia generalizada, descansaba en mayor medida sobre el trabajo de la tierra que sobre la exportación de manufacturas.

[27] Bloedow 1975: 27-28, cuyo argumento va encaminado a demostrar que el imperialismo ateniense no tiene su origen en el intento de asegurar el aprovisionamiento de trigo póntico; sin embargo, no comparto su opinión acerca de que Corinto no desarrollara un imperialismo naval, que yo creo se manifestó de forma evidente en el NO del continente. Aparte de la propia consumición de grano para la ciudad, hemos visto arriba que Corinto también funcionaba como centro redistribuidor al Peloponeso, no sólo de cereales, sino también de otros productos. Por otro lado, el que Corinto sea uno de los estados griegos más representados en los tesorillos egipcios, junto a Atenas y a Egina, indica que se nutría de grano africano durante las épocas arcaica y clásica (Roebuck 1950: 237).

procedencia del mismo, Sicilia. Esta misma conclusión se extrae del discurso *Contra Leócrates* 26, del orador ático del siglo IV Licurgo, donde se acusa a ese meteco de utilizar fondos atenienses para financiar un cargamento de grano epirota a Léucade y, de allí, a Corinto, confirmando que el NO, área que la clase gobernante corintia controlaba a través de sus colonias y aliados, era una fuente de aprovisionamiento no sólo de grano, sino también de madera y metales (cf. apéndice). La imperiosa necesidad de importar grano se hace también evidente en *SEG* IX 2 (= *GHI* II nº 196), donde se recoge que en *c*. 330 Corinto recibió de Cirene cincuenta mil medimnos de grano, cantidad sólo igualada por Argos y únicamente superada por Atenas.

Pero, además, Corinto siempre había sido un estado orientado hacia el comercio marítimo y, aunque ya no tenía la primacía que ostentó durante buena parte de la época arcaica, todavía relegaba un gran volumen de su economía en la exportación de bronces, terracotas, cerámica, perfumes, tejidos y otras manufacturas, así como en el cobro de tasas por el uso de los puertos y del *diólkos*, que sin duda debieron de verse afectadas por la guerra en general y el bloqueo en particular[28]. Charles K. Williams II, desde hace más de dos décadas director de las excavaciones que la Escuela Americana lleva a cabo en Corinto, ha detectado arqueológicamente el hundimiento en la década del 420 del llamado «Edificio del Ánfora Púnica», que funcionaba como mercado al por mayor de pescado y vino (*vid. supra*). El bloqueo, unido a la intervención ateniense en el NO, restringió el acceso de Corinto a sus colonias, debilitando su conexión política y dificultando también el aprovisionamiento de plata para la acuñación monetaria (Kraay 1962: 16-20, 33-34; Munn 1983: 131; Salmon 1984: 172; Wartenberg 1995: 36) y de madera, esencial para el mantenimiento de su flota, que había posibilitado su ambicioso programa de construcción naval previo al enfrentamiento con Corcira en las islas Sibota[29].

Corinto debía de importar igualmente mármol, marfil y metales, pues la Corintia carecía de todos estos materiales, imprescindibles para la construcción, acuñación y para las artes y manufacturas en que tanto destacaba. Este plan de bloqueo forma parte del intento de Atenas de aprovechar su dominio de los mares para tratar de acaparar los centros productores de materias primas, si bien esta presión se dejaba sentir con mayor fuerza en el Egeo, Asia Menor y NE continental (Gernet 1909; Hopper 1979: 78-79; Finley 1984a: 78-79). Otro aspecto que probablemente trajo como consecuencia el bloqueo fue el aumento del transporte por tierra al Peloponeso, con los graves inconvenientes que conlleva dada la difícil orografía de la Grecia continental (Brunt 1965: 271). Pero mucho más importantes podían ser las consecuencias sociopolíticas en el Peloponeso. La carencia de productos vitales para la subsistencia en estados necesitados de importaciones, muchos de las cuales llegaban a la península a través de los puertos ístmicos, podía provocar hambrunas que propiciaran el estallido de tensiones e incluso revueltas sociales, al afectar en mayor medida a las capas bajas de la sociedad, que tal vez podían culminar en derrocamientos de la clase gobernante, movimientos de acercamiento a Atenas o en el aumento de las críticas en el seno de la liga peloponesia (Westlake 1945: 79 ss.; Kagan 1981: 30; Munn 1983: 22). Por último, Atenas tenía en Naupacto una base con barcos disponibles en cualquier momento para reforzar o acompañar expediciones a Acarnania o Etolia, no demasiado lejos de Cilene, la principal base naval de la coalición peloponesia en Élide, así como para efectuar incursiones en la costa oeste del Peloponeso sin necesidad de realizar el largo viaje desde Atenas que rodea la península a través del peligroso cabo Malea. La preocupación corintia se plasmó ya durante la primera guerra del Peloponeso en la construcción de un muro poligonal, una especie de acrópolis fortificada, en Hagios Nikolaos, promontorio situado en Perácora -una península al norte de la Corintia que era vital para la observación de Naupacto y de la entrada al golfo Corintio- que en manos enemigas podía suponer un peligro para el puerto corintio de Lequeo y las comunicaciones a través del Istmo (Payne *et alii* 1940: 23-24).

En definitiva, podemos concluir que Naupacto era un enclave estratégico de primer orden tanto para apoyo logístico como para labores de bloqueo naval y justifica los reiterados, aunque infructuosos, intentos peloponesios por neutralizar dicha base[30]. En el aspecto económico es indudable el daño

---

[28] Para O'Neill 1930: 230 y Brunt 1965: 272 bien el bloqueo no cortó todo el aprovisionamiento al Istmo, bien Mégara y Corinto no dependían completamente de las importaciones, debido a su continua animosidad y rechazo de la paz de Nicias; cf. también Salmon 1984: 177, para quien el efecto pudo ser más grande sobre los recursos del estado que sobre los ciudadanos individualmente, mientras Bengtson 1986: 165 y Alonso Troncoso 1987: 171-172, 215-216 piensan que el bloqueo tuvo que afectar seriamente a los estados ístmicos y a todo el Peloponeso, provocando cortes en el aprovisionamiento y un encarecimiento del cereal. Por su parte, Roberts 1983: 44 enfatiza el desempleo que pudo causar en Corinto el descenso en el comercio. Kagan 1974: 30 y Munn 1983: 20-22, 27-28 restan efectividad en la aplicación del bloqueo, pero reconocen que los estados costeros con mayor implicación comercial serían los más dañados. MacDonald 1982: 118-122 toma como única base la continuada presencia de cerámica ática en Corinto en este período para defender, desde el punto de vista arqueológico, que Atenas pretendió realizar un bloqueo militar, no comercial, donde la cerámica u otros productos no vitales no se verían afectados, al tiempo que ignora las fuentes escritas, en especial las comedias aristofánicas y el panfleto del llamado «Viejo Oligarca». Por último, Arafat, Morgan 1989: 340 niegan los efectos del bloqueo sobre las importaciones y el comercio corintio, si bien los datos que aportan en su argumentación corresponden más bien a la primera guerra del Peloponeso, donde no existió una voluntad, al menos de manera consciente, de efectuar un bloqueo tan severo.

[29] El NO era rico en bosques de madera resistente para fines navales (Legon 1981: 219; Munn 1983: 5-6). Meiggs 1984: 130, 493 cree que la costa aquea y el norte de Arcadia sustituyeron al noroeste continental como fuentes madereras para Corinto. El anónimo autor de la *Athenaíon Politeía* (2,11-12; cf. 2,3) transmite de forma clara la presión que Atenas ejercía sobre los materiales de construcción naval y, en general, sobre todo tipo de exportaciones e importaciones que utilizaran la vía marítima. Así lo testimonia también el tratado establecido con Perdicas (*IG* I³ 89), sea éste datado en 431 (Hoffman 1975) o en 423 (Cole 1977), por el que Atenas se reservaba el derecho de veto sobre la exportación de madera del rey macedonio e incluso regulaba la cantidad suministrada a sus propios aliados, de modo que controlaba el crecimiento de estas flotas y al mismo tiempo sus posibilidades de revuelta.

[30] Para Morrison, Williams 1968: 229 la presencia ateniense en Naupacto fue un factor decisivo en la impotencia naval demostrada por Corinto; Holladay 1978: 411 ve también en Naupacto la clave del control estratégico del golfo Corintio. Para situar esta relevancia en el contexto de los

provocado por este bloqueo a los estados del Istmo, si bien no llegó a llevar hambre o verdadera penuria al Peloponeso como hubiera podido suceder de haber dedicado Atenas un mayor esfuerzo. Tal vez este aumento de la implicación ateniense haya de verse en conexión con el envío de la primera expedición a Sicilia en 427 (Grundy 1948: I, 360-370), que según Tucídides tenía entre sus objetivos el de cortar el aprovisionamiento de grano desde esta isla hacia el Peloponeso (III,86) y en la toma de Minoa (III,51,1) como punto de intercepción del comercio megarense que completaba la acción de un puesto ya establecido, pero más lejano, situado en Búdoro (II,93,4).

En cuanto a los planes peloponesios para la guerra, desde luego no eran tan simples como puede parecer por lo expuesto más arriba. Así, por ejemplo, el mar Egeo era el ámbito natural de dominio ateniense, pero el Jónico distaba mucho de ser controlado por la *arché* ática y prueba de ello serán los reiterados envíos de flotas peloponesias al NO con una total impunidad hasta el 425. Desde hace dos décadas aproximadamente existe una línea de investigación que ha destacado la presencia de una «estrategia aventurera» en la política exterior espartana, al lado de la «estrategia convencional»[31]. La primera sería defendida por los espartiatas que preconizaban una acción ofensiva más audaz contra Atenas, que incluyera el desafío en el mar como medio para obligarla a ceder, conscientes de que una victoria naval sería el final de la guerra. Las invasiones tradicionales podían ser consideradas suficientes por otra corriente de opinión ciudadana más inclinada a repetir la situación del 446, cuando la simple amenaza de invasión por parte del rey Plistoanacte bastó para que Atenas firmara la paz de los Treinta Años. Sin embargo, las condiciones no eran las mismas que entonces, cuando Atenas unía a sus problemas en Beocia y Mégara la revuelta de la isla de Eubea. Ya Tucídides puso en boca del experimentado rey Arquidamo que sería una guerra difícil de ganar y tan larga que la heredarían sus hijos (I,81,6).

No quisiera caer en el error común de etiquetar cada una de estas tendencias e identificar a los partidarios de una estrategia arriesgada con los belicistas o radicales -los *hawkishs* o «duros» de la historiografía anglosajona- y a los seguidores de la estrategia tradicional con una facción pacifista o conservadora -los *doves* o «blandos» políticamente-, ya que no siempre es así y por desgracia nuestro conocimiento de la vida pública espartana es tan lagunoso que no nos permite adscribir filiaciones políticas con un mínimo de seguridad[32]. También quisiera dejar clara mi negativa a utilizar el término «partido» para los grupos políticos que se desenvuelven en el marco del funcionamiento institucional de la *pólis*, tan habitual en la historiografía moderna, de cuyo peligro nos advierten las oportunas puntualizaciones expuestas por diversos estudiosos[33]. A menudo y con ligereza se atribuyen negociaciones de paz a «partidos pacifistas» y declaraciones o ánimos beligerantes a «partidos belicistas», sin profundizar en la raíz de la cuestión o sin contemplar nuevas vías de estudio más allá de la propia política interna. No obstante, es innegable una diversidad de opiniones entre la clase dirigente lacedemonia[34], que se pone de manifiesto ya desde el principio en la obra de Tucídides con los discursos contrapuestos de Arquidamo II y Estenelaidas (I,80-85; cf. Bloedow 1981, 1983 y 1987b); independientemente de su más que discutible pacifismo, el diarca lacedemonio responde al adjetivo *synetós*, inteligente, que emplea Tucídides al introducirle (I,79,2), cuando plantea retrasar la guerra en aras

---

planes pericleos para la guerra, tanto de cariz estrictamente militar como económico, véase Cataldi 1990: 116-118.

[31]Thomas Kelly (1979 y 1982) es el principal defensor de la ofensiva naval peloponesia, destacando el plan de construcción naval espartano en 431 y las posibilidades que tenían de ganar Corcira y Lesbos para su causa, así como la utilización de Egina como base naval cercana al Pireo; en el polo completamente opuesto, Falkner 1994 niega hasta 410-408 cualquier pretensión lacedemonia de construir una flota o bases navales en territorio laconio, mientras delega sin demasiado entusiasmo en las contribuciones navales y en la infraestructura portuaria de sus aliados. Cawkwell 1975: 54-55 reconoce la dualidad de estrategias, si bien la «aventurera» sólo se llevaría a cabo seriamente a partir del 425, supongo que pensando en las campañas en Tracia de Brasidas y sus hilotas; en esta misma línea, para Cartledge 1979: 234 la estrategia naval espartana fue secundaria, consciente de su inferioridad ante Atenas, si bien más adelante (pág. 238) considera la fundación de Heraclea Traquinia -con una función de base naval, emplazada además en la ruta de acceso a los aliados tracios de Atenas- un reconocimiento de que la guerra no podría ser ganada exclusivamente mediante invasiones terrestres del Ática; similares opiniones mantienen Forrest 1980: 111, para quien los esfuerzos navales peloponesios fueron aislados dentro del «sencillo plan de atacar por tierra y animar la defección», y Powell 1988: 148, que considera que Esparta sólo se movió ofensivamente por mar cuando se presentaba una oportunidad propiciada por una derrota de Atenas o por una rebelión de miembros de su liga. Finalmente, Meiggs 1984: 129 descarta que hubiera un deliberado intento de encontrar a los atenienses en el mar hasta que la mayor parte de la flota de éstos fue destruida en Siracusa, aunque reconoce que las naves peloponesias podían prestar ayuda a aliados atenienses en revuelta, así como realizar labores de escolta a fuerzas expedicionarias.

[32]El hecho de que alguien forme parte de una embajada que ofrezca diálogo difícilmente puede servir de prueba de su militancia en una facción pacifista, como bien destaca Bar-hen 1977: 22-23 (es el caso de Ranfias, Melesipo y Agesandro en I,139,3, a los que se asocia muchas veces con el también «pacifista» Arquidamo); de igual manera, el estratego que despliega audaces planes de batalla no tiene por qué ser un belicista puro en pos de lograr gloria en el combate, como comúnmente es etiquetado el ateniense Demóstenes.

[33]Connor 1971: 5-9, 68 deja además bien claro que los grupos políticos se articulan en virtud de lazos de amistad y clientela *hoi perí/hoi amphí...*, según precisa la terminología griega al uso; más recientemente, Strauss 1986: 15-31 se ha extendido mucho más en la diferenciación de facciones, grupos políticos -más o menos organizados- o simplemente simpatizantes en la Atenas de c. 400, los cuales en ningún caso poseían la estructura de un partido político moderno e incluso se disolvían cuando desaparecía su *prostátes*, aquél que mantenía vínculos individualmente con sus seguidores. Véase también Wheeler 1951: 147; MacDowell 1962: 190; Aurenche 1974: 8-9; Holladay 1978: 420-423.

[34]Brunt 1965: 279-280; Finley 1977b: 260 ya señaló que el principal conflicto de poder en la política espartana no residía en la oposición reyes-éforos, como se reiteraba *ad nauseam*, sino entre aquellos hombres dinámicos, ambiciosos y enérgicos y aquéllos que no lo eran; Lewis 1992: 391 considera endémicas las tensiones dentro de la clase política lacedemonia. Me gustaría citar textualmente el comentario que Will 1975a: 94 hace de la inestabilidad de la política exterior espartiata a propósito de un capítulo sobre este tema en Ste. Croix 1972: «y a-t-il encore quelqu'un qui n'en soit convaincu, qui ne perçoive les tensions internes qu'implique et exprime cette instabilité, qui croie au caractère monolitique de l'Etat spartiate?». Un tratamiento reciente de las diferencias existentes de hecho entre los *hómoioi* o «semejantes» en el marco de la vida social e institucional lacedemonia en Casillas, Fornis 1994: 75-76, con bibliografía actualizada.

de una estrategia más imaginativa y una preparación humana y financiera mayor contra los atenienses frente a la invasión inmediata del Ática que defiende el éforo epónimo[35]. Dejando de lado cuál de las dos líneas de estrategia predominó sobre la otra[36], lo importante es el hecho de que Esparta intentara vencer a Atenas en su terreno y fomentara la sedición entre sus aliados, mientras se proclamaba «liberadora de todos los griegos»[37], si bien sus intentos fueron infructuosos hasta su temporal abandono tras el desastre de Pilos y su posterior reanudación durante la llamada guerra jónica, ya con el oro persa para la financiación de la flota.

La invasión anual del Ática por parte del ejército peloponesio reunía a dos tercios de las fuerzas de cada estado miembro o aliado de la liga -el tercio restante se destinaba a la defensa de la ciudad y su *chóra*-, por lo que hemos de suponer que Corinto contribuía a cada campaña en la misma proporción (II,10,1-2). Es difícil hacer una estimación del censo hoplítico corintio durante la guerra del Peloponeso debido a la falta de datos, pero podemos recurrir a algunos estudios que han intentado una aproximación para todo el período clásico. Tomando como base las cifras aportadas por Tucídides y Jenofonte, Beloch (1922: 275-276 y 1923: 442-443) estimó en tres mil los hoplitas listos para servicio entre los veinte y cincuenta años de edad, para un total de unos cinco mil seiscientos ciudadanos y metecos que servían como hoplitas; también a principios de siglo Cavaignac (1912: 274) había calculado el catálogo hoplítico corintio en unos cinco mil hoplitas. Más completo encuentro el análisis de Sakellariou y Faraklas, que parten del estudio de Beloch, pero elevan la cifra de hoplitas entre veinte y cincuenta años a 3.700-4.000 y rebajan, sin embargo, el censo total de hoplitas y metecos a 5.000-5.500[38]. Salmon (1984: 165-167) también sitúa en tres mil el reclutamiento normal de hoplitas y en torno a cinco mil el catálogo completo, incluyendo los más jóvenes y ancianos. Por tanto, podemos columbrar con cierta verosimilitud que el contingente corintio para servir en la leva anual peloponesia consistiría en unos dos mil hoplitas, cifra refrendada por nuestras fuentes cuando nos informan de las aportaciones corintias en hoplitas realizadas en diferentes momentos entre mediados del siglo V y mediados del IV: tres mil enviados a Epidamno en 435 (I,29,1), mil seiscientos a Potidea en 432 (I,60,1), mil quinientos a Acarnania en 431 (II,33,1), doscientos doce caídos en Soligia en 425 (IV,44,4) -lo que significa una fuerza de unos dos mil hoplitas si pensamos que el vencido en batalla hoplítica perdía aproximadamente un 14 % de sus tropas-, dos mil setecientos sirviendo bajo Brasidas en la defensa de Mégara en 424 (IV,70,1), dos mil en Delio en 424 (VI,100,1), dos mil en Mantinea en 418 (V,57,2), tres mil en Nemea en 394 (X. *HG.* IV,2,17) y, por último, dos mil que sirvieron bajo Timoleonte en Sicilia en 344 (Plu. *Timol.* 16,3). Los números resultan pues bastante uniformes para todo el período clásico y sólo se advierte un descenso pronunciado entre los cinco mil enviados a Platea en 480 (Hdt. IX,28,3) y los tres mil que combatieron en Leucimme en 435, problablemente como consecuencia de las bajas experimentadas durante la primera guerra del Peloponeso[39].

Como en el resto de los estados griegos, el catálogo hoplítico corintio estaba integrado mayoritariamente por la clase propietaria de tierras, detentadora de la ciudadanía plena y de los medios de producción. El abandono temporal de los fundos por los requerimientos de la guerra no constituía un serio daño o rémora para muchos de los posesores -al menos mientras no se produjeran invasiones que asolaran los campos-, ya que no los explotaban directamente, sino a través del trabajo esclavo y dependiente, en este último caso de los *misthotoí* o jornaleros (Ste. Croix 1988: 246), lo que sin duda contribuyó a la vigencia del clima bélico en los veintisiete años de duración del conflicto. No podemos decir lo mismo de los dueños de

---

[35] Bultrighini 1991; Cawkwell 1993: 45. Moxon 1978 tal vez va demasiado lejos al vincular la línea beligerante, cuyo máximo representante sería Brasidas, con la figura del rey Arquidamo, incluso varios años después de la muerte de éste -de forma que Brasidas sería una especie de ahijado político del *archegétes*-, sin suministrar argumentos sólidos. Cf. también Kagan 1974: 21.

[36] Brunt 1965: 266-267 concluye que las invasiones fueron el arma más efectiva de los peloponesios y tal vez fueron infravaloradas por Tucídides en comparación al daño causado desde Decelia a partir de 413; también para Grundy 1948: I, 333-334, Garlan 1974: 23-26, 38-39, Powell 1988: 145 y Cawkwell 1993: 42 las invasiones infligieron serios daños a las propiedades, riquezas y moral de muchos atenienses, agudizando los conflictos internos. Hardy 1926, Will 1975b y 1997: 306, Hanson 1983: 111-143, Lewis 1992: 389 y Foxhall 1993 piensan, por el contrario, que el efecto de las invasiones se vio muy limitado hasta el año 413. Kelly 1982: 53 subraya el hecho de que al menos siete veces fue enviada la flota peloponesia hasta el 425, mientras sólo hubo cuatro invasiones completas del Ática en ese tiempo. Cf. *supra* n. 31.

[37] Aunque sin abordar el tema en profundidad, Prandi 1976 repasa la evolución, sinceridad y efectividad de este eslogan lacedemonio en los pasajes correspondientes de Tucídides y Jenofonte. Nótese su reutilización, con los mismos fines pero distinta dirección, por Atenas en 377, ya que la segunda liga ateniense nacerá con la pretensión de que «los lacedemonios dejen a los griegos vivir en paz, libres y autónomos ...» (*GHI* II nº 123).

[38] Sakellariou, Faraklas 1971: 83-86, que aplican también al estado corintio el modelo que Gomme 1933a: 26 utilizó para Atenas, con el fin de obtener una cifra de población libre entre 46.000 y 51.000 y un total, esclavos incluidos, entre 66.000 y 73.000; Beloch 1886: 86, 119-123 la había elevado a los cien mil habitantes para toda la Corintia, mientras Cavaignac (*ibid.*), a partir de los cinco mil hoplitas corintios que participaron en Platea, estimó una población libre en torno a los cuarenta mil habitantes, número que habría que elevar si contamos con al menos parte de la tripulación de sus cuarenta naves (cf. *supra*); así también Will 1955: 15 n. 3. Aunque subraya el carácter conjetural de cualquier aproximación numérica, Wiseman 1978: 12 hace una estimación más conservadora de 40.000-75.000 para los ciudadanos y sus familias y 112.000-145.000 para el total de población libre.

[39] Griffith 1950: 240-241; Kagan 1961: 335-337; Ste. Croix 1972: 334-335; Wiseman 1978: 10-12. La cifra de Heródoto es rechazada por Beloch 1886: 119. Salmon 1984: 166 niega este supuesto descenso en el catálogo hoplítico y explica la diferencia entre la leva corintia en Platea y las ulteriores ocasiones porque en la primera se incluía a los más jóvenes y a los más ancianos, con lo que la ciudad habría quedado sin defensa humana, mientras que nunca después Corinto hizo un esfuerzo bélico semejante. Sin embargo, cabría suponer que, de haber dispuesto de más hoplitas, Corinto los habría puesto en el campo de Nemea -como hizo con las tropas ligeras-, donde tuvo lugar un enfrentamiento crucial a las puertas mismas de su territorio.

talleres -sean metalúrgicos, cerámicos o de cualquier otro tipo- y de los grandes inversores comerciales, que, al margen de poseer tierras, fundaban su fortuna en negocios «menos dignos». Para ellos la guerra suponía un mal irreparable tanto por disminuir el índice de prosperidad general y con él el nivel adquisitivo de la población como por la interrupción parcial o total de las comunicaciones, esencialmente marítimas. De cualquier forma, son los propietarios los que disponen de recursos (*chrémata*) para adquirir la panoplia hoplítica y de tiempo libre (*scholé*) para ejercitarse en el manejo de las armas. Recordemos que incluso en una ciudad con gran movimiento comercial como era Corinto, la tierra seguía siendo el patrón de riqueza con que controlar el acceso a la vida pública de la ciudad-estado. En suma, Corinto seguía la pauta general griega, al menos hasta que el mercenariado y la integración de inferiores -ésta principalmente en Esparta- se conviertan en fenómenos generalizados a mediados del siglo IV, según la cual existe una identificación entre ciudadano terrateniente con plenos derechos políticos y hoplita defensor de los intereses y soberanía de su *pólis*. El hoplita-ciudadano posee un estatuto privilegiado dentro de la comunidad, cuya organización jerárquica responde básicamente a la distribución de las responsabilidades militares. En otras palabras, en el estado corintio la ecuación entre prestaciones militares y relevancia política no se había decantado en favor del *dêmos*, como había sucedido en Atenas, donde los *thêtes* impulsores de la flota constituían la auténtica fuerza de la ciudad en uno y otro sentido. Así, por ejemplo, hemos que esperar a la guerra jónica -y aun entonces de forma limitada-, para que los mercenarios tengan cabida en el ejército hoplítico corintio.

Vistos los números aportados por la ciudad al ejército de la liga peloponesia, no parece que se hubiera establecido un elevado *minimum* de tierra para entrar con plenos derechos en el cuerpo cívico y, por ende, participar de las magistraturas e instituciones comunitarias[40]. Es incluso posible que la sociedad política, es decir, la ciudadanía, incluyera a todos los propietarios, dada la limitada extensión del territorio corintio[41]. Según Salmon (1984: 237-238) es muy probable que en la práctica únicamente un ciudadano rico y de buena cuna alcanzara cargos y magistraturas como los de *próboulos*, *sýmboulos*, *strategós*, etc., aunque, como el mismo autor añade, esto también sucedía en los regímenes democráticos. Sin embargo, tanto el papel sociopolítico como el militar del *dêmos* subhoplítico en Corinto apenas era relevante. Por un lado, la Constitución oligárquica, básicamente hoplítica, de carácter moderado y ancha base -con Ste. Croix 1972: 35 y 1988: 333 podemos aceptar como de ancha base aquellas oligarquías en las que al menos un tercio de la ciudadanía disfruta de plena capacidad política-, le impediría el acceso directo a los organismos controladores de poder, si bien podemos sospechar que en determinadas ocasiones pudiera influir indirectamente en la toma de decisiones políticas. Por otra parte, su participación en el ejército es mínima: en todo el siglo V no hay constancia de que *peltástai* (infantes ligeros), *sphendonêtai* (honderos), *akontistaí* (jabalineros), *toxótai* (arqueros) o cualquier otro tipo de guerrero con armamento ligero (*psilós*) combatiera en el ejército corintio, con excepción de los cuatrocientos que junto a mil seiscientos hoplitas marcharon a Potidea en 432, fuerza que no era oficial, sino que estaba integrada por voluntarios corintios y mercenarios peloponesios, sin que sepamos la aportación real de cada uno de estos grupos, quedando la posibilidad de que los cuatrocientos infantes ligeros fueran todos mercenarios procedentes del Peloponeso[42]; por el contrario, en la batalla de Nemea en 394 fue Corinto quien aportó mayor número (*pléon*) de tropas ligeras entre sus aliados (X. *HG*. IV,2,17) y en 369 otro contingente de *psiloí* defiende con éxito la ciudad ante un ataque tebano (*HG*. VII,1,18-19). El aumento de las tropas ligeras (*hoi elaphroí*), paralelo al descenso del número de hoplitas corintios ya examinado, es producto de las continuas guerras y del crecimiento del *plêthos*, que va reclamando su integración en el ejército y en la vida pública, de forma que es al filo del siglo IV cuando se constituye una facción demócrata que trata de buscar el poder (Kagan 1958: 114).

Excepto en regímenes democráticos y no siempre, las masas de desheredados (*mochtheroí*) apenas si contaba en el concierto sociopolítico. En Corinto no conocemos su número[43], ni el grado de explotación a que eran sometidos estos ciudadanos pobres por parte de la clase propietaria. El que no sepamos de signo alguno de desestabilización ni de oposición a la clase oligárquica gobernante y el deseo continuado de Corinto por mantener viva la llama de la guerra nos inducen a pensar que el cuerpo cívico en su mayoría no se vio irreparablemente afectado por ésta, en gran medida porque sus propiedades no fueron asoladas, como sucedió durante la guerra de Corinto, ni padeció en exceso las consecuencias de la política beligerante a que habían sido compelidos por las clases

---

[40] Salmon 1984: 236-237 llega a pensar que la plena ciudadanía pudo estar abierta incluso a los no propietarios. Como referencia general Hanson 1989: 29 estima que los hoplitas campesinos poseían como media entre dos y cuatro hectáreas de terreno, porcentaje que Ober 1994a: 16 eleva a entre cuatro y seis hectáreas.

[41] El legislador Fidón de Corinto ya pretendió en época arcaica equiparar el número de ciudadanos y de propietarios (Arist. *Pol*. 1265b 13), mientras que es también un corintio perteneciente al *génos* Baquíada, Filolao, quien dota a los tebanos de leyes de adopción que permitían mantener fijo el número de propiedades (Arist. *Pol*. 1274b 10). Desde luego, no sería algo anormal que en las oligarquías de amplia base la totalidad de propietarios gozaran de una ciudadanía de pleno derecho (Donlan 1980: 123).

[42] I,60,1. El hallazgo en Corinto de dos proyectiles de plomo que llevaban inscrito el nombre de Licofrón ha sido asociado a la posible existencia de honderos corintios en 425, en la batalla de Soligia (Foss 1974/5: 40-41; Salmon 1984: 319 n. 33; Hornblower *CT* n. introductoria a IV,42-45), donde en un momento dado los corintios, que luchaban bajo el mando de un estratego llamado Licofrón (IV,43,1; 43,5; 44,2), arrojaron piedras a los atenienses desde una posición elevada (IV,43,4); sin embargo, pienso que se trata de una identificación muy forzada, no sólo porque el nombre de Licofrón no sea infrecuente, sino porque en el relato tucidídeo se percibe claramente que fue una acción puntual y desesperada por parte de los hoplitas corintios acorralados, que aprovecharon la pendiente del terreno, y no de un contingente especializado de lanzadores, al margen de que Tucídides habla de piedras (βάλλοντες τοῖς λίθοις) y no de proyectiles de plomo.

[43] Salmon 1984: 168 calcula en unos diez mil los ciudadanos por debajo del censo hoplita, es decir, aplica una *ratio* de un hoplita por cada dos subhoplitas, la misma que en Atenas empleó Jones 1957: 8-10.

pudientes, evitándose así la *stásis* o lucha civil. Eso sucede, además, cuando los conflictos bélicos tienden a dislocar la estructura social y los valores que lleva aparejados (Andreski 1971: 135; Garlan 1975: 184). Si de hecho el régimen oligárquico se mantuvo ininterrumpido en Corinto durante más de dos siglos, desde la caída de la tiranía cipsélida en *c.* 585 hasta la tiranía de Timófanes en *c.* 355[44], se debió tanto a su flexibilidad como a que tenía en cuenta las necesidades de *hoi polloí*, mantenidos, no obstante, al margen de las decisiones políticas (Laistner 1957: 348; Kagan 1958: 20-21; Salmon 1984: 236-237, 404-406).

A esta aparente estabilidad y solidez del régimen contribuyó presumiblemente la ya mencionada existencia de un nutrido sector de población empleado en actividades relacionadas con la *emporía* y las *téchnai*. En el marco de su teorización, Aristóteles colocaba a los *mésoi*, posesores de parcelas de mediana extensión como árbitros atenuadores de la tensión y virulencia que preside el enfrentamiento entre poderosos y pobres (*Pol.* 1296a 12-16; 1296b 4; cf. Ste. Croix 1988: 92); en opinión del Estagirita, así se fomentaba la concordia (*homónoia*) y se evitaba caer en los extremos en que dominan ricos o pobres e imponen regímenes radicales contrarios a la ley. El mismo Aristóteles consigna que la ciudadanía de la clase artesanal hubiera sido impensable en un régimen aristocrático cerrado, mientras que en las oligarquías, más atentas al fundamento económico, no se ponían grandes trabas a la integración de los más pudientes de esta clase (*Pol.* 1278a 5-6).

Este mismo equilibrio puede ser encontrado en el proceso deliberativo del estado corintio, hasta el punto de que las fuentes literarias expresan confusión a la hora de determinar en qué institución reside la soberanía; un mismo autor como Plutarco recoge por un lado que «son pocos los asuntos públicos que se discuten en la Asamblea corintia» (*Dio* 53,3), mientras que, por otro, en su relato de la elección de Timoleonte para el mando de la expedición a Siracusa (*Tim.* 3,2 y 7,2) deja ver una mayor trascendencia de la Asamblea ciudadana, bien es cierto que este mismo debate es situado por Diodoro (XV,65,6-8) en la *Gerousía* o Consejo y no en la Asamblea. A pesar del importante papel diplomático y militar de los corintios en la guerra del Peloponeso, Tucídides se refiere a la Asamblea corintia una sola vez, con el término *xýllogos*, «reunión», cuando los embajadores argivos proponentes de una alianza son remitidos a su próxima convocatoria (V,30,5; cf. Salmon 1984: 232 n. 4, preferible a Ruzé 1997: 305, para quien se trataría de la Asamblea de los aliados). De la importancia y elevadas funciones de la Asamblea, expresión del carácter orgánico de la *pólis* en su significado ante todo de ciudadanos que se gobiernan a sí mismos[45], da fe también su aparición en primer término y bajo la fórmula ἔδοξε τᾶι ἐκκλησίαι en los decretos honoríficos corintios, incluidas las concesiones de proxenía y evergesía -bien que no anteriores al siglo IV, las instituciones corintias no parecen haber experimentado cambios en este tiempo-, así como las líneas 9 y 10 del llamado «decreto de Delos» (Robert 1948: 6; Jones 1980: 165-172; cf. también Smith 191: 339-340). No obstante, no podemos perder de vista que nos encontramos ante un régimen oligárquico, por muy flexible y amplio que éste pueda parecer, que dispone de los mecanismos necesarios para controlar y encauzar en su propio interés la política interna del estado. Así, por ejemplo, es muy posible que, como ha sugerido Ruzé (1997: 310), la Asamblea corintia se reuniera muy esporádicamente, tan sólo con ocasión de la toma de decisiones de suma importancia, mientras el peso del proceso deliberativo recaía en el Consejo, bastante numeroso y representativo. Debemos conceder, asimismo, gran relevancia en el manejo de los asuntos públicos de la ciudad a los ocho *próbouloi* que menciona Nicolás de Damasco (*FGH* 90 F 60,2), pues, como su nombre indica, tendrían a su cargo preparar los contenidos que va a tratar la Asamblea, con lo que de esta forma pueden conocer y reconducir si es necesario la opinión del *dêmos* sobre los mismos[46]. Se justificaría así la manipulación de la masa ciudadana desde las instituciones, que no evita que se pueda hablar de un cierto compromiso entre gobernantes y gobernados, bien es cierto que posiblemente mediatizado por los primeros dentro del tira y afloja mantenido con el ánimo de aumentar o reducir el nivel de presión ejercido sobre los últimos[47]. Donlan (1980: 126) ha afirmado, no sin razón, que era conveniente para los poderosos del siglo V «sugerir superioridad sin buscar el enfrentamiento con la sensibilidad democrática de las clases medias y bajas». Por último, hemos de suponer unos mayores efectos del patronazgo y las relaciones personales -cuya existencia es más reconocida y menos disfrazada que en la Atenas democrática- sobre el funcionamiento de las instituciones y órganos de poder (Millett 1989: 18).

Al margen de que las fuentes no se refieran a movimientos de oposición o descontento hacia la política belicista de la clase gobernante, la arqueología nos ayuda a entrever que debió de existir un amplio y profundo sentimiento popular de animadversión contra Atenas forjado

---

[44] El sexenio democrático (392-386) que muchos autores han asumido por los efectos de la *isopoliteía* con Argos plantea serias dudas, ya que se basa en una innecesaria enmienda a D.S. XV,86, quien, al igual que X. *HG.* IV,4,1-2, habla de *stásis*, pero en ningún momento de que fuera provocada por demócratas, sino por «los mejores y más numerosos» y por «los más responsables de la guerra» (Will 1995: 16; Ruzé 1997: 307-309).

[45] Salmon 1984: 236 piensa que la Asamblea corintia no excluiría más que a una minoría de ciudadanos, ya que de otra forma las tensiones internas generadas por la privación de derechos políticos a una mayoría hubieran acabado por estallar en disturbios civiles y como tales hubieran sido recogidos por las fuentes, tanto más en una ciudad tradicionalmente abierta a ideas y gentes foráneas. Sobre la soberanía de las Asambleas en regímenes oligárquicos, véase Mossé 1967: 106.

[46] Salmon 1984: 238 y Ruzé 1997: 302-304, que traen en su apoyo Arist. *Pol.* 1298b 14, donde *próbouloi* y *nomophýlakes* preparan los temas que luego el *dêmos* se encarga de discutir; sobre los πρόβουλοι en general, puede consultarse Mossé 1967: 109; Ruzé 1974; Tréheux 1989: 241-247.

[47] Salmon 1984: 236 habla incluso de que el ciudadano medio estaba aparentemente feliz de ser guiado. Para este balance de poder dentro de una sociedad jerarquizada, una vez establecidos hábitos de obediencia hacia la clase gobernante, véase Andreski 1971: 24.

verosímilmente desde mediados de siglo. Así, el descubrimiento de una copa corintia del tipo conocido como «Grupo de Sam Wide», fechada entre 424 y 422, con una representación burlesca de Cleón encarada a un Edipo liberador, simboliza esa voluntad de resistencia entre las capas sociales corintias a la *arché* ateniense cuando ésta se encontraba en su cénit[48]. En el mismo sentido se inscribe el que no tengamos constatación de la presencia y actividad de facción alguna que pudiéramos percibir como demócrata o proateniense; a principios del siglo IV el grupo encabezado por Timolao y Poliantes responde a la división surgida en la clase gobernante en cuanto a la actitud con respecto a Esparta, definiéndose la misma en dos sectores opuestos, filo y antilacedemonio, sin entrar en juego propuestas políticas de tendencia democrática[49].

La aparente uniformidad de la política exterior hasta la guerra Corintia sería otro factor a la hora de valorar la estabilidad del régimen corintio, lo mismo que la inexistencia en el ejército de un contingente de caballería o de una elite seleccionada de hoplitas -del tipo que, como veremos más adelante, tenían los argivos-, cuerpos que por la propia idiosincrasia, naturaleza e ideología de sus miembros tendían a situarse por encima del resto de la ciudadanía y, por ende, a participar en movimientos ligados a la instauración de regímenes más cerrados y exclusivistas, en los que sólo *hoi béltistoi*, «los mejores», puedan ostentar el poder (Bugh 1988: 115-143). En efecto, si arriba hemos visto que la presencia del *dêmos* subhoplítico en el ejército fue prácticamente nula, Corinto tampoco dispuso nunca de una elite militar sostenida y auspiciada por el estado, mientras que no tenemos noticia de que un cuerpo de caballería existiera antes del 370[50], rasgos ambos que colaboraban en no exacerbar las diferencias sociales dentro de la comunidad. En el marco temporal que nos atañe directamente, la guerra del Peloponeso, si Tucídides señala ya en la enumeración de fuerzas intervinientes que únicamente beocios, foceos y locros contribuían regularmente a la caballería de la liga del Peloponeso (II,9,3), en el ataque de Nicias a la Corintia en 425 la decisiva acción del ala de caballería ateniense no pudo ser contrarrestada por una homónima corintia, que de haber existido sin duda hubiera intervenido en la crucial defensa del territorio (IV,44,1). Un último, si bien discutible, criterio contribuyente a la estabilidad de la sociedad corintia ha sido sugerido por John Salmon (1984: 404), quien cree que en algún momento tras la caída del régimen aristocrático baquíada en *c.* 657 se produciría una reorganización territorial tendente a romper los lazos hereditarios y de parentesco -que pudo servir incluso de inspiración a la que Clístenes realizó en el Ática-, evitándose así en gran medida los graves problemas motivados por los mismos. En definitiva, la sociedad corintia parece mostrar una menor complejidad y una mayor cohesión que la ateniense contemporánea, lo que se hace especialmente patente en su más restringido repertorio de temas iconográficos y su menor interés por las representaciones humanas, sobre todo en actividades propias de la elite como la guerra, la caza, los juegos, etc., recogidas por la cerámica corintia (Arafat, Morgan 1989: 334).

El conjunto de características reseñadas hace que podamos englobar el régimen corintio dentro del primer tipo de oligarquías que distingue Aristóteles, aquéllas en las que los propietarios son numerosos aunque su lote de tierra sea pequeño, no tan afortunados como para disponer de tiempo libre sin preocupaciones ni tan desgraciados como para necesitar que la ciudad los alimente, y participantes del gobierno y de la soberanía (*Pol.* 1292b 7-8). Podría incluso dudarse de que fuera una genuina oligarquía, en el sentido genérico del término, «gobierno de unos pocos» o que lo fuese sólo de forma nominal[51]. Al mismo tiempo, Corinto escaparía al tipo de «sociedad homoica» establecida por el sociólogo Stanislav Andreski (1971: 122, 138), que, erróneamente en mi opinión, transplanta a todos los estados dorios el arquetipo lacedemonio, caracterizado por oligarquía cerrada, bajo índice de participación militar, baja subordinación y alta cohesión, todo lo cual sólo está probado en el caso de los *hómoioi*.

En lo referente a los esclavos mercancía, que debieron de ser muy numerosos en Corinto dada la presencia de un gran mercado internacional de esclavos[52], nada indica que tuvieran

---

[48] El demagogo ateniense presta su rostro a una esfinge que se masturba mientras habla al pueblo desde el bema; en Edipo se ha querido ver a Brasidas, el principal antagonista de Cleón y estandarte de la liberación de los griegos que prometía la liga del Peloponeso. Ésta es la explicación que ofrece a la escena Brown 1974, anteriormente descrita por Boardman 1970.

[49] Hell.Oxy. II,2; D.S. XIV,86,1; X. *HG.* III,5,1. La divergencia de opinión tras la paz de Nicias sospechada por Kagan 1958: 20-23, 1960: 294-296 y 1981: 36-37 entre lo que él llama sectores «aristocrático terrateniente» y «oligárquico comercial», no puede considerarse disensión interna, ya que no trascendió al conjunto de la sociedad ni generó serio enfrentamiento entre facciones.

[50] X. *HG.* VI,5,52. Greenhalgh 1973: 98-100, 147-148 ve en la representación de caballeros inmersos en una batalla -sin escudo ni grebas y con lanza de recambio- que decora una enócoe corintia de principios del siglo VI la prueba inequívoca de la presencia de caballería en Corinto en este período, sin que pueda tratarse de hoplitas montados que utilizan el caballo como medio de transporte. Son muy raros los vasos cerámicos corintios y áticos anteriores al siglo V en que aparecen jinetes, a veces con armamento pesado y otras con ligero, por lo que es más razonable pensar con Anderson 1961: 147 que se trata de experimentos aislados y no de la prueba de un cuerpo de caballería organizado; de hecho, Greenhalgh (pág. 149) reconoce que sólo en Tesalia es segura la existencia de caballería durante el arcaísmo.

[51] Arist. *Pol.* 1292b 3 reconoce que las leyes son menos importantes que la práctica formal. Will 1955: 609-610 define el régimen corintio a caballo entre la democracia y la oligarquía, con cierto énfasis en esta última.

[52] Garlan 1988: 53-54; Mossé 1986b: 138 relaciona el porcentaje de esclavos mercancía con el nivel de intercambios comerciales y con el tamaño de la flota de un estado, de modo que Corinto, Rodas, Mileto, Egina, etc., poseían un elevado número. El comercio de esclavos era una actividad muy lucrativa y tanto la situación geográfica de Corinto como su condición de eje comercial la convertían en lugar idóneo para su venta, una vez trasladados desde el extrarradio helénico (Ponto Euxino, Cilicia, Caria, Iliria, Tracia ...). Muchos de estos esclavos terminarían por recalar en el Istmo, aunque no sabemos en qué actividades aplicaban su fuerza de trabajo (Garlan 1989: 79, 89). La cifra de 460.000 esclavos para Corinto que nos suministra Timeo *apud* Ateneo (272b-d; *FGH* 566 F 5), rechazada entre otros por Westermann 1940: 451-470, Gomme 1946: 128, Finley 1960: 73-92 y Garlan 1988: 56-60, proviene del inicio del período helenístico, cuando posiblemente se engloba bajo el término esclavitud otras formas de dependencia o subordinación; para Salmon 1984: 168 el total de esclavos no alcanzaría los veinte mil, a una media de uno por familia, mientras Wiseman 1978: 12 eleva la cifra a entre cuarenta

una función en el ejército terrestre que no fuera la de atender las necesidades de sus dueños, los hoplitas, pese al reciente esfuerzo de Hunt (1998: *passim*) por demostrar una numerosa, activa y en ocasiones decisiva utilización de esclavos en los enfrentamientos bélicos de época clásica. Por otra parte, no existía una población servil de carácter étnico -tipo hilotas laconios y mesenios, clarotas cretenses, mariandinos de Heraclea Póntica, penestas tesalios, etc.-, más proclive a poder ser utilizada en momentos de emergencia bajo promesa de cierta integración en el cuerpo cívico (Mossé 1961; Garlan 1972 y 1975: esp. 79-80).

A pesar de que el contingente hoplítico corintio era notable dentro de la liga peloponesia -si bien lejos de las tropas que podían reclutar lacedemonios y beocios-, su mayor aportación se sitúa en el terreno naval, donde es el primer estado en número y calidad de barcos dentro de una alianza cuyo poder principal radicaba en su infantería hoplítica[53]. La derrota de Leucimme en 435 frente a Corcira, donde Corinto perdió quince de sus treinta naves para un total de setenta y cinco reunidas (I,27,2; 29,5), empujó a los corintios a desarrollar un ambicioso programa de construcción naval que les permitió en dos años presentar ante los corcirenses en Sibota una flota de ciento cincuenta naves, noventa de ellas propias, bien es cierto que no todas serían trirremes a juzgar por la amplitud semántica del término νῆες usado por Tucídides (I,46,1)[54]. Aunque carecemos de pruebas, es seguro que un esfuerzo así -sólo comparable al realizado por Atenas bajo la legislación de Temístocles- tuvo que implicar necesariamente un aumento del gravamen a los propietarios de tierras corintios, obligados a costear la construcción y dotación de las naves, es decir, en un mecanismo de redistribución económica semejante, si no igual, a las liturgias atenienses[55]. Parece inevitable relacionar esta grandiosa reestructuración de la flota corintia - que significaba un desequilibrio en el *status quo* naval helénico (Legon 1973: 162; *contra* Bloedow 1991d: 199)- con los decretos de Calias, promulgados en Atenas presumiblemente en 434/3 como una respuesta de Pericles, que preparaba a su ciudad para un inminente conflicto (*IG* I³ 52 = *GHI* nº 58)[56]. Como ha señalado Thomas Kelly (1979: 246-247), al perderse sólo treinta naves en Sibota, debían de quedar ciento veinte listas para el servicio en 431, de las cuales unas setenta serían corintias[57], sin contar con que Mégara podía disponer de al menos cuarenta naves que fueron utilizadas en el fallido ataque sobre el Pireo (II,92,2), a las que habría que sumar los contingentes de Sición, Pelene, Epidauro, Trecén, Hermíone e incluso las de la propia Esparta, cuyo número Tucídides no especifica. Aunque en toda la guerra arquidámica la flota peloponesia no sumó más de cien naves en acción, hubo de contar con un mínimo de ciento cincuenta disponibles (II,66,1; sin explicación alguna Wilson 1987: 110 duplica esta cifra). Sin duda el problema principal de los peloponesios residía en la carencia de los recursos financieros necesarios para contratar remeros -además de no poder emplear a los que vivían en el ámbito de influencia del imperio ateniense-, dada la escasa pericia de los peloponesios de fuera del Istmo, campesinos en su mayor parte (Brunt 1965: 259; Kagan 1974: 21; Salmon 1984: 306). Como *hegemónes* marítimos de la liga del Peloponeso, los miembros de la clase dirigente corintia eran conscientes de la perentoria necesidad de *chrémata*, fondos, que equilibraran en lo posible la profundidad del tesoro ateniense; de ahí que, para afrontar los gastos de construcción y tripulación de naves, los embajadores corintios ante la Asamblea de aliados reunida en Esparta para votar la guerra hagan la propuesta de recurrir a préstamos de los santuarios de Delfos y Olimpia, una sugerencia que no tenemos pruebas conclusivas de que se materializase (I,121,3; IV,118,3 alude más bien a un delito o acto de impiedad concreto contra el tesoro délfico; cf. Gomme *HCT ad loc.* y Kallet-Marx 1993: 89-90, 177-178).

Así, el funcionamiento de las setenta naves corintias precisaría de aproximadamente catorce mil tripulantes, adoptando la usual media de doscientos por *triéres*, pero esto hemos de verlo como un *maximum* que sólo tuvo lugar antes del estallido del conflicto y, por tanto, Corinto pudo haber contratado remeros del Egeo para esta ocasión puntual (cf. I,35,4; Hornblower *CT ad loc.*). A pesar de las objeciones levantadas por Kallet-Marx (1993: 75), la solicitud de mercenarios para formar en las tripulaciones sería una práctica habitual, como se desprende de I,31,1, donde encontramos mercenarios peloponesios y «del resto de Grecia» combatiendo en la flota corintia en Sibota, y de I,35,4, donde los corcirenses se quejan a los atenienses precisamente de que los corintios «sacan fuerzas de su imperio» al alquilar mercenarios entre sus aliados. Hemos de tener en cuenta que el servicio en las naves

---

y cincuenta mil. Lo cierto es que cualquier tipo de cálculo en este sentido es pura especulación ya que tampoco sabemos el número de familias ciudadanas. Sakellariou, Faraklas 1971: 87-89 destacan que a lo largo de todo el período clásico se produjo un crecimiento uniforme en el número de esclavos, paralelo al descenso de trabajadores libres consecuencia de la situación de guerra continuada, que fueron siendo sustituidos por los primeros como fuerza de trabajo al ser más barato su mantenimiento.

[53] La única estimación numérica procede de Salmon 1984: 306, que calcula que las aportaciones de Corinto y sus colonias Léucade y Ambracia significarían aproximadamente la mitad de la flota peloponesia; para la evaluación y significación de ésta en vísperas del conflicto, véase Fornis 1995a.

[54] Cf. fig. 4 para la localización del cabo Leucimme, al sudeste de Corcira, y de las islas Sibota, entre el sur de Corcira y el continente; véase Legon 1973, junto con Kelly 1979: 246-247 y 1982: 32 con n. 22, para un pormenorizado análisis de cómo se llevó a cabo la construcción y los lugares de aprovisionamiento.

[55] Figueira 1991: 294-295. Cataldi 1990: 24 con n. 58 prefiere pensar que el programa constructivo fue sufragado con la plata iliria; cf. a este respecto el apéndice final.

[56] Véase Cataldi 1990: 11-12 con extensa bibliografía. Los argumentos de Kallet-Marx 1989 para situar la emisión del decreto A en 430/29 y la del B en 418, que recuperaban parcialmente la vieja teoría de Fornara 1970 de que había que retrasar ambos a 418, acaban de ser contestados por Cawkwell 1997: 107-110.

[57] Salmon 1984: 167 ha calculado en cuarenta la media corintia de *triéreis* en servicio de forma más o menos permanente basándose en la participación en naumaquias a lo largo del siglo V, aunque sus reservas acrecentarían la cifra sustancialmente.

gozaba de una menor consideración social con respecto al que se llevaba a cabo en la falange hoplítica, lo que lo convertía en menos deseable para la clase propietaria, reacia incluso al servicio como *epibátai*, marinos con equipamiento hoplítico (Garlan 1975: 129-133). Por otra parte, la oligarquía corintia no contemplaría con buenos ojos que en la armada se diera entrada a parte importante del *dêmos* subhoplítico, ya que constituía un caldo de cultivo para las ideas democráticas (Ps.X. *Ath.* 1,1-2; Arist. *Pol.* 1304a 8; cf. Grundy 1948: I, 259 y Will 1995: 25, quien ha sugerido que la clase gobernante tal vez fuera la responsable de la progresiva decadencia naval corintia tras un pasado talasocrático). Evidentemente en Corinto no encontramos como en Atenas esa especial conexión e incluso identificación entre poder naval (*nautikón*) y democracia (*demokratía*) como fundamento del dominio de los mares, tan presente en la historiografía griega (Momigliano 1944), lo que debilita la hipótesis de Salmon (1984: 177) de que se pagó a los ciudadanos corintios por servir en la flota, que no tiene otro fundamento que la práctica ateniense hacia los *thêtes*. Por ello, si arriba hemos visto que el mercenariado no tuvo entrada en el ejército hoplítico, esencialmente ciudadano, hasta el final de la guerra del Peloponeso, su participación en la flota sí debió de hacerse imprescindible desde los albores del conflicto. El temprano nacimiento y posterior progresión del poderío naval corintio es directamente relacionado por Tucídides con la proverbial riqueza de la ciudad, capaz de proveer los recursos financieros para el sostenimiento de la flota (I,13,2-5; cf. Kallet-Marx 1993: 31-32); mientras la economía del estado corintio se mantuvo próspera fue posible efectuar estos pagos a mercenarios para ocupar tan elevado número de puestos en los remos, algo que difícilmente podrían haber cumplimentado los ciudadanos y metecos corintios[58]. Lo que ocurre es que tales pagos eran circunstanciales, realizados en momentos de necesidad como Sibota, pero a medida que la guerra se prolonga, equipar naves se hace más costoso y el esfuerzo financiero se deja sentir en el tamaño cada vez menor de la flota corintia en particular y peloponesia en general, hasta que durante la guerra jónica esta última se financie con el oro persa (Kagan 1958: 64-65). No podemos, sin embargo, descartar el empleo de esclavos en los remos, que venía siendo habitual en estados «marineros» como Corcira (I,55,1) o Quíos (VIII,15,2)[59]. Un ejemplo lo tenemos en II,103,1, donde Formión regresa a Atenas con los prisioneros de condición libre capturados en las naumaquias del golfo Corintio, lo que parece implicar que previamente había vendido a los esclavos apresados (Porzio 1898: 574; Garlan 1975: 168). Además, la aplicación del trabajo esclavo a fines militares se encauzó más a menudo hacia el servicio en mar que al de tierra, al menos en época clásica (Garlan 1975: 174; Jordan 1975; Hunt 1998: esp. 122-125).

No obstante, la experiencia de Sibota, que el propio Tucídides define como una batalla terrestre sobre naves ya que éstas fueron únicamente empleadas en calidad de *hoplitagógous*, «portadoras de hoplitas» (I,49,1; cf. Ferrabino 1925: 340-351 para la disposición y movimientos tácticos de los navíos), confirma la carencia permanente de *naûtai* convenientemente entrenados, lo que, unido al programa de construcción naval de urgencia tras dicha derrota, me hace sospechar que la armada corintia en el siglo V tenía evidentes limitaciones: estaría dotada de las trirremes necesarias para labores de protección de las costas, pero serían deficientes en cantidad y calidad para enfrentarse a las aproximadamente trescientas *triéreis* atenienses (II,13,8), tripuladas por marineros diestros en avanzadas técnicas navales, entre ellas el eficaz *diékplous*. Así, por ejemplo, el envío de hoplitas corintios a Sicilia se lleva a cabo, al menos por dos veces, en navíos mercantes (VII,17,3-4; 18,4). Corinto no precisaba de mayores recursos navales, puesto que Corcira permanecía aislada y al mismo tiempo amparada por un estatuto de neutralidad - observado y respetado desde las guerras médicas como una opción jurídica lícita (Alonso Troncoso 1988: 61-64) -, pero finalmente la colonia acabó por desbancar a la metrópoli como poder económico y militar y, cuando en Sibota ésta quiso recuperar el terreno perdido, la tan buscada alianza de los corcirenses con Atenas motivó un *casus belli* interestatal. De cualquier forma, a medida que Atenas se hacía cada vez más dueña de los mares durante la Pentecontencia, las flotas de otros estados desistieron de toda competencia con ella ya que, de lo contrario, hubiera supuesto un sacrificio financiero más allá de las posibilidades de la mayoría de las *póleis* griegas, que no tenían un imperio con que alimentar sus arcas (Kallet-Marx 1993: esp. 37-69); Corinto no fue una excepción, por lo que sólo le restaba esperar que las ambiciones atenienses sobre el Occidente no maduraran, una esperanza que se probó vana (Grundy 1948: I, 299).

La voluntad peloponesia de intentar superar, o al menos equipararse, a Atenas en el mar se pone de manifiesto de dos formas en el inicio de la guerra: a través del envío de embajadas a Persia para conseguir el oro del Gran Rey[60] y mediante la petición de naves a sus «aliados» (*vid. infra*)

---

[58] Únicamente conocemos la paga que recibían los remeros de la flota ateniense durante la guerra del Peloponeso: una dracma -de la que tres óbolos se cobraban enseguida, mientras los tres restantes lo eran al regreso del viaje-, pero no habría gran diferencia con la práctica realizada en otros estados (Jordan 1975: 111-116; Morrison, Coates 1986: 62).

[59] Cavaignac 1912: 274 y Welwei 1977: 122-123 admitían la presencia de esclavos en las naves corintias, aunque sin especificar en qué labores o con qué regularidad, si bien, como ha señalado Salmon 1984: 168 n. 13, la evidencia es parca e incierta. Westerman 1955: 16, Casson 1971: 323 n. 4 y Morrison, Williams 1968: 258 prefieren pensar que Sibota fue la excepción y no la regla en cuanto al servicio de esclavos en las flotas griegas; sin embargo, ninguna aporta una solución al problema de quién ocupaba entonces los remos de las mismas, al margen de los consabidos *thêtes* en la ateniense. En favor de una participación esclava en las diferentes flotas griegas mayor de la que está dispuesta a reflejar la historiografía antigua, ideológicamente reacia a abordar este tema, se muestran Porzio 1898 y Hunt

1998: esp. 83-101.

[60] I,82,1; II,7,1; 67. Tanto Brunt 1965: 262 como Kelly 1979: 254 y 1982: 33 enfatizan el hecho de que Esparta hubiese tenido que reconocer la soberanía del Gran Rey sobre las ciudades de Asia Menor, algo incompatible con su propaganda de liberación de Grecia; aun así, existía cierta coincidencia de intereses entre lacedemonios y medos por reducir o eliminar la presencia ateniense en el Egeo y esto pudo suponer *a priori* una sugerente perspectiva para Esparta en los primeros pasos del conflicto.

occidentales para obtener un número total de quinientas[61]. En lo que respecta a este último punto, autorizadas opiniones han rechazado la cifras de naves suministradas tanto por Tucídides como por Diodoro[62], aunque a mi modo de ver ninguna resulta tan disparatada como en un principio podría parecer. La base de la desconfianza o el rechazo hacia nuestras dos fuentes se centra en que una y otra son equiparadas al potencial naval que una Atenas dominadora del Egeo tenía en los orígenes de la guerra, de modo que tanto el global de quinientas naves para Esparta y sus aliados como las doscientas específicamente de italiotas y siciliotas parecen excesivas estimaciones en relación a las trescientas de que disponían los atenienses. Pero en mi opinión, más que establecer peligrosas comparaciones, es necesario acudir a la historia reciente de Sicilia en general y de Siracusa en especial, previa al desencadenamiento del conflicto.

La colonia corintia había mostrado desde su fundación una tendencia a expandirse por el resto de la isla y a dominar a la población sícula originaria, tendencia que desde el siglo V redunda en una auténtica política imperialista. Así, el tirano Gelón pudo ofrecer a los embajadores griegos que acudieron a él en 481 en busca de ayuda ante los invasores persas doscientas trirremes, veinte mil hoplitas, cuatro mil jinetes, dos mil arqueros y dos mil honderos, cifras que dan fe de la potencialidad militar de Siracusa en estos momentos[63]. En 440/39, entre otras reformas y ampliaciones del ejército, los siracusanos aumentan su flota en cien trirremes más[64]. Si estos números, que se ciñen exclusivamente a Siracusa, son correctos, a poco que las demás colonias dorias y dorizantes, a las que en su conjunto se dirige el llamamiento peloponesio, realicen mínimas aportaciones, superaremos las doscientas naves construidas *in loco* de las que habla Diodoro, más el mínimo de ciento cincuenta estimadas para la flota de la liga, nos acercaremos o incluso rondaremos las quinientas de que habla Tucídides[65]. Hemos de recordar que el historiador ático no se caracteriza precisamente por dar cifras exageradas e incluso renuncia a consignarlas si no existe cierta seguridad sobre la fuente (recuérdese *v. gr.* III,113). Igualmente, la ironía debe quedar descartada en un autor como Tucídides. Por último, necesitaríamos recelar de las informaciones de Heródoto, Tucídides y Diodoro para seguir infravalorando la hipotética aportación sicilota y magnogreca, cuya eficacia habría de quedar patente en 413, en la batalla del puerto siracusano, y hemos de recordar que si adoptamos una postura hipercrítica hacia nuestras fuentes literarias, corremos el peligro de poner en duda todo el panorama histórico que nos han permitido forjar, coherente en su conjunto.

En otro orden de cosas, no se ha prestado apenas atención al resto del pasaje de Tucídides donde los lacedemonios aconsejan a los estados siciliotas y suritálicos «permanecer en calma y permitir la entrada de una sola nave en sus puertos si los atenienses se presentaban hasta que los preparativos estuvieran finalizados» (II,7,2). Estas potenciales provisiones nos hablan claramente de que las *póleis* de Sicilia y la Magna Grecia estaban dispuestas a asumir un estatuto de neutralidad, al menos en los primeros momentos del conflicto[66]. Asimismo, a lo largo de la narración de Tucídides

---

[61] Y no que la petición espartana a los griegos occidentales sea de quinientas naves, como ha sido algunas veces sugerido. El pasaje de Tucídides no deja lugar a dudas: Καὶ Λακεδαιμονίοις μὲν πρὸς ταῖς αὐτοῦ ὑπαρχούσαις ἐξ Ἰταλίας καὶ Σικελίας τοῖς τἀκείνων ἑλομένοις ναῦς ἐπετάχθη ποιεῖσθαι κατὰ μέγεθος τῶν πόλεων, ὡς ἐς τὸν πάντα ἀριθμὸν πεντακοσίων νεῶν ἐσομένων, «los lacedemonios, a fin de añadir a las que ya tenían preparadas, habían dado orden a las ciudades de Italia y Sicilia que abrazaban su causa de procurarse naves en proporción a la importancia de cada una, en la idea de alcanzar un total de quinientas naves ...» (II,7,2). Es Diodoro quien, no siguiendo aquí el relato tucidídeo, habla de una solicitud de doscientos navíos a los occidentales por parte de los peloponesios: καὶ τοὺς κατὰ τὴν Σικελίαν καὶ Ἰταλίαν συμμάχους διαπρβευσάμενοι διακοσίαις τριήρεσιν ἔπεισαν βοηθεῖν, «enviaron también delegados a sus aliados de Sicilia e Italia y les persuadieron para llegar en su ayuda con doscientas trirremes» (D.S. XII,41,1).

[62] Gomme *HCT* I,49,1 y II,7,2; Kagan 1974: 23 y Holladay 1978: 409 rechazan incluso la cifra de doscientas. Crawford, Whitehead 1993: 342-343 con n. 1 y Will 1997: 287 califican la cifra de quinientas de «absurda» y de «pura ilusión», respectivamente. Grundy 1948: I, 364 n. 3; Brunt 1965: 261 y Ste. Croix 1972: 67 n. 12 también creen que existe un error, al menos en el número de quinientas. Wilson 1987: 110 acepta las doscientas naves como un *minimum*; Hammond 1987: 311-312 admite trescientas sin contar las de Siracusa, mientras Kelly 1982: 31 desdeña como simbólicas ambas cifras para quedarse con la intención. Powell 1988: 147 sospecha que Esparta pidió por encima de las posibilidades con la esperanza de conseguir cualquier cosa. En todo caso, Sicilia no colaborará logísticamente en la guerra hasta después de la gran expedición ateniense del 415 y, aun entonces, en escasa medida, con sólo veintidós naves.

[63] Hdt. VII,158. Las cifras son aceptadas por Finley 1968b: 52; Loicq-Berger 1967: 91 admite que la flota siracusana en tiempos de Gelón pudiera ser equiparable en efectivos a su contemporánea ateniense, unas doscientas setenta *triéreis*. Por otro lado, Morrison, Williams 1968: 160-161 reconocen la superioridad de las flotas griegas occidentales en los preámbulos de las guerras médicas, cuando todavía estaba por eclosionar el gran programa constructivo de Temístocles para Atenas.

[64] D.S. XII,30,1. Sobre este notable fortalecimiento militar siracusano, véase Davies 1978: 143 ss. y Domínguez Monedero 1989: 251, 571, quien lo enmarca en el contexto de las relaciones con la población indígena, en progresivo sometimiento ante la expansión territorial experimentada por la colonia corintia. No obstante, para Scuccimarra 1985: 46 la cifra de un centenar de trirremes es exagerada y Cawkwell 1997: 86 es aún más crítico al desestimar por entero el testimonio del Sículo y negar cualquier preparativo naval siracusano hasta 426/5 basándose en que la primera expedición ateniense a Sicilia en 427 no encontró apenas resistencia en el mar.

[65] Cataldi 1990: 3 contempla como una posibilidad real «un massiccio intervento di una flotta occidentale a sostegno dei Peloponesi», para más tarde (pág. 123) alcanzar parecidas conclusiones a partir de una línea argumentativa diferente en cuyos cálculos entra la integración de la flota corcirense en la peloponesia, una vez puesto en práctica el plan corintio para hacerse con el control de la isla a través de los *prôtoi* corcirenses capturados en Sibota (cf. I,55,1); Cataldi 1996: 44 se reafirma en la idea de una inminente participación en la guerra, que en su opinión fue neutralizada por el efecto de las expediciones atenienses al mando de Lampón y Laquete, así como por las alianzas que éstos concluyeron con las ciudades calcídicas y las poblaciones bárbaras. También Raviola 1993: 97 tiene una escueta referencia a este potencial sicilota e italiota -parece que aceptado por el autor-, que Esparta conocería perfectamente en el momento de hacer su demanda.

[66] La entrada de una sola nave de estados beligerantes es una cláusula habitual entre las medidas restrictivas impuestas por un estado neutral hacia aquéllos inmersos en algún conflicto; cf. Gomme *HCT* II,7,3; Alonso Troncoso 1987: 98-99; Bauslaugh 1991: 73. Cataldi 1990: 122 precisa que la abstención de hostilidades no impediría a las ciudades dorias y dorizantes contribuir financieramente a la causa espartana.

nada sugiere la existencia de una alianza entre Esparta y las colonias dorias occidentales hasta el 414, según demuestra el análisis de los pasajes pertinentes llevado a cabo por Ian Moxon[67], lo que impediría incluso la utilización del término σύμμαχοι para dichas *ktíseis* durante la guerra arquidámica (de hecho en los pasajes analizados *supra* n. 60 podemos advertir que es Diodoro quien emplea *sýmmachoi*, mientras el preciso lenguaje de Tucídides se refiere a ellos mediante la perífrasis «los que se adhieren [o abrazan] su causa»). El llamamiento peloponesio respondería más bien a los lazos de común ξυγγένεια y de respaldo moral y no a una obligación emanada de una *symmachía*, de ahí que no exista reproche alguno ante la no implicación de los griegos occidentales en la conflagración hasta el momento de ser atacados[68]. Esparta aparece desde esta óptica en una posición de ἡγεμών moral de los dorios occidentales sustentada en la tradición mítica colonizadora (Cataldi 1990: 129-131). Aquí, como a lo largo de toda la obra tucidídea, las consideraciones étnicas quedan relegadas a un segundo plano, escondidas y supeditadas a las genuinas motivaciones políticas -y en el fondo también económicas- que rigen los destinos de todo estado[69]. Podemos ver una confirmación a lo que acabo de exponer en la creencia lacedemonia de que Atenas no aguantaría más de tres invasiones del Ática (V,14,3; VII,28,3), por lo que no serían necesarios estos pactos con el Occidente. No obstante, y a esto alude la última frase del pasaje citado, en caso de ser pertinente su concurso -siempre tras legitimar su participación mediante los correspondientes *spondaí*-, el tiempo jugaría un papel a favor de las colonias que, si entraban en la guerra de forma precipitada, podrían sufrir las represalias de la armada ateniense, mientras que un adecuado programa de construcción y entrenamiento naval podría conducirles a una superioridad en el mar si se hacía requerible (Cataldi 1990: 123-126).

Finalmente, los planteamientos peloponesios de ayuda persa, siciliota y suritálica se mostraron erróneos y la lección de Formión en 429 frente a una escuadra cuatro veces superior en número supuso una vuelta a la realidad y el reconocimiento del dominio marítimo ateniense[70]. Semejante fracaso no evitó que los lacedemonios prosiguieran con la lucha en el mar, sobre todo cuando después del primer lustro de guerra se hizo evidente que Atenas no sería derrotada únicamente a través de las invasiones del Ática. Así, en 426 la fundación de Heraclea Traquinia significó, además de una estación logística en la ruta terrestre que conectaba con Tracia, una base naval cara a Eubea (III,92-93; cf. Andrewes 1978: 95-99; Cartledge 1979: 238-239). A la misma luz hemos de ver el azaroso programa de construcción naval emprendido por Brasidas en la desembocadura del Estrimón, si bien no contó con el respaldo de las instituciones locales espartanas por temor al creciente prestigio y poder de este singular político y general que acabaría siendo heroizado por la población indígena tracia (IV,108,6-7).

---

[67] Moxon 1980, seguido por Cataldi 1990: 125-128, preferible a interpretar con Alonso Troncoso 1989: 178 que existía una ἐπιμαχία o alianza estrictamente defensiva entre peloponesios e italo-siciliotas que evitó a éstos participar en una «guerra de sometimiento y destrucción», porque su argumentación deja de lado la atribución de la responsabilidad del conflicto y la propaganda lacedemonia de defensa de la Hélade ante las prácticas de la *pólis týrannos*. Maddoli 1980: 74-75 baraja la hipótesis de que Esparta concretase los tratados con los siracusanos cuando Atenas renovó los suyos con Regio y Leontinos, pero no contamos ni con el recuerdo epigráfico de los mismos, como en estos últimos casos (*IG* I³ 53 y 54 = *GHI* nos 63 y 64), ni con el de Tucídides, por lo que la suposición queda sin base.

[68] Para Cataldi 1990: 121 se trataba de «un vincolo obbligazionale assai più stretto e cogente» que un tratado formal de *symmachía*. Como oportunamente apunta Kelly 1979: 253 ni espartanos ni atenienses podían contemplar en los momentos previos al conflicto la posibilidad de que los griegos de Occidente se mantuvieran al margen del mismo, cuando Tucídides declara que la mayoría de la opinión pública griega se decantaba por Esparta (II,8,4), pese a que Cataldi 1990: 140-160 y Burelli Bergese 1992 interpretan un oscuro pasaje de Pompeyo Trogo *apud* Justino IV,3,4-5 en el sentido de que la expedición del ateniense Lampón a Sicilia tendría lugar en los primeros momentos de la guerra arquidámica respondiendo al temor de Atenas a la implicación siracusana en la guerra en apoyo de los lacedemonios. Cf. también Westlake 1960: 395-396.

[69] Como referencia fundamental véase Will 1956: *passim*, esp. 66 ss. Mme. de Romilly ha expuesto recientemente (1990: esp. 27-41), retomando lo que ya fue expuesto con excelente magisterio en Romilly 1963, la organización y jerarquización de los diferentes juicios de valor presentes en el texto tucidídeo, casi siempre presididos por las relaciones de fuerza. Ciccolti 1901: 150 y Holladay 1978: 409 ven también en el parentesco étnico *tópoi* de conveniencia a los que se recurre de una forma casi retórica. *Contra* Alty 1982, para quien el sentimiento étnico de oposición entre dorios y jonios fue real y no sólo propaganda, en especial durante la guerra del Peloponeso; Cataldi 1990: 128-129 también cree en que un fuerte espíritu de liberación del yugo ateniense impregnaba a «la comunidad doria»; los mismos criterios quieren presidir la reciente reflexión de Hornblower en la sección 4 de la Introducción al vol. II de su *CT* (págs. 61-80), donde afirma que Tucídides concede una importancia mayor al parentesco, sobre todo al encontrado en el ámbito colonial, de lo que ha sido pensado, pero muchos de los ejemplos que comenta proceden de una colonización ficticia producto de la propaganda política y religiosa de los grandes poderes, de forma que no entra en contradicción con los argumentos de Romilly y Will. En una posición intermedia se sitúa Corbetta 1979, que critica el excesivo celo de Will en negar todo antagonismos entre ambas etnias, pero al mismo tiempo avisa de los peligros de llevarlo demasiado lejos por parte de los estudiosos modernos.

[70] II,84-92. Sealey 1976b ha sostenido que el cargo de *naúarchos* en Esparta ni tan siquiera era anual durante la guerra arquidámica, como base de las diferencias que la separaban del rigor que Atenas ponía en el dominio del ámbito marítimo. Por debajo de estas consideraciones de orden militar subyace la diferenciación básica entre la sociedad ateniense y la espartiata, cuya organización, partiendo ya del sistema educativo, diferenciación de clases y régimen político, era notoriamente distinta: si en los ciudadanos a los remos de las naves reside la fuerza de la democracia ática, en la disciplina y el ejercicio del *agón* hoplítico de los lacedemonios se plasman las más altas cualidades que ha de ostentar un *hómoios*.

III.- LA GUERRA ARQUIDÁMICA: TRASCENDENCIA EN EL ESTADO CORINTIO

El estado corintio había ocupado un lugar destacado en las *aitíai* desencadenantes de la guerra del Peloponeso, en el desarrollo de las cuales los miembros de la oligarquía dirigente despliegan una importante actividad diplomática y militar encaminada a lograr de Esparta y sus aliados de la liga del Peloponeso una declaración de guerra contra el imperio ateniense. Este papel primordial, que no debemos llevar al extremo de afirmar que los corintios fueran «la tête politique de la ligue péloponnésienne, les Spartiates n'étant que la tête militaire» como hace Ruzé (1997: 307), se va a prolongar durante los primeros diez años de conflicto, la conocida como guerra arquidámica. En ella la sociedad corintia se vio sometida a un desgaste que, aunque en un primer momento no se tradujo en crisis económica o disensiones internas, puso las bases de la seria disrupción sociopolítica que habría de cristalizar durante la guerra de Corinto[1]. En la consecución de este resultado coadyuvaron sobre todo el controvertido bloqueo ateniense del Istmo y la destrucción de la τῶν Κορινθίων ἀρχή en el noroeste continental; si el primero de estos fenómenos ya fue estudiado en el capítulo anterior, en éste abordaremos *in extenso* la desintegración del imperio colonial corintio, así como las razones y significado del único ataque ateniense sobre la Corintia.

Iniciada la guerra arquidámica y tras la retirada del ejército peloponesio del Ática, se llevó a cabo la primera acción ateniense en el NO. Las cien naves que circunnavegaban el Peloponeso, unidas a cincuenta corcirenses y a otros aliados de la zona, habían realizado previamente ataques sobre Metone en Laconia y Fía en Élide (II,25). Posteriormente se dirigieron a Acarnania, donde tomaron Solio, colonia fundada por Corinto y en palabras de Tucídides «propiedad suya» (cf. apéndice, pág. 101) y conquistaron por la fuerza la ciudad de Ástaco, privando del poder al tirano Evarco e incoporándola a su alianza (II,30,1). Por último, ganaron por medios diplomáticos la isla de Cefalonia, estratégicamente situada en la boca del golfo de Corinto, próxima a Corcira y frente a las costas de Acarnania y de la también colonia corintia de Léucade (II,30,2; cf. fig. 4).

Los atenienses tenían en el NO unos valiosos aliados en los acarnanios, hostiles a Corinto y sus colonias, cuya *philía* se remonta probablemente a la indatable expedición de Formión durante la Pentecontecia, por lo que en esta acción ateniense podemos ver una continuación del conflicto de intereses que venían manteniendo con los corintios en los años previos al estallido de la guerra del Peloponeso. Al mismo tiempo, hemos de pensar que los ataques en el NO eran cuidadosamente concebidos por parte de Atenas, fruto de una planificación tendente a destruir la influencia de la ciudad que había deseado tan vehementemente esa guerra y que, por tanto, no se trataba de simples razzias como las efectuadas en el Peloponeso, cuyo daño era más limitado. En esta ocasión Atenas no se retira inmediatamente, sino que, una vez tomada Solio, entrega la ciudad a la vecina ciudad acarnania de Palero, de forma que así no tenía que destinar hombres para su mantenimiento en un momento delicado en que el asedio de Potidea absorbía gran número de hoplitas. Por otra parte, la expulsión de Evarco supuso con seguridad la instalación en Ástaco de un régimen proateniense, probablemente democrático, con lo que su huella en la zona perduraba en detrimento de la presencia corintia. En qué medida entraba esta campaña en los planes de Pericles o se ceñía a ellos es difícil de decir, pero en mi opinión tiene más importancia el hecho de que esta línea de actuación ateniense en el NO sobreviviera al estadista y fuera un pilar de la estrategia global de la *arché* ática para la guerra arquidámica[2].

El fácil triunfo de la empresa ateniense sugiere una debilidad militar de estas ciudades dentro de la órbita corintia, que hasta entonces no había sufrido un serio desafío, sobre todo en comparación con la potencia bélica de la también colonia de Ambracia, más poblada y en una zona más inestable como es la del golfo Ambrácico, donde eran continuos los roces con grandes ciudades como Argos de Anfiloquia. Igualmente, se pone de manifiesto desde el principio la falta de vigor o el desinterés del régimen espartiata por ayudar decididamente a sus aliados de fuera del Peloponeso, su radio natural de acción; cuando se decidan a iniciar una campaña, la escasa colaboración con los *éthne* locales tendrá las desastrosas consecuencias que se resumen en la expedición de Euríloco en 426 (Brunt 1965: 270).

Cefalonia era una isla que no figuraba en ninguno de los dos bloques antagónicos al principio de la guerra (II,9), pero cuya situación geográfica arriba mencionada hacía imposible su neutralidad. Sin ser colonia o depender de intereses corintios, su relación con éstos era lo suficientemente fuerte como para contribuir con cuatro naves a la flota corintia en Leucimme -si bien Tucídides especifica que procedían de Pale, una de las cuatro ciudades cefalonias (I,27,2; cf. Meiggs 1984: 492-493 n. 50 para Cefalonia como abastecedora de madera de abeto a Corinto)-, aunque no tanto como para oponer una resistencia militar a la presión armada ejercida por Atenas. La diplomacia ateniense, no exenta de coerción, se mostraba dinámica y eficaz no sólo en el caso de Cefalonia, sino también en el de Acarnania, Corcira y Zacinto, cuya colaboración Tucídides recalca era esencial para el buen término de las expediciones atenienses sobre el Peloponeso. Sin embargo, a diferencia de

---

[1] El estudio más reciente y completo sobre este período es Kagan 1974. O'Neill 1930: 224 no ve la relevancia de Corinto en la guerra arquidámica y más bien supone que manejaba los asuntos peloponesios a la sombra de Esparta, mientras que en Roberts 1983: 36 encontramos el aserto de que Corinto fue el principal objetivo de los esfuerzos atenienses en este período.

[2] Holladay 1978: 400 sostiene que sí estaban en la mente de Pericles nuevas adquisiciones que no entrañaran excesivo riesgo o considerables recursos humanos. *Contra* Wilson 1987: 117-118, 129 niega que existiera una estrategia preconcebida para el NO en el estallido del conflicto, pasando por alto la primera expedición de Formión a Anfiloquia y la alianza ateniense con Regio y Leontinos, y sólo desde el 426 Atenas demostraría cierto interés en la región (hasta ese momento las insuficientes veinte naves de Naupacto serían indicio de su escasa preocupación, algo que yo, sin embargo, atribuiría al enorme gasto que supondría pagar permanentemente un escuadrón mucho mayor; si Atenas hubiera hecho esto en todos los lugares estratégicos para la vigilancia de los mares, no habría contado ni con naves, ni con hombres, ni con fondos suficientes).

Corcira o Zacinto, parece que Cefalonia no respondió inmediatamente al llamamiento ateniense y esperó a ver en sus aguas la potente flota de ciento cincuenta *triéreis* para aceptar colaborar con los mismos, como sugiere su mención específica en el pasaje de Tucídides (Alonso Troncoso 1987: 134). Tal vez podamos ver un primer fruto de la reciente adscripción cefalonia en la emboscada que los cranios, pueblo de esta isla, tienden a los corintios a su regreso de Acarnania, a pesar de que Tucídides no deja clara la motivación de este incidente merced a la alusión a un enigmático convenio (ὁμολογία)³. Estas islas podían ofrecer a los atenienses en el comienzo de la guerra la misma función que habría de desempeñar Naupacto a partir del 429: controlar las aguas del golfo Corintio -detectando cualquier movimiento naval en las *apoikíai* corintias- y servir de bases para la flota ateniense, sin olvidar su emplazamiento en la ruta a Sicilia (II,7,3; cf. Kelly 1982: 38). En lo referente a Corcira hemos de puntualizar que fue la única intervención de su flota dentro de la coalición ateniense hasta el brote de la *stásis* del 427, a pesar de tener con Atenas una *epimachía*, y ello se debe sin duda a un interés casi exclusivo por debilitar a su odiada metrópoli en una región que les veía enfrentados desde hacía largo tiempo. Después de esta expedición, las naves corcirenses no colaborarán en otras acciones de la liga délica, parca recompensa a los atenienses por su implicación en una disputa regional -la batalla de Sibota- que en principio no les concernía lo suficiente como para desencadenar la guerra contra la alianza espartana, si bien no debemos de olvidar las palabras de los embajadores corcirenses en Atenas cuando destacan que más vale que Atenas tenga a la segunda flota griega en magnitud como amiga que como enemiga al lado de Corinto (I,36,3). La razón de tan escasa colaboración ha de buscarse, no en un hipotético recelo ateniense a la hora de hacer uso de la flota corcirense por no hallarse ésta bajo directo control suyo como las de los miembros de la liga délica (según ha sostenido Wilson 1987: 130), sino en las raíces poco profundas de la democracia corcirense y al mismo tiempo en el serio antagonismo de clases que existía en el seno de la sociedad isleña -donde los *olígoi*, a pesar del término que los designa, no sólo tenían gran significación social, sino también numérica-, recrudecido por el conflicto directo que tenía entablado con la metrópoli corintia desde 435 y que habría de desembocar en la sangrienta *stásis* del 427-425. Posiblemente este frágil equilibrio interno fuera responsable en gran medida de la política de aislamiento practicada por la isla a lo largo de todo el siglo bajo los presupuestos jurídicos de un estatuto de neutralidad, el cual le había granjeado, empero, una reputación de insolidarios dentro de la *Helleniké* (Alonso Troncoso 1988: 63).

Correspondía a la oligarquía gobernante en Corinto contrarrestar los efectos del ataque dirigido contra el centro de su pequeño imperio colonial y lo hizo de forma inmediata⁴. En el invierno de ese mismo año 431/0 los corintios equiparon cuarenta naves y mil quinientos hoplitas en una expedición que consiguió restaurar en Ástaco al tirano Evarco, pero que fracasó en obtener algún otro resultado, tanto en Acarnania como en Cefalonia, donde perdieron algunos hombres por traición (II,33,1). El control de Ástaco era fundamental dentro del área geopolítica del NO dependiente de la clase gobernante corintia, pues se trataba del mayor puerto de la costa acarnania, enclavado en el origen de una ruta principal al interior y, además, situado en una amplia bahía que podía acoger gran número de naves; la propia ciudad contaba con una fértil *chóra* destinada al cultivo de cereales (Murray 1982: 68-76; cf. fig. 4). La rapidez con que Evarco es repuesto como *týrannos* nos da idea de cómo se fundamentaba el dominio corintio en el NO al margen de sus fieles colonias: mediante el sustento de unas elites locales, si se trata de oligarquías, o de individuos en el caso de las tiranías, que actuasen en calidad de administradores directos e inmediatos de la política en sus respectivas comunidades⁵. El régimen oligárquico corintio, que se mantiene en un segundo plano, sería el responsable y beneficiario último de esta política fáctica, promoviendo los medios necesarios para su mantenimiento, reforzamiento o debilitamiento respecto del resto del cuerpo cívico o de fuerzas externas, más concretamente corcirenses y aliados, dentro de un ámbito general de influencia que le era propicio. Prueba de ello sería la presencia al frente de esta expedición de Eufamidas, hijo de Aristónimo, sin duda un miembro de la oligarquía dirigente ya que representará también al estado corintio en 423, donde le vemos firmar la tregua previa a la paz de Nicias (IV,119,2; *vid. infra*), y en 419, participando activamente en la conferencia de paz de Mantinea en la que Tucídides le singulariza como responsable de la temporal retirada de las fuerzas argivas de territorio epidaurio (V,55,1; *vid. infra*). Esta influencia corintia tendrá sus focos o sedes en las colonias fundadas desde época cipsélida -cuya lealtad quedó en todo momento puesta de manifiesto-, desde donde se irradia al resto del territorio (cf.

---

³Fernández Nieto 1975: II, n° 150 prefiere pensar que los corintios establecieron el convenio especial con los cranios para poder reparar sus naves en la isla, convenio que pudo levantar alguna disputa y desembocar en su ulterior ruptura.

---

⁴Salmon 1984: 307-308 atribuye, correctamente en mi opinión, la responsabilidad de esta respuesta enteramente a los corintios, verdaderos agraviados que, confiando en su poder naval y en la sorpresa basada en lo inesperado de una expedición marítima invernal, intentaron restaurar las pérdidas originadas por la previa acción ateniense. Sin embargo, Kelly 1982: 38 ve la mano de Esparta tras la empresa corintia, sin argumentos para ello y más bien fruto de su deseo de demostrar el ánimo de los lacedemonios por combatir a Atenas fuera del Ática y en zonas costeras. El pasaje de Tucídides en parte alguna sugiere la participación espartana en la expedición, ni siquiera de un navarco, y Kelly parece olvidar que los espartanos, a diferencia de los corintios, habían demostrado desde antiguo un rechazo del régimen tiránico, muy poco conveniente por otra parte en estos momentos para su propaganda de liberación. Cosa distinta sería que se hubieran limitado simplemente a otorgar su aprobación.

⁵El régimen político adoptado por la comunidad es lo de menos mientras sirva a los intereses de los oligarcas corintios. Es corriente encontrar que con excesiva ligereza se sostiene que oligarquías apoyan únicamente a oligarquías, democracias a su vez a regímenes afines y que los tiranos colaboran entre sí. El caso de Ástaco, como el de Epidamno, pone de relieve que el beneficio y los intereses implicados anteceden a la forma política aparente que revista el grupo humano dependiente.

apéndice).

Pero incluso su logro de Ástaco, debido probablemente al desinterés de los acarnanios, fue parcial y se disipó tan pronto que, cuando Tucídides menciona el viaje de Formión a Anfiloquia y Acarnania en el invierno del 429/8, cita esta ciudad y los alrededores como lugares de paso, sin que hubiera fuerza alguna que se le opusiera (I,102,1). Su caída, como más tarde la de la mayor parte de los centros procorintios de la zona, es sintomática de que los regímenes locales inmersos en esta lucha por hacerse con el control de la región, independientemente de la forma que adopten, no se entienden sin la continua intervención y sostén del poder político y militar dominante en dicha área geopolítica.

Al finalizar el verano del 431, tuvo lugar la primera invasión ateniense de la Megáride, que habría de repetirse todos los años hasta la toma de Nisea en 424 y que reunió al mayor ejército de la ciudad encabezado por Pericles (II,31). Más adelante, sin embargo, IV,66,1 recoge dos invasiones al año de la Megáride por parte de Atenas. La razón de esta aparente contradicción puede residir en el problemático decreto de Carino, que recogía una segunda invasión anual como consecuencia del asesinato del heraldo ateniense Antemócrito y cuyo carácter religioso pudo motivar el silencio de Tucídides[6]. El efecto de estas invasiones será analizado más tarde, en conjunción con la toma ateniense de Nisea y los Muros Largos, que venían a completar la extenuación comenzada por el bloqueo del Istmo y la aplicación de los llamados decretos megáricos[7], haciendo de Mégara uno de los estados que más sufrió durante la guerra arquidámica.

Aparte de la posible motivación religiosa, Mégara era un estado tradicionalmente hostil a Atenas que, además, era fronterizo con el Ática. Esto la hacía especialmente vulnerable a la invasión de las tropas atenienses que, después de asolar los campos, volvían rápidamente a su territorio antes de que pudiera concretarse cualquier movimiento de ayuda procedente del Peloponeso. Desde el punto de vista puramente estratégico resulta innegable la importancia que el control de la Megáride podía proporcionar a Atenas y que ya pudo apreciarse en la primera guerra del Peloponeso, cuando la amistad del gobierno democrático megarense fue esencial hasta su trágico desenlace

---

[6]Cawkwell 1969: 334, retomado en 1997: 111-114, como respuesta a Connor 1962 y 1970; cf. también Daverio Rocchi 1987. Gomme *HCT* II,31,3 supone que la doble invasión anual fue acordada más tarde y al comienzo de la guerra sólo se produciría una.

[7] Sobre los controvertidos decretos megáricos en su conjunto, cf. I,67,4; 139,1-2; 144,2; Ar. *Ach.* 524-539 con escolios a 527; 820-821; *Pax* 605-628 con escolios a 609; Philoch. *FGH* 328 F 121; D.S. XII,39,4; Plu. *Per.* 29,4; 30,2-3. La literatura moderna es abundantísima: además de la nota anterior, véase Bonner 1921; Grundy 1948: I, 77-79, 236-237; Brunt 1951; Voelkl 1951; Dover 1966; Blíquez 1969; Ste. Croix 1972: 225-289; Legon 1973 y 1981: esp. 227; Kagan 1974: 63-64; Schuller 1974: 76-79; Woodhead 1974; Daubies 1974; Sealey 1975 y 1991; Fornara 1975; Gauthier 1975; Will 1975: 96-98 y 1997: 271-272; French 1976; Wick 1977 y 1979; Bar-hen 1978; Tuplin 1979; Vélissaropoulos 1980: 166-172; Sordi 1980; MacDonald 1983; Stadter 1985; Rhodes 1987; Kallet-Marx 1989; Cataldi 1990: 59-63, 109-113; Sealey 1991.

con la aniquilación de la guarnición ateniense (I,114). Atenas trataba ahora de reproducir esta situación para así evitar de nuevo las invasiones peloponesias, canalizadas a través del Istmo, y dejar al mismo tiempo aislado a un peligroso enemigo en Grecia central como era Beocia. No deben extrañarnos, por tanto, los esfuerzos dedicados por los atenienses a la subyugación del estado megarense, algo que estuvo a punto de suceder cuando en 424 una facción demócrata les brindó la oportunidad de entrar y adueñarse de la ciudad (IV,66-68). Probablemente en previsión de esta situación y recelosos del régimen democrático que ostentaba Mégara en esos momentos, los espartanos situaron una guarnición que vigilaba la política de la ciudad, pero que en modo alguno evitaba o aliviaba los efectos de las invasiones áticas (IV,66,3).

El hecho de contemplar aquí, aunque sea tangencialmente, la situación de Mégara se debe a que si caía en la esfera de dominio de Atenas, ésta tendría acceso directo a la Corintia, que queda aislada de Grecia central, mientras que tropas atenienses instaladas en los montes Gerania dificultarían en extremo o incluso impedirían las invasiones peloponesias del Ática. En tal caso, la Corintia sufriría invasiones directas de su territorio que agravarían considerablemente el efecto económico del bloqueo sobre sus importaciones y exportaciones, al tiempo que aumentarían el descontento popular, sobre todo entre las clases bajas ciudadanas, el *plêthos*, receptor menor de los recursos económicos que generaba la comunidad. Si Atenas lograba hacer claudicar con esta estrategia de desgaste a los estados ístmicos, estando ya en posesión de Egina, cortaría de raíz las razones subyacentes a las *aitíai* que habían conducido al estallido de la guerra, pues los estados del interior del Peloponeso, no teniendo intereses en el mar, carecían de agravios contra Atenas y el conflicto sólo les perjudicaba; incluso podría producirse el colapso de Esparta como *hegemón* de la liga peloponesia de seguir empeñada en la prolongación de la guerra y como siempre Argos estaría atenta a cualquier movimiento de oposición a Esparta dentro del Peloponeso.

Donald Kagan (1974: 64; cf. Westlake 1968: 34) ha visto en el considerable tamaño del ejército invasor ateniense un alivio de la frustración causada por la estrategia defensiva diseñada por Pericles y una demostración de la auténtica fuerza de Atenas, de forma que esta expedición, junto a la ocupación de Egina y la victoria diplomática en el NE, reafirmaron el respaldo popular del *dêmos* ateniense a su Primer Ciudadano, encargado del discurso funerario por las víctimas del primer año de guerra. Se trata sin duda de la ciudadanía en armas, el despliegue de los hoplitas del catálogo como símbolo y esencia de la *politeía* ateniense, la cual no obstante no se olvida, sino que da entrada, en una función integradora, a los metecos con suficientes medios económicos para pagarse la panoplia y al numeroso *dêmos* subhoplítico, éste en los contingentes de *psiloí* y *peltástai* (Plácido 1993a: 81). El aspecto ideológico se combina con el poder destructivo que conlleva un ejército de esas características, en la idea de hacer recapacitar a los megarenses sobre su indefensión y la posibilidad de cambiar de alianza; cuando menos podría crear una disensión entre la ciudadanía que desembocase en una oposición interna o incluso en una violenta *stásis*, algo que acabará por suceder en 424. Este factor político de instigación a la revuelta era una componente esencial de las incursiones atenienses que complementaba el factor netamente económico logrado con la devastación y control temporal del territorio enemigo (Westlake 1945: 84; Garlan 1974: 43). Así, intereses políticos y militares se conjugan y complementan en esta expedición que tiene como telón de fondo el servir de exaltación patriótica y de fuerza cohesiva del cuerpo social en torno a su *prostátes*. Una invasión de semajantes características se habría repetido todos los años de no ser por los estragos causados por la epidemia entre la población ateniense: cuatro mil cuatrocientos hoplitas y trescientos caballeros muertos, aproximadamente un tercio de la población ciudadana.

En la primavera del año siguiente, el 430, mientras los peloponesios estaban en el Ática, tuvo lugar otra campaña ateniense que implicó un gran número de fuerzas: cuatro mil hoplitas y trescientos caballeros a bordo de cien naves propias y cincuenta de Quíos y Lesbos que sustituían a las cincuenta corcirenses por ser la costa este del Peloponeso el escenario del ataque. Los atenienses arrasaron la campiña epidauria e intentaron un asalto sobre la ciudad que no triunfó, tras lo cual siguieron devastando los campos de Trecén, Halias y Hermíone, todas ellas ciudades situadas en la península de Acte, en el nordeste peloponesio. La expedición concluyó con la toma y saqueo de Prasias, ya en territorio laconio (II,56).

Al igual que Mégara y por las mismas razones, la suerte de Epidauro, la segunda *pólis* en importancia de la Argólide, con un gobierno siempre fiel a Esparta, atañía en gran medida a la continuidad de la oligarquía corintia en el poder, esta vez con el agravante de que su caída podía significar una vía de comunicación directa entre Atenas y Argos que tal vez propiciara la entrada de esta última en el conflicto. Si Atenas conseguía situar bajo su influencia a Mégara, Epidauro y Argos, Corinto quedaría completamente aislada entre estados enemigos y podía ser obligada a capitular. Esta hipótesis no debe resultar tan descabellada si se recuerda que una cuádruple entente de este tipo se formará tras la signatura de la paz de Nicias -englobando a Mantinea y Élide en lugar de a Epidauro y Mégara-, si bien hemos de reconocer que las condiciones geopolíticas eran bien distintas, con una liga del Peloponeso casi desintegrada y una Esparta desacreditada.

Pero la discusión ha de centrarse en si Epidauro, como parece sugerir el relato de Tucídides, fue el objetivo real de la campaña, ya que existe un total acuerdo entre los especialistas en reconocer la falta de medios técnicos de los griegos en el campo de la poliorcética para emprender el asalto de una ciudad con esperanza de tomarla; incluso en una ciudad de poca entidad o con escasas defensas, un pequeño número de hombres podía defender con éxito el lugar contra un ejército muy superior, circunstancia por la que raramente se intentaron asaltos hasta la llegada de las innovaciones poliorcéticas macedonias[8]. Los *strategoí* atacantes sólo podían recurrir a la sorpresa o a la traición, en este caso mediante el contacto en secreto con alguna facción interna que abriera las puertas de la ciudad. No tenemos razones para creer que esto último sucediera en Epidauro, según ha supuesto sin base alguna Adcock (1927: 200), mientras que la sorpresa habría quedado anulada por la previa devastación de la campiña. A pesar de estos problemas, son varios los historiadores modernos que sostienen que Pericles intentó verdaderamente tomar Epidauro, si bien distinguen diferentes motivaciones[9].

Más convincentes encontramos los argumentos que apuntan a que la expedición a Epidauro no se apartó de la estrategia teóricamente conservadora de Pericles que tenía su principal arma ofensiva en el uso de la flota para breves y rápidos ataques sobre territorio enemigo. Así, en principio no se contemplaba la conquista de un enclave, el establecimiento de una fortificación (φρούριον) y su posterior mantenimiento con la finalidad de realizar correrías por la zona, hecho demostrado por el abandono de Fía por los mesenios (II,25,4-5) y de la propia Prasias (II,56,6) tras ser tomadas, por citar dos ejemplos contemporáneos. Esta estrategia, conocida con el nombre de *epiteíchisis* (Garlan 1974: 33-40), no fue desarrollada de forma deliberada por Atenas hasta que el éxito de Pilos demostró su eficacia y aun entonces la suerte tuvo su papel, dada la oposición de los dos estrategos que acompañaban a Demóstenes[10]. Este punto de vista es compartido también por otros autores que destacan, aparte de las dificultades y numerosísimas bajas que implicaría la toma de una ciudad como Epidauro, la práctica imposibilidad de defenderla después contra el grueso del ejército peloponesio; Atenas no podía disponer de muchos recursos humanos y financieros en un período en que la epidemia diezmaba su población y el sitio de Potidea consumía tres mil hoplitas y dos mil talentos de plata (II,70,2), máxime para verse inmersa en una operación casi suicida que violaba todos las directrices impuestas por Pericles en la conducción de una guerra si ésta quería ser vencida[11]. Kagan (1974: 77) sintetiza esta idea al hablar de que «no hubo un cambio de estrategia, sino una intensificación de la misma», puesto que los ataques atenienses en los dos primeros años de guerra pretendían la devastación de territorio enemigo para

---

[8] Véase, *inter alia*, Garlan 1968: 245-260 y 1974: 125-134; Aymard 1959: 3-15, esp. 5-7 destaca cómo el *éthos* hoplítico no favorecía los asaltos con máquinas bélicas hasta bien entrado el siglo IV; últimamente Ober 1991 se ha concentrado en las terribles contingencias que el hoplita había de encarar en el asalto, sea éste emprendido por encima, por debajo o a través de los muros de la ciudad.

[9] Delbrück 1890: 121 ss.; Busolt 1904: 945; Adcock 1927: 200; Wade-Gery 1970: 1069; Brunt 1965: 271 parece sugerir también un serio intento; Gomme HCT II,56,4 destaca la relación con Argos y el factor de elevar la moral ateniense. Por el contrario, Lewis 1992: 398 no cree que Pericles pensara en Argos, sino en colocar a Epidauro como «un punto más en la cadena de puestos atenienses a través del golfo Sarónico y en las vías orientales de acceso a Corinto, extendidas a Egina en 431»; Alonso Troncoso 1987: 176-177 rechaza igualmente la conexión argiva.

[10] Brunt 1965: 271; Westlake 1983: 15-16; Wilson 1987: 123. Por el contrario, Hammond 1987: 347 sí cree que poner en práctica el *epiteichismós* entraba dentro de las líneas maestras del plan estratégico diseñado por Pericles, mientras Garlan 1974: 33 considera que Epidauro fue un intento fracasado de *epiteichismós*, que sí se lograría en 427 sobre Minoa.

[11] Ste. Croix 1972: 209; Kagan 1974: 71-78; Holladay 1978: 400-402. Cawkwell 1975: 69-70 no ve nada misterioso en el tamaño de la expedición -más manos para asolar más terreno- y recalca que Tucídides no tenía nada que explicar porque realmente la expedición a Epidauro no escondía ningún objetivo especial.

causar el mayor daño posible y sólo circunstancialmente, si se presentaba la oportunidad y no entrañaba riesgo, la ocupación de alguna ciudad. Bloedow (1983: 39-41), sin negar la responsabilidad del Primer Ciudadano en esta campaña que se caracterizó por una ausencia de planificación, ha aducido una razón más para semejante expedición: la necesidad de mantener fuera de una Atenas infestada por la epidemia el mayor número de tropas posible, algo que en su opinión se repetiría poco después con el envío de refuerzos al asedio de Potidea.

En realidad la campaña ateniense en la Argólide tiene unas características y unos fines similares a la emprendida el año anterior en la Megáride, es decir, por un lado funciona como mecanismo ideológico que refuerza la cohesión ciudadana y exalta su poder cívico y militar, mientras por otra parte ejerce presión sobre un estado rival llevando la guerra a su territorio para convencerle de que ésta le perjudicaba más que le beneficiaba o al menos crear un clima de oposición política al grupo oligárquico gobernante en esa *pólis* (Holladay 1978: 401). El que se hiciese sobre Mégara o Epidauro, como se hizo también en Élide y más tarde en Corinto -Acaya era neutral- se debe a que, al ser estados costeros, Atenas podía realizar fáciles desembarcos en sus territorios, cosa que no ocurría en el interior del Peloponeso, donde no tenía acceso a ciudades como Mantinea, Tegea, Fliunte... Tan gran implicación de tropas no suponía riesgos, pues la Epidauria no dista demasiado de Atenas por mar y, además, se evitaba la permanencia de los hoplitas en el Ática con el consiguiente riesgo de verse afectados por la epidemia.

No obstante, las características analizadas impiden que la expedición a Epidauro pueda ser considerada una mera incursión en territorio enemigo o un intento de *epiteichismós*, porque para realizar éste se elegían lugares más aislados y menos poblados y no ciudades de cierta entidad con un consistente sistema de defensas. Permanece la incógnita de por qué se intentó el asalto, que yo creo sólo puede ser explicada por el deseo ateniense de intimidar o amenazar a la población epidauria, en conjunción con la devastación de la campiña, por si algún grupo social, harto de ver asolados sus campos, podía promover una revuelta interna que tal vez entregara la ciudad a los atenienses; otra alternativa era que salieran a luchar las escasas fuerzas que defendían la ciudad. Hemos de recordar que eran sólo un tercio de los hoplitas -que Kagan (1974: 73) estima en unos setecientos-, ya que los otros dos tercios de la leva epidauria se encontraban en el Ática. Si los lacedemonios esperaron esto de los atenienses en la primera invasión del Ática (II,11,6; V,14,3), ¿por qué no habrían de hacerlo ahora ellos respecto de los epidaurios? De hecho la respuesta de los atenienses es señalada como una excepción a la regla y sólo fue posible alcanzarla tras la dura oposición que los propietarios acarnienses plantearon a Pericles (II,21). La mayor parte de los estados debían defender su χώρα como fuente esencial de suministro para la ciudad si querían conservar una cierta estabilidad interna y evitar la amenaza del hambre entre la población, mientras que por otro lado la tradicional y honorable ideología hoplítica obligaba a hacer frente al enemigo en el campo de batalla y una actitud pasiva de los defensores era criticada y mal vista (Ober 1994a con bibliografía). Así, las razones de la supervivencia durante tres siglos de la *hoplomachía* han de buscarse más en los intereses de clase que en la eficacia misma de la táctica (Holladay 1982).

En otro orden de cosas, considero que las ulteriores acciones atenienses de devastación sobre Halias, Trecén y Hermíone, al margen de crear desazón y minar la moral de los peloponesios, constituían una llamada de atención a la facción demócrata argiva en el poder para que abandonase su neutralidad y encabezase la oposición a Esparta en el Peloponeso, en el marco de una línea política que sería más tarde reanudada por Cleón en 425 y por Alcibíades en 420. El hecho de que Argos mantuviera todavía vigente un tratado de paz con Esparta no era un obstáculo inevitable para este acercamiento, vista la futilidad en la aplicación de la mayoría de los tratados firmados durante el siglo V (Martin 1940: 420). Además, Prasias, situada al sur de la Tireátide o Cinuria - habitualmente se acepta la identificación *grosso modo* de ambas (Bolte 1960: col. 1304; Brelich 1961: 22; Cartledge 1979: 124)-, algunas veces bajo poder argivo[12], tocaba de lleno la zona candente del antiguo conflicto entre Argos y Esparta por la posesión de esta región fronteriza entre Laconia y la Argólide, que se mantenía abierto merced al asentamiento por los espartanos de los eginetas expulsados de su isla por los atenienses en 431[13]. Sin negar en esta última acción una represalia por la acogida de mesenios en Naupacto por parte de Atenas (I,103), podemos ver en la colonización egineta en Tirea un intento de legitimación espartana de este territorio en disputa, que no sería devuelto a los argivos hasta la proclamación de Epaminondas en 369, posteriormente ratificada por Filipo en 338[14]. Esta afirmación adquiriría visos de verosimilitud de resultar cierta la hipótesis de Thomas Figueira (1988: 525-526), según la cual los espartiatas concedieron a los eginetas el estatuto de periecos, ya que estos últimos integraban las únicas comunidades de hombres libres que poblaban Laconia. Es decir, existiría una voluntad por parte de la clase dirigente espartiata de asimilar a los isleños en el cuerpo cívico, que no político -privativo de los *hómoioi*-, lacedemonio. Esta medida respondería a la necesidad de que estos colonos eginetas, a modo de clerucos atenienses, actuaran como un «estado tapón» en la frontera con Argos, vigilando y controlando posibles movimientos de su rival, así como evitando huidas de hilotas (Alonso Troncoso 1987: 187; Figueira 1988: 527-528). El estado espartiata, consciente de la endémica oligandría que padecía, sabría así utilizar una mano

---

[12] Para la localización geográfica de Prasias, actual Leonidio, con especial referencia a las vías de comunicación entre la Argólide y Laconia, véase fig. 3 y Christien 1992: 158-159. Sobre la descripción de la zona en general, Philippson 1959: 487; Pritchett 1980: 102-142; Christien, Spyropoulos 1985: 455-459. Cf. también Gomme *HCT* II,56,6.

[13] II,27; Plu. *Per.* 34,2; Aeschin. II,115; cf. Ar. *Ach.* 652-654. La isla fue ocupada por clerucos atenienses. Frente a la razón política aportada por Tucídides, Hdt. VI,91 vio en este acto el castigo divino contra los eginetas por el ἄγος cometido sesenta años antes, durante los desórdenes internos que afectaron a la ciudad.

[14] D.S. XV,64,1; Paus. II,38,5. Según Hdt. I,82 la Cinuria, junto a Citera y la costa oriental de la península de Malea, había pasado a control espartano tras la Batalla de los Campeones en *c.* 545. Christien, Spyropoulos 1985: 460 relacionan el episodio egineta con el asentamiento de aliados que Esparta llevó a cabo en Asine y Metone.

de obra bélica -más que agrícola, pues la Tireátide se localiza en la región montañosa del Parnón, apenas productiva[15]-, no propiamente dependiente y, por tanto, a salvo de potenciales peligros internos, pero sí provista de un carácter marcadamente hostil hacia la *arché* ateniense. Al mismo tiempo, esto nos ayudaría a explicar el hecho de que el material arqueológico aportado hasta el momento por la región sea exclusivamente laconio, es decir, sería el resultado de una deliberada y firme voluntad espartana por borrar toda huella argiva de la región, tesis que ya fue apuntada por Paul Cartledge[16]. De hecho, cuando se produce el ataque ateniense en 424, encontramos a los eginetas sólidamente asentados después de siete años, realizando labores de fortificación en la línea costera (IV,57). La tendencia lacedemonia a incrementar el tamaño del ejército y del cuerpo cívico mediante la concesión de una ciudadanía restringida tendrá un creciente desarrollo a partir de las campañas de Brasidas en Tracia, que servirán para integrar a población dependiente como los neodamodes -literalmente «nuevos miembros del *dâmos/dêmos*»- y brasideos -hilotas liberados tras servir bajo el mando de este general espartiata-.

El expeditivo ataque de Atenas a la Tireátide había puesto de relieve la fragilidad espartana para defender esta región, despertando al mismo tiempo la vena de la ambición argiva por recuperar la tan anhelada hegemonía en el Peloponeso. Sin embargo, no tenemos constancia de que Argos respondiera de alguna manera a los resultados de esta acción ateniense y, como sucedería luego con la aproximación del demagogo Cleón en 425, los argivos prefirieron no infringir el tratado y seguir conservando su estatuto de neutral que, por otra parte, les reportaba una deseada prosperidad.

A finales del verano del 430 los lacedemonios reanudaron su ofensiva en el noroeste, de nuevo por mar. El objetivo era Zacinto, la isla aliada de Atenas cuya importancia estratégica hemos señalado anteriormente, sobre todo por encontrarse situada frente a las costas de Élide y no lejos de la base naval peloponesia de Cilene. La expedición constaba de cien naves y mil hoplitas al mando del navarco espartano Cnemo y llevó a cabo la devastación de los campos de la isla, aunque no consiguió rendirla (II,66). Tucídides da a entender que la campaña fue un fracaso, una visión negativa que se extiende a todas las acciones en que participó Cnemo como *naúarchos*, ya que probablemente lo veía como arquetipo de espartiata por su falta de ánimo y decisión (Westlake 1968: 136-142). John Salmon supone que Esparta pretendía eliminar una de las bases de los atenienses en el NO para así dificultar sus periplos en torno al Peloponeso[17], pero es posible que los miembros de la oligarquía corintia se encuentren detrás del envío de esta fuerza a una zona de su exclusivo interés, una vez comprobados los escasos logros de la expedición a Acarnania del invierno anterior. Pero quizá lo más importante sea el momento en que se produjo la expedición, poco después de que Atenas entablara negociaciones para el final de la guerra, conversaciones que para nuestra desgracia ni siquiera esboza Tucídides, poco preocupado por los frustrados intentos de paz (II,59,2).

En efecto, Atenas se encontraba en una difícil coyuntura, no tanto por las invasiones anuales de los peloponesios como por los estragos que estaba causando la epidemia que tan vívidamente Tucídides nos describe (II,47-54). A ello habría que añadir la rápida consumición del Tesoro de Atenea, acelerada por la sangría financiera que suponía la duración del sitio de Potidea (Garlan 1974: 122-125), y los ataques que recibía Pericles por buena parte del *dêmos* ateniense que le culpaba de las desgracias de la guerra (II,59,1-2). No sabemos qué condiciones ponía Esparta para terminar el conflicto, pero no debieron de ser muy diferentes de las que reclamaba antes de su estallido, porque el silencio del historiador sugiere una intransigencia por parte de ambos bandos y un escaso fruto de la vía diplomática[18]. Esta dureza en las posiciones ha hecho pensar a Kagan (1974: 93-94) que el «partido belicista» espartiata controlaba el poder, de modo que la campaña de Zacinto también sería obra suya, con la pretensión de dejar el Oeste libre de intervención ateniense para concentrar los esfuerzos en el Este. Considero, como he puntualizado en el capítulo anterior, que resulta fácil atribuir acciones ofensivas a grupos políticos -ya he aclarado igualmente que la palabra partido no me parece aplicable- supuestamente belicistas y proposiciones de paz o acuerdo a facciones pacifistas cuando apenas conocemos la política interna de un estado y cuando las motivaciones individuales y colectivas cambian sin cesar según se desarrollan los acontecimientos. Por poner el ejemplo de Atenas, hemos visto cómo el *dêmos* pasa de una euforia y respaldo a un jefe político y militar, Pericles, que le condujo a una dura guerra a un ferviente deseo de paz y a una crítica hacia ese mismo *prostátes* apenas un año después. Por otra parte Kagan parece infravalorar la presencia ateniense en el noroeste, apoyada por sus aliados de Corcira, Zacinto, Cefalonia, Acarnania y Naupacto, al pensar que todo este entramado de alianzas y

---

[15] Sólo merece mencionarse la producción aceitera (Cartledge 1979: 126; Christien 1992: 167), en absoluto comparable a su valor estratégico, para el cual consúltese Christien, Spyropoulos 1985: 460, sobre todo en el marco de la consolidación de fronteras llevada a cabo por Esparta desde mediados del siglo VII a mediados del VI, principalmente frente a Argos. Más tajantes se muestran Philippson 1959: 487 y Brelich 1961: 22, que niegan cualquier importancia económica o estratégica a la región.

[16] Cartledge 1979: 141, seguido por Hall 1995: 586; el primero plantea además otra posibilidad: que la originaria «dorización» argiva del territorio hubiera sido superficial. Por su parte, Christien 1992: 166-167 utiliza un escaso y controvertido material cerámico protogeométrico y geométrico -ella misma reconoce que la decoración de los fragmentos difícilmente puede distinguirse si es laconia o argiva- para abogar por la temprana primacía argiva sobre toda la costa oriental del Peloponeso; estos mismos restos de cultura material reflejan, en opinión de Morgan y Whitelaw (1991: 80), la fusión de influencias argivas y laconias, sin una conexión directa con los producidos en la llanura argiva. Cf. también Christien, Spyropoulos 1985: 459.

[17] Salmon 1984: 308. Moxon 1978: 16 y Kelly 1982: 40, más que el objetivo, subrayan la nueva expedición marítima emprendida por un teórico *hegemón* terrestre como era Esparta contra intereses atenienses. Cf. también Gomme 1933b.

[18] Legon 1969: 326 y Kagan 1974: 82-83 piensan que la reivindicación espartana se centraba en Egina, basándose únicamente en las referencias, siempre discutibles, de *Acarnienses* (651 ss.).

redes clientelares podía ser desmontado con el envío de tan limitada expedición peloponesia.

Lo que sí parece seguro es que Esparta trata de aprovechar el delicado momento de Atenas para demostrar su vulnerabilidad, incluso en el mar, mediante el envío de una flota que emprende acciones contra los aliados atenienses en un zona como la entrada al golfo Corintio que supuestamente tiene bajo control. Más que los escasos logros de la expedición, merece destacarse la propaganda espartana hacia estos estados aliados de Atenas para concienciarlos de su indefensión y de una previsible y rápida derrota. La revuelta de sus aliados hubiera podido significar la puntilla fatal para Atenas. Queda la duda de por qué fue tan corta y limitada la acción de esta campaña cuando podría haber proseguido a otras zonas de influencia ateniense como las mencionadas en el parágrafo anterior en lugar de retornar pronto a casa.

Ese mismo verano en que parece manifiesta la debilidad ateniense fue aprovechado por los ambraciotas para encabezar una coalición de pueblos bárbaros que se dirigió contra la ciudad de Argos de Anfiloquia (II,68,1). El ataque no contó con la participación de espartanos o corintios, aunque probablemente la clase dominante de los segundos lo fomentara o respaldara, siempre pensando que Ambracia era la punta de lanza del poder corintio en la frontera con los territorios acarnanio y anfiloquio. Tucídides (II,68,2) hace un breve *excursus* para remontarse a los orígenes de la disputa entre ambraciotas y anfiloquios que culminó con la participación de Formión, una campaña difícil de encuadrar cronológicamente y que discutiré en el apéndice final. Ciertamente esta acción independiente de bárbaros y colonos corintios hemos de verla a la luz de la lucha que Atenas y Corinto mantenían por el control del NO continental (Salmon 1984: 278). En este sentido, es necesario destacar la presencia por primera vez de una de las tribus epirotas más importantes, la de los caones, identificados con el imperialismo corintio-ambraciota en el NO y contrarios a los intereses corcirenses, quienes se habían expandido por el continente próximo a la isla y habían llegado a amenazar la llanura caonia[19]. La aportación de los caones y otros pueblos vecinos se verá limitada, sin embargo, a esta campaña y a la del año siguiente, desapareciendo después del teatro bélico. A pesar de que se apoderaron de la comarca de Argos, sus intentos de tomar la ciudad fueron inefectivos debido a su gran tamaño (II,68,9).

Peloponesios y ambraciotas, entre otros pueblos, intentarán al año siguiente una acción conjunta en esta misma zona, pero ya con la oposición de la flota de Formión, estacionada en Naupacto en ese invierno del 430/29 (II,69,1). La presencia de Formión como *strategós* no es casual, sino que se aprovechan las redes de amistad que el ateniense había forjado entre la elites locales indígenas del NO durante su primer viaje, en un mecanismo que posibilitase la intervención ateniense en la región (cf. apéndice); ésta no es extraña a un fenómeno generalizado en otras áreas consistente en que la influencia y penetración ateniense se levanta sobre los pactos personales *intra classes* de los *beltistoi*, que en no pocas ocasiones operaban a un nivel superior al de la política estatal *stricto sensu*. Puesto que la presencia de Formión en Naupacto había incrementado la presión sobre el Istmo gracias al control que obtenía de la boca del golfo Corintio, la expedición de Cnemo -ciertamente extraña a la política lacedemonia por su lejanía del Peloponeso- pudo ser la respuesta a una necesidad perentoria: mantener abierta la ruta occidental, principalmente para no ver interrumpido el suministro de grano siciliota, vital para la subsistencia de las masas campesinas de los estados interiores de la península (hipótesis que fue planteada con fuerza por Grundy 1948: I, 322-330, 350, aunque dentro de unos presupuestos de «guerra comercial» en lugar de propiamente imperialista rebatidos con suficiencia por Ste. Croix 1972: 214-220). Esta ruta habría de ser necesariamente terrestre y cruzaría por los territorios de Acarnania y Anfiloquia para, desde el golfo Ambrácico, alcanzar Sicilia (Grundy: I, 347-348). Por encima del comercio con el Oeste, se trata aquí de la supervivencia misma de los peloponesios que, con excepción de una Esparta abastecida por las ricas llanuras mesenias, requería de la importación de grano para sostener a su población, toda vez que una parte de ésta había abandonado parcialmente sus campos para atender a las necesidades de la guerra. Si ese grano, que habitualmente alcanza el Istmo por vía marítima, se ve afectado por el bloqueo ateniense del golfo Corintio, se hace necesario buscar rutas alternativas y entre ellas la más favorable se encuentra en el NO, que cuenta con la infraestructura propiciada por las colonias y puertos de ciudades procorintias que facilitarían el viaje a Sicilia y la Magna Grecia.

Antes de adentrarnos en esta campaña hemos que mencionar un intento de acercamiento diplomático a Persia que contó con la participación de un importante personaje de la elite social corintia. Esta embajada, integrada por tres espartanos, un tegeata, el corintio Aristeo y el argivo Pólide, se encaminó hacia la corte del Gran Rey en el verano del 430 con la intención de lograr que éste apoyara a la liga peloponesia, principalmente mediante la provisión de fondos. Su envío en unos momentos en que Atenas buscaba una solución pacífica al conflicto ratifica la disposición espartana a continuar la guerra hasta la desmembración del imperio ateniense (Kelly 1982: 40). Pero no sólo la obtención de oro era importante y se pensó aprovechar la ocasión para persuadir al rey odrisa Sitalces de que abandonara la alianza ateniense; su ayuda podría ser de gran utilidad para el auxilio a Potidea e incluso para subvertir toda la Calcídica, muy próxima al reino del tracio. Para su desgracia se encontraban también en la corte de Sitalces dos embajadores atenienses que convencieron a Sádoco, hijo del soberano que acababa de recibir la ciudadanía ateniense, para entregarles a los enviados peloponesios. Sádoco accedió y los integrantes de la embajada fueron apresados, llevados a Atenas y ejecutados sin juicio previo. Tucídides explica la acción por el temor que despertaba Aristeo, a quien se acusaba de todos los males acaecidos en Potidea y Tracia (II,67).

---

[19]Hammond 1967: 490, 500 supone que en la acción, además de caones, participaron tesprotios y molosos, puesto que lo hicieron en un segundo ataque en 429. Para la relación de estos pueblos bárbaros con Ambracia, cf. Gomme *HCT* II,68,5; Hornblower *CT ad loc.*; Alonso Troncoso 1987: 296 con n. 35.

En efecto, Aristeo había tenido un papel primordial en el decidido respaldo de corintios y peloponesios a la revuelta de la antigua colonia de los primeros gracias a su prestigio y a sus relaciones en la Calcídica (I,60-65; cf. Westlake 1947). Fue él quien organizó y encabezó el contingente de dos mil hombres integrado por ἐθελονταί o «voluntarios» corintios y mercenarios peloponesios que acudió en auxilio de Potidea como fuerza no oficial (*contra* Ehrenberg 1967: 257 con n. 14), no representativa del estado corintio -de otra forma hubiera constituido un manifiesto *casus belli*-, bien es cierto que presumiblemente con la conformidad o beneplácito del mismo (I,60,1; cf. Ste. Croix 1972: 83; Salmon 1984: 295 n. 35; Cataldi 1990: 106). Tucídides precisa que la razón que movió a la mayor parte de estos voluntarios corintios a dicha empresa fue κατὰ φιλίαν τε αὐτοῦ, «por el afecto hacia él [Aristeo]» (I,60,2), *philía* que probablemente debamos interpretar en la esfera de la amistad ritualizada. Por tanto nos encontramos ante la existencia de vínculos de tipo personal y clientelar que no se reducirían al estricto círculo político corintio, sino también al ámbito colonial. Aunque lejos de la trascendencia que el clientelismo adquirirá en la sociedad romana, el patronazgo tuvo también una notable importancia en el mundo griego, sobre todo en sociedades oligárquicas como la corintia, que no trataban de enmascarar su existencia o mitigar su alcance (Millett 1989: 15-18). Por otro lado, el costo que implica el alquiler de mercenarios para una expedición que previsiblemente duraría varios meses -aunque tal vez fuera compartido con otros prohombres corintios- da idea de los medios de que disponía Aristeo (Bettali 1995: 134).

A la activa dirección militar y diplomática de Aristeo en la guerra contra Corcira por el control del NO continental y en la sublevación calcídica contra Atenas, hemos de añadir su destacado patrimonio y linaje. Su padre Adimanto había sido el almirante corintio en Salamina, protagonista de agrios enfrentamientos con Temístocles que tal vez proyecten la inquietud y el recelo corintios ante el giro en el balance de poder marítimo en Grecia originado por la reestructuración naval instrumentada por el estratego ateniense (Hdt. VIII,5; 59-64; 94), mientras que Eneas, firmante de la tregua del 423 en representación de los corintios, presumiblemente era sobrino suyo (*vid. infra*, pág. 57); esta información hace más que plausible su pertenencia a la oligarquía corintia y que mantuviera tanto intereses de carácter económico -sobre todo madera y metales, abundantes en la península de Palene, pero también quizás sacara beneficio de la fuente de esclavos que era el pueblo tracio- como vínculos sociopolíticos y de patronazgo sobre las clases dominantes indígenas. Ocasión propicia para el establecimiento y fomento de este entramado clientelar en el área tracia habría sido un hipotético servicio de Aristeo como *epidemiurgós* o enviado anual del estado corintio en Potidea (I,56,2; cf. apéndice; Westlake 1947: 25 n. 3; Stroud 1994: 279 n. 17). Tucídides parece confirmar este hecho cuando dice que Aristeo ἦν γὰρ τοῖς Ποτειδεάταις αἰεί ποτε ἐπιτήδειος, «había estado siempre bien dispuesto hacia los potideatas» (I,61,2). No podemos olvidar que desde este momento en la guerra, calcidios y botieos aparecerán unidos a Corinto por juramentos que ni siquiera la paz de Nicias podrá romper (V,30,2-4). Al frente de potideatas, corintios y peloponesios, Aristeo planteó serios problemas al contingente ateniense y aliado dirigido por Calias, quien cayó en combate antes de que el asedio ateniense pudiera ser establecido (I,62-63; cf. Schrimpton 1984), y reforzó la conexión de las ciudades sublevadas con el rey macedonio Perdicas, cuya política marcada por pretensiones expansionistas en Tracia consistía en estos momentos en fomentar la revuelta contra Atenas (Papastavros 1954; Cole 1974; Hoffman 1975). Probablemente su presencia en la embajada se deba a las mismas razones de prestigio e influencia en esta área, sin olvidar la significación que Corinto tenía en la liga del Peloponeso y sobre todo en la composición de su flota, a la que sin duda iría destinada buena parte del oro persa, como más tarde sucedería en la guerra jónica. Finalmente, el temor ateniense es comprensible en una zona de vital importancia para la estabilidad del imperio, sobre todo cuando la revuelta alentada desde Potidea desemboca en un proceso sinecístico en la Calcídica que adopta la forma de un estado unitario con capital en Olinto (Moggi 1974b), pero de ningún modo justifica la violación de la ley que capacitaba a cualquier individuo para hablar en su defensa en un juicio[20].

En el verano del 429 se puso en práctica por parte de los peloponesios un vasto y ambicioso plan en el NO que aspiraba a la dominación no sólo de Acarnania, sino también de las islas de Zacinto y Cefalonia e incluso de Naupacto, lo que dificultaría extremadamente o incluso impediría a los atenienses la circunnavegación del Peloponeso y el bloqueo del golfo Corintio por falta de puertos en donde recalar sus naves. Tucídides dice expresamente que la idea fue concebida por ambraciotas y caones, pero favorecida por Corinto, su principal aval ante Esparta, en lo que hemos de ver una muestra más de la conexión de las elites coloniales con la metropolitana, unidas por intereses comunes (II,80,1-3). Consistía en poner en marcha una acción conjunta por tierra y mar en que, por una parte, el navarco Cnemo con sus mil hoplitas y un amplio contingente de ambraciotas, caones y otros bárbaros, penetraría hacia el interior de Acarnania, mientras por otro lado las flotas de Corinto y Sición, entre otras, se unirían en Léucade a las de Ambracia, Anactorio y Léucade para prestar apoyo a Cnemo en su expedición (II,80,3). Salmon (1984: 309; *contra* Kagan 1974: 107) piensa que este plan era irreal y que tal vez Tucídides exageró las esperanzas lacedemonias. No puedo convenir en esta opinión ya que el fracaso del proyecto se debió a una mala coordinación de todos los elementos y a la falta de constancia del liderazgo de los lacedemonios en su ejecución, más dispuestos a retirarse ante cualquier eventualidad o contratiempo que a poner excesivo empeño en una acción extrapeloponesia de la que no eran directos beneficiarios. Las contradicciones internas en el seno del estado espartiata impedían una única y definida política exterior, en la que alternaban presupuestos conservadores que primordiaban los asuntos internos peloponesios con veleidades imperialistas más allá de la península. Por muy igualitario que un régimen pretenda ser, siempre existirán determinados individuos que no estén conformes con el reparto de poder que les corresponde o con su participación parcial en el orden institucional, deseando

---

[20] Hornblower *CT* I,67,4. Kagan 1974: 95 atribuye, de nuevo sin fundamento, la responsabilidad de esta ejecución a los «belicistas» atenienses conducidos por Cleón, simplemente por la brutalidad de la acción.

un reconocimiento acorde a méritos y virtudes que creen encarnar (Woodhead 1990: 9-10). No son una excepción los *hómoioi* o «semejantes», que no eran tales, puesto que de hecho existía una diferenciación social y económica entre ellos según la producción de sus *klêroi*, si pertenecían a una de las dos familias reales (Agiada y Euripóntida) o a la «aristocracia» espartiata (por denominar así a esta elite dentro de la elite: los *ólbioi* de Hdt. VI,61, los *ploúsioi* de X. *Lac.* 5,3, los *hippeîs* y los *agathoergoí* de Hdt. I,67), si habían sido vencedores olímpicos, si se habían distinguido en combate, etc.[21] Así las cosas, las instituciones locales espartiatas trataban de ejercer un control efectivo sobre reyes, éforos, generales o navarcos acaparadores de un excesivo poder, sea militar, político o económico, que pudiese desvirtuar lo reglamentado por la gran Retra. Si durante la guerra del Peloponeso tenemos los ejemplos de Brasidas y Lisandro, tras su finalización las campañas de Agesilao, en la prácita un «condottiero», mercenario que alquila su brazo al mejor postor -incluido al bárbaro persa- a pesar de su aparente fidelidad a la Constitución lacedemonia, le convertirán en paradigma del intento de evasión del rígido control institucional[22].

Cnemo no esperó ni el refuerzo de la flota corintia y sicionia ni a los mil macedonios de Perdicas y emprendió la marcha por territorio acarnanio en compañía de unos pueblos bárbaros que Tucídides describe cuidadosamente. Después de tomar la aldea de Limnea, avanzaron hacia Estrato, la mayor ciudad de Acarnania, pensando que su caída traería consigo la de toda la región[23]. Los acarnanios no reunieron sus tropas para hacerles frente, sino que prefirieron que cada pueblo defendiera lo suyo y enviaron una petición de ayuda a Formión, quien tenía que seguir en Naupacto si quería interceptar las naves corintias y sicionias (II,81,1). Queda así patente la imposibilidad de Atenas de ayudar militarmente a sus aliados acarnanios, aun a costa de los efectos que podría causar la campaña peloponesia: eliminación de su creciente influencia en el NO y reinstauración del control e influencia corintia -que ahora rebasaba los límites de Acarnania y se extendía a ciertas tribus epirotas y etolias bajo la batuta de Ambracia-, mientras su única baza, las veinte naves de Formión, debían impedir la destrucción de sus bases en el golfo Corintio ante una flota muy superior. Atenas tenía graves problemas en casa con la persistencia de la epidemia en su segundo año, la enfermedad y muerte de su *prostátes* a consecuencia de la misma, a lo que se sumaba ahora la reciente derrota en Espartolo (Tracia), que había motivado el paso a la coalición peloponesia de un aliado importante como era el rey Perdicas de Macedonia (II,79).

Cnemo cometió un segundo error al dividir sus fuerzas en tres columnas para el avance, que no siguieron un movimiento sincronizado y actuaron de forma independiente. Los caones, enardecidos y deseosos de hacer honor a su reputación de pueblo más belicoso del Epiro, arrastraron a los demás pueblos bárbaros a un ataque sobre Estrato que no llegó a culminarse, pues los nativos de la ciudad les tendieron una emboscada que acabó con la mayoría de los caones y puso en fuga a los demás bárbaros[24]. Todo esto sucedió sin conocimiento de las otras dos columnas peloponesias, que habían acampado y no vieron el enfrentamiento. Una vez enterado Cnemo y reunido su ejército, esperó durante un día, pero ante el hostigamiento de los honderos estratianos, se retiró a Eníade, la única ciudad acarnania amiga de los peloponesios, donde dispersó sus tropas (II,81-82). La relación de amistad de los eníadas con los corintios, no siendo colonia de éstos, se cimentaba sin duda en el beneficio mutuo y en el reconocimiento por parte de la ciudad acarnania de la *arché* que los ístmicos habían construido en esta zona, tradicionalmente bajo su dependencia. Eníade se encontraba enclavada en el vórtice del golfo de Corinto, a unos dos Km al norte del río Aqueloo y a unos siete del mar, lo que la hacía propicia como puerto de escala en las rutas de navegación a Occidente que controlaba la cúpula dirigente corintia y, por tanto, posibilitaba la obtención de pingües ingresos, tanto directos por el cobro de tasas de peaje como indirectos por el remanente generado por el comercio (Grundy 1948: I, 354; cf. fig. 4). Es posible que Eníade contase ya en el siglo V con la infraestructura urbanística requerida para estas funciones: un amplio puerto exterior que podía albergar al menos cinco barcos de guerra, otro puerto interior y un circuito amurallado de unos seis Km que dotaba a la ciudad de una adecuada defensa (Murray 1982: 32-34). Cnemo no quiso continuar la campaña, aun siendo todavía muy superior en número a los acarnanios, con lo que reafirmaba así la impronta de poca determinación y audacia que se veía en el modelo de espartiata, al menos por lo que parece reflejar el relato de Tucídides (Westlake 1968: 138-139). Sin embargo, es posible que el navarco pensara concentrar sus esfuerzos en el mar, como apunta Westlake (*ibid.*; cf. Adcock 1927: 208), donde al reunirse con la flota de refuerzo tendrían más probabilidades de éxito ante las escasas naves atenienses. Una derrota de Atenas en el mar podría traer consigo consecuencias más graves que el triunfo peloponesio en la campaña terrestre de Acarnania.

Pero en el mar los peloponesios no estuvieron más

---

[21] Un reciente tratamiento de estas desigualdades internas entre los espartiatas en Casillas, Fornis 1994; cf. también Finley 1968a: 146-152; Austin, Vidal-Naquet 1986: 86; Vernant, Vidal-Naquet 1989: 87; Cartledge 1977: 27 ya hizo la observación de que el término *hómoioi* probablemente aludiría a una uniformidad en equipamiento y entrenamiento hoplítico más que a la forma de vida en su conjunto. Un punto de vista contrario que defiende la igualdad de los espartiatas también en la práctica es el de Lazenby 1985: 53. En cuanto a la utopía de una sociedad abiatáxica en la que existiría una distribución igualitaria de poder, prestigio y riqueza, véase Andreski 1971: 127.

[22] La primera mitad del siglo IV asistirá a una creciente desigualdad económica entre los espartiatas, consecuencia en gran medida de la entrada de riqueza del imperio heredado de la guerra del Peloponeso -visible por ejemplo en el comienzo de la acuñación de moneda laconia-, mientras que el imparable descenso en el número de *hómoioi* y el aumento de población dependiente, cuyo descontento se plasmará en la revuelta de Cinadón en 398, revertirá en una mayor acumulación de *klêroi* en manos de mujeres, poseedoras de casi un 40 % del total de las tierras productivas; estos efectos y su relación con el ocaso de Esparta han sido bien estudiados por Hodkinson 1983, 1986 y 1993.

[23] II,80,8; cf. fig. 4, Gomme *HCT* II,80,5 y Hammond 1936/7: 132 para la situación de Estrato y la ruta seguida por Cnemo.

[24] Acerca de la organización, costumbres y presumible soberanía de los caones sobre sus vecinos bárbaros, véase Beaumont 1952: 64; Hammond 1967: 479, 501; Alonso Troncoso 1987: 298-301.

afortunados. La flota de apoyo a Cnemo, constituida por cuarenta y siete naves, *in primis* corintias y sicionias, no pudo eludir la vigilancia de Formión y se vio obligada a trabar combate a la entrada del golfo Corintio (II,83,1-2). Las dos naumaquias que tuvieron lugar gozaron ya de fama en la Antigüedad y han suscitado una abundante bibliografía por considerarse ejemplo perfecto de la diferencia abismal que existía entre peloponesios y atenienses tanto en técnicas navales como en habilidad y experiencia en su aplicación[25]. Nos limitaremos a reseñar que los navíos peloponesios, a pesar de su superioridad numérica, eran utilizados como transporte de hoplitas -también arqueros y lanzadores de jabalina- y suministros (*hoplitagógous*) y sólo podían combatir al viejo estilo de Síbota, casi como una batalla terrestre, de ahí que la maniobrabilidad y destreza de los remeros atenienses bajo la experta dirección de Formión provocaran la catástrofe peloponesia a través del hundimiento de varios barcos y la captura de otros doce, cuyas tripulaciones fueron muertas en su mayor parte (gracias a una sabia utilización del *diekploús*, maniobra consistente en atacar con el espolón, que requería de una gran coordinación y rapidez de ejecución). Las naves que salieron indemnes se retiraron a Cilene, donde se reunieron con las de Cnemo tras su frustrada expedición a Acarnania (II,83,3-84).

Desde Esparta llegaron tres *sýmbouloi* o consejeros espartiatas, entre ellos el siempre enérgico (δραστήριος) Brásidas, con órdenes de preparar un segundo enfrentamiento y poner un mayor ardor en la empresa, pues se consideraba que la derrota era debida a una falta de energía y no de experiencia marítima (II,85,1-2; cf. IV,81,1). Los peloponesios no querían reconocer sus debilidades y carencias, pero eran conscientes de la importancia de derrotar a los atenienses en el mar, sobre todo en un año en que no se llevó a cabo invasión del Ática, probablemente por temor a la epidemia (II,71,1). El envío de consejeros deja traslucir la división que existía en el núcleo de la sociedad espartiata, reflejada en este criticismo en el desempeño de puestos militares de responsabilidad a cargo de prominentes personajes del espectro político, cuyo fracaso suponía el debilitamiento de la facción a que éstos pertenecieran. La guerra es el campo más idóneo para distinguirse y apuntalar la posición social, pero constituye también la forma más rápida de caer en desgracia, que en el caso lacedemonio puede suponer el exilio y la pérdida de la ciudadanía, con la relegación a la condición de τρέσας o cobarde[26]. Por su parte, Formión informó de la batalla a Atenas y solicitó refuerzos para poder hacer frente con mayores garantías a la nueva flota que los peloponesios preparaban; se equiparon veinte naves para acudir en su ayuda, previo paso por la isla de Creta -acogida a un estatuto de no beligerancia- para llevar a cabo un ataque sobre Cidonia, lo que retrasó su llegada hasta que la segunda naumaquia había finalizado (II,85,5-6). Prácticamente la totalidad de los investigadores modernos que han abordado el episodio coinciden en que la escala cretense constituyó un grave error que puso en peligro la supervivencia de Naupacto y de todo el NO ateniense por realizar una acción sin aparente relevancia y fuera de lugar que sólo supuso una pérdida de tiempo[27]. Ciertamente a esta conclusión contribuye el hecho de que Tucídides no nombre al estratego al mando y deje oscuros los genuinos motivos de tan apresurada injerencia en la política cretense[28]. No podemos excluir que Atenas vislumbrara la posibilidad de intervenir en la política cretense, formalmente neutral, con vistas a impedir la labor de mediación que la isla desempeñaba en el comercio de grano procedente de África[29]. Este objetivo, acorde con el cuadro general de acciones militares que hacía del corte u obstaculización del aprovisionamiento de grano al Peloponeso una de las piedras angulares del diseño geoestratégico ateniense, sería pasado por alto por Tucídides, poco preocupado del motor económico de las empresas atenienses en beneficio de la causalidad política. Existe en la Grecia antigua una interacción entre política y economía en la que muchas veces esta última contribuye a explicar hechos no suficientemente justificados desde el punto de vista estrictamente político. En el caso que nos ocupa, el

---

[25] Un amplio y detallado comentario de las batallas del golfo Corintio puede encontrarse en Henderson 1927: 98-113, a pesar del lenguaje épico y de exaltación de la heroicidad de Formión que caracterizan su narración; Rodgers 1937: 129-136; Grundy 1948: I, 301-305; Morrison, Williams 1968: 315-317; Westlake 1968: 44-52; Roussel 1969: 337-339; Kagan 1974: 108-115; Morrison, Coates 1986: 68-76; Casson 1991: 93-94. Cf. también Adcock 1927: 208-210; Hammond 1967: 353-355 con fig. 22; Lewis 1992: 400-401; Gomme *HCT* II,83-92.

[26] Hdt. VII,23; Plu. *Lyc.* 21,2; *Ages.* 30,3; X. *Lac.* 9,4-6. Cf. Loraux 1977: 108-112; Vernant, Vidal-Naquet 1989: 87, 112; Flower 1991: 84.

[27] Así Kagan 1974: 111-113, que lo disculpa en parte por ser una respuesta a una petición de ayuda; Henderson 1927: 103-104 lo califica de «estupidez estratégica»; Gomme *HCT* II,85,5 lo conecta con una más que posible ausencia de Pericles de la *Ekklesía* por la proximidad de su muerte; Karavites 1989 concibe todo el episodio como una aventura imperialista *avant la lettre* que fue la primera violación de la estrategia periclea; Adcock 1927: 209 piensa que los atenienses simplemente sobrevaloraron la lentitud de los peloponesios en prepararse para el combate. La excepción es Figueira 1988: 539-541, que justifica la incursión en Cidonia por una posible actividad política en la misma por parte de refugiados eginetas, que colaborarían con los espartanos en atacar los intereses atenienses en el mar; no obstante, la tesis de Figueira, además de descansar únicamente en remotas conexiones entre cidonios y eginetas, deja demasiados cabos sueltos, entre ellos el silencio de Tucídides y el porqué de tan imperiosa implicación en Creta con una situación tan crítica en el golfo Corintio.

[28] Herman 1989: 83-93 ha argüido con verosimilitud que fue Nicias, hijo de Nicérato, el *strategós* ateniense encargado de la misión y con responsabilidad personal en la misma, pues podía estar unido por *xenía* a su homónimo de Gortina, quien al mismo tiempo era próxeno de los atenienses en esa ciudad; así, el político ateniense se entregaría al cumplimiento de sus vínculos sociales de clase por encima de sus obligaciones para con su comunidad, aun a riesgo de que ésta perdiera el vital enclave de Naupacto. Cómo pudo Nicias hacer prevalecer su opinión ante la Asamblea y conseguir que el *dêmos* votara la ayuda a Cidonia en circunstancias tan delicadas, es algo a lo que Herman no contesta, pero lo seguro es que este hecho contó con la desaprobación de Tucídides y tal vez Herman tenga razón en pensar que por ello el historiador suprimió intencionadamente el nombre de un general por el cual mostrara tanta admiración.

[29] IV,53,3. Cidonia, actual Chaniá, era el mejor puerto comercial de la isla en la ruta que comunica el continente africano con el Peloponeso (Meiggs 1972: 217); todavía hoy en Chaniá radica la única línea marítima que enlaza el litoral cretense con Libia y con el Peloponeso, con Laconia y Citera precisamente.

aparente conflicto vecinal entre Cidonia y Policna, sin interés en principio para la potencia imperialista, puede esconder la más profunda e innegable motivación ateniense de rendir el Peloponeso por hambre. Siempre a través de la respuesta a la llamada de una facción intestina como elemento clave para la intervención, Atenas interfiere en la política interna de otros estados, neutrales incluidos, si piensa que puede sacar beneficio para sí. La precipitada incursión ateniense en Creta no parece tener una continuación, sea porque se considerase arriesgada, extemporánea y más allá de sus fuerzas, sea porque el rápido tanteo a la situación confirmase lo innecesario de controlar esta escala en la ruta cerealística africana, complicada y peligrosa de por sí, y decidiese encaminar sus esfuerzos en otro sentido, hacia el Occidente, de donde procede la mayor parte del grano importado por el Peloponeso. A esta última necesidad respondería la expedición a Sicilia fletada dos años después.

Así pues, en su inexcusable deber de defender Naupacto, Formión tenía que hacer frente a una flota que ahora sumaba setenta y siete naves, casi el cuádruple de las suyas. Gomme (*HCT* II,85,5) ha destacado el hecho de que no le llegara ninguna ayuda de Corcira, en una interpretación literal de las cláusulas de su *epimachía* con Atenas. El vívido relato de Tucídides sobre la batalla naval nos permite comprobar que los peloponesios no supieron explotar la ventaja que obtuvieron en un primer momento y los errores fruto de la inexperiencia y el desorden en la persecución motivaron que la victoria se trocase en derrota, dejando a Formión dueño del campo (II,90-92).

Las consecuencias de ambas derrotas fueron desastrosas para la liga del Peloponeso. En el plano militar, Atenas mantenía Naupacto, con lo que ello significaba para el bloqueo del Istmo y el acceso al NO, mientras que casi un cuarto de su flota había quedado desmantelada y sus tripulaciones capturadas o muertas, con la consiguiente pérdida humana y material para Corinto por su representación en la misma. Pero aún más que los daños materiales y estratégicos, pesó sobre los peloponesios el golpe moral que supuso el fracaso en los Estrechos. Salmon (1984: 311; cf. Kagan 1974: 114-115; Morrison, Coates 1986: 76) evalúa bien este efecto moral al decir que «los peloponesios no habían sido capaces de vencer a Formión con todos los pronunciamientos favorables: superioridad de casi cuatro a uno, falta de refuerzos atenienses prometidos, Naupacto indefenso, maniobra obligada de Formión en posición inferior, etc., de modo que su incompetencia técnica e indisciplina anularon el diestro plan concebido». En los años siguientes, la actividad naval peloponesia se vio seriamente restringida y el temor a la pericia ateniense condujo a una renuncia expresa a choques en el mar, incluso en franca superioridad.

Otro hecho no menos importante que deriva de las victorias navales de Formión en el golfo Corintio es la reafirmación del poder ateniense en el NO. En ese mismo invierno del 429/8 el mismo estratego ateniense, llegadas por fin las veinte naves de refuerzo, encabezó desde Naupacto una expedición a Acarnania para asegurar los asuntos en la región en favor de Atenas tras unos meses de debilitamiento que habían hecho peligrar la pervivencia de su influencia y la estabilidad de sus aliados acarnanios. Con cuatrocientos hoplitas atenienses y cuatrocientos mesenios, Formión avanzó hasta Ástaco sin resistencia, lo que indica que esta ciudad ya no albergaba un gobierno hostil a Atenas como había sido el de Evarco (*vid. supra*). Posteriormente, expulsó de Estrato, Coronta y otros lugares a determinados individuos sospechosos de no ver con buenos ojos el dominio ateniense e incluso colocaron un régimen favorable en Coronta. Sólo el invierno impidió que los atenienses marcharan contra Eníade, cuyo pueblo era el único de Acarnania que todavía se resistía al poder ateniense; prueba de ello fue su apoyo a los peloponesios tras la derrota de Estrato (II,102,1-2; cf. II,82). El resumen de estas acciones en torno al golfo Corintio nos aporta un balance netamente positivo para Atenas en la lucha que dirimía con Corinto por el control del NO, pero Formión, el gran triunfador, no pudo disfrutar de sus éxitos. El *dêmos* ateniense, de forma similar a como se había comportado con los estrategos que aceptaron la rendición de Potidea y más tarde habría de hacerlo con los vencedores en las Arginusas, condenó a Formión bajo una acusación de *atimía* que llevó aparejada su inhabilitación para desempeñar magistraturas[30].

El fracaso peloponesio afectó también al mando espartano, pues los *strategoí* eran conscientes de la actitud crítica de la *Ekklesía* -que es ésta y no *Apélla* la denominación de la reunión de los espartiatas de pleno derecho fue convenientemente demostrado por Ste. Croix 1972: apénd. XXIII- si regresaban con tan escaso bagaje después de las expectativas creadas por la magna expedición marítima y terrestre. Ésta fue, probablemente, la principal motivación que les llevó a aceptar la proposición megarense de efectuar un ataque sobre el Pireo, idea insólita pero inesperada por su reciente catástrofe naval y por estar fuera de la temporada de navegación; el puerto ateniense se encontraba sin vigilancia, por lo que un rápido y sorpresivo ataque podría significar la destrucción de las reservas de barcos atenienses atracados en él y la retirada antes de que cualquier ayuda pudiera llegar desde la ciudad (Kagan 1974: 117). El plan precisaba ser realizado desde los puertos ístmicos que se abren al golfo Sarónico. Desde Corinto se enviarían remeros para tripular cuarenta naves, en no demasiado buen estado por falta de uso, que esperaban en el puerto megarense de Nisea[31]. Los remeros llegaron sin ser detectados, pero en el último momento el peso de la responsabilidad -más que los vientos contrarios que

---

[30]Androt. *FGH* 324 F 8; cf. Fornara 1971: 56. Acepto la noticia de esta fuente porque explica la desaparición de Formión de la obra de Tucídides, lo que éste no hace. Sch.Ar. *Pax* 347 recoge una curiosa historia en la que el pueblo ateniense le permitió recuperar sus derechos de ciudadanía y acudir en ayuda de los acarnanios, relato que da fe de hasta qué punto el *dêmos* era consciente de las relaciones personales que Formión mantenía en Acarnania y de la importancia de las mismas para el conjunto de la *pólis* ateniense. Para Lengauer 1979: 45 la sentencia contra Formión respondería al descontento por la batalla de Panormo y su posterior perdón a la necesidad de sus servicios como general. Pritchett 1974: 13 subraya el hecho de que incluso los generales victoriosos podían ser condenados, en este caso por supuesta malversación de fondos públicos.

[31]Véase Gomme *HCT* II,93,2 para estas naves megarenses y la explicación de por qué el puerto corintio de Céncreas, en principio más conveniente, no fue el punto de partida de la expedición. Legon 1981: 234 atribuye el deterioro de la flota megarense al bloqueo practicado por Atenas. En ningún momento Mégara contó con más de veinte naves dispuestas para el servicio, por lo que las ahora empleadas debieron de haber estado largo tiempo en desuso.

menciona Tucídides- hizo que los comandantes espartiatas cambiaran el objetivo y se dirigieran hacia la isla de Salamina[32]. De nuevo nos encontramos ante la falta de ánimo y perseverancia como rasgos distintivos de los lacedemonios y, en este caso concreto, atribuibles en mayor medida a Cnemo, cuya autoridad era superior a la de los *sýmbouloi* y debió de frenar la audacia de Brasidas (III,79,3). Tucídides deja claro que el ataque original sobre el Pireo hubiera triunfado y el lector tiene la impresión de que así habría sido de haber estado Brasidas al mando (Westlake 1968: 140-142). Sin embargo, el saqueo de Salamina y el apresamiento de tres naves áticas era una recompensa un tanto parca para tan osada empresa, que provocó un pánico en Atenas sólo comparable al provocado por la pérdida de Eubea en 411 (II,94,1-2; cf. VIII,96,1). Al menos la incursión sobre Salamina calmaría los ánimos internos en Esparta, donde se esperaba que al año siguiente Alcidas consiguiera en el Egeo lo que Cnemo no pudo realizar en el golfo de Corinto, derrotar a los atenienses en el mar, algo que, según los corintios, supondría el final de la guerra[33].

La fase de operaciones de Formión en el NO se completa en el verano del 428 con las desarrolladas por su hijo Asopio, que continúa su línea de acción. Los acarnanios habían requerido la presencia de un pariente de Formión ante la indisponibilidad de éste, bien por muerte o enfermedad dada su avanzada edad, bien por su inhabilitación para la estrategia[34]. Es lógico que la *Ekklesía* ateniense no quisiera romper unos vínculos entre los acarnanios y la familia de Formión que probablemente se remontaban a la primera expedición de éste en tiempo de paz y que habían dado tan buenos frutos. Sin embargo, Asopio no pudo continuar los éxitos de su padre en el NO. Tras un periplo por el Peloponeso con varios desembarcos en Laconia, se dirigió con doce naves a Naupacto, donde reunió a sus aliados acarnanios, deseosos de atar el único cabo suelto en este territorio para el poder de Atenas, Eníade. La expedición consiguió devastar la *chóra*, pero el tamaño de la ciudad le disuadió de intentar un asalto, por lo que disolvió el ejército terrestre aliado y marchó con su flota hacia el fuerte de Nérico, donde murió junto a algunos de sus hombres en un enfrentamiento con los nativos, los cuales se habían reforzado con una guarnición extranjera, corintia con toda seguridad[35]. Existe una confusión en las fuentes antiguas acerca de si Nérico se encontraba en la isla de Léucade o en la *peraía* leucadia en el continente, es decir, inmersa en territorio acarnanio, con cuyo pueblo los leucadios mantenían continuas disputas por la posesión de la misma (Murray 1982: 187-188). En su estudio topográfico de la región, Murray (1982: 189) sospecha que Nérico estaba localizada en la rica perea leucadia, de modo que presenta a Asopio como un personaje desesperado por preservar vivos los lazos de amistad y patronazgo que su padre había construido entre los acarnanios y ello le conduciría a intentar sorprender a la guarnición de Nérico, para posteriormente entregar la plaza a los acarnanios. Sin embargo, el argumento no es conclusivo y la misma razón puede aplicarse si Nérico estuviera emplazada en la propia Léucade, así que el *koinón* acarnano hubiera recibido con agrado la conquista del fuerte en uno u otro caso. De cualquier forma, hubiera sido de gran importancia dañar la principal fuente de aprovisionamiento alimentario de estos colonos corintios en el marco del plan ateniense destinado a reducir Léucade, la única isla utilizable como enclave estratégico que seguía bajo directo control conrintio en la valiosa ruta hacia Sicilia y la Magna Grecia.

Esta colonia corintia había alcanzado una gran prosperidad merced a los rendimientos obtenidos de su posición en las rutas costeras al Occidente, uno de cuyos ejes principales era el propio canal de Léucade. La clase dirigente, presumiblemente integrada por los descendientes de los primeros colonos corintios -*gamóroi* o ricos terratenientes como sus homónimos siracusanos-, había sabido sacar provecho desde época temprana de las posibilidades que proveía el canal tanto para la consecución de beneficios fiscales y comerciales como para la explotación agrícola del *hinterland* de la cercana costa continental. No se puede concebir de otra forma la construcción de un gran malecón de seiscientos metros de longitud ya en época arcaica, una considerable obra de ingeniería para su tiempo, que tenía como finalidad proteger el fondeadero de barcos y a la vez servir como muelle de carga y descarga de mercancías (Murray 1982: 229-236). La cerámica corintia del siglo V hallada en torno al malecón permite confirmar lo que acabamos de exponer (*ibid.*: 236). Pero además del comercio directo hacia y desde la isla, Léucade era un puerto de escala hacia el Adriático e Italia, por lo que la utilización de su canal se hacía imprescindible si se quería seguir la navegación de cabotaje. La clase dominante leucadia tenía así en sus manos la explotación fiscal del canal mediante el cobro de tasas a las naves que lo atravesaran, de pequeño y mediano calado, pues los sedimentos acumulados en el fondo del canal no permitían el paso de grandes barcos mercantes (*ibid.*: 237; *contra* Lehmann-Hartleben 1923: 49). El temprano establecimiento de una ceca emisora de moneda de tipo corintio señala también una mejora en el rendimiento comercial y fiscal y, en general, de toda la economía isleña (Murray 1982: apénd.

---

[32] II,93. El reciente estudio de Falkner 1992 no aporta al episodio sino una supuesta actitud tendenciosa en Tucídides al infravalorar la competencia peloponesia en el mar.

[33] I,121,4. Para Falkner 1992: 155 «el éxito del *raid* sobre Salamina debió de haber incrementado la convicción espartana acerca de la efectividad de la acción naval bajo circunstancias correctas»; tales circunstancias, sin embargo, se dieron en otras ocasiones, como por ejemplo en las ya comentadas ventajas sobre Formión en Naupacto, sin que se tradujeran en resultados positivos, por lo que si la incursión en Salamina triunfó se debió más a la sorpresa que a la preparación y a los medios empleados en la expedición.

[34] III,7,1; cf. *supra* n. 30. Para Hornblower *CT ad loc.* los atenienses aceptan que las cualidades de Formión de algún modo perduran en la familia, pero es preferible pensar que trataban más bien de perpetuar las relaciones personales de Formión con las elites locales acarnanias, garantía y compromiso de la implicación bélica de este *éthnos* en favor de Atenas.

[35] III,7. Cf. Gomme *HCT* III,7,4; Beaumont 1952: 63 n. 21; Hammond 1967: 504 y Salmon 1984: 312 con n. 15 para la guarnición corintia, el único estado preocupado por enviar hombres a esta isla al ser colonia suya, lo mismo que hizo con otras fundaciones, aunque esta vez no sabemos desde cuándo se encontraban allí.

F y n. 23). Evidentemente, este producto obtenido del comercio y los peajes, nada despreciable si tenemos en cuenta la posición geográfica de la isla y el volumen del comercio itálico, posibilitó el rápido crecimiento de la ciudad y reforzó los vínculos de su clase dirigente con la oligarquía metropolitana, auspiciadora y regidora de buena parte de este comercio occidental. De hecho, la resistencia militar leucadia se mostró eficaz y no cedió a las fuerzas atenienses y aliadas ni siquiera cuando éstas controlaron la práctica totalidad del NO. Por otra parte, la asistencia militar y logística a través de la cadena colonial corintia permitía a los leucadios la explotación de la rica perea situada en el continente, motivando así el principal motivo de queja y hostilidad del *koinón* acarnanio hacia los isleños (*ibid.*: 189).

El fracaso de Asopio, no obstante, no revivió ningún intento de recuperación por parte de la cúpula gobernante corintia o lacedemonia, que habrían de esperar hasta el surgimiento de la lucha civil en Corcira al año siguiente. Por ahora, la *arché* ateniense mantenía un cómodo control de Acarnania y las islas del noroeste, con excepción de Léucade.

En el verano del 427 la presión ateniense sobre el Istmo y más concretamente sobre Mégara se vio notablemente acentuada con la toma de Minoa, una isla cercana a Nisea, el puerto megarense que mira al golfo Sarónico (para la identificación y topografía de estos lugares, Gomme *HCT* III,51; Beattie 1960; Legon 1981: 29-32). Esta acción, la primera que contó con la participación de Nicias como estratego -con la salvedad de su hipotética dirección de la expedición a Cidonia, Creta, arriba abordada-, tuvo lugar inmediatamente después de la represión de la sublevación en la isla de Lesbos, que había dejado a Atenas las manos libres para volver a centrar su atención en el Istmo, una vez resueltos sus problemas en el Egeo. Tucídides aporta una doble razón para justificar la conquista de Minoa: por una parte Atenas tenía un puesto de observación cercano a la costa y al puerto de Nisea desde donde vigilar y prevenir posibles incursiones peloponesias sobre el Ática como la realizada contra Salamina en 429 y los actos de piratería sobre los barcos atenienses; por otra se evitaba la salida y llegada de productos a Mégara por mar, es decir, se estrechaba el bloqueo en el golfo Sarónico (III,51,2). Para esta última función el fuerte de Búdoro, en el promontorio de Perama, al noroeste de la isla, probablemente erigido a comienzos de la guerra, debía de resultar insuficiente (McLeod 1960: 317), si es que no había sido destruido por los peloponesios en su ataque de dos años antes (Adcock 1927: 210). No hemos de buscar en Minoa un antecedente de los *epiteichismoí* practicados en Pilos y Citera, pues no sirvió como fuerte desde el cual emprender incursiones sobre la campiña megarense. Westlake (1983: 16; *contra* Legon 1981: 234) ha defendido convincentemente que esto ya se producía por las invasiones bianuales de la leva completa ateniense, pero tampoco se puede enmarcar, como se ha hecho a menudo, dentro de la tradicional y teórica estrategia defensiva diseñada por Pericles (Kagan 1974: 170; Holladay 1978: 406). Según hemos podido comprobar, este movimiento militar tiene más de ofensivo que de defensivo. Por ello me parece más coherente la argumentación desplegada por Wick (1979) acerca de una intensificación del proyecto estratégico encauzado a la rendición de Mégara, motivada por la impaciencia despertada por el lento efecto de las invasiones semestrales y el bloqueo de sus puertos. Más problemático podría resultar, sin embargo, vincular a este incremento de la presión sobre los megarenses el envío de la primera expedición ateniense a Sicilia, como también ha defendido este autor (*ibid.*: 6).

La *stásis* o lucha civil que estalló en Corcira en 427 representa el primer incidente de consecuencias dramáticas para la política interna de una ciudad motivado por la intromisión en la misma de las dos potencias que se disputaban la hegemonía en la Hélade (III,82,1). Este episodio ha suscitado una abundante literatura que esencialmente se ha centrado en el análisis desde el puntos de vista ético o sociológico, como ejemplo de desbordamiento de las pasiones humanas y de radicalización de la militancia política en una situación de guerra interna que llevó a Tucídides a una amplia reflexión sobre la crisis de los más genuinos valores y señas de identidad helenas[36]. Mientras que sobre este enfoque se ha incidido con profusión, no se ha prestado excesiva atención a la repercusión de la *stásis* corcirense en el desarrollo general de la guerra, olvidando que la pérdida de la isla como aliada podía significar para Atenas un cambio negativo en el balance naval griego y la eliminación de un valioso enclave en el NO y en la ruta hacia Sicilia, adonde precisamente los atenienses mandan su primera expedición ese año. Al mismo tiempo Corcira era la principal opositora al control corintio y a la explotación de los recursos del noroeste continental.

El problema tuvo su origen con la puesta en práctica de un sutil y atrevido plan de la clase dirigente corintia para fomentar la disensión interna en Corcira y conseguir apartar a la isla de la alianza ateniense. Desde el enfrentamiento con su colonia en Sibota en 433, los oligarcas corintios habían mantenido bajo especial cuidado y con excelente trato a doscientos cincuenta prisioneros corcirenses que se encontraban entre los más influyentes de su ciudad, con vistas a emplearlos en provocar un cambio en la lealtad de Corcira[37]. La afirmación de Tucídides sobre la riqueza y rango de los prisioneros corcirenses -los designa como πρῶτοι de su estado- nos lleva a pensar que se trataba de hombres proclives a mantener posiciones oligárquicas, dispuestos a enfrentarse a la facción demócrata corcirense para asumir el control del gobierno de la

---

[36] Un comentario y valoración en este sentido de los sucesos acaecidos durante la *stásis* corcirense puede encontrarse en Gomme *HCT* III,82-84; Hornblower *CT* III,82-83; Adcock 1927: 220-222; Wasserman 1954; Bruce 1971; Fuks 1971; Sayas 1971; Losada 1972: 97 ss.; Kagan 1974: 175-181; Edmunds 1975; Ruschenbusch 1978: 37 ss.; Panagopoulos 1978: 65 ss.; MacLeod 1979; Cogan 1981; Connor 1984: 95-105; Cogan 1981; Lintott 1982: 106-109; Salmon 1984: 313-316; Cohen 1984: esp. 56-58; Gehrke 1985: 88 ss.; Glotz 1986: 639-640; Wilson 1987: 92 ss.; Hammond 1987: 359-360; Marshall 1990.

[37] I,55,1; III,70,3. D.S. XII,57,1-2 hace que sean los corcirenses quienes propongan la idea a los corintios a cambio de su liberación, pero su relato es, en conjunto, un sumario del tucidídeo y no se hace preferible a éste en los pasajes mencionados.

ciudad[38]. Gomme (*HCT* III,70,1) no niega que pudieran ser patriotas después de todo, aunque en la antigua Grecia el patriotismo solía ser cosa de las clases bajas, por utilizar una frase de Herman (1987: 156-161; cf. Morris 1991: 49). Desde luego llama la atención primero, la previsión de los corintios al seleccionar los prisioneros, probablemente para hacer uso de ellos en el marco de su conflicto particular contra su colonia y, segundo, los seis años de cautiverio -por llamarlo de alguna forma-, hasta encontrar el momento óptimo para desarrollar su plan, un momento que parece coincidir con la revuelta mitilenia y el final del asedio a Platea, tal vez en la esperanza de una sublevación general de los aliados atenienses[39]. Esto indica un considerable empeño y la renuncia a un beneficio inmediato como era su venta en el mercado junto a los ochocientos esclavos capturados[40]. La liberación de los prisioneros, mediante el pago de un rescate que cubriera las apariencias, tuvo como intermediarios a los πρόξενοι corintios en Corcira, implicados en el plan, pues constituían un canal diplomático habitualmente utilizado en traiciones y conspiraciones con estados extranjeros (Losada 1972: 98, 105).

Los prisioneros liberados se convirtieron, así, en agentes procorintios que actuaban como «quintacolumnistas» que tenían el objetivo de anular la alianza ático-corcirense. Estos *prôtoi*, que ya gozarían de prestigio e influencia en su estado antes de su captura merced a su condición social, volvían ahora como héroes reconocidos y símbolos de la autonomía corcirense frente a la metrópoli corintia, una posición que les permitiría dirigirse con mayor facilidad a la mayoría de los ciudadanos en pos de convencerles de los males de la guerra si seguían alineados con Atenas (Kagan 1974: 176). Su trabajo se dejó sentir pronto al lograr una declaración por la que sólo serían admitidas una nave corintia y otra ateniense para entablar unas conversaciones que finalmente cristalizaron en la quimérica declaración de «mantener la alianza con Atenas, pero ser también amigos de los peloponesios» (III,70,2). Bauslaugh (1991: 134 con n. 60) ha intentado defender que esta decisión constituía una opción lícita real y nada utópica que seguía el ejemplo de otros estados neutrales, pero su interpretación suscita diversas objeciones. En primer lugar, este autor olvida que, frente a esos otros estados neutrales, Corcira había participado ya en la contienda e, indudablemente, se había visto afectada por la misma, por lo que su salida se hacía francamente difícil y esta imposibilidad era alentada por la importancia estratégica de la isla para ambos bandos, que Bauslaugh ni siquiera menciona; como demuestran multitud de ejemplos a lo largo de la guerra del Peloponeso, de los cuales el que ha trascendido más a causa de su dramatismo ha sido el de Melos en 416 frente a la férrea e intransigente postura ateniense, la coerción aplicada por los dos *hegemónes* podía anular en la práctica cualquier voluntad por parte de los estados menores de elegir una vía alternativa a la designada y deseada por los primeros. Tampoco creo que la declaración de neutralidad pueda ser compatible con la preservación de la alianza defensiva que Corcira mantenía con Atenas -como ha planteado Alonso Troncoso 1987: 31-, puesto que desde el momento en que el Ática había sido invadida Corcira se convierte en estado beligerante integrado en la entente ateniense, creándose por tanto una situación bien distinta de la de 433. Por último, la pretensión de neutralidad, aunque decidida por mayoría en la Asamblea democrática, aparece determinada por los oligarcas corcirenses, que naturalmente miran por sus intereses políticos y de clase, en este caso centrados en debilitar a la facción democrática opositora e impedirles cualquier tipo de ayuda por parte ateniense. Bauslaugh habla todo el tiempo de Corcira en sentido genérico cuando en realidad existe una política bien distinta según se encuentren en el poder los *olígoi* prolacedemonios o los *polloí* proatenienses, algo difícilmente eludible.

La facilidad con que los oligarcas consiguen moldear la opinión del *dêmos* no ha de extrañarnos. Atenas no debía de gozar de amplias simpatías en el seno de la sociedad corcirense (Wilson 1987: 116), la cual, tras una larga tradición de neutralismo ejercida desde las guerras médicas (Alonso Troncoso 1988: 61-64), había buscado la alianza en una coyuntura muy concreta de su conflicto con la potencia colonial corintia con el fin de evitar ser aplastada por la flota peloponesia, pero que no veía con buenos ojos su participación en una conflagración que alcanzaba a gran parte de la Hélade; prueba de ello será el estricto respeto de su *epimachía* y su escasa implicación en la guerra, limitada prácticamente a la campaña ateniense del 431 en el NO. Con vistas a justificar la imposibilidad corcirense de determinar su propia política exterior, podemos recordar *verbatim* la afirmación que Alonso

---

[38] Legon 1966: 23; Kagan 1974: 175; *contra* Bruce 1971: 109 y Wilson 1987: 89, que los consideran «simples» hoplitas o *epibátai*, sin matizar que dentro de la clase hoplítica podían servir hombres de considerable riqueza y olvidando que portar el *hóplon* suponía *per se* una elevada posición socioeconómica. Pero además Wilson (págs. 60-61) echa mano de una *ratio* muy *sui generis* en la evaluación del contingente militar corcirense -cinco infantes pesados por cada tres ligeros- para concluir que de los doscientos cincuenta hombres sólo ciento cincuenta serían hoplitas, mientras el centenar restante lo compondrían arqueros y lanzadores de jabalina, que podían también remar junto a los esclavos; esta afirmación, contraria *expressis verbis* al texto tucidídeo, haría más difícil pensar en el fondo oligárquico de los promotores de la *stásis*.

[39] Tucídides no menciona el momento de su liberación, pero habitualmente es entendido que tendría lugar poco antes del brote de la *stásis* (D.S. XII, 57,1-2); no obstante, Wilson 1987: 89-96 ha propuesto una secuencia cronológica para los acontecimientos partiendo arbitrariamente de que la liberación tuviera lugar en 430 o incluso antes, sin que la revolución estallase hasta el 427. También existen serias dudas sobre la extraordinaria cifra aportada como rescate, que según Tucídides asciende a ochocientos talentos, rechazada entre otros por Gomme *HCT* III,70,1, que propone ochenta talentos u ochocientas minas. Esta última cifra resulta la más lógica si recordamos que el precio medio por el rescate de un ciudadano era de dos minas en tiempo de las guerras médicas y de una en el curso del siglo IV (Lonis 1969: 53), aquí algo más elevada -3,2 minas por hombre- al tratarse de *principales* de la *pólis*. Un estudio de los precios de rescate por prisioneros de guerra desde época homérica a helenística acorde con estas apreciaciones puede verse en Ducrey 1968: 246-254.

[40] El hecho de que sean posteriormente rescatados ya indica su condición previa de ciudadanos libres (αἰχμάλωτοι) que los diferenciaba de los esclavos de origen (δοῦλοι); cf. Lonis 1969: 51. Si este punto se complementa con su servicio militar en calidad de hoplitas, aunque sea sobre la cubierta de una nave, deben de quedarnos pocas dudas acerca de su pertenencia a un alto estrato social. En lo referente a los cautivos como fuente de ingresos en el marco de la actividad depredadora que es la guerra, véase Garlan 1989: esp. 85-88. El alto número de esclavos capturados respondería, según Casson 1991: 323 n. 4, tanto a que no portaban armadura y podían nadar más fácilmente como a su escaso incentivo de lucha.

Troncoso (1987: 53) incluye dentro del balance de los acuerdos bélicos en época clásica: «el imperialismo supuso en este sentido una degradación de las relaciones interestatales al quebrantar los cuatro grandes principios que habitan en todo derecho de gentes: la fuerza obligatoria de las convenciones, la libertad de los estados, la igualdad de los actores internacionales y la solidaridad».

Los oligarcas procorintios habían conseguido formalizar ante el resto de los estados griegos un estatuto de «no beligerancia» para Corcira, pero éste sólo era el primer paso hacia el establecimiento de un régimen oligárquico e incluso de una alianza con los peloponesios que lo sustentase[41]. De otra forma con la continuación de las instituciones democráticas no podían estar seguros de que el *dêmos*, en cualquiera de las reuniones de la Asamblea, votase de nuevo por el acercamiento a Atenas. Había por tanto que desprestigiar a los partidarios de Atenas en la ciudad, conducidos en esos momentos por Pitias, próxeno voluntario de los atenienses y *prostátes* de los demócratas, a quien se acusó de querer hacer a Corcira esclava de Atenas (III,70,3; Hornblower *CT ad loc.* presupone que el término *ethelopróxenos* designaría una proxenía de carácter no hereditario). Se trata de un juicio político para deshacer, o al menos decapitar, a la facción contraria dentro del marco judicial que contemplaba la democracia corcirense (Kagan 1974: 177). Puesto que Tucídides no nos informa de ningún movimiento anterior de estos demócratas, hemos de suponer que los *prôtoi* filocorintios no se detuvieron una vez lograda la neutralidad, sino que pensaron seguir ejerciendo su influencia para desarmar completamente a la oposición, que podría interponerse en sus planes de tomar el control de la *pólis*. Sin embargo Pitias fue absuelto y quiso devolver la moneda a sus opositores acusando a los cinco más ricos de entre estos prohombres de un delito religioso que desembocó en la imposición de una fuerte multa; de nada les sirvió acogerse como suplicantes en los templos, pues Pitias exigió el cumplimiento de la ley. Esta condena, que suponía un indudable debilitamiento de su prestigio, unido a los rumores de que Pitias pensaba convencer al pueblo para firmar una *symmachía* con Atenas, llevó a los oligarcas a actuar de modo violento, irrumpiendo en el Consejo y matando a Pitias y a otros sesenta individuos más entre consejeros y conspicuos particulares, presumiblemente simpatizantes de la *arché* ateniense[42].

Los *prôtoi* se habían hecho con el control de la *Boulé*, desde donde impusieron a la Asamblea la ratificación de la condición de neutral como único medio de escapar a la esclavitud ateniense. Su posición era todavía insegura, como demuestra el hecho de justificar su acción no sólo ante el *dêmos* corcirense, sino también ante el ateniense, mediante el envío de una embajada explicativa. Los embajadores fueron inmediatamente apresados por los atenienses y deportados a Egina en consideración de agitadores (III,71-72,1). Claramente Atenas no reconocía a los representantes del nuevo gobierno corcirense, a pesar de la declaración de neutralidad y la estipulación de no recibir más de una nave de las fuerzas en conflicto -en una clara violación del *ágraphos nómos*-, por lo que es ahora cuando tenemos conciencia de la lucha fáctica que ha quedado planteada entre demócratas y oligarcas, respaldados respectivamente por atenienses y peloponesios. Anteriormente, como señala Cogan (1981: 11), «Atenas había demostrado indiferencia hacia la ideología de sus aliados y no se había preocupado por establecer democracias en ciudades recapturadas», mostrando una actitud que hemos observado también en los responsables del gobierno corintio hacia la tiranía de Evarco en Ástaco (*vid. supra*) o hacia los demócratas epidamnios (cf. apéndice, pág. 108 con n. 38). La alianza que Atenas había firmado en 433 no era con la *pólis* o ciudad-estado de Corcira, sino con determinados personajes prominentes de la sociedad corcirense que actuaban bajo la apariencia de jefes «populares»[43]. Se requería la intervención e influencia de estos *prostátai toû démou* para mantener a la masa afecta al poder ateniense y vigente el compromiso de alianza entre ambos estados (Ste. Croix 1972: 40-41 y 1988: 341).

Con la llegada de representantes corintios y espartanos, los oligarcas atacaron a los demócratas y los derrotaron, por lo que éstos buscaron refugio en la Acrópolis y el puerto Hilaico. La guerra civil se había desencadenado. Demócratas y oligarcas buscaron la colaboración en la lucha de los *oikétai* bajo promesa de liberación, la mayor parte de los cuales se unieron a los populares. Esta población esclava que habitaba el campo debió de ser numerosa (*vid. infra*) y habría de determinar la victoria final del grupo demócrata sobre el oligarca, quienes por su parte se vieron compelidos a contratar

---

[41] Losada 1972: 98; Kagan 1974: 176; Salmon 1984: 314; Wilson 1987: 88; *contra* Bruce 1971: 110. Accame 1971: 146 n. 5 duda de que Corcira pudiera tener un régimen democrático en 427, cuando según él es seguro que era una oligarquía al estallar la crisis de Epidamno en 435, pensando sin duda en su ayuda a los aristócratas epidamnios, pero su argumento no es válido, ya que sí es seguro que Corinto tenía un régimen oligárquico y, sin embargo, apoyó a los demócratas epidamnios, demostrando que lo más importante en la forma de gobierno si se ponen los medios para conseguir un objetivo; también Calligas 1971: 88 se manifiesta en favor de una oligarquía al frente del estado e incluso nota que la guerra civil pudo ser consecuencia de la resistencia de los *olígoi* a dar entrada a las medidas democráticas que una «muchedumbre marinera» reclamaba, transplantado con demasiada ligereza el modelo ateniense del *nautikòs óchlos* a una realidad muchos menos conocida y seguramente bien distinta como es la corcirense.

[42] III,70,4-6. Véase Gomme *HCT* III,70,5 sobre estos poderes especiales que la *Boulé* parece tener para ejecutar sentencias judiciales; sorprende asimismo la presencia de ciudadanos privados en las reuniones del Consejo. Para Wilson 1987: 89 los oligarcas se vieron obligados a actuar de manera forzada y no planeada, no tanto por la condena como para frenar a Pitias. En cuanto a los peligros que este último encaraba como consecuencia de su defensa de los intereses atenienses en la isla, véase Davies 1978: 81-82 y Gerolymatos 1986: 70 ss.

[43] A pesar de que el panfleto del Pseudo-Jenofonte (1,14; 3,10-11) acusa expresamente a la democracia ateniense de elegir a los peores o menos aptos de entre las ciudades sometidas para el gobierno de éstas, mientras los regímenes oligárquicos buscarían el apoyo de los miembros destacados de la comunidad. En realidad es el respaldo y el compromiso de estos últimos lo que buscan tanto estados democráticos como oligárquicos, ya que en la práctica son ellos los que desempeñan casi con exclusividad las magistraturas y cargos políticos por los cuales se rigen los destinos de la ciudad, aunque a veces se presenten bajo una máscara demagógica.

a ochocientos mercenarios del continente, cuyo profesionalismo pudiese compensar, al menos en parte, la notable desventaja numérica[44]. Garlan (1988: 162) se ha preguntado si detrás de estos *oikétai* se esconde algún tipo de servidumbre étnica, de tipo hilótico, similar a la de los *kyllýrioi* de Siracusa, sículos autóctonos sometidos por los primeros colonos corintios, pero en tal caso Tucídides posiblemente lo hubiese especificado y no habría utilizado los términos habituales para designar al esclavo mercancía, *doûlos* y *oikétes* (Plácido 1992: 60-61).

El repentino ataque sobre el *dêmos* cuando la situación parecía apaciguada tras el asesinato de Pitias, que no había motivado una inmediata respuesta popular conducida por los cabecillas demócratas (Lintott 1982: 108), indica la escasa confianza de los oligarcas en que la masa aceptara la instauración de un nuevo régimen. Por otra parte, la presencia de los lacedemonios es sintomática del respaldo militar que éstos podría proporcionar al gobierno oligárquico. Hasta ese momento sólo Corinto parecía interesada en los sucesos de Corcira, tal vez porque no informaron de su plan a los espartanos por ver si lograban controlar ellos mismos la situación[45]. El imperialismo de las potencias hegemónicas afectaba así a la lucha de clases entablada y ahora acrecentada en la comunidad isleña, aunque nuestras fuentes no hablen explícitamente de este antagonismo como base determinante de la guerra civil (Plácido 1984: 140; Ste. Croix 1988: 60-61). La *stásis* atañe e interesa en primer lugar a la ciudadanía -si bien excepcionalmente otros grupos como extranjeros, metecos o esclavos puedan entrar en juego de forma marginal-, dentro de la cual se dirime un endémico conflicto por asegurar o extender los derechos y privilegios de unos, en un proceso que por fuerza ha de implicar la reducción de los de los otros (Finley 1984b: 107-108). En este sentido la lucha civil en Corcira fue la primera y sirvió de modelo para subsiguientes *stáseis* acaecidas a lo largo de la guerra del Peloponeso -en lo sucesivo las dos potencias intervendrán a instigación de facciones políticas locales (Cogan 1981: 2; Lintott 1982: 108)- y a ello se debe la atención que le prestó Tucídides.

La violencia era el único medio que tenían los oligarcas para conseguir que Corcira llegara a ser amistosa con su metrópoli, cuando le había sido abiertamente hostil casi desde su fundación y ambas pugnaban con denuedo por el control del NO (cf. apéndice). Además, la sustitución de un régimen democrático por otro oligárquico solamente podía ser acompañada por el derramamiento de sangre a causa de que los *béltistoi* no admitían oposición a su gobierno.

Desgraciadamente, no podemos saber cuán arraigadas estaban las ideas democráticas en la sociedad corcirense y tampoco podemos establecer una analogía con otro poder marítimo como Atenas para aplicar la máxima de Aristóteles de que los remeros eran la base de la democracia (*Pol.* 1304a 8), porque Corcira utilizó en su mayoría, si no exclusivamente, esclavos y no *thêtes* en sus trirremes[46]. A juzgar por el encarnizamiento de la lucha y su dilatado desenlace, los demócratas no eran tan superiores en número a los oligarcas como en un principio podría parecer (*vid. infra*).

El siguiente enfrentamiento dio a los demócratas como vencedores y supuso la retirada de la nave corintia y el regreso de los mercenarios al continente, poco antes de la llegada desde Naupacto de Nicóstrato con doce naves y quinientos hoplitas mesenios (III,74-75,1). Tucídides elogia la moderación demostrada por el estratego ateniense en el intento de reconciliación de las *factiones* enfrentadas en Corcira mediante un pacto mutuo que, sin represalias o rencores, simplemente implicaba el juicio a los diez máximos responsables del fracasado golpe de estado, eso sí, previo acuerdo de una total *symmachía* entre Atenas y la isla. Como estos diez *prôtoi* habían huido y probablemente ante el elevado número de oligarcas, los *prostátai* demócratas pidieron a Nicóstrato que les dejara cinco naves como arma disuasoria ante sus oponentes mientras equipaban para él cinco de las suyas en las que enrolaron a sus adversarios (III,75,1-3). Gomme evaluó en unos doscientos los oligarcas que servían como *epibátai* en la defensa de Naupacto[47], lo que significaba para Nicóstrato un alto riesgo de revuelta en casi la mitad de su escuadra.

Los oligarcas elegidos para servir en las cinco naves pensaron que, en lugar de ir a Naupacto, serían llevados a Atenas, donde nada bueno podían esperar, por lo que se acogieron como suplicantes en el santuario de los Dioscuros y ni siquiera Nicóstrato pudo convencerles de que abandonaran dicha situación. Entonces los demócratas alegaron que tramaban algo para tomar las armas y sólo la intervención del estratego ateniense evitó la matanza (III,75,3-4). Pero el arranque violento de los demócratas había atemorizado no sólo a los *olígoi* destinados a las naves, sino a todos los demás implicados en la revolución, que en número no inferior a cuatrocientos se refugiaron en el templo de Hera; los demócratas les convencieron para instalarles en la isla situada delante del mencionado templo con el fin de mantenerlos aislados en evitación de una posible revuelta en el interior de la

---

[44] III,72-73. Como bien ha señalado Fuks 1971: 49 la idea era conseguir hombres para la lucha, no plantear un conflicto socioeconómico, pues la esclavitud nunca fue cuestionada en el mundo antiguo y este caso no es una excepción. Cf. también Hornblower *CT* III,73 para la excepcionalidad de la convocatoria de esclavos por los posibles disturbios posteriores que podían causar con sus reivindicaciones.

[45] Salmon 1984: 315 especula con la posibilidad de que Esparta se viese arrastrada a secundar el plan corintio como consecuencia del fracaso en las previsiones, «cuando ya los oligarcas estaban corriendo», pero no hay datos que permitan apoyar o confirmar esta hipótesis. Por otro lado Bruce 1971: 112 y Wilson 1987: 88 piensan que los lacedemonios pudieron forzar a los oligarcas a actuar.

[46] I,55,1. Sin embargo, Gomme *HCT ad loc.* y III,73; Garlan 1988: 168 no descarta que este masivo uso de esclavos en la flota corcirense pudiera ser un acto coyuntural, fruto de la presión interna y externa que sufría la isla.

[47] *HCT* III,75,2, seguido por Wilson 1987: 60-62, 98 en esta estimación que parte de la premisa de que en Síbota combatieron unos cuarenta *epibátai* por nave -este autor incluye entre éstos también a los arqueros y lanzadores de jabalina, es decir, subhoplitas-, cifra que no está constatada más que en la flota quiota en 494 y que se aleja del modelo ateniense de diez por nave derivado del decreto de Temístocles. En Síbota no obstante la flota corintia iba pertrechada con una apreciable fuerza hoplítica para invadir Corcira más que para combatir en el mar; véase Morrison, Williams 1968: 161; Casson 1971: 304 n. 21; Wallinga 1982: 471-474; Morrison, Coates 1986: 62 n. 1.

pólis (III,75,5).

En esta tensa situación se produjo la aproximación de la flota peloponesia, integrada por las cuarenta naves que habían regresado del Egeo y por trece más de Léucade y Ambracia. El mando seguía en posesión del espartiata Alcidas, representante en la línea de Cnemo de las virtudes y defectos atribuidos al liderazgo lacedemonio (Westlake 1968: 142-147), que venía de fracasar en el intento de ayuda a la revuelta mitilenia en el Egeo y que posiblemente por ello contaba ahora con el consejo de Brasidas, de nuevo en su condición de *sýmboulos* por el pundonor que le caracterizaba (III,76; cf. Kelly 1982: 45-46). En mi opinión, la llegada de esta flota revela el interés espartano por fomentar la rebelión entre los aliados de Atenas, en este caso acrecentado por el tamaño de la flota corcirense, la cual hubiera constituido en principio un notable refuerzo para la lucha contra los atenienses en el mar. Asimismo, la retirada anterior de la nave corintia supone un abandono de los planes originales de los oligarcas corintios fundados en la conspiración y el secreto para poner ahora el asunto en manos de la cabeza visible de la liga del Peloponeso en una intervención abierta que ganase Corcira para su causa. Distintos medios para un mismo objetivo.

Para hacer frente a los peloponesios, los demócratas corcirenses desatendieron los consejos de los atenienses de dejarles navegar antes -según Wilson 1987: 101 porque se requeriría su presencia constante en la ciudad para controlar a los oligarcas- y dispusieron sesenta naves con gran desorden, que fueron enviadas conforme eran equipadas; dos de ellas desertaron inmediatamente, mientras la indisciplina y el miedo cundieron en el resto durante su enfrentamiento con los peloponesios y su derrota hubiera sido total de no ser por la pericia de los atenienses que, con el hundimiento de un barco, provocaron la concentración de las fuerzas enemigas contra ellos y permitieron, así, la retirada de los corcirenses (III,77-78; cf. Morrison, Coates 1986: 77-78). La habilidad y frialdad de Nicóstrato no fue menor que la demostrada por su colega Formión dos años antes y significó la salvación de la isla para la alianza ateniense, pues el relato de Tucídides sugiere que la lucha civil había estallado también a bordo de los navíos corcirenses, donde los tripulantes combatían entre sí ante la inminencia de la derrota. Más que nunca se ponían de manifiesto las nefastas consecuencias que para la ansiada concordia social (*homónoia*) de un pueblo tenía el verse inmerso en la contienda entre los dos grandes *hegemónes* griegos.

Ante un posible ataque peloponesio a la ciudad los demócratas trasladaron a los oligarcas de la isla de nuevo al *Heraîon* para prevenir su posible colaboración con los agresores, pero éstos renunciaron a la conquista del *ásty*, donde reinaba el desorden y el temor y se daban por satisfechos con los trece barcos corcirenses capturados. La opinión de Brasidas de marchar contra Corcira no fue aceptada por Alcidas, más partidario de devastar los campos de Leucimme. El miedo había llevado a los demócratas a buscar una solución con los suplicantes para salvar al menos la ciudad, pero no obstante fueron capaces de equipar treinta naves en espera de un ataque que finalmente no llegó a producirse (III,79-80,1). Aunque los peloponesios podrían haber sacado un mayor provecho de la situación a costa de correr un gran riesgo (Kelly 1982: 47; Wilson 1987: 103-104), la prudencia de Alcidas es en esta ocasión más que comprensible, ya que el ataque sobre la ciudad podía durar más tiempo del que podían permitirse en vista de la esperada llegada del grueso de la flota ateniense (Westlake 1968: 146).

Esa misma noche los peloponesios fueron avisados de la aproximación de Eurimedonte con sesenta trirremes atenienses, por lo que optaron por retirarse a través del istmo de Léucade para no ser vistos. Ya con el estratego ateniense en la isla, el *dêmos* corcirense desató con toda virulencia su rabia contra los *olígoi* bajo la protección e incluso participación de los hoplitas mesenios[48]. La persecución y ejecución de oligarcas se extendió a todo tipo de crímenes (*kakotropía*) y actos de crueldad que violaban el espíritu griego de mesura y equidad, lo que motiva que Tucídides exprese sus más profundas convicciones y reflexione sobre el influjo perjudicial que los grandes poderes ejercen sobre los antagonismos sociales de los estados más pequeños (III,81,4-84, este último capítulo considerado espurio por la gran mayoría de los especialistas). De la violencia exhibida en Corcira durante una semana, Tucídides culpa a Eurimedonte, que eludió su responsabilidad de mantener el orden, algo que había logrado Nicóstrato con una fuerza cinco veces inferior. Como sospecha Kagan, es muy posible que ambos *strategoí* tuvieran órdenes similares, salvaguardar la alianza ateniense con Corcira, pero Eurimedonte concibió este objetivo de una forma diferente, depurando la escena política corcirense de oponentes al régimen proateniense[49].

En este sentido, conviene subrayar que a los hechos sucedidos en Corcira no era ajena la propia situación interna de las sociedades ateniense y espartana, epicentros de sus respectivos imperios hegemónicos. Atenas vive los convulsos y críticos años que suceden a la muerte de Pericles, de permanente debate y transformaciones en el liderazgo del *dêmos*(Plácido 1984). La creciente influencia de Cleón y otros demagogos abrirá el camino para unos presupuestos estratégicos mucho más agresivos que los diseñados por el Primer Ciudadano al comienzo del conflicto, que buscan ahora decididamente la expansión y conquista de territorios, según demuestran las campañas en Creta, Sicilia, Etolia, Acarnania, Corintia, Beocia y Tracia, todas ellas entre 427 y 423. Por su parte, en Esparta los condicionantes de lo que empieza a vislumbrarse como una larga y cruenta conflagración hacen mella entre el cuerpo de *hómoioi*, lo que queda patente en el tratamiento dado a los de Platea tras su rendición en 427, nada

---

[48] III,80,2-81,3. En el relato de D.S. XII,57 no hay terror y los suplicantes del templo no son ejecutados. Véase Cicciò 1984 para un tratamiento de este episodio en el contexto de un deterioro del concepto de ἀσυλία durante el siglo V, principalmente en desórdenes intestinos, al socaire de una nueva interpretación del mismo promovida desde los ambientes intelectuales y en especial sofísticos; cf. también Ducrey 1968: 304-311 sobre la *asylía* como garantía jurídica.

[49] Kagan 1974: 181, que vincula a Eurimedonte con Cleón y su actuación en Corcira con las agresivas directrices de un nuevo y belicista colegio de estrategos en oficio. Incomprensiblemente Wilson 1987: 104-105 culpa también de la masacre a Nicóstrato, más por incompetencia que por voluntad.

favorable para su propaganda de liberadores de Grecia (III,68). Las diferencias entre los planteamientos bélicos de Brasidas y Alcidas son claro exponente de la división endémica entre los espartiatas que apoyan una política exterior emprendedora y expansiva, coincidente con la apertura del espectro cívico y político en el interior a una masa poblacional limitada en el ejercicio de sus derechos y los que niegan esta doble vía de actuación y se amparan en el tradicionalismo emanado de la Constitución lacedemonia. El predominio de estos últimos durante la mayor parte de la guerra, simbolizado en el escaso respaldo a la campaña tracia de Brasidas que habría de crear la figura de los brasideos o hilotas liberados por sus servicios en el ejército, se rompería al final de la contienda, cuando con personajes como Lisandro o Agesilao Esparta parece dispuesta a erigirse en sucesora del imperio ateniense en el Egeo y heredar las riquezas derivadas de su puesto de *hegemón* único en la Hélade.

Con toda su importancia y trascendencia, la represión sobre los oligarcas corcirenses no fue completa. Unos quinientos consiguieron escapar a la matanza y huir al continente, donde se hicieron fuertes y devastaron no sólo el territorio corcirense situado frente a la isla, la *peraía* continental, sino que llevaron a cabo incursiones de saqueo en la isla que llegaron a producir hambre entre la población. Los *olígoi* pedían con insistencia ayuda a Corinto y Esparta, pero éstos no acudieron, probablemente pensando en las escasas posibilidades de éxito. Al fin, haciendo uso de sus amplio recursos económicos, los exiliados contrataron mercenarios, probablemente nativos de territorios vinculados a Corinto y por tanto bien dispuestos hacia estos oligarcas procorintios (Alonso Troncoso 1987: 302), y emprendieron el asalto a la isla, donde fortificaron el monte Istone e incluso dominaron la *chóra* de la ciudad (III,85). Aunque un contingente mercenario no sea numeroso, como en este caso -apenas un centenar-, con determinación y buen armamento su intervención podía ser decisiva (Bettali 1995: 132). Prueba de ello es que el daño que causaban fue en aumento y supondrá en 425 un nuevo brote o reanudación de la *stásis* corcirense (IV,46-48). Por ahora, Atenas había salvado e incluso afianzado, mediante la firma de una alianza completa, ofensiva y defensiva (puesta en duda por Wilson 1987: 114-115), la pervivencia de un valioso enclave en el noroeste, aun a costa de tratar a su cuerpo cívico como a un miembro cualquiera, sometido y tributario, de su imperio (Lintott 1982: 109). Efectivamente, desde el momento en que la original *epimachía*, basada en el principio de ἐὰν δὲ ἴῃ ἐπὶ τὴν γῆν τῶν ... βοηθεῖν, «acudir en auxilio en caso de invasión del territorio del aliado», se trueca en una *symmachía* que tiene como finalidad ὥστε τοὺς αὐτοὺς ἐχθροὺς καὶ φίλους νομίζειν, «tener los mismos amigos y enemigos», el estado corcirense queda a expensas de la arbitraria e imperialista política exterior ateniense, lo que supone una notable merma en su soberanía (Bengtson 1962: n° 172; Bonk 1974: 84 ss.; Alonso Troncoso 1989: 168-169, 173).

El envío de la primera expedición ateniense a Sicilia supone la apertura de un nuevo teatro de operaciones, el Occidente, muy distante de los escenarios bélicos continentales, lo que Tucídides explica en virtud de tres razones: respuesta a la petición de ayuda de Regio y Leontinos κατὰ παλαιὰν ξυμμαχίαν (cf. *IG* I³ 53 y 54 = *GHI* n°s 63 y 64), impedir el aprovisionamiento de grano al Peloponeso y, por último, valorar si era posible establecer un control sobre Sicilia (III,86,2-4). Las fuentes basadas en la tradición siciliota de Antíoco, Filisto y Timeo no difieren en lo sustancial del relato tucidídeo: el carácter netamente imperialista tanto de esta primera expedición como de la magna de 415 (Meister 1970; Laffi 1974; Pédech 1980; Scuccimarra 1985: 27-42; Bosworth 1992). La primera justificación, apelar a un antiguo tratado, constituía sin duda un pretexto para intervenir en Sicilia dentro de la natural inclinación a disfrazar genuinas motivaciones de poder bajo un manto religioso o de solidaridad étnica (*syngéneia*). De hecho Atenas había renovado estas alianzas inmediatamente después de la batalla de Sibota, en septiembre del 433, quizá por las mismas fechas en que se concede la proxenía ateniense al dinasta mesapio Artas a la que alude VII,33,3-4, que en realidad encubriría un genuino acuerdo de *symmachía* (*IG* I³ 67; cf. Braccesi 1973/4; Walbank 1978: n° 70; Luppino 1980; Hornblower *CT* III,24-55) y en que se signa la alianza con Metaponto referida en VII,33,5 (Wuilleumier 1939: 60); ya entonces la guerra parecía inevitable y no era necesario que Atenas escondiera sus pretensiones occidentales ni a Corinto, ni a la liga del Peloponeso (Cataldi 1990: 29-33). Por otra parte, la consanguinidad con los leontinos es rápidamente olvidada por los atenienses ante la preocupación mayor por controlar el estrecho de Mesina y asegurar la ayuda de la flota de Regio (Scuccimarra 1985: 44). Las dos restantes están estrechamente relacionadas, puesto que las exportaciones de grano siciliota sólo podían ser evitadas mediante el dominio o control de ciertas zonas de la isla[50]. La afirmación tucidídea de cortar el suministro de trigo al Peloponeso ha de entenderse como un intento de atajar el problema de raíz y de un modo mucho más efectivo que con el bloqueo, cuyo radio de acción se limitaba en esencia al Istmo de Corinto (Grundy 1948: I, 350, 358; Hopper 1979: 54, 78). Por encima de Egipto y Libia (IV,53,3) Sicilia era el mayor y mejor mercado de grano para el Peloponeso en tiempo de guerra, sin cuyo abastecimiento el hambre llegaría a amplias zonas de esta península y mermaría por tanto notablemente la capacidad ofensiva del ejército invasor del Ática (Adcock 1927: 223-224; Westlake 1960: 390-391). Pero aún más que el interior del Peloponeso sufrirían los estados del Istmo, con menos territorio y producción agrícola y, por tanto, con una menor capacidad para lograr el tan ansiado ideal de autarquía (Tod 1927: 14; Michell 1940: 49; Westlake

---

[50]Para Holladay 1978: 410-411 el control del estrecho de Mesina tendría una finalidad exclusivamente militar y no afectaría a la ruta del trigo, por lo que era necesario dominar las áreas productoras. Westlake 1960: 397 sostiene, por contra, que la mayoría de los convoyes de grano hacia las costas peloponesias habían de atravesar o pasar junto al Estrecho, vía siempre preferible a tentar la aventura de internarse en mar abierto, de ahí el especial interés ateniense por el mismo. También sobre la función del Estrecho en el marco político y militar siciliota en estos momentos, véase Ampolo 1993 (*non vidimus*). Dejando de lado los objetivos adscritos a los atenienses por Tucídides, Woodhead 1962: 83 les atribuye la única motivación de mantener ocupados entre sí a los siciliotas para que no ayudasen a los peloponesios, algo que desde mi punto de vista parece poco probable, ya que hasta entonces no habían intervenido en absoluto en el conflicto. Kagan 1974: 183 y Cataldi 1996: 44 ven también un propósito deliberado de dejar inerme a Siracusa, si bien el primero acepta los ulteriores planes de conquista de la isla para evitar así que los *autourgoí* peloponesios dejaran sus tierras e invadieran el Ática.

1945: 81; Salmon 1984: 129-130). Holladay (1978: 409) y Kagan (1974: 185) sugieren que por esta razón Atenas necesitaba actuar de manera decidida en Sicilia, antes de que se agotaran sus propios recursos financieros con la guerra, de ahí el envío de cuarenta naves más en 425.

En cuanto al tercer apartado de los objetivos, la conquista de Sicilia se sitúa más allá de las posibilidades atenienses, a pesar de que Tucídides atribuye a Alcibíades ambiciones incluso sobre Cartago[51]. De cualquier forma, por lo que acabamos de decir podemos conceder a esta primera expedición ateniense a Sicilia un papel mayor del que usualmente se le otorga, siempre comparada con la gran expedición del 415, ante la cual aquélla es presentada como una hermana pequeña o hermana pobre; en contra de esta última presunción, según Carmine Ampolo ha hecho ver recientemente, las contribuciones sículas a los invasores recogidas en IG I^3 291 revelan una importancia de la empresa hasta ahora prácticamente ignorada[52]. Esta vez sí nos encontramos ante una campaña que sin lugar a dudas nunca imaginó Pericles, sino que supone un desarrollo de los nuevos condicionamientos sociopolíticos surgidos en Atenas desde la muerte de éste (Kagan 1974: 184); tanto es así, que el dêmos ateniense, en el que imperaba la corriente de opinión favorable a demagogos como Cleón e Hipérbolo, aprovechó las *euthýnai* de los tres estrategos conductores de la expedición para promover una denuncia contra ellos y, posteriormente, un proceso por corrupción que acabó en condena (Cataldi 1996).

La participación de Atenas y Esparta en la lucha fáctica de Corcira y la primera expedición ateniense en Sicilia prefigura en cierta medida la reanudación de las campañas en el NO en 426, con las que parece íntimamente conectadas. El principal protagonista será el general ateniense Demóstenes, un hombre sobre el que Tucídides parece particularmente bien informado hasta en mínimos detalles, sea por compartir estrategia en 425/4 o por un posible parentesco (Westlake 1968: 97-98). Se ha considerado a Demóstenes el estratego más creativo de la guerra arquidámica, imaginativo, emprendedor y audaz en la realización de sus planes, el perfecto contrapunto a la figura de Pericles y la completa antítesis de Nicias (Treu 1956; Roisman 1993; Wylie 1993). Al mismo tiempo se le ha asociado con Cleón por su participación conjunta en la captura de los espartiatas en Esfacteria y porque el dinamismo y ambición de su estrategia militar se han identificado con belicismo y radicalismo político (el último ejemplo de defensa de esta teórica simbiosis perfecta entre político y militar, Cawkwell 1997: esp. 71-74, está lejos de ser convincente). Sin embargo, al igual que sucede con Lámaco, no hay constancia de que Demóstenes desarrollara una actividad política paralela a su generalato (West 1924: 209; Treu 1956; Lengauer 1979: 39; Finley 1991: 67-68; Roisman 1993; Wylie 1993), salvo por el aislado y poco iluminador comentario plutarqueo de que Antifonte inició una acción judicial contra él por haber presentado una proposición ilegal (*Moralia* 833 D), y hemos de recordar que Nicias, el *prostátes tês eirénes* en 421, también se mostró muy activo militarmente en estos años de la guerra arquidámica. Demóstenes no escapa al fenómeno que podemos observar desde mediados del siglo V consistente en una mayor especialización tanto en el ámbito político como en el militar, pauta que se hace más evidente en la guerra del Peloponeso y las nuevas exigencias que conlleva: mayor preparación estratégica, teatros bélicos más lejanos, campañas más duraderas que impiden la permanencia en Atenas en contacto con el pueblo... (Romilly 1968; Lengauer 1979: *passim*; Ober 1989: 92; Finley 1991: 68; Wheeler 1991). En suma, cada vez resulta más difícil encontrar tanto políticos con formación militar como estrategos con habilidad retórica y sólo Nicias y Alcibíades -Conón en el siglo IV-, parecen reunir ambas cualidades.

Ciertamente la osadía y el riesgo que caracterizaron los diseños estratégicos de Demóstenes no habrían contado con la aprobación de Pericles (Holladay 1978: 412-413), pero ésta no es la obra aislada de un loco o un temerario, sino el fruto de la vorágine bélica en que el *dêmos* ateniense en su conjunto se encontraba inmerso en este período. Atrás había quedado la estrategia «defensiva» de Pericles, ahora reemplazada por ambiciosos planes de humillar a los peloponesios en todos los frentes. El desarrollo favorable del conflicto para Atenas desde el 427, una vez superados los estragos causados por la epidemia, propiciaba el aumento de las ganancias materiales y morales obtenidas del mismo tanto por parte de la clase propietaria, regidora de la política del estado, como de los *thêtes* beneficiarios del *misthós* por su servicio en los remos (Plácido 1993a: 86). Bajo esta luz hemos de contemplar la llamada expedición etolia de Demóstenes, el comienzo de la aventura ateniense en Grecia central en su sueño de revivir la situación previa a la primera guerra del Peloponeso.

En el verano del año 426 los atenienses realizaron su periplo anual por el Peloponeso con treinta naves al mando de Demóstenes. Su objetivo era rendir Léucade, la última de las islas que jalonaban la ruta a Sicilia e Italia que seguía manteniendo su fidelidad a Corinto y que se había mostrado inexpugnable a los ataques atenienses. Demóstenes contaba con la ayuda de sus aliados en el área geopolítica noroccidental: los acarnanios en bloque -excepto los eníadas-, mesenios de Naupacto, cefalonios y zacintios, más quince naves aportadas por la facción demócrata en el poder en Corcira, probablemente deseosa de demostrar su agradecimiento a Atenas por su decisiva participación en la *stásis* del año anterior. Es significativo que las dos únicas contribuciones de Corcira a las tropas aliadas atenienses en 431 y 426 fueran inmediatas en el

---

[51] VI,15,2; 34,2; 90. Treu 1954: 42-43. Levi 1955: 364-365 no duda de que el proyecto de adueñarse del Mediterráneo central estuvo siempre presente en la mente del pueblo ateniense y Ehrenberg 1967: 290 admite incluso que Alcibíades soñaba con un dominio ateniense que abarcara todo el Mediterráneo y con él mismo erigido en conquistador universal; tampoco Mattingly 1969: 219 excluye que ambos pasajes puedan tener un poso de realidad. De forma hiperbólica Paus. I,11,7 hace extensivos los objetivos atenienses a toda Italia y aduce que sólo el desastre del puerto de Siracusa en 413 evitó el encuentro con los romanos.

[52] Ampolo 1987; Cataldi 1990: 150 ss. y !996: 39, 59 también ha puesto de relieve el factor imperialista y los objetivos de conquista de esta expedición. Sobre el generalizado alineamiento sículo con el bloque ateniense durante la guerra del Peloponeso, más por huir de la esclavización de la población indígena promovida por los *gamóroi* siracusanos que por participar de la ideología ateniense, véase Domínguez Monedero 1989: 569-582.

tiempo a los acuerdos firmados por estas dos *póleis* en 433 y 427, para evaporarse posteriormente. Estas fuerzas llevaron a cabo una devastación sistemática de la isla sin que los leucadios ofrecieran resistencia, amparados por los muros de su ciudad. Los acarnanios urgían a Demóstenes para establecer el asedio, pero éste prefirió, a instancias de los mesenios, emprender una campaña contra los etolios (III,94). La decisión adoptada no agradó a acarnanios y corcirenses, más interesados en la caída de Léucade, que supondría la eliminación de un bastión más del imperialismo corintio en la región y les haría recuperar la feraz perea que los isleños tenían en el continente; probablemente pensaban que con el control del puerto, exterior a las murallas, se pondría fin a los beneficios comerciales y fiscales, mientras la imposibilidad de explotar la perea privaría de un alimento esencial a la población (Murray 1982: 238). Murray ha postulado que tal vez las naves leucadias hubieran sido apresadas en una acción previa, lo que explicaría la ausencia de aportaciones a la flota peloponesia durante once años (*ibid.*). Pero a los peligros del argumento *ex silentio* en sí mismo, tenemos que añadir que es en general toda la flota peloponesia la que desde 425 da muestras de una inactividad que contrasta con su activa presencia en diversos escenarios marítimos en los seis primeros años de contienda debido a las razones que estudiaremos al abordar la campaña de Pilos. Los contingentes corcirense y acarnanio acabaron por retirarse de la campaña y regresaron a su tierra, dejando al ejército de Demóstenes sensiblemente debilitado como subsecuentes acontecimientos vendrían a demostrar (III,95,2). Los corcirenses confirman así su escasa motivación por defender intereses atenienses que no fueran también suyos, incluso ahora que parecen estar obligados por una *symmachía* (Wilson 1987: 116-118).

La decisión de Demóstenes puede ser discutible, pero no absurda[53]. En su ánimo debió de pesar sin duda la posible prolongación y gasto que supondría para las arcas atenienses el sitio de Léucade, una *pólis* de entidad que contaba con numerosas fortificaciones que podrían convertirla en otra Potidea (Murray 1982: 224 con n. 2). Aparte tenemos el carácter mismo de Demóstenes, que, a juzgar por posteriores actuaciones, no se prestaba a sencillas y lentas estrategias de desgaste, sino más bien a ataques sorpresivos y complejos. El relato de Tucídides le señala como único responsable de la aceptación de la idea propuesta por los mesenios, sin consulta previa con la Asamblea ateniense, si bien las órdenes de ésta en materia militar solían ser vagas y dejaban libertad al estratego para, dentro de unas directrices generales, guiar las tropas según su propio criterio y en función de la evolución de la campaña (Westlake 1968: 100; no obstante, Pritchett 1974: 45-

56 recuerda que existían medios de comunicación habituales entre los *strategoí* y las instituciones sitas en Atenas). Además, Demóstenes debía de ser consciente del ambiente favorable de la opinión pública en Atenas hacia la consolidación y expansión del imperio por cualquier medio (Holladay 1978: 424). Partiendo de la petición mesenia, en su mente diseñó un esquema en que la conquista de Etolia permitiría a sus fuerzas enlazar con los foceos, con los que Atenas mantenía una tradicional *philía*, que le ayudarían en un ataque a Beocia por el Oeste[54]. No en vano en ese mismo verano Nicias llevó a cabo un desembarco en Oropo y avanzó hasta Tanagra, donde se reunió con las fuerzas de Hiponico y Eurimedonte procedentes de Atenas, devastaron todos juntos la región y derrotaron al ejército beocio en una escaramuza (III,91,1-5). Esto revela, en mi opinión, que la sociedad ateniense veía con buenos ojos cualquier proyecto, terrestre o marítimo, desde el Este o el Oeste, encaminado a aplastar a su vieja enemiga fronteriza y aspirar al control de Grecia central. Dos años más tarde similares presupuestos fueron llevados a la práctica en la campaña que terminó con la derrota de Delio (IV,96). Por último, no hemos de olvidar que Demóstenes no podía desagradar a los mesenios, que habían demostrado sobradamente su valor en la defensa de Naupacto, Corcira y en los distintos periplos en torno al Peloponeso, siempre preparados para respaldar los intereses de la *arché* ática, a diferencia de acarnanios y corcirenses, preocupados y centrados casi exclusivamente en la defensa de sus respectivos territorios (sin que ello implique ver en Demóstenes a un precursor de Epaminondas en la animación y explotación del nacionalismo mesenio, como Cawkwell 1997: 51-52).

Sin embargo, Demóstenes fue culpable de subestimar la resistencia de las tribus etolias y de afrontar la campaña sin la participación del contingente acarnanio, especialista en el combate con tropas ligeras, de gran utilidad en un territorio boscoso y accidentado como es el etolio[55]. También confió en demasía en la colaboración de los locros ozolas, que fracasaron en sumarse a la expedición. En realidad esta campaña tiene mucha similitud con la emprendida por el espartiata Cnemo en 429 (II,80), sólo que en ésta el gran esquema de los ambraciotas tenía como objetivo toda Acarnania y Cnemo no esperó la

---

[53] Según Roisman 1993: 25 el plan tenía sentido en cada una de sus fases: entre los frutos inmediatos que podía aportar la campaña, emprendida con mínimos recursos atenienses, podía estar el aislamiento y posterior ataque sobre Beocia, cuya caballería e infantería eran elementos clave en el ejército peloponesio; sin embargo, carecía del control sobre ciertos componentes imponderables como la presencia de acarnanios y locros, la actitud de los focenses... Contra esta opinión, Henderson 1927: 140-141 considera una imprudencia dejar una presa apetecible como Léucade, ofendiendo además a los valiosos aliados acarnanios, por un territorio inhóspito y salvaje como era Etolia, mientras Grundy 1948: II, 117 también manifiesta su extrañeza ante semejante giro en la estrategia de Demóstenes. Adcock 1927: 228, por su parte, le atribuye ambiciones personales en la conducción de esta campaña.

[54] III,95,1. Para una discusión acerca de la ruta hacia Beocia, véase Gomme *HCT ad loc.* Como ha señalado Bauslaugh 1991: 56-64 esp. 63, aunque puede constituir una buena base para la prestación de asistencia, la *philía* no era una garantía de *symmachía* y ello hace que Demóstenes considere que, en caso de no cooperar, los foceos también habrían de ser sometidos. Kagan 1974: 202-205 cree que el ataque del general ateniense podría coincidir con el desatado por Nicias desde el Este, mientras Henderson 1927: 142 sugiere que, al igual que en la campaña que culminaría en Delio dos años más tarde, Demóstenes tal vez contaba con la colaboración de los demócratas de Queronea y de otras ciudades beocias, nada contentos con la dominación tebana.

[55] IV,30,1. Para la geografía de Etolia, véase Woodhouse 1897: 40 ss., con un resumen en Gomme *HCT* III,94,5. Antonetti 1992: 79 ha destacado la gran exactitud de Tucídides al describir la topografía y etnografía de la región, que dejan abierta la posibilidad de su participación en la campaña o cuando menos de haber contado con un testimonio directo para la construcción del relato. Por otra parte, Hornblower *CT* III,94,4 hace notar que la existencia de aldeas sin fortificar, como las espartanas y etolias, no tenía por qué ir acompañada de una debilidad en el ámbito militar.

ayuda de los refuerzos corintios y sicionios. Ambos proyectos naufragaron apenas iniciados.

Tucídides hace argumentar a los mesenios que los etolios eran un peligro para Naupacto, a pesar de que no tenemos noticia sobre la participación de tribu etolia alguna hasta el momento, ya no en los ataques sobre Naupacto, sino en el conjunto de la guerra, mientras que el propio historiador ático no incluye a los etolios en ninguna coalición en los albores del conflicto (III,94,3; cf. II,9). La no beligerancia de Etolia supone que mantenía el estatuto de neutral y, por tanto, el ataque ateniense constituye una violación de este derecho fundamental reconocido por los estados griegos (Alonso Troncoso 1987: 256-257; sobre la condición de neutral en la Grecia clásica, Bauslaugh 1991). Aunque Atenas no tenía razones que justificasen este proceder, debió de existir entre los etolios algún tipo de predisposición a no dejar pasar un ejército ateniense a través de su territorio camino de Fócide, probablemente porque la base de Naupacto era un motivo de roce, «una espina en territorio etolio» como la ha definido Kagan (1974: 209).

La campaña etolia de Demóstenes comenzó de forma victoriosa con la conquista de tres ciudades, Potidania, Croculio y Tiquio y la obtención de un botín que el ateniense envió a Lócride antes de proseguir su viaje. En Tiquio, no obstante, se detuvo en espera de atacar a los ofioneos y este retraso permitió el rápido agrupamiento de todos los etolios, venidos incluso de la lejana costa del Egeo. En cambio los locros ozolas no se presentaron en el punto de reunión y Demóstenes optó por no esperarlos persuadido de nuevo por los mesenios de la facilidad con que Etolia sería conquistada aldea por aldea si no se demoraba y actuaba antes de que los etolios se reunieran, algo que de hecho ya había sucedido (III,96,2-97,2; cf. Woodhouse 1897: 343-363).

Demóstenes quizá fue demasiado optimista en la prosecución de la campaña sin la presencia de los locros, cuya utilidad Tucídides enfatiza de modo manifiesto por el conocimiento que tenían del terreno y por su armamento y forma de combatir, fundada como la de los etolios en la importancia de los *psiloí* y más en concreto de los lanzadores de dardos (III,95,3). Los locros ozolas eran aliados de Atenas, quizá mediante una *epimachía* que les confería la defensa de Naupacto (Alonso Troncoso 1987: 255) y su ausencia puede ser interpretada como una defección por varias razones: a) su participación al lado de los peloponesios ese mismo otoño en la campaña de Euríloco en Acarnania, b) los locros no habían colaborado con los atenienses previamente en la guerra, ni siquiera cuando Naupacto peligraba ante la flota de Cnemo y c) Tucídides no menciona ninguna movilización de las fuerzas locras, ni causas o justificación para su supuesto retraso, como tampoco alude a su posterior llegada al lugar de los hechos, según es práctica habitual en el historiador cuando ello sucedía (Woodhouse 1897: 351; Kagan 1974: 204; *contra* Alonso Troncoso 1987: 262).

Finalmente, Demóstenes se dirigió hacia Egitio, ciudad que también tomó por las armas, obligando a su población a refugiarse en las montañas, desde donde iniciaron, ya con el grueso del ejército etolio presente, acciones de hostigamiento contra los atenienses, los cuales basaban la resistencia en el empleo de arqueros que mantuvieran alejados a los etolios (III,97,2-3). La muerte del jefe de este cuerpo y el cansancio y desánimo de los propios arqueros motivó que el desorden cundiera entre las filas atenienses, que emprendieron la huida; a esto se vino a sumar la muerte de Cromón, el guía mesenio, que dejó a los atenienses perdidos en un territorio desconocido, convertidos en fáciles presas para los ligeros guerreros etolios, que se movían rápidos por el terreno escarpado. Las palabras de Tucídides adquieren significación de auténtica catástrofe y su lamento por la pérdida de los que él llama «los mejores hombres de Atenas en esta guerra» sigue siendo una incógnita, pues ciento veinte caídos no es una cifra desmesurada y, además, se trataba de *epibátai*, marinos equipados con armamento pesado, pertenecientes por tanto a la clase hoplítica - lo que en sí mismo ya desvirtúa la forma de combate característica del hoplita al quedar el ἐπιβάτης supeditado a los condicionamientos navales (Plácido 1993a: 80 y 1997a: 122-124) - y no de algún tipo de elite especialmente entrenada o que se hubiese distinguido previamente en el combate[56].

Sea como fuere, la expedición etolia había tenido un triste final. Demóstenes había tentado a la suerte al iniciar y luego proseguir una campaña con escasas e inadecuadas fuerzas, sobre todo sin las valiosas tropas ligeras acarnanias, en territorio extraño, confiando en unos aliados locros que pusieron de manifiesto su absentismo y menospreciando la rapidez y capacidad de resistencia de las tribus etolias. Pero también se aprende de las derrotas y el estratego ateniense supo apreciar el valor de la utilización de *peltástai* y *psiloí* en zonas montañosas y boscosas para más tarde llevarlo a la práctica en Anfiloquia y Esfactería. Por otra parte, Atenas no había implicado grandes fuerzas en esta campaña y sus pérdidas no se pueden considerar onerosas, máxime si consideramos los posibles logros que hubiera podido proporcionar (Henderson 1927: 150; Kagan 1974: 208-209; *contra* Beloch 1884: 31; Roisman 1993: 26). Por ahora la situación no aconsejaba el regreso a Atenas, donde el estratego era consciente del duro criticismo impuesto por Cleón a la ciudadanía ateniense al enjuiciar las acciones militares -algo de lo que el propio Tucídides sufrirá en sus carnes tras la pérdida de Anfípolis dos años después-, que no perdonaba los fracasos, sobre todo los que son producto de campañas arriesgadas no encomendadas directamente por la Asamblea. Demóstenes permaneció en Naupacto, presumiblemente privado de su mando[57], hasta que

---

[56] III,98. Aun en el caso de que se trate de los más jóvenes y mejores de entre la clase hoplítica, como suponen sin justificación Morrison, Coates 1968: 110 y Morrison, Williams 1986: 264, tampoco quedaría explicado el sufrido duelo del historiador de origen tracio; sí al menos debían de tener el estatuto de hoplita y un armamento propio (Andrewes *HCT* VIII,24,2; Casson 1971: 304) y no ser *thêtes* armados por el estado, según han postulado Dover *HCT* VI,43 y Torres Esbarranch en su traducción de Tucídides para la editorial Gredos (vol. II [Madrid 1991]: n. 693 a III,95,2 y n. 711 a III,98,4), hecho que sólo sucedió más tarde y en momentos de especial emergencia para Atenas, que no es éste el caso. Rubincam 1991: 187 habla de una afirmación hiperbólica por parte del historiador siguiendo la línea marcada por Grant 1974. Cf. también Gomme *HCT* III,98,4; Hornblower *CT ad loc.*; Kagan 1974: 205.

[57] III,98,5. Poco después, en IV,2,4, Tucídides precisa que Demóstenes no desempeña puesto alguno, sino que acompaña a los demás generales en calidad de *idiótes* o ciudadano privado, pero el hecho de que en

triunfos venideros pudieran restañar la imagen del creativo y perseverante militar, producto como Cleón o Alcibíades del carácter imperialista consustancial a la *pólis* ateniense.

La expedición de Demóstenes a Etolia tuvo un inmediato epílogo, la movilización de este pueblo en contra de Atenas. Espoleados por su victoria en Egitio y deseosos de castigar la pretensión ateniense con la eliminación de todo vestigio suyo en su suelo, los etolios desplazaron una embajada a Corinto y Esparta para requerir su ayuda contra la base de Naupacto (III,100,1). Muy significativamente los *presbeís* etolios se dirigen en primer lugar a Corinto no sólo por el interés de ésta en Naupacto, clave para el control del golfo Corintio, sino sin duda en reconocimiento de la paternidad e influencia de este estado sobre el conjunto de los territorios del Noroeste, sentidas también fuertemente en el sur de Etolia (Gomme *HCT* III,102,2), para buscar el decisivo apoyo que la Asamblea ciudadana con su elite gobernante a la cabeza podía prestar para mover la maquinaria bélica espartana hacia una aventura en un espacio ajeno a su radio natural de acción (Gomme *HCT* III,100,1; Stroud 1994: 282). Es muy posible que fuese en ese momento cuando esta relación fructificó en la firma de un tratado entre espartanos y etolios, conservado en piedra de forma muy fragmentaria, que sancionaba la integración de los segundos en la alianza peloponesia[58]. Los lacedemonios quisieron explotar la derrota ateniense en Etolia e intentar nuevamente la captura de Naupacto, por lo que enviaron tres mil hoplitas aliados, de los cuales posiblemente una considerable proporción procederían de Corinto habida cuenta del interés de la oligarquía corintia en la zona, si bien, como es habitual, Tucídides no lo especifica (III,100,2; cf. Gomme *HCT* III,101; Salmon 1984: 316). A esta fuerza, comandada por el espartiata Euríloco, se unieron los etolios y diversos pueblos de la Lócride Ozola, estos últimos de buen grado o mediante la entrega de rehenes, pero de cualquier forma se confirmaba su defección de la *arché* ateniense (III,101; cf. *supra*).

El ejército de Euríloco avanzó a través de Lócride sometiendo algunas ciudades que se le resistieron, para llegar finalmente a la comarca de Naupacto, que fue asolada e incluso llegó a tomar los «suburbios» de la ciudad, que estaban sin amurallar; también fue recuperada Molicrio, colonia corintia enclavada posiblemente en la costa norte del golfo Corintio, al oeste de Naupacto (cf. fig. 4), que estaba en manos atenienses (III,102,1-2; cf. II,84,4). Tucídides pone énfasis en describir que Naupacto, cuyo valor estratégico para Atenas en esta guerra era notable (cf. cap. II, págs. 11-12), corría un peligro evidente por la escasez de defensores, que ni siquiera podían cubrir la longitud de los muros. Sin embargo, Naupacto se salvó merced a la inestimable mediación de Demóstenes, el hombre que poco antes había estado a punto de provocar su ruina, que acudió a los acarnanios en busca de refuerzos, concretados en el envío de mil hoplitas que hacían inaccesible la toma de la ciudad para el ejército peloponesio (III,102,3-5). La victoria de Demóstenes había sido diplomática, pero no por ello menos encomiable, como reconoce el propio Tucídides, ya que tuvo que vencer la reticencia de los acarnanios, seguramente todavía recelosos y enojados hacia aquél que desestimó sus planes de conquistar Léucade en favor de una aventurera campaña en Etolia (Roisman 1993: 28). Al final es de suponer que les vencería su propio interés, en la idea de que la eliminación de Naupacto constituiría un duro golpe a la presencia e influencia ateniense en el NO, donde los acarnanios se enfrentaban al imperialismo de Corintio y sus colonias. Dañar enclaves atenienses sería tirar piedras contra su propio tejado (Kagan 1974: 211; Roisman 1993: 28). Euríloco, ante la imposibilidad de tomar una ciudad amurallada como Naupacto, renunció a continuar las acciones en esta región, que no en el NO, ya que enseguida presta oídos a los planes ambraciotas para intentar hacerse con toda Acarnania (III,102,7). Por el momento el espartiata despidió a los etolios, que probablemente fueran reacios a continuar la guerra fuera de sus fronteras y que, lo mismo que los locros ozolas, retornan a su previa condición de neutrales, que ya no abandonarán durante el resto del conflicto (III,102,6-7; cf. Alonso Troncoso 1987: 268).

En la mente de Euríloco el interés por Naupacto había dejado paso a un proyecto más ambicioso auspiciado por un poderoso aliado como era Ambracia, que revivía el plan de Cnemo en 429 para adueñarse de toda Anfiloquia y Acarnania, esta vez con unas fuerzas tres veces superiores. Por ello los peloponesios, en lugar de regresar a sus casas, permanecieron en la zona fronteriza con Acarnania en espera de acudir en ayuda de los ambraciotas. Éstos comenzaron la campaña en el invierno del 426/5 con la conquista de Olpas, una fortaleza acarnania a poco menos de cinco Km de Argos de Anfiloquia (cf. fig. 4). La cifra aportada por Tucídides de tres mil hoplitas, sin que constituyese la leva total de la ciudad pues poco después un segundo ejército ambraciota no menos importante acudirá como refuerzo, hace pensar que Ambracia era una de las *póleis* más grandes de Grecia y una auténtica potencia militar[59]. El propio historiador destaca la habilidad y pericia de

---

III,105,3 acuda al mando de tropas en ayuda de los acarnanios ha permitido inferir que era estratego electo en espera de tomar posesión de la magistratura a mediados del verano (Hornblower *CT* III,102,3 y IV,2,4; Develin 1989: 127); sin embargo, Gomme *HCT* III,105,3 y IV,2,4 no cree que llegara a cesar en la estrategia. Véase también Westlake 1968: 102; Lengauer 1979: 36; Roisman 1993: 27; Cawkwell 1997: 50.

[58] *SEG* XXVI 461; cf. Hornblower *CT* III,100,1; Cartledge 1976 y 1978; Jeffery 1988: 181; Lewis 1992: 410 n. 111; Stroud 1994: 283-285 llega a conjeturar incluso con que los corintios establecieran de su parte otra alianza con los etolios, que pudo ser firmada por los tres embajadores etolios cuyos nombres cita Tucídides con su patronímico y que el historiador leería al pie de la estela, hoy perdida. Contra esta datación Peek 1974, descubridor de la inscripción, la fechó en el primer tercio del siglo V, mientras Kelly 1978 la retrasó a *c*. 388.

[59] III,105,1; 105,4; refuerzos en 110,1. D.S. XII,60 da sólo mil hoplitas, pero no parece derivar de una fuente no tucidídea y su relato es algo confuso para hacerse preferible, si bien su número es aceptado por Beloch 1886: 195-196, seguido por Henderson 1927: 153 n. 2. Gomme *HCT* III,105,4, aunque con alguna duda, mantiene la cifra de Tucídides, lo mismo que Beaumont 1952: 64 n. 29, que estima en cinco mil la leva hoplítica completa para Ambracia; Hammond 1967: 502 eleva ésta a seis mil para un

los ambraciotas en la lucha, que los convertía en «los mejores combatientes de aquella comarca» (II,108,2).

Ante tamaño despliegue de fuerza, la movilización de los acarnanios no se hizo esperar, encauzada en dos direcciones: por una parte, envío de tropas para reforzar Argos de Anfiloquia, mientras otras vigilaban desde Crenas la posible llegada de los peloponesios; por otro lado, la petición de ayuda a Demóstenes en Naupacto y a la flota de veinte barcos atenienses que circunnavegaba el Peloponeso[60]. Su primer esfuerzo resultó baldío, pues Euríloco, una vez supo de la acción de los ambraciotas, cruzó la desierta Acarnania para reunirse con ellos en Olpas sin ser detectados por la guarnición de Crenas (III,106; cf. Hammond 1936/7: 133-134 para la ruta). Ambos ejércitos se desplazaron a Metrópolis, en el interior, para establecer su campamento, según Hammond (*ibid.*) con el objetivo de amenazar Argos sin perder contacto con la vía de comunicación hacia el norte.

Roisman (1993: 14) se ha preguntado por qué los acarnanios otorgaron el mando de su ejército a Demóstenes, con mayor razón tras la desestimación de éste al cerco sobre Léucade y ha buscado la respuesta en la asunción de que pueblos como los acarnanios miran a menudo a Atenas para el liderazgo. En realidad hemos de ahondar en la raíz de la cuestión apuntada por este autor. El *koinón* acarnanio no constituía ni adoptaba la estructura de un estado o liga federal, sino que las ciudades actuaban de forma individualizada y sólo en ocasiones de peligro unificaban criterios con fines defensivos (Murray 1982: 291-292, 306-311). Por eso vemos que sus relaciones con Atenas se fundan más bien en acuerdos tácitos en política exterior basados en las redes de amistad personal de ciertos personajes influyentes del panorama sociopolítico ateniense, pactos consuetudinarios con los que topamos continuamente y que, como hemos reiterado en otras ocasiones, ocupaban un lugar privilegiado dentro de la labor diplomática de la potencia hegemónica. La demostrada conexión de Formión y su *génos* con el NO (*vid. supra*), que quizá tuviera un dramático final en el encausamiento del general ateniense y la muerte en acción de su hijo Asopio, debió de desarbolar sustancialmente las relaciones de la *arché* ateniense con el *koinón* acarnanio, que ahora carecía de un valedor en el epicentro político que era Atenas. Los acarnanios y anfiloquios, conscientes de la necesidad del apoyo y *prostasía* ateniense para hacer frente al poder de Corinto y sus colonias, no podían encontrar un mejor sustituto de Formión que el resoluto Demóstenes, cuyos audaces planes en el NO y Grecia central eran sobradamente conocidos. Si en un primer momento Demóstenes defraudó las expectativas acarnanias en Léucade, su buen hacer en Naupacto, punto clave del golfo Corintio que, además, eligió para su exilio voluntario -presumiblmente por la grata acogida que le era dispensada-, demostraban su disposición a continuar la actividad en este área geopolítica. En este caso, en el momento de ser llamado por los acarnanios, Demóstenes era un ἰδιώτης, un particular, un «simple» ciudadano que respondía así a sus obligaciones como tal para con su *pólis*, de acuerdo a las directrices desarrolladas por Pericles en sus discursos. En el futuro la creciente vinculación de Demóstenes y sus mesenios con los *éthne* de Acarnania dará evidentes pruebas de afianzamiento, proceso del que son testigos las campañas de Olpas e Idómene y el servicio de carácter personal prestado por los acarnanios a Demóstenes en la expedición a Sicilia (*vid. infra*).

Mientras Euríloco avanzaba hasta Metrópolis (cf. fig. 4), las veinte naves atenienses llegaban al golfo Ambrácico para bloquear la colina de Olpas y Demóstenes lo hacía a Argos con doscientos de sus fieles hoplitas mesenios y sesenta arqueros atenienses. Precisamente en Argos se concentraron todos los acarnanios y anfiloquios, quienes no dudaron en elegir a Demóstenes como responsable único del ejército, por encima de sus propios jefes locales, en un ejemplo más de las redes clientelares que los *strategoí* atenienses mantenían en este área geopolítica[61]. La magnitud y disposición de las fuerzas implicadas hacía presagiar un gran choque que decidiría en buena medida el resultado final de las operaciones en el NO.

Demóstenes se dirigió hacia Olpe, cerca de Metrópolis, donde tanto su ejército como el de Euríloco se dispusieron para la batalla tras una espera de cinco días, intervalo de tiempo que era usual como parte del *agón* hoplítico previo al combate (III,107,3; cf. Pritchett 1974: 147-155). Tucídides no dice quién tomó la iniciativa, pero posiblemente fuera el ateniense, preocupado por la llegada de los refuerzos desde Ambracia, mientras que Euríloco no rehuyó el enfrentamiento porque sus tropas eran ampliamente superiores en número y calidad. En realidad la batalla se decidió en el plano táctico, por lo que de poco hubiesen servido todavía más hoplitas, sólo para aumentar el pánico y confusión de la retirada (Hammond 1936/7: 138; Kagan 1974: 212).

La maniobra decisiva, obra de Demóstenes, consistió en la colocación previa de cuatrocientos hombres, entre hoplitas y soldados ligeros, emboscados en un camino oculto por abundante maleza dispuestos para atacar la espalda del enemigo cuando éste desbordase en alguna de las alas. La estratagema se realizó de forma correcta y tuvo unos efectos contundentes en el desarrollo de la lucha, no sólo anulando la inicial ventaja obtenida por los peloponesios en el ala izquierda y los ambraciotas en la derecha, sino poniendo a unos y otros en fuga en lo que significó una clara y severa derrota peloponesia con cuantiosas pérdidas, que incluyeron las de sus generales Euríloco y Macario[62]. El genio táctico de Demóstenes había procurado una victoria gracias a una correcta y oportuna

---

total de unos veinticinco mil habitantes en 426; cf. asimismo Kagan 1974: 210, que también prefiere el relato de Tucídides. Las recientes excavaciones en Ambracia están descubriendo una urbanística monumental que presupone un poderío económico acorde con el mencionado potencial humano (cf. Andreou 1993).

[60] III,105,2-3; cf. Gomme *HCT* III,105,3; Westlake 1968: 103 n. 2; Kagan 1974: 211 y *supra* n. 57 para la discusión de si Demóstenes era aún estratego o si actuaba en calidad de ἰδιώτης.

---

[61] III,107,2. Para esta peculiar concesión de mando a Demóstenes, propia del lugar y los pueblos implicados, pero extraña a los usuales requerimientos del combate y la ideología hoplítica, véase Plácido 1993a: 77.

[62] III,107,4-109,1. Sobre el desarrollo de la batalla véase Henderson 1927: 156-158; Hammond 1936/7: 135; Grundy 1948: II, 119-122; Kagan 1974: 212; Salmon 1984: 317.

26). Para finalizar, en el aspecto logístico Atenas contaba en el NO con un punto de partida, sobre todo para reclutamiento de aliados, con vistas a operaciones en Grecia central, como demostrarán los preparativos de Demóstenes para la campaña beocia de 424 (IV,77).

Atenas había logrado todo esto sin exponer demasiado, algo que los recursos de su Tesoro apenas permitía en estos años en que el gasto fue drásticamente reducido con respecto a los primeros años de la guerra. Así, a las órdenes de Demóstenes en Anfiloquia no sirvieron hoplitas atenienses, sino sólo sesenta arqueros y los mesenios de Naupacto, más las veinte naves que no entraron en acción (Westlake 1968: 105; Kagan 1974: 217). Todo ello permitió alimentar el afán belicista de un *dêmos* como el ateniense acostumbrado a utilizar las victorias militares como medios de apropiación y sometimiento de los territorios implicados. Por contra, Esparta había movilizado un gran ejército que se mostró incapaz de cumplir las previsiones de sus aliados y, además, les había abandonado en el momento de la derrota, confirmando que Brasidas, cuyo discurso político acerca de la liberación de Grecia, demagógico o no, se expandió por toda Tracia y la Calcídica, fue una excepción a la ineficaz hegemonía lacedemonia sobre sus aliados extrapeloponesios.

Una vez asegurada la fidelidad de Acarnania y Anfiloquia y la neutralidad de la Lócride Ozola y Etolia, el *dêmos* ateniense volverá sus ojos hacia Epiro, donde desarrollará una importante actividad diplomática a partir de 425 dirigida *in primis* a caones y molosos, las dos tribus epirotas dominantes. Esta atención especial, visible en el teatro ateniense del momento (Ar. *Ach.* 604-605, 613; *Eq.* 75 ss.; E. *Andr.* 1243 ss.), cristalizará, si no en una alianza defensiva, al menos en una declaración de no beligerancia para el resto de la contienda, ya de por sí un triunfo para Atenas dada la anterior participación epirota contra Argos de Anfiloquia y Estrato y su servicio como mercenarios para los aristócratas corcirenses (Beaumont 1952: 65; Hammond 1967: 505-507; Alonso Troncoso 1987: 304-308). Éxitos como el de Demóstenes justificaban el giro que se había producido en la política ateniense desde el 427 hacia una estrategia más agresiva, exponente de un cuerpo cívico que ahora veía posible ganar la guerra hasta que las derrotas en Delio y Anfípolis supongan una vuelta a la realidad (Kagan 1974: 187; Holladay 1978: 419).

A pesar de sus reiterados fracasos en el NO y en las aguas del golfo Corintio, los peloponesios llevaron a cabo un nuevo intento de dificultar el creciente poder ateniense en la zona con el envío a Corcira de sesenta naves en la primavera del 425. Los oligarcas del monte Istone y sus mercenarios habían conseguido llevar el hambre a la ciudad con sus incursiones de devastación en la campiña corcirense, por lo que los espartanos consideraron el momento oportuno de respaldarlos en su empeño de hacerse con el control de la isla (IV,2,3; cf. III,85,2-4). La inmediata respuesta ateniense se tradujo en el despacho de cuarenta naves al mando de Eurimedonte, ya experimentado en la situación política que imperaba en Corcira, y Sófocles, en una expedición que tenía como ulterior objetivo la isla de Sicilia (IV,2,2-3). Estos estrategos iban acompañados por Demóstenes en calidad de *idiótes* o *privatus* (para su estatus real cf. *supra* n. 57), cuyo recién restaurado prestigio le procuró un permiso para poder utilizar los barcos en caso de que lo creyese necesario, probablemente mediante una orden especial emanada de la *Ekklesía*, un hecho que no deja de ser inusual y sorprendente (IV,2,4; Hornblower *CT ad loc.*).

La expedición ateniense, empero, se vio obligada por una tormenta a recalar en Pilos, en la región de Mesenia, donde Demóstenes fortificó el lugar en el comienzo de un episodio que habría de llevar tanta calamidad a los lacedemonios (IV,3,1-2). En Pilos quedó Demóstenes con cinco naves, suficientes para defender la plaza en un claro ejemplo de *epiteichismós*, mientras el resto de la flota continuó viaje hacia Corcira y Sicilia, aunque el posterior aviso de Demóstenes les haría volver desde Zacinto para participar en la naumaquia de Esfacteria (IV,5,2). La acción ateniense supuso el inmediato regreso tanto de la fuerza que realizaba la invasión anual del Ática bajo la dirección del rey Agis como de las sesenta naves que se encontraban en Corcira y que a causa del escaso tiempo de permanencia en la isla les fue imposible intervenir de forma determinante en la renovada *stásis* que sufría la misma (IV,6,1; 8,1-2).

Aparte de las dramáticas consecuencias que para la supervivencia del régimen espartano suponía la captura de los espartiatas bloqueados en Esfacteria y que no hay tiempo de analizar aquí[70], Pilos significó también un severo mazazo a la flota lacedemonia y, de forma extensiva, a la peloponesia, que en lo sucesivo apenas se mostrarán operativas. De las naves peloponesias que intervinieron en las naumaquias, una gran parte fueron capturadas o destruidas en tierra (IV,14,1), mientras que las que lograron salvarse fueron entregadas, junto al resto de los barcos de guerra (νῆες μακραί o navíos largos) estacionados en Laconia, como garantía en la desigual tregua concertada entre atenienses y espartanos para dialogar sobre el destino de las tropas lacedemonias cercadas en la isla (IV,16,1; cf. Bengtson 1962: nº 176; Fernández Nieto 1975: II, nº 64). Estas naves que sirvieron de aval y que sumaban un número aproximado de sesenta (IV,16,2) no fueron devueltas por los atenienses, quienes adujeron diversas violaciones de la tregua por parte espartana en lo que parece ser una argucia poco ética pero muy práctica que constituía una humillación más infringida a los lacedemonios (IV,23,1; cf. Gomme *HCT ad loc.*). Con toda su gravedad, este hecho no significaba el completo desmantelamiento de la flota de la alianza peloponesia, como ha sido asumido a menudo[71], pues existían todavía naves en los puertos del Istmo y Cilene. Hemos de

---

[70]La abundante bibliografía concerniente a los hechos militares y políticos relacionados con Pilos y Esfacteria aparece recogida en el reciente artículo de Flower 1992, quien se centra en los debates sostenidos en la Asamblea ateniense polarizados por Nicias y Cleón; el estudio más amplio y detallado es Wilson 1979. Para una descripción de la zona y la posible identificación del puerto, véase Pritchett 1965: 6-29 y 1994; Strassler 1988.

[71]Entre otros por Adcock 1927: 233; Kagan 1974: 239, 258; Wilson 1979: 126; Kelly 1982: 52; Salmon 1984: 316-318, frente a los cuales sólo Westlake 1974: 218 resta magnitud al desastre y evita hablar de «aniquilación». Por otro lado, únicamente Cartledge 1979: 242-243 y Hammond 1987: 366, y el primero de forma un tanto confusa, hablan de flota lacedemonia y no peloponesia; Cartledge sospecha, además, que Tucídides se refiere a las naves de las poblaciones periecas de Asine y Gitio, en Laconia, donde se encontraban los principales puertos comerciales.

recordar que de las sesenta naves enviadas a Corcira, que no constituían el total de la armada peloponesia, sólo cuarenta y tres acudieron a Pilos y el resto permaneció en aguas del golfo Corintio (IV,8,2; 11,2).

Hasta qué punto Corinto se vio perjudicada por la pérdida de buena parte de la flota en Pilos, es difícil de decir. Mi impresión, a diferencia de la de Kagan (1974: 258) y Salmon (1984: 185, 318), es que el estado corintio no fue privado de todas sus trirremes, ya que a lo largo de todo el episodio Tucídides destaca el protagonismo de las naves propiamente lacedemonias, las cuales llevan el peso de los ataques. Lo mismo que fueron espartiatas y periecos mesenios los primeros en acudir en auxilio de Pilos, seguidos por el resto de población laconia (IV,8,1), pues en principio consideraban que no habría problema en tomar el fuerte, también sería la flota lacedemonia la más interesada en llegar a Mesenia y es probable que las diecisiete naves que se quedaron en el golfo Corintio fueran corintias y leucadias, a través de cuyo Istmo se deslizaron las naves para burlar la vigilancia ateniense en Zacinto (IV,8,2). Esta hipótesis se ve reforzada por el hecho de que sólo hoplitas lacedemonios parecen participar en la naumaquia (unos 7.320 ó 2/3 de la leva total de espartiatas y periecos según Figueira 1986: 175-177) y que, además del usual navarco espartiata, en este caso Trasimélidas, otros *hómoioi* y no generales aliados, estuvieran al cargo de las naves individualmente, casi como trierarcos (de hecho IV,11,4 designa así a Brasidas, aunque como señala Hornblower *CT ad loc.*, aplicado a los espartanos, el término está desprovisto de las connotaciones financieras que tenía en Atenas).

Dos puntos ayudan a corroborar que fue la armada lacedemonia y no tanto la peloponesia la que prácticamente dejó de existir en Pilos -al menos hasta la guerra jónica-, a pesar de la escasa credibilidad que han merecido entre la historiografía moderna las posibilidades y recursos marítimos del *hegemón* terrestre. El primero, la cláusula de la tregua que exigía a Esparta la entrega no sólo de los barcos en que habían combatido, sino también Λακεδαιμονίους μὲν τὰς ναῦς ἐν αἷς ἐναυμάχεσαν καὶ τὰς ἐν τῇ Λακωνικῇ πάσας, "todas las naves de guerra que había en Laconia" (IV,16,1), pone de manifiesto que estas últimas debieron de superar con mucho las veinte para completar la cifra de sesenta que al final recalaron en manos atenienses, considerando la gran proporción de barcos destruidos de los cuarenta y tres que combatieron (Wilson 1979: 92 ss., seguido por Hornblower *CT* IV,16,1, no da más allá de diez). Un segundo aspecto sería la tradición naval de Esparta, para lo cual me remito al ya clásico estudio de Cartlegde (1979: esp. 143; cf. Christien 1992: 163; *contra* Falkner 1994: 496-497) sobre la historia de la ciudad y de toda la región laconia, que abarca, entre otras cosas, la temprana representación de navíos de guerra en la cerámica laconia, una afirmación poco fiable de Eusebio (*Chron.* I,225 Schoene) que habla de un breve período de talasocracia espartana entre 517 y 515, y la presunción de una flota en época arcaica lo suficientemente grande como para permitir la anexión de la costa este de Laconia y la isla de Citera, así como la existencia de estaciones navales y puertos en Laconia, principalmente en suelo perieco. Más concretamente, la atención que según Tucídides Esparta prestaba a Citera para mantener libre y segura de la piratería la ruta del grano africano importado por

el Peloponeso (IV,53,3) implica una vigilancia naval desde la isla, probablemente con centro es Escandia, la ciudad que será ocupada por los atenienses para desarticular el entramado construido por los lacedemonios en torno a este comercio cerealístico vital para la supervivencia de la península (IV,54,4). Es sintomático que el autor británico (*ibid.*) llegue a expresarse en estos términos: «Con el fracaso de la expedición a Samos [en *c.* 525, contra el tirano Polícrates] Esparta quizá perdió la oportunidad de convertirse en el poder naval dominante en Grecia continental antes de que Temístocles persuadiera a los atenienses de que su futuro estaba en el mar en la década del 480». Por otra parte, no hemos de olvidar que los atenienses estaban soliviantados en 430 por la ejecución indiscriminada de mercaderes propios y aliados apresados por los espartanos en torno al Peloponeso, lo que cuando menos exige unos nada desdeñables recursos marítimos (II,67,4; cf. Kelly 1979: 247).

En mi opinión, y a modo de conclusión sobre la campaña de Pilos, pienso que el estado corintio se vio afectado por el desastre de Pilos, pero ni mucho menos en la misma medida que Esparta, es decir, sin llegar a ver extinta su flota. Lo que resulta indudable es el drástico final de la actividad naval peloponesia durante la guerra arquidámica, no sólo a causa de la merma casi irreparable de la flota lacedemonia y los daños sufridos por la aliada, sino también como consecuencia del reiterado fracaso en el mar que ahora suponía ver ocupar a los atenienses parte del territorio laconio. El triunfo en Pilos se había mostrado un punto de inflexión dentro de la guerra arquidámica, ya que Atenas ataba las manos espartanas en el ámbito estratégico, eliminando de raíz y al mismo tiempo la amenaza de invasión del Ática bajo peligro de ejecución de los valiosos prisioneros espartiatas y de fomento y apoyo de revueltas entre los aliados atenienses a través de la flota peloponesia. Este final de la guerra en el mar, lógico por otra parte visto el dominio ateniense del mismo, será temporal. Esparta habrá de esperar primero a las campañas de Brasidas entre 424 y 422 en la Calcídica, con su programa naviero en la desembocadura del Estrimón y, ya en la última fase de la guerra, al indispensable oro persa, sabiamente empleado por un navarco de la categoría de Lisandro, para comenzar a preparar una flota que pudiese vencer o encarar a los atenienses en el mar, incluso en el mismo Egeo, con ciertas garantías.

Solventado satisfactoriamente el tema de Pilos, la flota de Sófocles y Eurimedonte prosiguió su singladura ese verano hacia sus originales objetivos de Corcira y Sicilia. Libres de cualquier intento de ayuda marítima a la isla por parte peloponesia, los atenienses pudieron zanjar de forma expeditiva los problemas que acuciaban a la facción democrática en el poder en Corcira. Rápidamente desalojaron de su fortificación en el monte Istone a los oligarcas, que se entregaron para ser juzgados en Atenas y no por sus conciudadanos, bajo la condición de no intentar escapar (cf. Bengtson 1962: n° 177 y Fernández Nieto 1975: II, n° 114 para las estipulaciones concretas de la capitulación). Sin embargo, los demócratas no renunciaban a librarse para siempre de sus enemigos políticos, por lo que se las ingeniaron para convencer a éstos por mediación de terceros de que los estrategos atenienses les entregarían al *dêmos* para sufrir un horrible destino. Los *olígoi* intentaron la huida, pero fueron capturados y ejecutados de diversas maneras por los demócratas durante un día y una noche en un trágico epílogo de lo que había sucedido dos años antes (IV,46-48). Nuevamente Tucídides es crítico con la connivencia demostrada por los *strategoí* atenienses en la matanza, esta vez aderezada con tortura previa en el único ejemplo de este tipo presente en toda la obra del historiador ático (Panagopoulos 1978: 71). El odio acumulado por los «populares» durante todo este tiempo de predación oligárquica sobre su territorio estalló de forma incontenible en la creencia, como dice Gomme (*HCT* IV,48,5), de que sólo la victoria completa de una facción mediante la masacre de la contraria podría asegurar la paz. Como corroboración de esta opinión, las mujeres capturadas en la fortificaciones fueron vendidas como esclavas (IV,48,4), culminando así la que sin duda fue la *stásis* más sangrienta de la guerra.

Corcira había quedado definitivamente asegurada dentro de la alianza ateniense, pero a costa de ver seriamente dañada su capacidad militar para el resto de la contienda, algo que era sólo testimonial comparado con su indudable valor estratégico, una vez comprobada la escasa operatividad y funcionalidad de la flota corcirense. Según Tucídides (IV,48,5) los demócratas habían purgado de oligarcas la arena política corcirense y con ello se ponía fin a su lucha civil, al menos en lo concerniente a esta guerra, a pesar de que Diodoro nos habla de un rebrote de la *stásis* en 410[72].

En realidad, vistos los acontecimientos, podemos concluir que los *olígoi* no obedecían a tal denominación y los doscientos cincuenta *prótoi* filocorintios originales eran sólo la capa epidérmica de un movimiento social de calado mucho más hondo. En otras palabras, tras ellos se escondía una apreciable parte de población que compartía unas ideas tendentes cuando menos a limitar la plena ciudadanía y la participación política, ideas que necesitaban del apoyo peloponesio para ser impuestas por la fuerza. Así, fueron cuatrocientos los oligarcas refugiados en el *Heraîon*, un número no especificado que se enroló en la escuadra ateniense y que se ha estimado en unos doscientos hombres y, por último, los quinientos que huyeron al continente, lo que supone un total superior al millar, una cifra elevada que explica que el movimiento trascendiera más allá de las reclamaciones sobre el derecho a gobernar de unos pocos

---

[72] D.S. XIII,48, cuyo relato coincide sospechosamente en detalles sustanciales con el de Tucídides de la *stásis* del 427: coloca a Conón -en lugar de Eurimedonte- como estratego al frente de los seiscientos mesenios que colaboran con el *dêmos* corcirense en el arresto, muerte y expulsión de un millar de prolacedemonios y, además, aquellos que consiguen salvarse, huyen al continente para más tarde regresar y hostigar a los de la ciudad hasta lograr un acuerdo; otro punto coincidente es la medida adoptada de liberar a los esclavos -y en este caso también conceder la ciudadanía a los metecos- como precaución contra el gran número e influencia de los exiliados. Gomme *HCT ad loc.* desconfía igualmente del relato del Sículo; para Hornblower *CT ad loc.* una explicación más satisfactoria sería que Tucídides escribió este pasaje mucho de antes del 410, el cual quedaría a falta de revisión, y que por «al menos por el resto de esta guerra» debemos entender solamente la guerra arquidámica; también Wilson 1987: 112-114 admite el nuevo conflicto civil corcirense tal y como es narrado por Diodoro. No podemos negar, sin embargo, que probablemente el texto de Diodoro responda a la tensa situación interna que vivía la sociedad corcirense casi de forma permanente, motivada en gran medida por el elevado número de individuos pertenecientes a las clases acomodadas dentro de una estructura democrática no demasiado consolidada.

dynatoí[73]. Esta evaluación vendría a corroborar la sospecha de que el paisaje agrícola en Corcira mostraba un predominio de la gran propiedad, dedicada preferentemente al cultivo del vino y de los árboles frutales y trabajada por abundante mano de obra esclava (X. *HG*. VI,2,6), cuya presencia en los campos debió de ser muy superior a la atestiguada en la flota (Jameson 1992: 140, 146). Frente a otras zonas de Grecia basadas en un régimen de pequeña propiedad cuyos dueños cultivaban para garantizar con dificultad la subsistencia, los numerosos y prósperos latifundios corcirenses acrecentaban con su excedente el erario de una nada parca elite social que dejaba sentir notablemente su influencia en política, fuera bajo un gobierno democrático u oligárquico.

En ese mismo verano del 425 tuvo lugar el único ataque directo sobre su territorio que sufrió Corinto en toda la guerra. Nicias, tal vez motivado por los recientes éxitos de Demóstenes y Cleón en Pilos, dirigió una considerable fuerza integrada por ochenta naves, dos mil hoplitas y doscientos caballeros, además de otras tropas aliadas, que se dirigió a la costa oriental del Istmo en una operación que tiene una gran similitud con la que Pericles llevó a cabo en la Epidauria en 430[74]. El desembarco se produjo en Soligia, a unos once Kms al sudeste de Corinto, adonde acudió rápidamente la mitad de la leva corintia, ya que la otra mitad quedó en Cénccreas, por si el objetivo real de los atenienses era este puerto o el de Cromio, al norte de la Corintia. Los corintios habían sido avisados del ataque desde Argos, seguramente por miembros de la facción oligárquica que velaba por los intereses peloponesios dentro de los márgenes impuestos por su neutralidad (cf. cap. V, pág. 73), pero el no conocer el destino final de la expedición ateniense y la imposibilidad de abarcar toda la costa obligó a los corintios a dividir sus fuerzas en el Istmo para al menos hacer frente al enemigo (IV,42,3-4). Como ya señalara el panfleto del denominado «Viejo Oligarca» aparecido entre los escritos de Jenofonte, era verdaderamente una apreciable ventaja para un poder naval la movilidad que aportaba una flota controladora de los mares, que significaba una constante amenaza de desembarco en cualquier punto, ante el manifiesto desconcierto de las tropas de tierra (Ps.X. *Ath*. 2,4-6; cf. Gomme *HCT* IV,42,4; Momigliano 1944: 2; Kagan 1974: 254). Por ello el interés corintio debía concentrarse naturalmente en la defensa de sus dos puertos en el golfo Sarónico, Cénccreas y Cromio, capitales para el aprovisionamiento de la población y para el mantenimiento de lo que restaba de su flota.

Los corintios consiguieron llegar con la mitad de sus

---

[73] Lintott 1982: 109, aceptado por Hornblower *CT* III,74,1, frente a las estimaciones inferiores, en torno a los cuatrocientos oligarcas, de Ruschenbusch 1978: 37, 40; Wilson 1987: 100-101 eleva la cifra a entre dos y tres mil. Si se acepta el controvertido pasaje de Diodoro discutido en la nota anterior, hubo mil quinientos muertos en esta «primera» *stásis*, «todos ellos entre los primeros ciudadanos» (*pántes proteúontes tôn politôn*: XIII,48,2).

[74] El relato más completo de la campaña de Soligia, con especial atención a la topografía y a la identificación de posibles objetivos, es Stroud 1971, aceptado y resumido por Wiseman 1978: 56-58; pero véase también Fowler, Stillwell 1932: 97-98; Kagan 1974: 252-255; Salmon 1984: 319. Para la localización de Soligia en la Corintia, véase fig. 1.

fuerzas antes de que Nicias pudiera ocupar la villa de Soligia. El subsiguiente enfrentamiento hoplítico entre atenienses y corintios se caracterizó por la crudeza e indecisión hasta que la intervención de la caballería ateniense decantó el combate en su favor, si bien los corintios lograron refugiarse en el monte Soligio con la intención de resistir allí la probable acometida ateniense; ésta no se produjo y Nicias hubo de contentarse con el expolio de los cadáveres y la erección del correspondiente trofeo, ya que la llegada de refuerzos desde Céncreas y de los veteranos (*presbýteroi*) que habían permanecido en Corinto, le obligó a retirarse a sus naves antes de la consecución de cualquier otro logro creyendo que se trataba de un ejército peloponesio que acudía en ayuda de los corintios. Tucídides es extrañamente exacto en el recuento de las bajas: doscientos doce corintios por algo menos de medio centenar de atenienses[75]. A pesar de la diferencia en el resultado, la dura resistencia corintia hace suponer que sus fuerzas no debieron de ser muy inferiores en número a las atenienses[76].

Al concentrarse las fuerzas corintias en Soligia, Nicias creyó conveniente proseguir la expedición con la navegación a Cromio, ahora sin posibilidad de defensa, para devastar los campos, pero sin emprender intento alguno de tomar la ciudad o el puerto. Finalmente, se desplazó con su flota hacia la Epidauria e hizo un desembarco en la península de Metana, situada entre Epidauro y Trecén, donde amuralló la entrada al Istmo y dejó una guarnición para que se dedicara al pillaje en los territorios de Halias, Trecén y Epidauro (IV,45).

El mayor problema que plantean los pasajes de Tucídides que narran los acontecimientos en la Corintia es el fracaso en explicar el objetivo original de la expedición de Nicias, un hecho que suscitó un temprano interés entre los estudiosos. Tal vez sea ésta la única carencia dentro de una relato vívido y minucioso, cuya exactitud en la topografía, distancias y la conocida anécdota de los dos cadáveres que el estratego regresa a buscar sugieren fuertemente que Tucídides estaba presente en la campaña o al menos que tuvo una información de primera mano[77]. Busolt fue el primero en considerar que Nicias fracasó en esta campaña, porque su plan tenía en Soligia la llave maestra para obtener el control de la Corintia, siguiendo el modelo de Pilos, que tan buenos resultados estaba proporcionando[78]. Sin embargo, ya Grundy (1948: I, 341) y Gomme (*HCT* IV,45,1-2) señalaron la enorme dificultad que supondría fortificar los casi tres Kms que dista Soligia del mar, puesto que un enclave aislado de éste no tendría sentido, al margen del numeroso contingente de hombres requerido para defenderlo. Esta línea argumentativa ha sido desarrollada posteriormente por otros autores, que han abundado en el hecho de que Soligia no constituía una posición fuerte y que Atenas no obtendría frutos suficientes que recompensasen semejante esfuerzo, por lo que la acción de Nicias habría de enmarcarse dentro de las incursiones destinadas a causar el mayor daño posible en territorio enemigo, según Atenas había venido haciendo desde el comienzo de la guerra (Stroud 1971: 246-247; Kagan 1974: 252-254; Holladay 1978: 406; Westlake 1983: 16; Salmon 1984: 320 n. 34). Por contra, Metana reunía todos los requisitos imprescindibles para cumplir la *epiteíchisis*: promontorio elevado, fácilmente fortificable y defendible por un puñado de hombres, bien comunicado y aprovisionado desde el mar y con rápido acceso a las fértiles campiñas costeras de Halias, Trecén y Epidauro.

De hecho, prueba de la eficaz labor destructiva alcanzada desde Metana fue la temprana rendición de Trecén, que en 423 encontramos en manos atenienses (IV,118,4) -ya lo había estado antes del 446/5, cuando fue devuelta en virtud de la paz de los Treinta Años (I,115,1)- y probablemente también de Halias, que pacta con los atenienses en 424/3[79]. Es muy probable que Hermíone, que no es mencionada por Tucídides como objetivo de este ataque y sí en el del 430 (cf. II,56,5), sufriera el mismo destino y llegara a un acuerdo con Atenas en este intervalo de tiempo[80]. De hecho toda esta región sur de la

---

[75] IV,43-44. D.S. XII,65,6 da ocho muertos atenienses por más de trescientos corintios, pero su relato es un resumen del tucidídeo con excepción de este detalle, en absoluto preferible a la anécdota demostrativa de la piedad de Nicias (cf. *infra*).

[76] Krentz 1985: 16 estima que en Soligia pudieron combatir en torno a mil setecientos cincuenta hoplitas corintios, aceptando el cálculo de Beloch 1886: 120 de entre tres mil a cuatro mil hoplitas para la leva total. Es posible que la primera cifra señalada tenga que elevarse algo más, hasta aproximadamente dos mil hoplitas -lo que coincidiría con la aportación corintia a otras campañas-, si aceptamos la *ratio* de que el vencido en combate hoplítico perdía aproximadamente un 14 % de sus fuerzas (Garlan 1993: 82).

[77] IV,44,6. Cf. Gomme *HCT* IV,44,6, Westlake 1968: 89-90 y Stroud 1971: 244-245, retomado en 1994: 285-287, donde la plausible participación de Tucídides en la refriega no bastaría para justificar la precisión y calidad de su información, que el autor norteamericano piensa que obtendría durante una estancia en Corinto. Esta anécdota sirve a Plutarco (*Nic.* 6,4-7) para moralizar acerca del piadoso carácter de Nicias, capaz de sacrificar la atribución de la victoria al quedar dueño del campo en pro de dar cumplido enterramiento a todos sus soldados caídos.

[78] Busolt 1904: 1114, 1116, seguido por Adcock 1927: 237 y Garlan 1974: 33. Para Fowler, Stillwell 1932: 106 la caída de Soligia supondría igualmente el cierre de las comunicaciones con la Epidauria. En la misma línea corren los argumentos de Treu 1956: 431 y Sieveking 1964: 102-104, quien destaca como estratégica la proximidad al punto de reunión del ejército peloponesio en el Istmo, algo que difícilmente puede ser algo ventajoso para Atenas, según ha señalado acertadamente Stroud 1971: 246.

[79] *IG* I³ 75; cf. Meritt, Davidson 1935; West 1935; Meritt 1945: 100-105; Brunt 1965: 273; Kagan 1974: 306 n. 8; Hornblower *CT* IV,45,2. Menos certidumbre tiene Thompson 1971, que amplía el margen temporal del acuerdo a 424-418 con argumentos históricos (Halias pudo tener la misma motivación para pactar con Atenas antes y después de la firma de la paz de Nicias: p. ej. aprovechando la formación de la Cuádruple Alianza) y semánticos (*ho pólemos* no significaría necesariamente que exista un estado de guerra de hecho, sino que puede tratarse de una promisión hipotética: «en caso de guerra»).

[80] Este tratado probablemente sea el referido en *SEG* X 15, inscripción muy fragmentaria que ya Mattingly 1961: 173 dató entre 430 y 425, no sólo porque los daños causados por las razzias atenienses suministran un apropiado contexto histórico, sino también porque hay grandes posibilidades de que el proponente del decreto, un tal León, pueda ser el destacado político ateniense activo en la década del 420, mientras que el escaso texto conservado es acorde con el lenguaje diplomático de este decenio; estos argumentos no fueron suficientemente concluyentes para Meritt, Wade-Gery 1963: 103-104, que prefieren una fecha más temprana, anterior a 445 tanto por criterios físicos de la estela como porque piensan que Hermíone no resultaba

Argólide no tenía otra salida si pensamos que, a la presión ateniense desde Metana, venía a unirse la inexistencia de ciudades de cierta entidad para concentrar la defensa del territorio y el tradicional aislamiento del resto del Peloponeso, propiciado por la barrera que constituyen los montes Aderes; más grave aún era la escasez de recursos naturales, marítimos en gran medida y por ello previamente afectados por el dominio ateniense de los mares, según han puesto de manifiesto los recientes estudios de Runnels y Van Andel (1987: esp. 327; cf. Van Andel, Runnels, Pope 1986; Jameson, Runnels, Van Andel 1994: 78), cuya conclusión es que «cualquier disrupción de los mercados externos y/o la interferencia de los viajes marítimos conllevaría inevitablemente el declive económico para una zona que requiere continua ayuda externa para múltiples necesidades».

Esto nos lleva a la consideración de si en realidad la expedición ateniense puede ser catalogada de triunfal, algo que en mi opinión y por lo visto en el parágrafo anterior, está fuera de toda duda (Westlake 1968: 89 n. 4; Stroud 1971: 247; Babut 1981: 426; *contra* Pritchett 1985: 236). Por un lado, el relato de Tucídides deja claro que cuando el choque entre hoplitas atenienses y corintios estaba equilibrado fue la presencia e intervención de la caballería ateniense -cuya acción no pudo ser contrarrestada debido a la inexistencia de caballería corintia- la que puso en fuga a los corintios y les obligó a refugiarse en la colina (IV,44,1). Además, los *Caballeros* de Aristófanes, comedia estrenada en las Leneas de 424 donde los propios *hippeís* integran el coro, rinde homenaje a la importancia de este grupo social tan minoritario como exclusivista, con especial referencia en los versos 595-610 a su destacado papel en Soligia (Bugh 1988: 90-93; Gomme *HCT* IV,42,1 ve otra alusión más breve a estos mismos hechos en los versos 266-268). La actitud de confianza del poeta ateniense es únicamente entendible en el marco de una victoria militar que insufló moral a la masa ciudadana ateniense y en especial a su clase más privilegiada (Hornblower *CT* IV,42-45). Los caballeros encarnan a la perfección los valores sociales más elevados, que toda la comunidad reconoce, sobre todo en el plano ideológico, por lo que se busca tributarles reconocimiento en ocasiones especiales como desfiles (*dokimasíai*), rituales, fiestas o victorias militares en que hayan tomado parte[81], a pesar del escaso valor táctico de la caballería dentro de la forma de combate hoplítico imperante. Podríamos hablar en cierta forma de una recompensa a cargo del *dêmos* por el sometimiento de los *hippeís* a las instituciones democráticas, tributo que rara vez es suficiente para poner de manera continuada a esta elite ciudadana bajo el control constitucional, según demuestra la participación de una gran mayoría de los caballeros atenienses en los golpes del 411 y 404. Y es que la concordia entre las fuerzas sociales atenienses, reproducida en la composición del ejército, se fue haciendo más frágil desde la muerte de Pericles en un desarrollo evolutivo que conducirá al abierto conflicto de clases a medida que se concreta la derrota en la guerra.

Por el contrario, Corinto no disponía de caballería en 425, en lo que puede verse como un síntoma de la estabilidad y amplia base de su régimen oligárquico, bastante uniforme en cuanto al disfrute de los derechos políticos por parte del cuerpo cívico[82]. Será en 370 cuando Jenofonte (*HG*. VI,5,52) registre por primera vez la actividad de *hippeís* corintios, no por casualidad después de una guerra Corintia que había acentuado las diferencias socioeconómicas entre las clases acomodadas y el resto de la ciudadanía y que había visto cómo serias disensiones internas entre pro y antilacedemonios, consecuencia sin duda de esa agudización de la lucha de clases, quebraban la aparente unidad social que Corinto había demostrado durante casi dos siglos.

En otro orden de cosas, no creo que la idea directriz de la campaña fuese el establecimiento de un fuerte en Metana, como tampoco lo sería hacerlo en Soligia, sino llevar la guerra por primera vez a territorio corintio, hacer sentir en su propio estado los efectos devastadores que habían sufrido ya sus colonias y otros aliados e intentar así resquebrajar la unidad y coherencia que hasta entonces habían mostrado los corintios en política interior y exterior (Stroud 1971: 247; Wiseman 1978: 56). Esta maniobra se producía en el momento más crítico de la guerra para la liga presidida por Esparta, con su prestigio seriamente dañado por el desastre de Pilos, que reflejaba la impotencia del mejor ejército hoplítico para llevar a cabo las invasiones del Ática, consideradas la base fundamental, si no única, de la estrategia peloponesia, mientras su flota había quedado prácticamente desarbolada. Por otro lado, Corinto había perdido su tradicional control del NO y veía mermado su comercio y su aprovisionamiento como consecuencia del bloqueo ateniense del Istmo, lo que debió de afectar al sector poblacional que vivía de estos menesteres. Kagan ha establecido una hipótesis convincente y que responde bastante bien a la idea que tenemos del abierto y flexible régimen corintio, basada en la división de los *olígoi* corintios entre lo que él llama «aristócratas terratenientes» por una parte y «oligarcas comerciantes y mercaderes» por otra[83]; estos últimos

---

tan accesible a los ataques atenienses desde Metana como Halias o Trecén y por ello no es mencionada por Tucídides.

[81] En el desarrollo de estas ceremonias la puerta *Hippádes* se constituía en punto neurálgico del elogio popular hacia los caballeros (Hsch. *s.v.* ἱππάδα). Por otra parte, la imaginería ática recoge con especial énfasis el espéctaculo y el ideal aristocrático de los caballeros en escena (Lissarrague 1990: 192-231).

[82] Cf. cap. II, pág. 17. Es improbable que una escena de esta batalla pueda ser identificada con la representada en un relieve votivo de Eleusis, no sólo porque en éste aparezcan dos cuerpos de caballería frente a frente (lo que podría ser una licencia artística, como señala Hornblower *CT* en su nota introductoria a IV,42-45), sino porque contradice por completo la rotunda afirmación tucidídea de que Corinto no tenía caballería (Bugh 1988: 91 ss. con fig. 10).

[83] Kagan 1958: 20-23, 1960: 294-296 y 1981: 36-37; Roberts 1983: 23, 50 y Hamilton 1979: 262 admiten esta simbiosis de oligarcas mercaderes y aristócratas terratenientes al frente del estado corintio, sin fisuras en la colaboración en común hasta la paz de Nicias. *Contra*, Salmon 1984: 327 con n. 10, 405, que niega cualquier vinculación, aun indirecta, de la clase gobernante corintia con actividades comerciales y manufactureras, al tiempo que critica la falta de base de la hipótesis de Kagan por no poderse detectar en las fuentes una división de opinión en el seno del gobierno corintio antes de principios del siglo IV. Mi propia impresión se sitúa entre ambas propuestas, ya que la tesis de Kagan me parece coherente, si bien me resulta difícil aceptar que los que él llama «oligarcas» tuvieran intereses directos y exclusivos en el comercio y en la «industria» manufacturera, sin una preocupación por mantener

conocían el sufrimiento en esta guerra por los motivos señalados, por lo que si ahora los grandes posesores veían asoladas sus tierras, al tiempo que Esparta «vendía» a sus aliados en una paz onerosa para éstos que salvara a sus espartiatas capturados en Esfacteria y que sólo fue impedida por las duras exigencias de Cleón (IV,17-23), el conjunto de la clase dirigente corintia podría determinar que no merecía la pena seguir luchando. Aunque esto último no fuera posible, seguro que podría sembrarse un mayor descontento entre la comunidad, en especial entre el *pléthos* menos favorecido, provocar llamamientos a la paz o incluso que alguna facción decidiera contactar con Atenas con vistas a abrir las puertas de la ciudad, único método efectivo para rendir grandes urbes. De hecho algunos megarenses (V,66) y beocios (V,76) intentarán llevar a cabo algo semejante al año siguiente, prueba del momento crítico por el que atravesaba el conflicto y de cómo era sentida una previsible victoria ateniense en el mismo. Se trata en definitiva de despertar el germen de la *stásis*, de apariencia política pero de raíz socioeconómica, que sin duda era parte integral de la ciudad-estado, incluso bajo su existencia pacífica (Loraux 1991: 44). Al romperse la unidad ciudadana, se quiebran al mismo tiempo los pilares sobre los que se construye la vida en comunidad, las leyes, instituciones, cultos, costumbres, etc., constitutivos de lo que conocemos como *pólis*. En definitiva, Corinto era el estado que más había abogado por la guerra y su claudicación significaría posiblemente el fin de la misma bajo los condicionantes expuestos (Cataldi 1996: 53). Una razón adicional la podemos encontrar en la localización de Soligia, en el camino de Corinto a Epidauro (Fowler, Stillwell 1932: 106), lo que supondría un corte en las comunicaciones entre ambos estados, más grave en el caso de los epidaurios por la proximidad del enemigo argivo, pero que privaría a Corinto de la pronta llegada de refuerzos.

Ésta sería bajo mi punto de vista la pretensión de Nicias al abordar la dirección de la expedición, en cuyo apoyo podemos traer el hecho de que los argivos avisaran a los corintios del ataque y no a los habitantes de la Epidauria, puesto que al realizarse los preparativos en el puerto del Pireo debió de propagarse entre la opinión pública la noticia de que el objetivo de la flota era la Corintia. Lo que ocurre es que Nicias encontró inaccesible llevar a cabo sus planes por la resistencia de los corintios, que acudieron rápidamente en defensa de su territorio incluso con hombres fuera de la edad militar. Nicias no es Demóstenes, sino que trueca arrojo y decisión en prudencia y seguridad, por lo que no quiso convertir la campaña en un fracaso. Que causó daño al conjunto de la sociedad corintia es indudable, pues podemos considerar que doscientos doce caídos eran graves bajas en el contexto de una batalla entre hoplitas, ya que significa una *ratio* de caídos vencedor-vencido de 1:4.2 (Krentz 1985: 16), además de la devastación de la región de Cromio. Metana sería entonces una útil improvisación por parte de Nicias, prueba de que éste supo apreciar los efectos contundentes de la *epiteichisis* que había puesto en práctica su colega Demóstenes y que más tarde aquél repetiría en Citera[84]. En este sentido, disiento de la opinión de Westlake (1968: 90) cuando postula que Tucídides omitió el objetivo original de la expedición porque no era determinante en la configuración de la personalidad y capacidad de liderazgo de Nicias.

Según hemos avanzado arriba en el verano del 424 Atenas dio un nuevo paso en su intento de controlar los centros distribuidores o mediadores en el aprovisionamiento cerealístico con la toma de Citera. Esta isla, próxima a territorio laconio y si hacemos caso de Hdt. I,82 aprehendida a los argivos tras el Combate de los Campeones[85], estaba habitada en su mayoría por población perieca ocupada esencialmente en labores artesanales y comerciales o en el cultivo de las tierras menos productivas, pues los mejores *klêroi* eran administrados en teórico usufructo por los *hómoioi* de acuerdo a la legislación licurguea. La vigilancia y defensa de este núcleo vital para la importación de grano egipcio y libio al Peloponeso correspondía lógicamente a la elite política y militar lacedemonia, representada por una guarnición y un κυθηροδίκης o juez especial para la isla[86]. Esta presencia espartiata, inusual en las comunidades periecas, nos confirma la importancia que Citera tenía para el gobierno espartano, relevancia que es atestiguada expresamente por el propio Tucídides (IV,53,3; cf. VII,26). Pero los citerios, como dependientes que eran, no participaban de la ideología y modo de vida espartiata, por lo que no tardaron en capitular ante los atenienses para evitar la deportación y poder seguir conservando sus propiedades[87]. Es incluso probable, como sostienen Cartledge (1979: 244) y Plácido (1993a: 87 y 1997a: 129), que los periecos vieran en los atenienses una salida a su condición social, una puerta abierta a su independencia de los *hómoioi*. A esta hipótesis contribuye el que algunos citerios

---

[84] Gomme *HCT* IV,45,1-2 y Stroud 1971: 247 rechazan que se tratara de una improvisación; para Holladay 1978: 406 tal vez los atenienses menospreciaron la resistencia que los corintios podían ofrecer, creencia fundada en lo acontecido durante la primera guerra del Peloponeso. En cuanto a la responsabilidad del ἐπιτειχισμός, Cartledge 1979: 239 ve la situación invertida, siendo Nicias el primero en aplicarlo en Minoa (III,51) y Demóstenes quien aprendería la lección, pero *vid. supra* pág. 34 para los argumentos en contra de que esta acción ateniense cumpliera los requisitos propios del *epiteichismós* y Minoa fuera utilizada para incursiones al interior.

[85] Al igual que toda la costa oriental del Peloponeso al sur de la cadena montañosa del Parnón, el material arqueológico hallado en Citera y las islas de alrededor tiene un carácter marcadamente lacedemonio, sin antecedentes argivos (Christien 1992: 159).

[86] IV,53,2. No podemos descartar que el *kytherodíkes* estuviera acompañado por un harmosta, gobernador militar y responsable directo de la guarnición -al que Tucídides no mencionaría por ser un puesto suficientemente conocido, sin la singularidad del juez especial-, ya que lo tenemos atestiguado en la isla en la primera mitad del siglo IV (cf. Hornblower *CT ad loc.*, mejor que Huxley 1972: 39, para quien el cargo de *kytherodíkes* de alguna forma derivó o se transformó en el de *harmostés*).

[87] Huxley 1972: 38 sugiere en cambio que la rápida rendición de los citerios pudo deberse a una posible carencia de murallas defensivas en este período. Cf. Bengtson 1962: nº 178 y Fernández Nieto 1975: II, nº 115 para el acuerdo de capitulación.

---

fundos, mientras que Salmon va demasiado lejos en negar cualquier relación entre clase gobernante y actividades banáusicas, incluidas inversiones, préstamos y avales, que podían procurar intereses sustanciosos sin menoscabo para el estatus social de la elite.

mantuvieran conversaciones previas con Nicias (IV,54,3) y el que, incluso después de la plausible devolución de Citera a Esparta de acuerdo a la paz de Nicias (V,18,7), encontremos a citerios sirviendo como aliados de Atenas en la campaña de Sicilia (VII,57,6), indicaciones ambas de un descontento hacia su situación y una desafección hacia la clase dominante espartiata, visibles al menos en parte de esta población perieca de origen laconio. Para acabar de controlar al conjunto de la sociedad citeria y poner los cimientos de su integración en la estructura imperial, los atenienses deportaron a las islas del Egeo a algunos de estos periecos por motivos de seguridad, mientras se permitía al resto continuar habitando en sus tierras a cambio de un sustancioso tributo de cuatro talentos (IV,57,4; *IG* I³ 287). Esparta culminaba su proceso de declive durante la guerra arquidámica asistiendo con impotencia al sometimiento y posterior conversión en estado tributario, que no aliado, por parte de Atenas de una entidad inserta en territorio laconio y no muy lejana del corazón del mismo (Kallet-Marx 1993: 160).

De enorme importancia era, asimismo, el hecho de que la guarnición ateniense recién instalada (IV,54,4) sirvió tanto para interceptar la llegada de barcos mercantes desde África como para acoger población perieca e hilota del continente, interviniendo así las bases de las relaciones de dependencia lacedemonias, amén de los consabidos asaltos a territorio laconio, ahora susceptibles de ser realizados desde cualquier punto costero alrededor del Peloponeso: Naupacto, Zacinto, Pilos, Metana, Citera, Minoa y Egina (Cartledge 1979: 244). La decepción y alarma cundidas entre los espartiatas, para los que este descalabro venía a sumarse a la pérdida de Pilos, son puestas de manifiesto con viveza por Tucídides, quien hace ver más que nunca el temor lacedemonio no sólo a perder la guerra, sino a la desestabilización del orden instituido por las previsibles revueltas de población dependiente e incluso tal vez disturbios internos entre los propios «semejantes» (IV,55,1; cf. Cartledge 1979: 245).

El último hecho de la guerra arquidámica que nos concierne es el intento ateniense de capturar Mégara, ocasión promovida por la *stásis* que había brotado en la ciudad. La acción tuvo lugar en el verano del 424, en el momento cenital de dominio ateniense en el conflicto, culminando una serie de éxitos ininterrumpidos que dañaban de forma directa territorio peloponesio y fomentaban revueltas internas como eran Pilos, Metana y Citera, con los espartiatas de Esfacteria en su poder que maniataban cualquier ofensiva lacedemonia y recién implantada una nueva valoración del tributo que llenaba de nuevo las arcas del Tesoro, mientras todavía estaban por llegar los fracasos en Beocia y Tracia. La iniciativa procede de los demócratas megarenses que, alarmados por el cariz que tomaba la situación en su *pólis*, realizan un llamamiento al poder imperial ateniense para intervenir en la misma, justo cuando los atenienses preparaban un ambicioso proyecto que les proporcionase el control de Grecia central.

Atenas había prestado una atención especial a Mégara que remontaba al período previo al estallido del conflicto, con la controvertida emisión de los famosos decretos megáricos (cf. *supra* n. 7). Si a los efectos de éstos en un principio sobre el comercio megarense añadimos los del bloqueo ateniense de los golfos Corintio y Sarónico y, sobre todo, los de la doble invasión anual de la Megáride, podremos componer un cuadro próximo al dibujado por Aristófanes en *Acarnienses*, comedia estrenada en las Leneas del 425, y continuado en *Paz*, cuatro años posterior[88]. En el plano estratégico el interés ateniense tenía su fundamento en la primera guerra del Peloponeso, donde se había demostrado que un gobierno megarense amistoso o bajo su influencia podía dificultar e incluso impedir las invasiones procedentes del Peloponeso. Puesto que esto ya había sido conseguido merced a los rehenes espartiatas de Esfacteria, la tentativa ateniense hemos de verla más bien como un paso adelante en la vuelta al *status quo* anterior a la primera guerra del Peloponeso que ahora Atenas veía a su alcance, es decir, de reavivar sus pretensiones de un imperio continental - patente asimismo en la innegociable reclamación de Nisea, Pegas, Trecén y Acaya para aceptar la paz ofrecida por los lacedemonios el año anterior (IV,21,3)-, pero sólo como un objetivo de segundo orden, que no requiriera gran esfuerzo y subordinado al prioritario plan de ataque sobre Beocia. No obstante, hemos de reiterar que si Mégara caía en manos atenienses, como había sucedido con Trecén, Halias y quizá Hermíone en la Epidauria, unido a la previsible entrada en la guerra de Argos a corto plazo, Corinto podría quedar aislada e indefensa ante una invasión directa desde el Ática.

El progresivo deterioro de la situación en Mégara como consecuencia de las acciones atenienses se había visto agravado en el interior por la depredación causada desde el puerto de Pegas por unos oligarcas exiliados de los que Tucídides no nos dice nada acerca del motivo de su expulsión (IV,66,1). Puesto que Atenas impedía desde Minoa el acceso a Nisea, Mégara carecía de puertos útiles que recibieran las importaciones y ello se manifestó en la amenaza de hambre para la ciudad, si bien Gomme (*HCT* IV,66,1) y Kagan (1974: 271) sospechan que parte del aprovisionamiento llegaba por vía terrestre desde Corinto, cuyo papel como centro redistribuidor de bienes y servicios fue convenientemente destacado en el capítulo II. Por otra parte, los megarenses debían de estar preocupados por la sospechosa conducta espartana en las negociaciones con Atenas en 425, donde se mostró dispuesta a parlamentar en secreto sobre la exigencia de Cleón de entregar Pegas, Nisea, Trecén y Acaya (IV,21-22; cf. Cawkwell 1975: 59; Legon 1981: 239-240).

Mégara era un estado profundamente hostil a Atenas, al menos desde la disputa entre ambos estados por la posesión de Salamina a finales del siglo VI, pero que mantenía un régimen democrático que había suscitado la alarma de Esparta[89], traducida en el establecimiento de una guarnición

---

[88] *Ach.* 533-539, 719-835; *Pax* 246-249, 481-483, 500-502; cf. también Paus. I,40.4. El carácter de fuente de estas comedias y en general del teatro ático ha hecho correr ríos de tinta entre los especialistas; en lo que nos concierne y prescindiendo de las obvias exageraciones, es evidente que cuando Aristófanes toma como modelo de sufrimiento a sus vecinos megarenses, constata una situación real que sus espectadores sabían valorar en su justa medida (Ste. Croix 1972: 243; Legon 1981: 231-232; Lewis 1992: 412-413).

[89] Legon 1981: 236-237; *contra* Ste. Croix 1972: 243 n. 25 esgrime la referencia a *próbouloi* en Ar. *Ach.* 755 para defender que Mégara tenía una constitución oligárquica, pero Hornblower *CT* IV,66,1 tiene lógicas dudas ya que la existencia de probuleutas no garantiza un régimen oligárquico,

exclusivamente peloponesia en Nisea, con un comandante espartano al frente como era habitual (IV,69,3), con la misión sin duda de prevenir una posible defección (IV,66,4; cf. Kagan 1974: 271). En 427 tuvieron lugar en Mégara discordias civiles de las que resultó la expulsión por parte del *plêthos* de un número indeterminado de ciudadanos, presumiblemente de tendencia oligárquica -oligarcas radicales según Ste. Croix (cf. nota 89)-, asentados por los espartanos en Platea tras la capitulación de ésta en ese mismo año (III,68,3; cf. Gomme *HCT* IV,66,1; Losada 1972: 50). En algún momento entre el 427 y 424 estos oligarcas cruzarían la frontera norte de la Megáride para adueñarse del puerto de Pegas, utilizado como foco nuclear de incursiones contra sus conciudadanos hasta que éstos terminaron por considerar su retorno para poner fin a sus desdichas, un regreso que, dado el apreciable apoyo con que parecían contar en el interior, supondría posiblemente el fin de la democracia (IV,66,2).

En esta tesitura los *prostátai* de la facción demócrata, y no los de la mayoría como decía Adcock 1927: 238, se vieron obligados a actuar, más en favor de su propia supervivencia que en la de una democracia escasamente enraizada[90]. Legon (1968: 219-221 y 1981: 240-241; cf. Losada 1972: 51-52) señala correctamente que estos dirigentes demócratas tenían en la traición el único camino para lograr que Atenas asegurase el régimen democrático y, por ende, su definitiva afirmación al frente del estado, pues una consulta popular era imposible por la vigilancia de la guarnición lacedemonia y por la obvia hostilidad del pueblo hacia Atenas, tradicional enemiga y génesis de todos sus sufrimientos. Corcira había mostrado el camino: cualquier facción que aspirase a tomar el control de su estado podía recurrir a los poderes extranjeros, manteniendo con ellos conversaciones secretas encaminadas a la intervención militar en lo que podemos definir como la primacía del faccionalismo político sobre el patriotismo. Además, la situación geopolítica en Grecia en 424 hacía presagiar que la protección de Atenas podría ser más efectiva que la espartana y revertir en prometedores beneficios, entre ellos la eliminación de los males que asolaban Mégara (Legon 1981: 241).

Así pues, los *eúnous toû démou* megarenses entraron en contacto con los estrategos atenienses Demóstenes e Hipócrates, que decidieron seguir un plan acordado para hacerse con la ciudad consistente en la captura previa de los Muros Largos que la unían con el puerto de Nisea[91]. La sorpresa del ataque nocturno procuró el éxito de esta primera parte del proyecto, el control de los Muros Largos, pero la filtración del plan a la facción contraria por parte de uno de los conspiradores impidió que las puertas de la ciudad fueran abiertas a los atenienses, quienes percibieron las dificultades y giraron su atención hacia Nisea, a la que cercaron con un muro en espera de una rendición que se produjo de hecho al segundo día de asedio por la falta de víveres y en la creencia de que la propia ciudad de Mégara había caído ya[92].

La captura de Nisea con toda su guarnición peloponesia podía tener un efecto moral sobre la población megarense, haciéndola tomar conciencia de la invencibilidad ateniense a las puertas de su misma ciudad, como testimoniaba el trofeo erigido por los atenienses (IV,67,5). Pero para desgracia de éstos sucedió que el enérgico Brasidas se encontraba en la región de Corinto y Sición reuniendo tropas para una expedición a Tracia, ejército con el que se dirigió en ayuda de Mégara y Nisea y del formaban parte dos mil setecientos hoplitas corintios como prueba de la importancia que para Corinto tenía tanto el destino del estado fronterizo como la propia área tracia, siempre a la espera de recuperar el control sobre Potidea. Sin embargo, al espartiata le fue negada la entrada en la ciudad en clara demostración de que los oligarcas tampoco las tenían todas consigo y temían que el recrudecimiento de la *stásis* pudiera poner la ciudad en manos de Atenas. Ambas facciones prefirieron esperar el desenlace del previsible combate entre atenienses y peloponesios para pactar con los vencedores (IV,70-71).

Quizá Tucídides pueda ser acusado de cierta parcialidad en este pasaje ya que resulta extraño que la mayor parte de la población de un estado que había resistido la presión de Atenas durante más de siete años hasta la práctica extenuación pudiera entregarse de forma dócil, aun cuando ésta quedara dueña del campo tras la batalla; sólo por traición podía ser tomada una *pólis* como Mégara y la conspiración ya había sido descubierta. Atenas no tenía recursos humanos y económicos para asaltar o sitiar una ciudad de semejante tamaño a las puertas del Peloponeso, máxime cuando los demócratas beocios requerirían toda su atención en un esquema estratégico que acabase con la hegemonía tebana sobre Beocia y con su sempiterna hostilidad hacia Atenas.

De cualquier forma la batalla no tuvo lugar porque los dos ejércitos mantuvieron sus posiciones y ninguno tomó la iniciativa sino para una escaramuza entre los contingentes de caballería ateniense y beocia. La explicación de Tucídides de por qué Brasidas no atacó teniendo fuerzas superiores en número es convincente: los atenienses habían adoptado una sólida defensa en los Muros Largos que posiblemente hubiera diezmado su ejército en caso de victoria, mientras que su fracaso supondría la probable pérdida de Mégara; por contra, si no había combate la victoria moral sería suya, porque Mégara se salvaba, como efectivamente sucedió[93]. Los motivos

---

como tampoco el funcionamiento de una *Boulé* del tipo ateniense (según argumenta Legon, pág. 237); más convincente parece la alusión al ostracismo, institución claramente democrática, de Ar. *Eq.* 855.

[90] IV,66,3; cf. Gomme *HCT* IV,66,1; Losada 1972: 54; Kagan 1974: 272; Hornblower *CT* IV,66,1. Legon 1981: 241 les atribuye unas pretensiones de mayor alcance, más patrióticas y menos egoístas.

[91] IV,66,4. Westlake 1968: 113 ve la impronta de Demóstenes en dicho plan, al contrario que Roisman 1993: 42, que minimiza su papel y piensa que el ateniense sólo se dejó guiar por los demócratas megarenses.

[92] IV,67-69. Para la topografía de Nisea y sus alrededores, véase Beattie 1960. Puede llamar la atención la pronta rendición de la guarnición lacedemonia de Nisea en una situación no desesperada o insostenible, tal vez minados en su moral desde su derrota terrestre en Pilos (Westlake 1968: 114 n. 1).

[93] IV,72-73. A la exégesis tucidídea Roisman 1993: 44-46 antepone el pensar que en los estrategos dominó el miedo a las represalias del *dêmos* ateniense en caso de derrota, aun contando con unas circunstancias militares favorables, pero no acierto a ver la ventaja de tener mil cuatrocientos hoplitas

atenienses para no arriesgar τῷ βελτίστῳ τοῦ ὁπλιτικοῦ, «a los mejores hoplitas», como expresamente señala Tucídides (IV,73,4), han sido arriba señalados. De la expedición obtenían el control del estratégico puerto de Nisea y los Muros Largos, algo nada despreciable, si bien tampoco justifica el optimismo del historiador al declarar que fueron sus principales objetivos[94].

Tras la retirada ateniense, no sin antes dejar una guarnición al cuidado de Nisea, por fin los megarenses permitieron la entrada en la ciudad al ejército de Brasidas en clara indicación de que el cuerpo cívico había decidido conservar su fidelidad a la liga del Peloponeso. Por su parte, los *prostátai* demócratas que habían colaborado con Atenas para entregar la ciudad tuvieron que huir ante el inminente retorno de los *olígoi* exiliados. Otros demócratas menos activistas pudieron alcanzar un acuerdo para olvidar pasadas rencillas y colaborar unidos por el futuro de la *pólis*, compromiso que pronto fue olvidado por los oligarcas una vez instalados en el poder, puesto que realizaron una purga entre un centenar de sospechosos de ser proatenienses -empleando la argucia de pasar revista militar con el fin de desarmarlos-, que fueron juzgados y ejecutados; al mismo tiempo estos *dynatoí* sustituyeron la democracia por una oligarquía estrecha y cerrada, de larga duración, que reafirmó la lealtad megarense a Esparta y la hostilidad hacia Atenas hasta el punto de rechazar la paz de Nicias en 421 (IV,74; cf. V,17,2; Brunt 1965: 277). En lo sucesivo Mégara no volverá a padecer desórdenes civiles bajo el férreo control oligárquico, que mantendrá el exilio como medio de sofocar cualquier atisbo de oposición a su régimen[95].

Lintott (1982: 111) ha señalado que la razón de que la *stásis* megarense no fuera tan profunda y sangrienta radica en el escaso número de integrantes de las facciones demócrata y oligárquica, frente a la gran masa del cuerpo cívico que, aunque no tomó partido, rehuyó la reconciliación con Atenas, limitando en gran medida la influencia de las actividades de ambos grupos e impidiendo que degenerase en contienda civil. Sin embargo, no fue éste el motivo de que Mégara no pasara a formar parte de la *arché* ateniense, sino el fracaso del plan para entregar la ciudad a Demóstenes e Hipócrates (Kagan 1974: 278; Wick 1979: 13), en parte por los propios conspiradores, pero también por la falta de decisión ateniense en conseguir un objetivo ahora no tan deseado ya que el Ática estaba libre de invasiones gracias a los prisioneros espartiatas retenidos en Atenas. Más importante era sin duda eliminar la amenaza de invasión a través de la frontera norte mediante la ocupación de Beocia, una campaña que tuvo un trágico final para Atenas en la batalla de Delio en ese mismo verano del 424 y que hizo desaparecer a Demóstenes de la escena política ateniense hasta el 418/7[96]. Con las campañas en Delio en 424 (IV,89-101) -donde estuvieron presentes los megarenses y dos mil hoplitas corintios, que participaron tan sólo en la toma de Delio pues llegaron con posterioridad a la batalla librada entre beocios y atenienses (IV,100,1)- y en Tracia en 424-422 (IV,78-88; 102-116), los estados de la liga peloponesia cobraron nuevos ánimos y recuperaron terreno en un momento crítico en que la balanza se estaba decantando del lado del imperio ateniense.

A partir del armisticio por un año establecido en 423 (IV,117-119; cf. Bengtson 1962: n° 185 y Fernández Nieto 1975: II, n° 66 para el proceso seguido y el comentario de las cláusulas) las operaciones bélicas se verán limitadas a la zona de Tracia, donde Brasidas con su ejército de hilotas y neodamodes -Esparta no implicó a más espartiatas fuera del Peloponeso durante el decenio siguiente a Pilos- seguirá fomentando la revuelta entre los aliados atenienses. Esta tregua será aceptada por corintios, eleos y megarenses, los tres pueblos que se negarán a ratificar la paz de Nicias dos años después, tal vez cuando toman conciencia de que la suspensión temporal de las hostilidades no era concebida por Esparta como un forma de ganar tiempo para la recuperación y reorganización de los recursos de su liga; sin embargo, la tregua es rechazada por beocios y foceos (IV,118,2). El estado corintio enviará como signantes del armisticio a dos influyentes miembros de su oligarquía: Eneas, hijo de Ocito (II), era presumiblemente nieto de Adimanto y sobrino de Aristeo (Wilamowitz-Moellendorff 1969: 371; Hornblower *CT* IV,119,2), quienes desempeñaron la estrategia en momentos cruciales de la historia corintia (*vid. supra*, pág. 29), por lo que sin duda su familia era una de las más antiguas y distinguidas del estado, presente en todas las instancias de poder; en cuanto a Eufamidas, había sido estratego en la expedición que restauró al tirano Evarco en Ástaco (II,33,1; *vid. supra*, pág. 23) y posteriormente en 419 será embajador corintio en la conferencia de Mantinea que debatía los problemas planteados durante el período de paz, en particular la invasión argiva de Epidauro (V,55,1; cf. Stroud 1994: 289 con n. 48).

Tras la renovación por un año más de la tregua pactada en 423 (V,1), la muerte de Brasidas y la de Cleón en la lucha por Anfípolis (V,10) dará paso a un ambiente favorable para la paz auspiciado por el protagonismo que Plistoanacte y Nicias

---

para enfrentarse en tierra a un ejército mayor en número y calidad. Del otro lado, Busolt 1904: 1139 sospecha una falta de confianza en las filas espartanas por sus recientes derrotas; cf. también Gomme *HCT* IV,73,2-3 y Kagan 1974: 277.

[94] IV,73,4; cf. IV,109,1 para la posterior recaptura y destrucción de los Muros Largos por los megarenses en el invierno del 424/3, sin que parezca existir oposición de los atenienses. Lintott 1982: 111 enfatiza el desinterés de Atenas por proteger la supervivencia del régimen democrático en Mégara; cf. también Westlake 1968: 115 y Hornblower *CT ad loc.* para la bibliografía en torno a si Tucídides expresa en este pasaje su propio punto de vista estratégico o el de los generales atenienses.

[95] Cf. VI,43 y VII,57,8 para la presencia de unos ciento veinte exiliados megarenses sirviendo en Sicilia bajo el mando ateniense (según Gomme *HCT* IV,74,2 se trataría de los líderes demócratas huidos en 424, pero Legon 1981: 247 propone que serían otros individuos desterrados más tarde por el grupo en el poder).

[96] Con excepción del juramento prestado en la paz de Nicias; su *choregía* en las Dionisias del 422/1 (*IG* II² 2318), si no un acto político en sí mismo, demuestra un deseo de mantener algún tipo de actividad pública. Véase Holladay 1978: 419 para una posible vuelta a los principios pericleos tras los fracasos en Delio y Anfípolis. Wick 1979: 14 hace notar el brusco cambio experimentado en la estrategia ateniense, que hasta el 424 había dedicado enormes esfuerzos a rendir Mégara, mientras que a partir de entonces no demostró interés alguno por la misma e incluso suprimió las invasiones anuales.

desempeñaban en la política espartana y ateniense respectivamente (V,14-16). Las negociaciones cristalizarán finalmente en la primavera de 421 con la conclusión de la llamada paz de Nicias -en reconocimiento al que se presenta como *prostátes tês eirénes*-, firmada por cincuenta años, que ponía fin a un decenio de conflicto (V,17-20). No podemos entrar aquí a analizar en profundidad la significación de esta paz, pero sí conviene destacar que los objetivos que habían empujado a Corinto y Esparta al enfrentamiento no habían sido cumplidos[97]. La paz de Nicias se levantaba sobre el principio del *uti possidetis* (V,17,2), es decir, suponía una vuelta al *status quo ante bellum* -cuando lo normal era que la base del tratado fuera el *status quo* en el momento de la firma- que significaba de hecho el reconocimiento y vigencia de la *arché* ateniense. A pesar de su complejidad para ser un tratado de este período (Mosley 1972: 9; Baltrusch 1994: 176-177), la paz de Nicias no era sino un parche en el maltrecho desequilibrio del mundo griego, una solución temporal que en modo alguno suponía una sólida base sobre la que construir una coexistencia pacífica entre los grandes *hegemónes*, puesto que no resolvía los problemas esenciales que yacían en la raíz del conflicto. Lo que Esparta había intentado en 425 era por fin llevado a cabo: la traición a sus aliados y a la tan reiterada proclamación de liberar Grecia en beneficio de recuperar a sus espartiatas y acabar con los daños y la amenaza de revuelta hilota que significaban Pilos y Citera. Como a lo largo de su historia, Esparta privilegiaba sobre las aventuras territoriales en el exterior el mantenimiento del orden interno y éste en 421 parecía peligrar por la expansión mantinea por el suroeste de Arcadia, que incluso amenazaba la Escirítide, y por la actitud elea hacia la Trifilia, problemas que se veían agravados por la creciente hostilidad reivindicativa de Argos[98]. Los asuntos de Corcira y Potidea, *aitíai* o motivos desencadenantes del conflicto, se habían resuelto de manera favorable para Atenas, mientras que la *alethestáte próphasis*, «la causa más verdadera», parar el crecimiento del poder ateniense, lejos de conseguirse, había quedado desbancada por un objetivo más prioritario como era el asegurar su hegemonía en el Peloponeso y en su propia liga, que presentaba claros signos de desintegración. En el enfrentamiento contra el mejor ejército hoplítico heleno, Atenas no sólo había sobrevivido, había triunfado.

En cuanto a los ciudadanos corintios, y en especial su clase dirigente, nada obtenían de la paz. Los oligarcas corintios, que en defensa de su pequeño imperio noroccidental habían movido los hilos para llevar a la liga peloponesia al enfrentamiento con la ático-délica, no vieron recompensados sus esfuerzos e incluso motivaron un cierto declive económico en una ciudad de proverbial riqueza. El estado sufrió durante la guerra arquidámica un notable agotamiento de sus recursos humanos y económicos, así como una considerable merma de su prestigio e influencia externa. Entre las deliberadas lagunas del tratado se encuentra su colonia de Potidea, que permanecía en manos atenienses, lo mismo que Solio, Anactorio y, en general, toda la región del noroeste continental, que hemos visto había pasado a ser controlada por Atenas y sus aliados[99]. Con su imperio se habían disipado los mejores mercados para sus productos y las principales fuentes de materias primas, mientras que su comercio marítimo se había visto perjudicado por el bloqueo ateniense en los golfos, su flota seriamente dañada e incluso su territorio fue alcanzado por el largo brazo de Atenas. A todo ello hay que añadir que los atenienses continuaban en posesión de Naupacto, Egina, Nisea y Minoa y el indudable predominio que seguía ostentando su armada, lo que les convertía en dueños de los mares. No es de extrañar entonces que Corinto se negara a respaldar con su firma la paz y junto a Beocia, Élide y Mégara -ésta acuciada además por la omisión de cualquier referencia a la abolición de los decretos megáricos- encabezara un movimiento de oposición a la misma (V,17,2; 25,1; 30,2). La reclamación corintia estaría dota de una mayor legitimidad si, como ha sugerido Lendon (1994: 162-167), existió un acuerdo de preguerra entre Esparta y sus aliados por el cual éstos no saldrían del conflicto con pérdidas territoriales. El conjunto del *políteuma* corintio, sin aparentes fisuras a pesar del desgaste económico y humano, hizo descansar en los miembros de la oligarquía rectora de la comunidad los medios para hacer naufragar el acuerdo bilateral entre Atenas y Esparta dentro del conjunto de problemas surgidos en el período subsecuente a su entrada en vigor, reviviendo así el veto que Corinto había impuesto a la pretensión espartana de interferir en la política interna de Atenas a finales del siglo VI o de apoyar la revuelta samia en 440 (I,40,5; 41,2; 43,1).

---

[97] Para una valoración global de la paz de Nicias puede verse Gomme *HCT* V,17; Hornblower *CT* V,18-19; Busolt 1904: 1197; Henderson 1927: 288-290; Adcock 1927: 251-252; Meyer 1937: 132-133; Bengtson 1962: n° 156; Meiggs 1972: 338-339; Kagan 1974: 335-349; Sealey 1976: 337; Bengtson 1985: I, 384; Glotz 1986: II, 654-656; Hammond 1987: 375-376; Powell 1988: 176-178; Lewis 1992: 431-432; Musti 1992: 418-422; Baltrusch 1994: 169-185. G. de Sanctis (1927 y 1963: II, 294-296) es el principal defensor de que la paz supuso una derrota de Atenas y ésta desperdició la ocasión que suponía el final del tratado entre Argos y Esparta y el ascenso de la democracia en el Peloponeso, algo que el prestigioso autor italiano sobrevalora, ya que regímenes democráticos conservadores como los de Mantinea o Élide habían demostrado ser perfectamente compatibles con su militancia en la liga peloponesia; también para Levi 1955: 366 el acuerdo sancionaba la superioridad lacedemonia. Por contra, coincido con Grundy (1948: I, 381-383 y II, 220-222), Legon (1969) y Will (1997: 303-306) en considerar que Atenas obtenía de la paz claras ventajas con respecto a Esparta. Especial atención a Corinto en O'Neill 1930: 232 y Salmon 1984: 322-323, y a Mégara en Legon 1981: 249-250.

[98] Cito *verbatim* a Forrest 1980: 114, «para Esparta era mucho mejor gozar de los frutos de Laconia y Mesenia y dejar que Corinto y otros siguieran su camino que hacer frente a un sentimiento de culpabilidad y a la pérdida de mucho más»; cf. también Cartledge 1979: 248-249. El renaciente deseo argivo de recuperar la hegemonía en el Peloponeso, cimentado en la reclamación de la región de Cinuria y alimentado por la prosperidad generada por su neutralidad durante la guerra arquidámica, así como la secesión de Élide y Mantinea de la liga del Peloponeso, serán objeto de detallado estudio en el siguiente capítulo.

[99] Adcock 1927: 252 trata de explicar la no restauración de intereses corintios en el NO por parte de Atenas porque se encontraban en manos de sus aliados acarnanios y anfiloquios, los cuales se habían retirado antes de la guerra y no estarían por tanto obligados por la paz (cf. III,114,3), pero a este respecto véanse las puntualizaciones de Gomme *HCT* V,17,2; es posible incluso que Potidea, colonizada por un millar de atenienses (II,70,3-5), adoptara una organización de cleruquía (Moggi 1981: 13-14).

IV.- OLIGARQUÍA CORINTIA Y DEMOCRACIA ARGIVA ANTE LA PERSPECTIVA DE UNA TERCERA LIGA HEGEMÓNICA[1]

Terminada la guerra arquidámica, entramos en el período de paz nominal entre las ligas peloponesia y ateniense, una cesura dentro de la guerra del Peloponeso, una paz armada y ficticia (*hýpoulos eiréne*) en que, pese a no existir invasiones directas de sus respectivos territorios, los contendientes se causaban el mayor daño posible en sus zonas de influencia[2].

Hemos de arrancar de la situación creada por la firma de la paz de Nicias en abril del 421, que no ha merecido una atención excesiva por parte de los estudiosos debido, en primer lugar, al secreto que presidió la mayor parte de las negociaciones entre los estados afectados y a la escueta exposición de los hechos que hace un Tucídides exiliado en el Quersoneso, lo que plantea muchas dificultades de interpretación, y, en segundo lugar, a que los hechos narrados no tuvieron una especial incidencia en el desarrollo efectivo de la guerra. Este período se caracteriza por el descontento o insatisfacción subsecuente a esta precaria paz, principalmente de los aliados de Esparta, que se creían traicionados por su *hegemón*. A diferencia de Atenas, que no tenía que responder ante los miembros de la liga ático-délica y asumía toda la responsabilidad por la concreción del tratado, la liga del Peloponeso requería una Asamblea de sus miembros, a quienes Esparta debía de consultar sobre las estipulaciones propuestas, pero no lo hizo. Esparta y Atenas, desgastadas por diez años de conflicto, obedecieron únicamente a sus propios intereses y no tomaron en consideración los de sus respectivos aliados (cf. cap. III, pág. 58). De esta forma, Beocia, Corinto, Mégara y Élide renunciaron a secundar la paz en abierta disconformidad con Esparta (V,17,2; 25,1; 30,2), que no podía obligarlas a cumplir los puntos acordados en un documento que habían rechazado (Snyder 1973: 100-102; Fernández Nieto 1975: II, pág. 87); estos cuatro estados, junto con Argos, adquieren ahora un protagonismo que rompe la anterior bipolarización Atenas-Esparta. La cuestionada hegemonía espartana en el Peloponeso se veía agravada por la cercana expiración del tratado de treinta años con Argos, firmado en 451, que ahora los argivos no querían renovar y, aprovechando la situación, presionaban para recuperar la zona fronteriza de la Cinuria, bajo control espartano (V,14,4; 22,2; 28,2). Ante la delicada coyuntura, Esparta quiso asegurar su posición con la signatura de un tratado de alianza con Atenas que convertiría a ambas en sancionadoras y garantes del *status quo* nacido de la paz de Nicias[3].

En el cierre del capítulo anterior pudimos apreciar que Corinto era, con mucho, el estado más perjudicado por la paz de Nicias. Después de haber empujado a la vacilante Esparta a la guerra del Peloponeso por su enfrentamiento con Corcira y por el asunto de Potidea, los *polîtai* corintios, con los miembros de su oligarquía al frente, se encontraban con que, lejos de solucionarse, estos problemas se habían visto agravados y, además, ahora se sumaban otros adicionales. Efectivamente, gobernada por la facción demócrata proateniense, Corcira seguía siendo una firme aliada de Atenas; las colonias corintias de Potidea, Solio y Anactorio, se encontraban en manos atenienses, quienes al conservar también Naupacto, controlaban en gran medida la entrada al golfo Corintio. Al mismo tiempo, el comercio e influencia corintia en la región noroeste del continente, donde contaba con un rosario de colonias cuya fundación se remontaba a época de los tiranos cipsélidas, se habían visto eliminados casi por completo y su aliada más fuerte en Acarnania, Ambracia, había sido prácticamente aniquilada en el aspecto militar por la brillante acción de Demóstenes en 426 (III,105-114). Era evidente, pues, que los *olígoi* corintios no habían obtenido nada positivo de una paz que reconocía la vigencia del imperialismo ateniense y seguían pensando que la solución estaba en la destrucción del mismo, para lo cual desplegaron de nuevo una experta labor diplomática con el aparente objetivo de crear una tercera liga hegemónica encabezada por los argivos.

Al igual que durante las guerras médicas, Argos había decidido mantenerse al margen del conflicto que enfrentaba a las ligas peloponesia y délica, posición que fue reconocida y respetada en el marco de las relaciones interestatales[4]. Su discutida política de no injerencia frente a la invasión persa, complicada por sospechas de filomedismo patentes en la obra de Heródoto (VII,148-152; IX,12), había procurado a los argivos cierta crítica y animadversión entre la *koiné* helénica. De hecho son constantes las alusiones al predicamento de los argivos en la corte del Gran Rey y a su presencia en las embajadas destinadas a conseguir el favor de éste[5]. Pero este

---

[1] Las conclusiones alcanzadas en este capítulo coinciden *grosso modo* con las expresadas primariamente en Fornis 1995b.

[2] V,25,3-26. Dicho período se corresponde básicamente con el libro V de Tucídides, para el examen de cuyas especiales características y diferencias con el resto de la obra puede verse Westlake 1970: esp. 235-237 y 1971. Cf. también Adcock, Mosley 1975: 53 y Andrewes 1992: 433 con n. 1.

[3] V,23. Véase Alonso Troncoso 1989: 174-177 para el nuevo lenguaje diplomático visible en este tratado en el marco de las transformaciones sufridas por la *symmachía* tradicional a lo largo del siglo V.

[4] Alonso Troncoso 1987: esp. 1-128 y Bauslaugh 1991: *passim* son dos recientes estudios muy útiles a la hora de establecer la posición de neutral, su consideración, aceptación y significado en el seno de la comunidad helénica; las relaciones interestatales, incluso en tiempo de guerra, estaban presididas por una serie de reglas no escritas (*tà koinà tôn Hellénon nómima*) fundamentadas en la costumbre, normas de conducta y sentido de la justicia (Bauslaugh, 43-56). No obstante, declararse neutral era considerado un recurso de los débiles y como tal sufría un rechazo generalizado entre la sociedad griega en conflicto (Nenci 1978).

[5] II,67,1; X. *HG.* I,3,13. Hdt. VII,151 incluye en una embajada ante Artajerjes una renovación de la *philía* medo-argiva que tal vez esconda en realidad un pacto de *xenía* entre el poderoso gobernante persa y el pueblo argivo, en la idea de que muchas veces *phílos* es empleado como sinónimo de *xénos*; el contexto nos habla también de obligaciones mutuas más en

ejemplo coyuntural no es único. Podemos rastrear el aislacionismo argivo, determinado en parte por la propia orografía -la Argólide se halla rodeada de cadenas montañosas que marcaban las fronteras con Arcadia al este, la Esciritide al sudoeste y la Cinuria al sur-, en el plano colonial, donde sus funciones como metrópoli hacia sus pretendidas fundaciones coloniales, se ven limitadas prácticamente al ámbito religioso, sin que existan indicios de ambición imperialista, influencia política o cualquier tipo de intento de control directo o indirecto con respecto a estas supuestas *apoikíai*. Todo ello queda revelado en el famoso decreto argivo de mediados del siglo V referido a un pacto entre las ciudades cretenses de Cnoso y Tiliso (*IC* I 307 = *GHI* nº 42), que en calidad de colonias se dirigen a la ciudad madre para solventar sus diferencias, no como árbitro, sino como parte implicada (Graham 1964: 154-165). Hay que destacar el peculiar carácter de esta relación entre metrópoli y colonia en el marco del siglo V, tan diferente del que valoramos en la esfera colonial corintia o ateniense (cf. apéndice); como ha advertido Graham (1964: 158), cuya argumentación resulta preferible a los argumentos de Merrill (1991) en favor de una mayor interferencia argiva, no discernimos en los argivos atisbos de obtener beneficio alguno del acuerdo, sino que el elemento cultural predomina en el decreto por encima de cualquier repercusión política, social, económica o de cualquier otra índole: su objetivo esencial es lograr que las ciudades implicadas participen de manera conjunta en sacrificios, ritos y fiestas religiosas.

A mediados de siglo Argos participó de forma limitada en la llamada primera guerra del Peloponeso. En realidad la alianza con Atenas de 461 se concibió como una συμμαχία en el sentido original del término, esto es, un acuerdo de cooperación militar fundamentalmente defensivo, según venía siendo utilizado durante el arcaísmo, que sólo recogía como *casus belli* el ataque al propio territorio de las partes firmantes. Así, las tropas argivas únicamente estuvieron presentes en Tanagra en 457 (I,107) y en Enoe (Paus. I,15,1), si este último enfrentamiento realmente tuvo lugar, que pueden verse con ciertas dudas como batallas defensivas (Alonso Troncoso 1987: 139-154 y 1989: 169-170). De esta forma Argos se aseguraba el no participar en las veleidades imperialistas atenienses en un momento en que éstas demuestran un auge innegable, sin que por ello la facción demócrata argiva en el poder deje de aprovechar ciertos beneficios que podía reportar el acuerdo y protección ateniense, especialmente visibles en el plano propagandístico, a efectos de consolidar las estructuras de una naciente y todavía vulnerable democracia (Hendriks 1982: caps. V-VI). La *symmachía* en el siglo V, cuando es más que evidente que la fuerza prima sobre el derecho y la moral en las relaciones internacionales, constituía un instrumento hegemónico de primer orden que llevaba aparejado diversos grados de sometimiento del aliado respecto del *hegemón* (Martin 1940: 138-141; Bickerman 1950: 118; Lonis 1969: 144). En otras palabras, Argos trata de salvaguardar su soberanía ante cualquier intento de ser absorbida a guisa de súbdito en la coalición ateniense. Como oportunamente ha

señalado Alonso Troncoso (1987: 146 y 1989: 170), una prueba de esta restricción operativa de la política externa argiva ha de ser vista en el tratado individual con Esparta de 451 que cerraba, al menos por tres décadas, el período de hostilidades entre ambas, negociado y concluido al margen de la paz que firmará un lustro después la liga ateniense. En fin, la paz de los Treinta Años abortó las pretensiones atenienses de un imperio continental y demostró de forma fehaciente la fragilidad de la entente argivo-ateniense (*id.* 1987: 164).

Ya en los inicios de la guerra arquidámica la política periclea de seguir una estrategia defensiva en tierra no contemplaba seriamente la perspectiva de una alianza con Argos, la cual podría traer para Atenas más perjuicios que beneficios (Kelly 1974: 88). De igual manera el *dêmos* argivo era consciente de que las fuerzas atenienses no podían impedir una invasión de la Argólide por parte de los hoplitas lacedemonios y sus aliados, de ahí que probablemente en esta vulnerabilidad resida la causa de su neutralismo (Ferguson 1927: 256; Adcock, Mosley 1975: 132). Aun así, si hacemos caso de las palabras que Aristófanes pone en boca del Charcutero en *Eq.* 465-467, comedia representada por primera vez en las Leneas de 424, se produjo un intento de acercamiento con la visita de Cleón a Argos el año anterior, pero no llegó a cuajar en nada efectivo; ya en el verano del 430 la expedición ateniense contra la Tireátide posiblemente haya de interpretarse a la luz de un llamamiento a la ambición y sentimiento antilacedemonio del conjunto de la comunidad argiva, así como una demostración de lo que la *arché* ateniense podía aportar en caso de una estrategia continental conjunta (*vid. supra* cap. III, págs. 26-27).

Según atestiguan Tucídides (V,28,2) y Diodoro Sículo (XII,75,6), este último añadiendo el prestigio de que gozaba la ciudad en Grecia, la neutralidad y no alineamiento voluntario reportaron a Argos una considerable prosperidad económica, basada sin duda en los beneficios del comercio[6]. A sus testimonios viene a añadirse el que encontramos en la vieja comedia ática: Ar. *Pax* 475-477 y los escolios correspondientes presentan a los argivos recibiendo dinero y alimentos de ambos bandos. Esta información es tanto más valiosa cuanto que es la única afirmación explícita acerca de ventajas comerciales obtenidas en tiempo de guerra por un estado neutral, ya que no existían garantías ni inmunidad para el desarrollo del libre comercio y un ejemplo lo tenemos en II,67,4 con la ejecución indiscriminada de comerciantes por parte de Esparta en los inicios de la contienda (Bauslaugh 1991: 70-71). La actividad mercantil posiblemente se viera complementada, como ha sugerido Alonso Troncoso (1987: 173-175), por la prestación

---

consonancia con una tradicional amistad ritualizada que con la reglamentación establecida por un tratado temporal.

[6]Véase Alonso Troncoso 1987: 171-173 para el papel de los argivos como intermediarios en el comercio, esencialmente de carácter alimenticio, con fines de abastecer a la región del Istmo y norte del Peloponeso; el cierre del mercado egeo de grano y la dificultad planteada por la flota ateniense en el golfo Corintio a la llegada del trigo siciliota debieron contribuir a que para su aprovisionamiento estas zonas dependieran cada vez más de estados como Argos, que a su propia producción podía unir el grano proveniente de Libia y Egipto e incluso acceder a los mercados de la *arché* ateniense. Sobre la prosperidad argiva en este período, cf. también el cap. VII de Hendriks 1982.

militar en calidad de mercenariado, sin descartar el apoyo logístico que se podía prestar a la flota ateniense en sus repetidos periplos por el Peloponeso con la provisión de los necesarios mercados de suministro que requiere la navegación de cabotaje. Evidentemente este servicio sería proporcionado por aquéllos que disponían del tiempo libre esencial para ejercitarse en las armas y ausentarse de la ciudad sin que su capacidad económica se resintiera, es decir, por miembros de las clase propietaria. Los sectores acomodados de la sociedad argiva se apropiaban así en buena medida del excedente de producción del estado. Podríamos tener una manifestación palpable de este hecho en la creación de la elite militar conocida como οἱ Χίλιοι, en cuyo mantenimiento el ejército argivo gastaba no pocos recursos (V,67,2) y que estaba constituida por «los mejores en aspecto físico y riqueza» (D.S. XII,75,7).

La arqueología ha confirmado esta prosperidad mediante la constatación de un período de gran actividad constructiva en Argos y su región observable desde mediados del siglo V (Amandry 1952 y 1980; Lauter 1973; Alonso Troncoso 1987: 170-171; Piérart, Touchais 1996: 47-56; Billot 1997: 39-45). Mención especial merece el nuevo Hereo de Prosymna, símbolo y propaganda por excelencia del estado argivo que sustituye al templo arcaico tras el incendio del 423, diseñado por el arquitecto Eupólemo, con esculturas de Policleto, entre ellas la gran imagen crisoelefantina de la diosa madre y relieves evocadores de la gesta de Troya, todo lo cual componía un conjunto que sobresalía por su magnificencia y esplendor (Waldstein 1902: 118-126; Amandry 1952: 273; Piérart, Touchais 1996: 55-56). El proyecto e inicio de los trabajos en el *Heraîon* data de *c.* 450, cuando se erige la estoa sur y se complementa, además de por el propio templo, por los muros de retención para la terraza del mismo y el llamado «Edificio Oeste», con fachada columnada y naos dividida por tres hileras de columnas, pero de función no identificada[7]. Por las mismas fechas se reorganiza y alcanza gran renombre la fiesta de las *Hecatómboia*, celebrada en el Hereo, dotada de competiciones atléticas y carreras de carros[8]. Estos concursos en honor de Hera, de los que se nos han conservado cinco premios para el período 460-420, la serie más numerosa después de la de las Panateneas, hallados en tumbas de Atenas, Sínope, Egas, etc., dan fe del momento de esplendor y euforia que hacía olvidar los amargos días que sucedieron a la ignominiosa derrota a manos de los espartanos en Sepea en 494 (Amandry 1980: 234; Piérart, Touchais 1996: 54). Ya en el área central de la *pólis* argiva, se ha detectado todo un ambicioso programa monumental nuclearizado en el Ágora y diseñado en el tercer cuarto del siglo V (Piérart, Thalmann 1987); de este plan constructivo formaban parte el pórtico clásico (Pariente, Piérart, Thalmann 1986: 763), el *Afrodísion* clásico (Daux 1969: 1003) y la Sala Hipóstila, en principio considerada un templo (Vollgraff 1920: 219-220), más tarde el *Bouleutérion* que menciona Hdt. VII,135 (Roux 1953: 246), después posible parte del santuario de Apolo Licio que contenía los archivos oficiales del estado argivo (Daux 1969: 1003). Recientemente, Jacques des Courtils (1992: 249), seguido por Piérart y Touchais (1996: 48), ha reavivado la polémica volviendo a incidir con fuerza en el hecho de que se trata de un lugar de reunión político más que religioso y por tanto renace la sospecha de que nos encontramos ante el *Bouleutérion* que acogería al Consejo de la ciudad, en estrecha conexión con la ubicación de la Asamblea (*vid. infra*). Asimismo, en el interior de la Sala Hipóstila se han hallado restos de un altar monumental, de un edificio dórico en poros y fragmentos de columnas, arquitrabes, etc. de construcciones diversas que debieron de estar en el Ágora o zonas vecinas, todos de la segunda mitad del siglo V (Roux 1953: 248-250). El teatro de gradas rectas, en el que se ha visto el nuevo emplazamiento para la Asamblea de ciudadanos equiparable a la Pnix ateniense, también parece datar de este mismo período (Ginouvès 1966 y 1972: 80-82; Kolb 1981: 91; Courtils 1992: 247; Piérart, Touchais 1996: 52). El llamado Templo K, emplazado en los alrededores del Ágora y consagrado a una divinidad todavía por determinar, ha sido datado igualmente a mediados del siglo V, y no a comienzos de la época helenística, en virtud de los elementos arquitectónicos (Piérart, Touchais 1996: 52). Ambos escenarios de actividad urbanística, el uno religioso fundado en la reorganización a gran escala, el otro cívico y político diseñado *ex novo*, responden a un único esquema rector y son expresión ideológica de exaltación patriótica y política del estado democrático argivo (Kolb 1981: 91; Morgan, Whitelaw 1991: 86; Courtils 1992: 250-251). Por último, las fronteras del territorio se ven jalonadas por nuevas fortificaciones de carácter defensivo levantadas a lo largo de esta segunda mitad de siglo (Schilbach 1975: 92 ss., citado por Alonso Troncoso 1987: 200 n. 60).

Al margen de constituir un índice de prosperidad material, no hemos de perder de vista las implicaciones ideológicas y propagandísticas de esta reorganización del espacio sacro argivo, en particular del complejo del *Heraîon* de Prosymna, que nos conducen a ver en Argos el estado dominador del nordeste del Peloponeso y de comunidades como Micenas, Cleonas, Midea, Tirinto y otras menores que pasan a convertirse en *kômai* dependientes políticamente de Argos en el segundo cuarto del siglo V, anexión que fue sancionada por la paz de los Treinta Años[9]; como singular expresión de esta hegemonía y control tenemos el hecho de que los decretos emitidos por la Asamblea argiva eran fijados en la

---

[7] Amandry 1952: 272 y 1980: 235-236; Miller 1973; Billot 1997: 39-44. Aunque el templo en sí se comenzara en torno al 450, parece que en su conjunto las obras en el santuario pudieron iniciarse una década antes, para concluirlo en el último cuarto de siglo (Amandry 1980: 240; Courtils 1992: 245, 254). Estas nuevas exploraciones arqueológicas han permitido superar la cronología aportada por Waldstein 1902: 118, que colocaba *todas* las edificaciones después del incendio del 423 para ajustarse al pasaje tucidídeo (IV,133,2).

[8] Amandry 1980: 242-244 y Piérart, Touchais 1996: 55 interpretan que los 160 m de gradas que circundan la terraza en que se localizará el futuro templo pudieron servir para asentar a los espectadores de estas pruebas, pero Tomlinson 1972: 240 ve más bien la función de albergar a los peregrinos de las procesiones.

[9] Hdt. VI,83, Paus. II,25,8; VII,25,5-6; VIII,27,1; D.S. XI,65,1-5; Str. VIII,6,11; 6,19; Sch.Theoc. XIII,20; cf. Moggi 1974a; Amandry 1980: 240; Morgan, Whitelaw 1991: 85; Kritzas 1992: 233; Courtils 1992: 247, 251; Hall 1995: esp. 581-592 y 612-613.

fachada del Hereo (Charneaux 1987: 207). Hay que recordar que la gran rival por la hegemonía sobre la llanura argiva, la rica Asine, había sido saqueada y destruida por los argivos a finales del siglo VIII (Paus. II,36,4-5; III,7,4; IV,14,3; 34,9; cf. Kelly 1967), aproximadamente por el tiempo en que se edifica el santuario de Hera, a unos ocho km de Argos, que contribuye a configurar los límites territoriales y políticos del emergente estado argivo. La diosa madre no es un mudo testigo, sino el principal instrumento de este control argivo, que funda en su culto el respeto y reconocimiento hacia Argos debido por las demás comunidades de la Argólide[10]. Un siglo después Nauplia sufrirá el mismo destino que Asine a manos de los argivos (Paus. IV,24,4; 27,8; 35,2; Str. VIII,6,11).

El proceso de sinecismo del segundo cuarto del siglo V culmina con una reorganización del cuerpo cívico, asociada sin duda a la reforma institucional democrática, en la que se añade una cuarta tribu (la de los Hirnatios) a las tres tribus dorias tradicionales (Panfilos, Hileos y Dimanes), y los ciudadanos, tanto los originarios de Argos como los recién llegados de las comunidades anexionadas, pasan a ser designados con su patronímico, lo que permite de ahora en adelante conocer su procedencia, y a ser repartidos, dentro de cada tribu, en doce fratrías que portan nombres de héroes locales (Charneaux 1984; Piérart 1985). Amandry ha llegado a relacionar el proceso expansivo en la década del 460 con la consagración en Delfos del monumento argivo de los Epígonos, en quienes ve a los descendientes de los antiguos «amos» de Argos que recuperaron el poder tras el período de *interregnum* protagonizado por los gimnetas[11]. Con los problemas que acusa Esparta a medida que avanza la guerra arquidámica, la comunidad argiva irá tomando conciencia de que es posible ampliar ese dominio, primero a Epidauro, reducto hostil a su hegemonía en el NE y, después, al resto de la península. Al mismo tiempo, la ampliación, reestructuración y embellecimiento del área central de la *pólis* simboliza la fuerza y el triunfo de su régimen democrático -según testimonian los nuevos y solemnes marcos de reunión para la *Ekklesía* y la *Boulé* en la recién creada Ágora popular-, nacido entre 470 y 460, consolidado poco a poco gracias al referente ateniense y conservado incólume entre estados oligárquicos que no pudieron reducirlo en la primera guerra del Peloponeso.

Otro signo evidente de la prosperidad material disfrutada por Argos desde mediados de siglo V puede ser advertido a través del análisis de tres placas de bronce de contenido financiero y fechadas en este período recuperadas no hace mucho en el curso de las excavaciones llevadas a cabo en un barrio del noroeste de la ciudad; por ellas sabemos que un cuerpo de magistrados llamado los Δυώδεκα, hasta ahora no documentado en Argos, reparte entre las doce fratrías de la tribu de los Hirnatios una considerable suma de dinero, unos 63.710 dracmas, posiblemente obtenida de ingresos provenientes de dominios públicos o sagrados de la llanura (Kritzas 1992: esp. 235-237).

Esta favorable situación económica, unida al desprestigio militar de Esparta tras las derrotas de Pilos y Esfacteria, sin olvidar el descontento de sus aliados, hizo concebir a los argivos esperanzas de recuperar la hegemonía en el Peloponeso. En este sentido intentaron renegociar los *spondaí* con Esparta desde una posición de fuerza mediante la exigencia de la Cinuria, región que tradicionalmente había pertenecido a la Argólide[12], conscientes de que no se aceptaría tal petición ya que en esta área los lacedemonios habían asentado a los eginetas después de que Atenas tomara su isla en 431 (IV,56,2; cf. II,27 y *supra* cap. III, págs. 26-27). Al mismo tiempo las instituciones argivas promovieron el nacimiento del ya mencionado millar de hoplitas escogidos. Más adelante analizaremos la composición de esta elite y su más que probable implicación en la revolución oligárquica de Argos en 417 (cf. cap. VI, págs. 83-88), pero por ahora basta saber que la razón de su creación fue sin duda prepararse para el conflicto con Esparta.

Los proyectos argivos de abandonar la neutralidad en 421 y disputar a Esparta la hegemonía en el Peloponeso no implican necesariamente una alianza con Atenas, porque tal unión podría haber tenido lugar en momentos más delicados para Esparta durante la guerra Arquidámica, *v. gr.* en 424, con los ataques ateniense a la Epidauria y el establecimiento de un ἐπιτειχισμός en Metana (Kelly 1974: 90). Sin embargo, Argos respetó rigurosamente hasta el final los treinta años de duración del tratado. Sí pensaba ahora en cambio beneficiarse de las condiciones diplomáticas favorables, concretamente la posible deserción de los aliados de los lacedemonios en busca de un nuevo *hegemón* para la liga y por ello presionó con la renovación del tratado. No necesitaba a Atenas, incapaz de ayudarla en combate hoplítico frente a Esparta en el Peloponeso, ni tenía ambiciones imperialistas que fueran más allá del control de esta península. Como Esparta, Argos no tenía una flota apreciable y como Esparta, Argos podía tener serios problemas internos si se alejaba de sus fronteras durante mucho tiempo, aunque en este caso los causantes no serían hilotas, neodamodes o cualquier otro tipo de población dependiente,

---

[10] Kelly 1976: 107; Polignac 1984: 49-66 y 1994: 4-5; Morgan, Whitelaw 1991: 84; Schachter 1992: 12-13; *contra* Tomlinson 1972: 200-204; Hall 1995 y Aloni-Ronen 1997: 10-12, que han abogado por un uso compartido del santuario entre las comunidades de la llanura argiva e incluso Hall intuye una posible administración micénica del mismo hasta *c.* 460.

[11] Amandry 1980: 234; Forrest 1955 lo pone en conexión específicamente con la captura de Tirinto, donde se refugiaron los gimnetas expulsados de Argos. Para una discusión sobre si la generación subsiguiente a la batalla de Sepea en 494, donde cayeron seis mil hoplitas argivos, asistió al acceso al poder en Argos de los esclavos (Hdt. VI,83) o de periecos integrados en la ciudadanía (Arist. *Pol.* 1303a 8), véase Sanctis 1910; Seymour 1922; Willets 1959; Zambelli 1971 y 1974; Moggi 1974a: 1260-1263; Van Compernolle 1975; Andrewes 1980; Hendriks 1980.

[12] Es proverbial en nuestras fuentes la ancestral hostilidad entre argivos y lacedemonios, enfrentados, entre otros asuntos, por la Cinuria; así Hdt. I,82 habla de juramentos entre los argivos para no dejarse crecer el cabello, según la costumbre doria pero comúnmente identificada con la moda espartiata, y entre sus mujeres para no portar ornamentos de oro hasta que la Cinuria fuera recuperada. En cuanto a los cinurios, el de Halicarnaso los hace de origen jonio y sometidos por los argivos, frente a Paus. III,2,2, que los hace originarios de Argos. No obstante, el dominio o raigambre argiva sobre la región no ha tenido por ahora una confirmación arqueológica y así por ejemplo Thomas Kelly (1970a; 1970b; 1976; contestado por Hendriks 1982: cap. I) no remonta la enemistad entre lacedemonios y argivos más allá de la mitad del siglo VI. Sobre la localización geográfica de la Cinuria o Tireátide, véase fig. 3.

sino periecos y comunidades sojuzgadas de la Argólide como Micenas, Orneas o Tirinto (Christien 1992: 167-168); y al igual que Esparta, el peso de la tradición doria reclamaba para los herederos de Témeno el lugar preponderante entre los de su raza. Además, en Atenas la corriente de opinión que propugnaba la amistad con Esparta, representada por Nicias, era poco favorable a una aproximación al estado argivo y será necesario que Alcibíades irrumpa en el tablero político ateniense para que el *dêmos* ático considere seriamente la posibilidad de una alianza con Argos.

Hemos de reconocer, sin embargo, que la embajada de Cleón debió de ayudar a quebrar el equilibrio sociopolítico de que Argos había hecho gala hasta entonces, acentuando sus posiciones los diferentes grupos de opinión en el seno del *políteuma* de la ciudad (Alonso Troncoso 1987: 180-182). Alonso Troncoso (*ibid.*: 186) no descarta que los πρόξενοι lacedemonios en Argos intentaran contrarrestar la iniciativa ateniense; de ser así su trabajo se dejaría sentir sobre los *geómoroi*, alimentando su deseo de imponerse a la masa ciudadana en un gobierno oligárquico que contase con el respaldo de Esparta. En fin, según se aproximaba la expiración del tratado con Esparta, las tensiones afloraban y se acrecentaban de manera progresiva, como la desconcertante diplomacia argiva posterior a la paz de Nicias dejará bien patente, hasta que finalmente el estallido de la στάσις acabe por destruir la *politeía* argiva. Una vez más, como en tantas otras *stáseis*, la política imperialista de los grandes *hegemónes* incide y altera de manera determinante las bases de la vida comunitaria de estados más pequeños.

Llegados a este punto tenemos dos poderes interesados en reanudar la guerra, aunque por motivos bien distintos: el estado corintio, gobernado por un nutrido grupo de oligarcas, busca aplastar a la *arché* ateniense para recuperar sus posesiones y control sobre el NO continental, mientras Argos, democracia donde se deja sentir cada vez con mayor intensidad el peso sociopolítico de los *notables*, sólo quiere desbancar a Esparta en el liderazgo del Peloponeso, sin verse implicada en un conflicto que rebase los límites del Istmo. Los oligarcas corintios iniciaron los contactos diplomáticos con el envío de una embajada a Argos para dialogar con determinados individuos a fin de proponerles que los argivos encabezaran una tercera liga que intentara salvar al Peloponeso de la esclavitud a que sería sometido por Atenas y Esparta, antes rivales y ahora aliados (V,27). Pero la sugerencia corintia aparece rodeada de una gran confidencialidad y acompañada del consejo de dejar al margen de las negociaciones al pueblo argivo (en clara alusión a la Asamblea), «para no descubrir a los proponentes si no se lograba la mayoría», y poner la construcción de la nueva coalición en manos de unos pocos ciudadanos con plenos poderes. Salmon (1984: 327) ya pensó que este secreto escondía en realidad un acercamiento, no al estado argivo como tal, sino a altos dignatarios del mismo, «argives in a position of authority», posiblemente de condición e ideario oligárquico. Nosotros podemos añadir que con estos personajes prominentes sería más fácil y fructífero el entendimiento ya que, a sus ambiciones personales, presumiblemente profesarían un odio a la democracia y a Atenas como representación y símbolo de la misma; tal vez no resulte demasiado aventurado suponer incluso que, puesto que en una democracia como la argiva en principio sólo la Asamblea podía concertar alianzas y tratados, los embajadores corintios, conscientes de la creciente tensión en el cuerpo político argivo, estuvieran alimentando en los *gnórimoi* el proyecto de un cambio de régimen. En cualquier caso, la discreción que envuelve la maniobra emprendida desde la cúpula de poder corintia era fundamental tanto para no provocar el recelo de Esparta hacia su mano derecha en la liga como para enmascarar a los demócratas argivos su verdadera intención, dirigir la liga contra Atenas[13]. No obstante, los dirigentes argivos decidieron finalmente trasladar la proposición corintia al *dêmos*, que la votó y aprobó en Asamblea; se designó una *Bôla* de doce hombres para negociar posibles alianzas, excepto con Atenas y Esparta, las cuales requerirían la intervención directa de la Asamblea argiva (V,28,1; cf. Westlake 1940: 417).

Una segunda explicación, no necesariamente incompatible con la primera, al secreto de la embajada corintia fue buscada por Kagan en una hipotética división de la clase gobernante corintia entre tradicionales latifundistas que él denomina «aristócratas» y acaudalados comerciantes a los que llama «oligarcas» (cf. cap. III, págs. 53-54); éstos, más perjudicados por una guerra que había deteriorado considerablemente el comercio corintio, serían los más interesados en reanudarla con el fin de eliminar los obstáculos que Atenas causaba tanto en el aprovisionamiento como en las exportaciones corintias, por lo que iniciarían estos contactos sin contar con los terratenientes, menos perjudicados al no ser la Corintia objeto de invasiones que dañaran sus propiedades. Los «oligarcas» no revelarían la concreción de la alianza hasta que ésta incluyera estados oligárquicos que tranquilizaran a la «aristocracia» y garantizaran su apoyo.

Ha sido objeto de arduos debates entre los especialistas si Corinto promovió sinceramente la formación de esta nueva liga o si nunca creyó que Argos podría ocupar el lugar de Esparta en la lucha contra Atenas y sólo trataba de empujar a los lacedemonios hacia la guerra sabiendo que la amenaza argiva era su principal temor[14]. Por la posterior

---

[13] Hammond 1987: 379 prefiere pensar que esta liga no se hizo oficial y se mantuvo en secreto porque no tenía bastante fuerza como para enfrentarse a Atenas y Esparta unidas; a su vez Mosley 1972: 7 cree que este secreto o temor hacia las dos potencias impidió que las masas pudieran contar con suficiente información como para votar la aprobación de la política de sus respectivos estados en la formación de esta tercera liga.

[14] O'Neill 1930: 233-234; Griffith 1950: 237; Roberts 1983: 43, 48; Glotz 1986: 661; Andrewes 1992: 433 creen que los corintios fueron sinceros en su acercamiento a los argivos; Westlake 1940: 416 y 1971: 320 llega incluso a pensar que esta nueva liga se enfrentaría a una entente espartano-ateniense, algo realmente improbable. Por el contrario Kagan 1960: 297-298 y 1981: 34-35 adopta la posición, más coherente según mi criterio, de considerar que Corinto sólo instigó a Argos para mantener vivo el temor espartano y su disposición a la guerra: si los argivos se aliaban con otros estados oligárquicos, Esparta podría ver peligrar su hegemonía en el Peloponeso y verse obligada a reanudar la guerra contra Atenas. Es seguido en esta idea por Fliess 1966: 120, 134 y Cartledge 1979: 252, mientras Legon 1981: 251 parece sopesar seriamente la misma hipótesis. Disiento totalmente de la opinión de Seager 1976: 254, quien atribuye a la «ceguera» de Corinto el perseguir una política que perjudicaba sus intereses y llega a decir que los

actuación de Corinto en relación con Argos vamos a ver cómo su clase dominante nunca contempló la posibilidad real de que los argivos encabezaran otra liga como alternativa de poder en el Peloponeso y todo fue una labor propagandística, dentro de los mecanismos de la diplomacia más sutil, que al final consiguió su objetivo de movilizar a Esparta contra Atenas. La actitud corintia era muy importante para Esparta, porque era la segunda potencia de la liga peloponesia, siempre consciente de la privilegiada posición estratégica del Istmo que permitía la comunicación entre los peloponesios y sus aliados de Grecia central y del norte, principalmente Beocia. La experta diplomacia corintia, que añade a la excelente información de que disponían los grandes poderes sobre la política de otros estados (Mosley 1972: 3-4) las amplias influencias y relaciones en buena parte del mundo heleno propias de una *pólis* abierta, mercantil y cosmopolita, supo aprovechar la euforia argiva, presta a intentar recobrar un protagonismo en el Peloponeso que no ostentaba desde los tiempos del tirano Fidón, en el segundo cuarto del siglo VII (cf. cap. V n. 27).

El interés del grupo político dominante en Corinto por atraer aliados de talante oligárquico a la nueva alianza se vio incrementado cuando los primeros estados en sumarse a la misma fueron las democracias de Mantinea y Élide. Los mantineos habían sometido algunas comunidades arcadias y habían tenido un enfrentamiento con la filolaconia Tegea en 423; ahora temían las represalias espartanas, por lo que se volvieron hacia Argos, que era también una democracia[15]. Como ha señalado Amit (1973: 148), el que los lacedemonios no pudieran evitar este enfrentamiento entre las dos *póleis* arcadias, cada una además seguida de sus respectivos *sýmmachoi*, era un síntoma más del proceso desintegrador que se estaba produciendo en la liga del Peloponeso. Esparta comenzó a alarmarse y pensar que a la defección de Mantinea podían seguir otras en el Peloponeso, así que para evitarlo despachó una embajada a Corinto, como responsable de estos movimientos diplomáticos, para decir a su inquieto aliado que su actitud transgredía los juramentos y la paz de Nicias

(V,30,1). Pero los corintios, en un rasgo más de pericia diplomática, había reunido a todos los aliados con quejas hacia Esparta y, erigiéndose en sus portavoces, alegaron estar unidos a los calcidios por juramentos ante los dioses y los héroes que no podía traicionar (V,30,2-4; cf. Westlake 1940: 417). En efecto, la excusa (*próschema*) corintia -Tucídides afirma que los corintios silencian sus más esenciales reivindicaciones- se ampara en una fórmula constitutiva de la liga del Peloponeso que capacitaba a cualquier miembro de la misma para eludir obedecer una decisión adoptada por la mayoría (Ste. Croix 1972: 115-119). De esta manera, los oligarcas corintios siguieron con su juego de mantener alerta a Esparta, cuyos embajadores regresaron sin lograr parar las maniobras de los ístmicos y, además, su planteamiento de continuar la lucha contra la tiranía ateniense no debió de pasar inadvertido a los representantes de los estados oligárquicos en la Asamblea de la liga (Kagan 1960: 299). Una prueba más de que Corinto no quería en realidad entrar en la alianza argiva será el nuevo retraso advertido en la contestación a los enviados argivos en la Asamblea[16] y que ésta habría supuesto una excelente oportunidad para anunciar su entrada en la coalición y así arrastrar a los aliados presentes, aprovechando la manifiesta debilidad espartana.

Los eleos se sumaron a la alianza argiva por una disputa particular con Esparta acerca de la posesión de Lépreo, en la región de Trifilia, entre Élide y Mesenia (V,31,1). Previamente habían concertado alianza con los corintios, lo cual es significativo, porque Élide, a pesar de ser una democracia nominal, en la práctica era bastante conservadora y mantenía no pocos elementos aristocráticos en sus órganos de gobierno (Arist. *Pol.* 1292b; cf. 1306a 11; Tomlinson 1972: 195, 198). Volviendo al razonamiento de Kagan (1960: 300 y 1981: 43), ello significaría que los «oligarcas» corintios tranquilizaron a los «aristócratas» con la alianza elea y, así, unida toda la clase dirigente en una única dirección política, Corinto entró en la alianza argiva, seguida inmediatamente por los calcidios de Tracia (V,31,6).

Sin embargo, beocios y megarenses se mantuvieron al margen de la nueva alianza, reticentes del régimen democrático argivo (V,31,6). En este punto sí pienso que fracasó el plan de los responsables visibles de la comunidad corintia, puesto que su entrada en la alianza debió de pretender que sirviera de ejemplo a los estados oligárquicos como él, sobre todo los más fuertes militarmente, como son Beocia y Mégara. Esto hubiera hecho pensar a Esparta que se podía quedar sola y la hubiera hecho recapacitar sobre su movilización, pero beocios y megarenses consideraban más útil esperar y permanecer en el lado espartano, a pesar de que habían rechazado la paz de Nicias[17]. De todas formas la actitud corintia sí motivó una

---

corintios estaban dispuestos a perdonar y a olvidar todo lo sufrido ante Atenas, deseando dañar a Esparta lo máximo posible y quitarle su preponderancia en la liga peloponesia. De igual manera resulta impensable, como defiende Bengtson 1986: 171, que Corinto aprovechara el movimiento democrático que surgía en el Peloponeso para alinearse abiertamente contra la oligarquía espartana, cuando ella tenía este mismo régimen. Kelly 1974: 91-92 no se pronuncia sobre la intencionalidad corintia, ocupándose sólo de subrayar que su proposición, fuera cierta o no, iría muy bien para los planes hegemónicos de Argos. Will 1997: 308 deja abierta la puerta sobre la pretensión corintia: o bien conseguía crear esa tercera liga o lograba que Esparta revisase su política. Salmon 1984: 327-328 aboga también por una intención corintia de cambiar la actitud política de Esparta hacia Atenas, pero apunta una segunda posibilidad, no incompatible con la primera, de que Corinto intentara llevar un régimen oligárquico a Argos mediante el prestigio adquirido por sus autoridades al organizar una alianza encabezada por Argos; la única base para sustentar esto es la analogía con I,55,1 y III,70,1, donde Tucídides relata el plan de los corintios acerca de los poderosos cautivos corcirenses.

[15]V,29,1; 33. Arist. *Pol.* 1318b 4-5 es la principal fuente de información sobre el régimen político mantineo, que limitaba de forma apreciable la participación de ciudadanos en el nombramiento de magistrados, lo cual no impedía que fuera considerado una democracia; cf. Amit 1973: 141-147 para una reconstrucción del sistema de *mére* en que se basaba la elección de los poderes públicos de acuerdo a la *politeía* mantinea.

---

[16]V,30,5; para Kagan 1960: 299 la causa del retraso pudo ser una división interna, pues a los «aristócratas» no debió de gustarles el tratamiento dado a Esparta, mientras Seager 1974: 254 indica que tal vez fue simple precaución corintia.

[17]Beocia tenía un tratado renovable cada diez días con Atenas que le ponía a salvo de su posible hostilidad (V,32) y más tarde participará en el juego diplomático cuando entre en alianza con Esparta. Así pues, de los estados que rechazaron la paz de Nicias, sólo Mégara rehusó intervenir en este

pequeña incursión espartana, primero en Parrasia, territorio arcadio bajo dominio mantineo, donde destruyeron el fuerte de Cípsela y, después, con el envío a Lépreo de neodamodes e hilotas veteranos de las campañas de Brasidas (V,33-34; cf. fig. 3). Claramente los espartanos querían dar a entender que mantineos y eleos, los nuevos aliados de Argos, no podrían deteriorar su posición en el Peloponeso. Esparta sin embargo no tomó represalias ni en éste ni en otro momento contra Corinto, debido seguramente a que no pensaba que ésta fuera un peligro. Otro punto indicativo de la actitud corintia es el propio carácter de la alianza, defensiva (ἐπιμαχία); en el momento en que Argos, Mantinea y Élide hablan de aumentar la implicación y extender la alianza al plano ofensivo (συμμαχία), Corinto no querrá entrar en la misma[18]. Finalmente, Atenas signará con las tres *póleis* anteriores la llamada Cuádruple Alianza, de sentido netamente ofensivo[19]. Esta entente, al tener como única, potencial y específica enemiga a Esparta, entraba de lleno en contradicción con la militancia corintia en la liga del Peloponeso, de la que en ningún momento se había apartado a pesar de su rechazo a la paz de Nicias, y dejaba obsoleto el original acuerdo defensivo firmado por Corinto. En definitiva, podemos percibir como la elite sociopolítica rectora del estado corintio hace uso de los instrumentos diplomáticos a su alcance, en este caso una *epimachia*, sin involucrarse irremediablemente, para cumplir el objetivo sospechado aquí de mover a Esparta a reanudar la lucha contra el vigente imperialismo ateniense.

Según Tucídides fue la negativa de Tegea a entrar en la alianza argiva lo que motivó un fuerte golpe a las expectativas de la misma y provocó el desencanto corintio (V,32,3-4), probablemente porque era sabido que los tegeatas suponían el más fiel aliado de Esparta en el Peloponeso y su territorio tenía un carácter estratégico fundamental para los lacedemonios. De haber aceptado Tegea, Esparta hubiera quedado prácticamente aislada en el Peloponeso, sin posibilidades de comunicación con sus aliados del Istmo y del continente.

Los embajadores corintios se volvieron de nuevo hacia Beocia para llevarla a la alianza y para que le prestase ayuda diplomática en Atenas en un intento de lograr una tregua renovable cada diez días similar al que los atenienses tenían estipulado con los beocios (V,26,2; VI,10,3; sobre esta pecualiar tregua véase el comentario de Fernández Nieto 1975:

II, nº 35 con bibliografía), en una maniobra más que tal vez tuviera como finalidad enemistar a ambos pueblos, añejos enemigos fronterizos (Westlake 1940: 418). Los beocios demoraron su respuesta acerca de la primera petición, pero sí accedieron a acompañar a los corintios a Atenas, si bien no consiguieron nada, pues la respuesta lógica de los atenienses fue que Corinto debía firmar la paz de Nicias, que era el tratado que Atenas había concertado con los aliados de Esparta (V,32).

En definitiva, al terminar el verano del 421 la alianza argiva había quedado limitada a Mantinea, Élide, Corinto y los calcidios, junto a la propia Argos. Como bien señala Seager (1976: 256), la cohesión y objetivos de la alianza eran débiles y mal definidos, porque cada estado tenía una motivación diferente, muy individualizada, en contra de Esparta. Corinto se veía inmersa en una alianza con estados democráticos, una vez fracasados sus intentos de llevar aliados oligárquicos a la entente. La misma Argos no prometía sino una continua hostilidad hacia Esparta, por lo que ha de comprenderse que las posibilidades de dirigir esta coalición contra la democracia ateniense o de convencer a Esparta para integrarse en ella eran ínfimas, por no decir inexistentes. Todo esto puede llevarnos a pensar en un fracaso de las manipulaciones corintias, al menos hasta este momento, pero vamos a ver cómo la diplomacia de los dirigentes corintios continuó funcionando en lo que puede considerarse un segundo estadio de sus planes, enfocados esta vez a su alineamiento de nuevo en el bando de Esparta, pero sin abandonar el objetivo básico de mover a ésta contra Atenas. Eran conscientes de que las relaciones entre ambas potencias eran tensas, presididas por un recelo mutuo al que daba pie la imposibilidad espartana de cumplir las estipulaciones de la paz de Nicias y su falta de control de la liga peloponesia, que motivaba que Atenas no cumpliera tampoco lo pactado (V,35,2-8).

En esta situación cualquier suceso podría tener consecuencias directas para el futuro inmediato de la paz. La opinión pública en Atenas y Esparta estaba ampliamente dividida entre partidarios y contrarios a reanudar las hostilidades. La política de ambas *póleis* era dirigida por los denominados «pacifistas»[20], pero las *factiones* «belicistas» se mostraban también poderosas y amenazaban las perspectivas de conservar el acuerdo si ascendían al poder, como de hecho sucedió. Alcibíades, demócrata «radical» que propugnaba la reanudación del conflicto con los poco fiables espartanos, hará su debú en la arena política como principal opositor a Nicias y terminará por influir decisivamente en los acontecimientos. Algo similar sucederá en Esparta, donde de los cinco éforos elegidos en el otoño del 421, al menos dos, Cleóbulo y Jenares, se oponían a la paz con los atenienses[21]. Como en el origen de

---

alocado entramado de alianzas y contraalianzas que caracterizaron este período, probablemente porque era de interés para los oligarcas locales seguir manteniendo la fidelidad a Esparta como salvaguarda de su régimen político. Cf. Legon 1981: 251 con n. 62; Salmon 1984: 326.

[18] V,48,2 refleja claramente que la alianza establecida por Corinto era sólo defensiva y dejaba al margen cualquier acto de agresión. Hay que precisar que el término *symmachía*, mucho más común que el de *epimachía* desde el siglo V, puede esconder una alianza exclusivamente defensiva (Gomme *HCT* V,27,2; Ste. Croix 1972: apénd. XIII).

[19] V,47; *IG* I³ 83. El espíritu ofensivo que animaba la coalición queda patente en la provisión expresa de poder realizar «expediciones conjuntas a cualquier parte con un mando compartido» (47,7). Para una valoración general de las cláusulas que conformaban esta alianza, véase Bengtson 1962: nº 193 y Alonso Troncoso 1989: 175-177.

---

[20] Reconozco cierta incoveniencia en el empleo de este término, utilizado sin embargo con asiduidad en la historiografía moderna, con el que me refiero a aquellos políticos que defendían *en estos momentos* la vigencia de la paz de Nicias, sin que ello quiera decir que previa o posteriormente no combatan o hayan combatido por su *pólis* (caso del propio Nicias, Laquete, etc.).

[21] V,36,1. Cozzoli 1980: 579 entiende, erróneamente en mi opinión, la política interna espartana de estos momentos dividida entre una facción filoateniense y otro filoargiva, según propugnen el acercamiento a uno

la guerra, los miembros de la oligarquía corintia habían puesto los cimientos del enfrentamiento entre los dos poderosos antagonistas.

Al margen de los acuerdos y negociaciones secretas, las embajadas oficiales se seguían reuniendo para debatir problemas surgidos de la paz de Nicias. Una de estas Asambleas tuvo lugar en Esparta, donde ésta reunió a los miembros de la liga peloponesia y a beocios, corintios y atenienses, pero el resultado final volvió a ser negativo y las posturas continuaron enfrentadas. Al término de la reunión los éforos espartanos Cleóbulo y Jenares hablaron de manera privada con corintios y beocios para exponerles su plan de reanudar la guerra contra Atenas, sin que sepamos de las inclinaciones de los otros tres éforos elegidos, aunque por la la discreción mostrada por sus colegas su opinión no sería tan extrema; el tono de Tucídides y el secreto de las conversaciones sugieren que estos éforos obraron de forma no oficial, pues en Esparta seguía existiendo una mayoría ciudadana que quería mantener la paz y en teoría los atenienses eran sus aliados[22]. Los dos éforos pensaron que los beocios, como habían hecho los corintios, debían unirse a la alianza argiva para después llevarla al bloque espartano; además los beocios tendrían que entregar el fuerte de Panacto, en la frontera con el Ática, a los atenienses para que éstos a su vez devolvieran Pilos a Esparta (V,36,1-2). En V,36,2 Tucídides afirma que Cleóbulo y Jenares estaban dispuestos a sacrificar la paz con Atenas para conseguir la amistad de Argos, ya que así tendrían las manos libres para combatir en el exterior sin tener una amenaza a sus espaldas, en su propio territorio. Esto es una verdad a medias, porque si el ejército lacedemonio salía del Peloponeso, no se podría impedir

que los atenienses, como habían venido haciendo en la guerra arquidámica, realizaran incursiones en Laconia desde el mar, aparte de la reanudación del hostigamiento llevado a cabo por mesenios e hilotas desde Pilos y Citera.

De todas formas, el plan de Cleóbulo y Jenares no parece en principio tan poco factible como los primitivos proyectos de los oligarcas corintios. Kagan (1981: 51) ha señalado que beocios y corintios corrían un gran riesgo al aceptar las directrices de una facción no mayoritaria en Esparta, pero tenemos que recordar que Corinto ya se había opuesto antes a la política oficial de Esparta al tramar por su cuenta la creación de la liga argiva, mientras que los beocios estaban dispuestos a respaldar la actitud belicista de los éforos para evitar que se les hiciera firmar la paz de Nicias. Sí resulta más difícil pensar que Beocia pudiera entregar Panacto, su principal arma en las continuas renovaciones del tratado del diez días con Atenas sólo para el beneficio de Esparta y sin obtener ella misma compensación alguna. Curiosamente la devolución de Panacto para recobrar Pilos sería una actuación acorde con las estipulaciones de la paz de Nicias, destinada a fortalecer las relaciones amistosas entre Esparta y Atenas, no a buscar reabrir las hostilidades como hemos visto que pretendían los éforos. Por ello Kelly (1972: 161) y Seager (1976: 257) coinciden en que esta reclamación iría destinada a conciliar la posible oposición política en Esparta, puesto que todos los ciudadanos, incluso los «pacifistas», deseaban la recuperación de una plaza tan importante como Pilos, pero los dos éforos nunca consideraron seriamente la posibilidad de esta transacción que estaría en franca contradicción con sus objetivos. En un período en que todas las facciones de los estados implicados encubrían sus verdaderas intenciones y actuaban subrepticiamente para lograr sus propósitos sin que los grupos opositores se enterasen, éste puede ser un ejemplo de los más significativos.

La puesta en práctica del plan de los dos éforos iba a ser inmediata, pues antes de regresar a casa dos magistrados argivos del más alto rango, presumiblemente oligarcas (Kelly 1972: 162), conminaron a los beocios a unirse a su alianza, algo que éstos acogieron con agrado al coincidir con los deseos que los éforos les habían transmitido (V,37,1-3). Sin embargo, no oímos que los oligarcas corintios colaboren en la realización del plan y es incluso probable que deseasen el fracaso del mismo, porque creían que, si los argivos se aliaban con los espartanos, los primeros ya no constituirían una amenaza en el Peloponeso y, entonces, Cleóbulo y Jenares tendrían más dificultades para imponer sus tesis belicistas contra Atenas al resto de la población lacedemonia.

Los dirigentes corintios, pues, diferían respecto a los dos éforos y su facción en el método de llevar la guerra contra Atenas. Esto ha hecho pensar a algunos autores que Corinto fue la responsable del fracaso de la alianza argivo-beocia. Antes de que ésta pudiera cuajar, corintios, megarenses, beocios y calcidios pensaron renovar sus juramentos de defensa mutua en una especie de acuerdo preliminar que retrasaría la alianza entre Argos y Beocia (V,38,1). Los beocios no necesitaban esta renovación, puesto que iban a entrar en la alianza con Argos, mientras que los corintios y sus satélites calcidios eran ya aliados argivos, al tiempo que existía el riesgo de que los cuatro Consejos beocios temieran asociarse con una renegada de la política espartana y aliada de Argos como era Corinto. Por

---

u otro estado; pero cuando Esparta firme su alianza con Beocia ese mismo año (V,39) ¿se deberá también a la acción de una facción filotebana? Es más sencillo pensar que, ante las dificultades por hacer cumplir la paz y en previsión de la reanudación del conflicto, muchos *hómoioi* verían con buenos ojos asegurar el mayor número posible de aliados y valoraban más tener a Argos de su lado que en su contra, uniendo fuerzas con Atenas, lo que no significa que respalden o defiendan los intereses argivos en todos los órdenes. Igualmente parece imposible pensar en espartiatas proatenienses, a no ser que Cozzoli se refiera con este término a los partidarios de la no beligerancia con la otra potencia hegemónica.

[22] Ste. Croix 1972: 153 se inclina a pensar que la mayoría de los éforos y de la *Ekklesía* espartana estaban contra la paz, pero entonces ¿a qué tanto secreto como se desprende del relato tucidídeo? Por otro lado, Kagan 1960: 302 plantea que los corintios pudieron prestar asistencia a la facción belicista espartana encabezada por Cleóbulo y Jenares, aportando «dinero, prestigio, destreza retórica y agudeza política» y tal ayuda cristalizaría en su elección para el eforado del 420. Nuevamente Kagan no tiene base para su argumentación y sólo cuenta con la relación y confianza mutua que tuvieron éforos y dirigentes corintios en el desarrollo de sus proyectos, los cuales requerían una gran discreción. Ambas partes tenían un objetivo común, la renovación de la guerra, pero veremos cómo los caminos para llegar a ella difieren. Por su parte, Cartledge 1979: 252 sugiere que Cleóbulo y Jenares pudieron contar con la ayuda de los recién retornados espartiatas capturados en Esfacteria, presuntamente deseosos de venganza contra Atenas; aunque tampoco aporta pruebas, es posible que el autor británico no ande muy desencaminado a juzgar por la información de V,34, que habla de los problemas intrínsecos en el gobierno de los *hómoioi* causados por los ex prisioneros, que en un principio sufrieron la pérdida de al menos parte de sus derechos políticos y el menoscabo de su honra y consideración social, asociada a la *areté*, virtud que ellos no habían demostrado al rendirse al enemigo, hecho hasta entonces impensable entre los espartiatas.

tanto es más que probable que la mano corintia estuviera detrás de la proposición de estos juramentos preliminares, innecesarios totalmente, con el claro objetivo de retrasar o evitar la alianza argivo-beocia[23]. Así pues, los beotarcas hicieron la propuesta a las cuatro *Boulaí*, que normalmente aceptaban sin reservas las sugerencias de los magistrados -evidencia de un dominio del ejecutivo propio de los regímenes oligárquicos (Gomme, Andrewes *HCT* V,38,3)-, pero que esta vez la rechazaron al no conocer sus auténticas intenciones. Esta proposición parecía estar destinada a debilitar a Esparta, mientras que los integrantes de los conservadores Consejos beocios querían seguir siendo leales a la misma y no pactar con quienes le habían hecho defección; de haber conocido la trama de éforos y beotarcas, no se hubieran opuesto en absoluto a pesar del riesgo que podría entrañar verse aliados de los argivos y luego no poder convencerlos del acercamiento a Esparta (V,38,3-4). Una vez rechazada la propuesta del acuerdo preliminar, los beotarcas ni siquiera intentaron sugerir la alianza con Argos, mucho menos plausible de ser aceptada. Si como es previsible la cúpula del estado corintio suscitó el hundimiento de este asunto, había logrado algo más que retrasar la alianza entre argivos y beocios: impedirla totalmente.

No sólo los dos éforos conspiradores querían recuperar Pilos, sino el conjunto de los lacedemonios. Por ello, ahora por el cauce oficial, Esparta despachó una embajada hacia Beocia para reiterar su petición de que entregaran Panacto a los atenienses, algo a lo que los beocios accedieron condicionándolo a la firma de un tratado formal con Esparta (V,39,2-3). Tal tratado violaría la alianza espartano-ateniense, ya que en ella se contemplaba de forma expresa que ninguna de las dos *póleis* podría hacer la paz o la guerra con terceros estados sin el consentimiento del otro (V,23,6). Con el tratado Beocia reafirmaría su alineamiento en el bando espartano, olvidando pasadas diferencias suscitadas por la paz de Nicias e incluso se aseguraba que Esparta no ayudaría a Atenas en forzarla a admitir dicha paz (Gomme, Andrewes *HCT* V,39,3). Por su parte, parece que en Esparta «belicistas» y «pacifistas» se habían puesto de acuerdo en seguir una política común consistente en reclamar Pilos y aceptar la alianza beocia, aun a riesgo de quebrar la tenue amistad con Atenas (Kelly 1972: 164; Seager 1976: 259 con n. 74; Kagan 1981: 56). Así, a finales del invierno del 421/0, Esparta y Beocia concertaron la alianza en un nuevo crecimiento de la tensión interestatal e inmediatamente después Tucídides afirma de forma brusca que el fuerte de Panacto fue demolido (V,39,3).

La demolición de Panacto, atribuida por Tucídides a los beocios (V,42,1), suponía que Atenas se veía privada de una fortificación estratégica en la frontera entre el Ática y Beocia. Según Robin Seager (1976: 259) los beocios tenían razones políticas y militares para esta acción y actuaron sin el conocimiento de Esparta, ya que cuando Atenas se enterase sería muy difícil recobrar Pilos: estratégicamente Atenas no podría utilizar el fuerte en caso de reanudarse las hostilidades, mientras que políticamente la fricción entre Atenas y Esparta aumentaría, constituyendo un paso adelante hacia el conflicto. Esta explicación supondría un afán beligerante de Beocia que hasta ahora no se había manifestado y que sólo habíamos advertido en los corintios y en la facción de Cleóbulo y Jenares. Beocia se había limitado a esperar acontecimientos, si bien la reciente alianza con Esparta pudo hacerles pensar que la guerra era inevitable y por tanto actuar en consecuencia. Sin embargo, la afirmación tucidídea de que los argivos supieron de la demolición de Panacto antes que espartanos o atenienses (V,40,1) ha llevado a Thomas Kelly a pensar que Cleóbulo y Jenares estaban detrás del asunto (*vid. infra*). ¿Pudo ser un error cronológico del historiador ático? Kelly no lo cree así, porque en su texto Tucídides deja claro que la embajada espartana que fue a hacerse cargo del fuerte se mostró sorprendida de su demolición y fueron estos mismos *présbeis* espartanos los que informaron a los atenienses (V,42,1). Los oligarcas corintios no pudieron informar a los argivos, puesto que no deseaban en absoluto verlos aliados de los espartanos. Quienes sí deseaban vehementemente una alianza con Argos eran Cleóbulo y Jenares, que pudieron transmitir la noticia al *dêmos* argivo con objeto de confundirles y de que interpretaran erróneamente la situación resultante. Estos dos magistrados estarían al corriente de los hechos gracias a su comunicación con la facción proespartana de Beocia, algo factible si consideramos su relación previa con los beotarcas (Kelly 1972: 164-168 y 1974: 94, seguido por Seager 1976: 259 n. 179 y Kagan 1981: 58). Así pues, los métodos y objetivos de los dos éforos parecen señalarles como responsables de esta filtración de información a los argivos -el único fallo del plan sería la práctica imposibilidad de recuperar Pilos en lo sucesivo-, sin que debamos olvidar que Plutarco (*Alc.* 14,4) atribuye explícitamente a los espartanos la demolición de Panacto.

La alianza entre Esparta y Beocia, unida a la destrucción de Panacto y a que Beocia no enviaba la embajada prometida, tuvo un gran efecto sobre los argivos, que pensaron que los beocios se disponían a aceptar la paz de Nicias y ellos iban a quedar aislados en su pequeña alianza, indefensos ante un posible enfrentamiento con una entente mucho más poderosa integrada por Beocia, Esparta, Tegea y Atenas. Tucídides subraya el temor y la alarma que cundieron en Argos y que contrastan con su orgullo y pretensiones de ser los *hegemónes* del Peloponeso (V,40,2-3). Acabamos de ver cómo esta situación pudo ser creada por la sagaz interpretación de los hechos que los dos éforos lacedemonios probablemente difundieron entre el *dêmos* argivo. La confusión reinante fue aprovechada por la facción oligárquica filoespartana de Argos -que más adelante analizaremos *in extenso*, pero que se había hecho notar desde el inicio de la guerra arquidámica- para promover un acercamiento a Esparta.

Este brusco cambio de actitud en un estado con un régimen democrático, fervientemente hostil a Esparta y con aspiraciones hegemónicas, es descrito con viveza por Tucídides, tal vez con el deseo de ridiculizar la tortuosa política argiva (Westlake 1971: 319). Mi impresión general es que la diplomacia argiva parece mostrar rasgos arcaizantes, algunas

---

[23] Así Kagan 1960: 304-305 y 1981: 54; Kelly 1972: 162-163 y 1974: 94. *Contra* Westlake 1940: 418; Seager 1976: 258; Salmon 1984: 329 n. 1, que piensan que Corinto respaldó la alianza entre Beocia y Argos. Ferguson 1927: 260 es el único en sostener que el acuerdo preliminar fue idea de los beotarcas.

veces acompañados por cierta falta de perspicacia, sobre todo si lo comparamos con el uso de los canales diplomáticos que hacen los expertos corintios. Esto no ha de resultar extraño en un estado muy sujeto a la tradición doria peloponesia, poco abierto a influencias externas y en casi permanente aislamiento desde su negativa a participar en las guerras médicas. Durante todo el período subsiguiente a la paz de Nicias hemos observado cómo los oligarcas corintios «jugaban» con las aspiraciones de los representantes del *dêmos* argivo, quienes no dejan de llamar a las puertas de cualquier estado con objeto de sumarle a su alianza. Incluso cuando Corinto y Beocia muestren bien a las claras sus intenciones de seguir al lado de Esparta, los argivos continuarán ingenuamente insistiendo a ambos con el fin de ganarlos para su causa. Igualmente Argos cumplió escrupulosamente los treinta años del tratado del 451 con Esparta, cuando en esta época era bastante inusual que los tratados llegaran a su término[24]. Después tenemos el episodio de Panacto, que demuestra su mala comprensión de la situación internacional, echando por tierra sus expectativas con tal de asegurarse el apoyo de una de las dos grandes potencias. En realidad el neutralismo argivo había sido consecuencia de su debilidad e impotencia para disputar el poder espartano en el Peloponeso (*vid. supra*). Ahora Argos buscaba renovar su antiguo tratado con Esparta, que previamente había rechazado en un intento de recuperar la Tireátide o Cinuria, a la que de nuevo renunciaban (V,41,2; cf. Cozzoli 1980: 577 para las embajadas lacedemonias a Argos y sus integrantes).

El arcaísmo diplomático argivo se pone de manifiesto también en este tratado, donde a propuesta de Argos se incluye una cláusula, considerada una locura por los espartanos, que permite a cualquiera de los dos estados desafiar al otro en una contienda singular que determinase el posesor de la Cinuria (V,41,2; cf. Bengtson 1962: n° 192; Piccirilli 1973b: n° 29; Fernández Nieto 1975: II, n° 12), lo que Tomlinson (1972: 120) ha llamado «un romántico y ridículo combate». Esta norma no es más que la pervivencia de una antigua costumbre que rememora la Batalla de los Campeones, que enfrentó a trescientos espartanos y trescientos argivos a mediados del siglo VI[25]. Sin perjuicio de que podamos ver con de Polignac en este tipo de beligerancia «un aspect quasi rituel, cyclique, fortement empreint de caractères initiatiques»[26], lo cierto es que su traslación al período clásico desde época geométrica y arcaica, donde tienen un claro significado en la lucha entablada por delimitar el territorio propio frente al de los vecinos en el marco del nacimiento de la *pólis* -perennes enfrentamientos en los que imperaba «la cortesía y el honor caballeresco» (Detienne 1968: 136)-, adquiere tintes de lirismo anacrónico. Esta disputa secular por la Cinuria, que se remonta a tiempos legendarios, tiene un fuerte contenido ideológico y cultual dentro de la tradición doria común a argivos y espartiatas. Angelo Brelich ha expuesto argumentos de peso que hacen de la Cinuria un territorio especialmente vinculado a Apolo Piteo, deidad cuyo epíteto es de origen argivo, pero que era venerada tanto en Esparta como en Argos[27]; los jóvenes de ambos estados experimentaban una iniciación a la edad adultal, un *rite de passage* que implicaba un enfrentamiento armado, regulado por estrictas normas ritualizadas, que habría de determinar el posesor de la región (Brelich 1961: 83-84 y 1969: 189; Sartre 1979: 219; Pettersson 1992: 51, 88). Es razonable pensar con el autor italiano que con las nuevas estructuras inherentes a la *pólis*, la necesidad de afirmar e incluso expandir los límites territoriales diera un trasfondo político al combate ritual, que pasaría a ser desarrollado por ciudadanos escogidos posiblemente de la clase de los *áristoi*, que atesoraba las cualidades atléticas y militares (Brelich 1961: 84).

En concreto el Combate de los Campeones reviste una especial significación al tratarse de un momento en que Esparta trata se asegurar su dominio del Peloponeso mediante el control de las vías de acceso hacia y desde Laconia, de ahí que emprendiera una serie de guerras contra ciudades arcadias y eleas, lo que unido a la alianza con Corinto habría de poner las bases de lo que conocemos como liga del Peloponeso, que cristalizó en algún momento de la segunda mitad del siglo VI. Pero no sólo cae la Cinuria en poder espartano, sino que ésta lleva asociada los territorios al oeste del cabo Malea, Citera y el resto de las islas, tradicionalmente adscritos a la esfera argiva, todo lo cual ayuda a terminar de configurar la red de comunicaciones que Esparta teje en el interior del Peloponeso. En este marco geopolítico el antiguo combate ritual por la Cinuria simbolizaría el intento de defensa argiva de su propio territorio y al mismo tiempo la resistencia al por entonces imparable imperialismo lacedemonio en la península. Como ha

---

[24] Martin 1940: 420 señala esta tratado como una excepción. Por su parte, Lonis 1969: 147 afirma que «la historia del siglo V muestra una cierta tendencia a que sólo se haga honor a los tratados en caso de necesidad, cuando en ellos se encuentran ventajas...».

[25] V,41,2-3; Hdt. I,82; Str. VIII,6,17; Paus. II,38,5; Plu. *Moralia* 306 a-b; Suidas *s.v. Othrýadas*; Plin. *HN*. IV,17. Tomlinson 1972: 87-90 remonta incluso el Combate de los Campeones a mediados del siglo VII, precisamente por ver en el mismo características de ese período, pero sus argumentos no son muy convincentes. Véase Piccirilli 1973b: n° 8 y Fernández Nieto 1975: II, n° 10 para fuentes secundarias, bibliografía moderna y un comentario acerca de este épico enfrentamiento. Cf. también Westlake 1971: 319.

[26] Polignac 1984: 62. Aunque esta práctica es perfectamente acorde con el espíritu agonal que caracterizaba el combate hoplítico en época clásica, Lonis 1969: 28 reconoce que se trata de «un cas extrême dont les diverses composantes reproduisent délibérément un archétype défini plusieurs siècles auparavant». Véanse también las interesantes páginas de Marcel Detienne (1968: esp. 135-141) sobre esta pervivencia de elementos míticos y religiosos en los combates que tienen como protagonistas a estados como Esparta y Argos.

[27] Brelich 1961: 30-34; Piérart 1990. La victoria en la Tireátide y el recuerdo a los caídos en el empeño tenía también un papel relevante en las Gimnopedias laconias (Ath. XV,678b-c; Anecd.Bekk. 32; cf. Pettersson 1992: esp. 42-56). El culto a Apolo bajo la atribución de Piteo está constatado también en Tiro (*IG* V 1, 927) y Cosmas (*SEG* XI 890), pequeñas villas enclavadas en el Parnón, en torno a Prasias; Paus. IV,5,2 hace receptores de este culto a los dríopes de Hermíone. Tucídides (V,53) recoge el incumplimiento con las primicias sacrificiales debidas por los epidaurios al santuario de Apolo Piteo, presidido por los argivos, como motivo oficial desencadenante del conflicto armado entre ambos estados en 419, si bien la razón real subyacente era política (Piérart 1995: 301 con n. 11 precisa sin embargo que hasta la fecha no hay testimonio de culto a Apolo Piteo como tal en la ciudad de Epidauro). Cf. también Christien 1992: 164-165 con nn. 30, 31 y 32.

señalado Jacqueline Christien (1992: 163), «il est surprenant de voir comment du haut du Mont Zavitsa les lacedemoniens dominaient, surveillaient et menaçaient directement Argos». Es muy posible que este duelo viera el triunfo inicial de los argivos merced a la supervivencia de Cromio y Alcenor, si bien el resultado no fue aceptado por ninguna de las partes y la posesión de la Tireátide terminó cayendo del lado del ejército más fuerte, el lacedemonio[28]. Conscientes de su inferioridad antes los espartanos en combate hoplítico y en vista del reclamado y nostálgico triunfo en la Batalla de los Campeones, los argivos persistían en mantener desafíos épicos entre tropas escogidas y en función de ello crearon la elite de los *Chílioi*. Según hemos observado más arriba, la presencia dominante de la religión por encima de cualquier otro interés, sin dejar margen alguno a la ambición política o imperialista que triunfaba en el siglo V, observada en el decreto argivo concerniente a sus presumibles colonias cretenses de Cnosos y Tiliso (*IC* I 307) nos confirma en este punto de vista. Por último, quizás tengamos que ver un anacronismo más, en este caso compartido con Esparta, en la anómala pervivencia en la Argos del siglo V de la realeza, cuando menos con un carácter ritual, pero con el suficiente prestigio como para ostentar la eponimia (Hdt. VII,149; *SEG* XI 316; cf. Carlier 1984: 382, que se muestra contrario a la eponimia y anualidad del *basileús*); en todo caso, a finales de siglo el monarca argivo parece haber perdido toda relevancia política y militar (Wörrle 1964: 84 ss.; Tomlinson 1972: 197).

Los argivos, sin embargo, antes de que pudieran firmar el tratado con Esparta, salieron de su errónea valoración de la situación gracias a las noticias llegadas de Atenas, donde la *factio* considerada «pacifista» en el poder se había visto muy afectada por los acontecimientos, mientras los supuestos «belicistas» o radicales, con Alcibíades a la cabeza, habían ido ganando prestigio y respaldo entre el *dêmos*. Los argivos se desentienden de su embajada en Esparta y empiezan a considerar un acercamiento a Atenas. Alcibíades hace ahora su aparición en la *Historia* de Tucídides (V,43,2-3), quien realiza un retrato muy vivo y personal del estadista ateniense en el que parece conocer sus inquietudes y proyectos, lo que ha llevado a pesar que el historiador pudo recibir información directa de él en un posible encuentro de ambos, cuando Alcibíades se retiró al Quersoneso tracio tras la derrota de Notio en 407[29]. No

se puede negar en el relato tucidídeo una cierta admiración por la labor política y militar de Alcibíades, que contrasta con la visión negativa emanada de la *Vida de Alcibíades* plutarquea, receptora de toda la tradición hostil al estadista y más atenta al carácter inmoral y conducta disoluta del personaje -muy propia, todo hay que decirlo, de los jóvenes *áristoi*, sobre todo en sus agitados *sympósia*- que a sus servicios a la *pólis* (Levi 1950: 89-90; 1955: 196-227; Seager 1967; Fornis 1994). La comedia aristofánica no es ajena tampoco a parodiar la extravagancia sexual de que hacía gala el joven Alcibíades, si bien en obras posteriores hay pasajes en los que el poeta parece anhelar su vuelta (Moorton 1988).

Presentado como el líder demócrata radical por excelencia, Alcibíades aparece como el defensor de los intereses del *dêmos* subhoplítico, a quien beneficia en su labor evergética mediante repartos públicos de dinero que retoman la vieja práctica del aristócrata tradicional a la manera cimoniana[30] y que ve en la expansión y consolidación de la *arché* la principal fuente de subsistencia para estas clases bajas ciudadanas (Levi 1955: 368-369, 378). Alcibíades *philópolis, demerastés* incluso, por este lado (Plácido 1985: 53 ss.), pero que esconde una cara muy distinta, la del político que por su renombre y poder siempre será sospechoso de aspirar a la tiranía y que no dudará en anteponer sus propios objetivos individuales y de clase, entre los cuales la guerra se sitúa como el mejor campo de demostración de la *areté*[31]. La gloria en el combate, que en la figura del jefe militar adquiere connotaciones de *apothéosis*, trasciende a la vida política de la comunidad y permite que el aristócrata-estratego goce de un prestigio imposible de alcanzar en tiempos de paz (Andreski 1971: 202). Es también *ho pólemos*, la guerra externa, la que permite que las atribuciones otorgadas por el estado para unos fines concretos se extiendan a otros ámbitos en principio no contemplados en los mismos, sobre todo en la economía, donde se hacen más manifiestos los mecanismos de expolio y apropiación que conlleva el ejercicio del poder político y militar (Garlan 1975: 184-188). Por consiguiente, se ha visto en él, no sin razón, la mejor personificación del imperialismo ateniense, así como el prototipo de los valores aristocráticos (Donlan 1980: 168-171). Desde luego tanto su árbol genealógico y sus contactos en la alta esfera sociopolítica como su patrimonio eran envidiables, posibilitando su temprano

---

[28]La victoria final espartana relega definitivamente a Argos a una posición secundaria en el Peloponeso, mientras Esparta extiende su dominio hacia el Este hasta Prasias y amenaza así la llanura argiva, fuente alimenticia básica para el sostenimiento de toda la población de la Argólide; no obstante, la batalla no fue tan decisiva como para atentar contra la propia independencia de la *pólis* argiva. Cf. Moretti 1948 y Kelly 1976: 137-138. Cartledge 1979: 140 avisa en cambio sobre los peligros de aceptar el pequeño imperio argivo dibujado por Hdt. I,82, supuestamente perdido tras la batalla.

[29]X. *HG*. I,5,17. Cf. Brunt 1952: 66; Delebecque 1965: 198; Fontana 1976: 108 n. 22. Se desprende del relato de nuestro historiador un alto concepto de Alcibíades, patente ya en su impactante aparición en política, frente a las numerosas fuentes detractoras, lo que ha llevado a decir a Lengauer 1979: 66-71 que Tucídides veía en Alcibíades el ideal de gobernante con gran concentración de poder individual como respuesta a las necesidades atenienses de contar con un jefe militar capaz en su intento de revivir pasados

esplendores. En parecidos términos se expresa Proctor 1980: 58-67, que también se inclina a pensar que Tucídides conoció las ideas de Alcibíades mediante conversaciones directas con él.

[30]Plu. *Alc*. 10,1. Alcibíades rompe de este modo la *apragmosýne*, el alejamiento de la vida pública, en que se habían refugiado buena parte de ilustres *kaloikagathoí* tras la muerte de Pericles, dando paso a demagogos como Cleón o Hipérbolo (Plácido 1997a: 79).

[31]Para este compromiso entre *thêtes* y jóvenes *áristoi* que buscan gloria e impulso a su carrera política y militar en el marco de la paz de Nicias, véase Plácido 1993a: 89-90 y 1997a: 66-67, 81. Por supuesto la clase dominante ateniense sacó igualmente un suculento provecho del gobierno del imperio y ello hacía más fácil la relación con el pueblo llano y el mantenimiento de la aparente estabilidad democrática (Ste. Croix 1988: 341).

despertar político, según señala el propio Tucídides[32].

La primera acción de Alcibíades en la política activa -recordemos que se había distinguido combatiendo como hoplita en Potidea y como caballero en Delio (Pl. *Smp.* 219-220; Plu. *Alc.* 7,3-6), lo que *per se* le identifica como *áristos*- aparece en VI,89,2 y Plu. *Alc.* 14,1, donde se ocupa de los prisioneros espartiatas de Esfactería para intentar recuperar la proxenía espartana a la que había renunciado su abuelo como consecuencia del llamado insulto de Ítome en 462[33]. Además, Alcibíades tenía vínculos familiares y personales en Esparta (*vid. infra*) e incluso su propio nombre era de origen lacedemonio (VIII,6,3). Tanto Tucídides como Plutarco recogen el cambio de actitud que hizo que Alcibíades se opusiera con gran fuerza a la paz de Nicias y se convirtiera en el arquitecto de la política de alianza con Argos, la cual estaba a punto de renovar su tratado con Esparta. Se ha buscado una razón en el hecho de que Alcibíades considerara dañado su honor y su orgullo al haber preferido los espartanos tratar con Nicias, por quien, según el biógrafo beocio (*Nic.* 10,4; *Alc.* 14,3), sentía gran envidia, pero Tucídides no olvida decir que también consideraba útil para Atenas acercarse a los argivos (V,43,2). El estadista ateniense, que entonces apenas contaba treinta años, comienza a poner en práctica sus planes con el envío de un emisario personal a Argos, Mantinea y Élide, actuando como *idiótes*, ya que no ostentaba magistratura alguna[34].

La alianza con Argos era una política necesaria para Atenas en 420 si no quería verse rodeada, después de que Esparta hubiera firmado su tratado con Beocia y que Mégara y Corinto le seguían siendo hostiles[35]. Esta línea política de amistad con Argos no era nueva, sino que había sido prefigurada por Temístocles en 471 y por Cleón en 425/4, aunque no llegó a fructificar por completo. Argos contaba con el segundo ejército en importancia del Peloponeso, lo que supondría un freno a Esparta en su propio terreno y evitaría cualquier posible invasión del Ática. Enemigos tradicionales de Esparta, siempre dispuestos a luchar por la hegemonía en el Peloponeso, los argivos se habían beneficiado de su neutralidad en la guerra arquidámica y ahora estaban dispuestos a recuperar la Cinuria en detrimento de Esparta. Por tanto, no era en absoluto descabellado buscar la amistad de los valedores de la democracia argiva antes de que se pactara con los lacedemonios la renovación del tratado del 451, máxime cuando la propia Esparta había renunciado a hacer cumplir a sus aliados las estipulaciones de la paz de Nicias que suponían la devolución a Atenas de Anfípolis y Panacto. Sin embargo, la opinión pública ateniense estaba dividida y había muchos ciudadanos que seguían la política de Nicias de no originar tensiones con Esparta. El joven Alcibíades, que comenzaba a despuntar en política y a contar con partidarios, logró un gran éxito sobre el experimentado Nicias con el famoso engaño a la embajada espartana que acudió a Atenas para tratar de evitar la alianza argivo-ateniense[36]. La treta, que resumo a continuación por su interés para nuestro estudio, es narrada con detalle y de forma similar en V,45-46 y Plu. *Alc.* 14,6-12 y *Nic.* 10,4-6, sirviendo de exponente para ilustrar los métodos poco lícitos de Alcibíades.

Los tres enviados espartanos, Filocáridas, León y Endio, se presentaron ante la *Boulé* ateniense como plenipotenciarios para discutir los puntos de discordia entre Atenas y Esparta. Al oír esto, Alcibíades pensó que podrían ganarse al pueblo y evitar la alianza con Argos, por lo que les convocó en privado y les convenció para que al día siguiente negaran sus plenos poderes ante la *Ekklesía* a cambio de prometerles la devolución de Pilos. Los lacedemonios siguieron su consejo, pero Alcibíades entonces, con gran elocuencia, les acusó ante la Asamblea de mentirosos y echó al pueblo contra ellos. Un terremoto impidió proseguir la sesión hasta que al día siguiente continuó con la intervención de Nicias, el cual consiguió ser enviado a Esparta para negociar, pero al no obtener nada de su viaje, Alcibíades consiguió que el pueblo

---

[32] V,43,1. Exponente de su riqueza es la proverbial y admirada proeza de presentar siete carros a los juegos olímpicos del 416, nunca igualada por otro particular, con los cuales obtuvo el primer, segundo y cuarto lugar (VI,16,3; Plu. *Alc.* 11,1), primero, segundo y tercero según Eurípides (Fr. 3 D *apud* Plu. *Alc.* 11,1; cf. Ath. XII,534d); obtuvo también victorias en la misma disciplina en las grandes panateneas del 418 (Amyx 1958: 183) y en los juegos nemeos (Plu. *Alc.* 16,7; Ath. XII,534d; Paus. I,22,7). Sus propiedades debían de alcanzar el límite de trescientos *pléthra* (unas 3.300 hectáreas) impuestos por la legislación ática y Lis. XIX,52 estima que estaban valoradas en unos mil talentos, mientras su calidad de *hippotróphos*, «criador de caballos», es atestiguada por Isoc. XVI,1 y D.S. XIII,74,3. Para un tratamiento más amplio de los vínculos familiares y bienes materiales de Alcibíades, véase la clásica obra de Davies 1971: 9-23; Aurenche 1974: *passim* hace extensivo su estudio a los miembros del círculo político que encabezaba el estadista ateniense.

[33] Bloedow 1991a: 52-53 con n. 11 le hace *próxenos* de Esparta en Atenas cuando el pasaje de Tucídides implica claramente un deseo de llegar a serlo. En mi opinión Alcibíades podía estar actuando como próxeno voluntario en favor de Esparta sin el reconocimiento oficial de ésta a dicho estatuto, como era preceptivo (cf. III,70 para el caso similar del corcirense Pitias; Mosley 1972: 4).

[34] V,43,3. Forde 1989: 72 destaca que la combinación de lo público y lo privado siempre acompañó los cálculos políticos de Alcibíades; el no desempeñar un cargo no le impedía desarrollar sus planes, bien como embajador, bien como ciudadano privado. D.S. XII,77,2, que atribuye la iniciativa del acercamiento entre Argos y Atenas al *dêmos* argivo y no a Alcibíades, no resulta más creíble que Tucídides.

[35] Con reiteración Edmund Bloedow (1973: 4-5; 1991a: 54 con n. 15, 59; 1991b: 20-22; 1991c: 201; 1992: 142-144) ha tratado de atacar esta valoración, pero tiene poco que ofrecer en contra de las argumentaciones de Meyer, Busolt, Bender, Hatzfeld, de Romilly y otros que él mismo cita y que trata inútilmente de rebatir. Nadie mejor que Tucídides para analizar la situación del momento y las posibilidades de aplicación de la política diseñada por Alcibíades, que aquél sin duda estimó positiva y válida (Palmer 1992: 92-93).

[36] En su intento de restar importancia a Alcibíades, Bloedow 1991a: 50-51 hace descansar sobre esta «tortuosa política espartana» la especialmente delicada situación internacional y la responsabilidad del fracaso de la embajada espartana en Atenas. Por una muy diferente razón Sealey 1976a: 344 minimiza el efecto de la maniobra de Alcibíades: el *dêmos* ateniense ya habría determinado previamente la línea de actuación ante el agravio sufrido por parte de los beocios y el resultado final hubiese sido el mismo sin el engaño.

ateniense se inclinara de su lado y respaldara la alianza con Argos, Mantinea y Élide. Nacerá así la llamada Cuádruple Alianza, cuya configuración reunía a estados que se oponían a Esparta y que tenían en común su régimen democrático (V,46,5-47; Plu. *Alc.* 15,1; *Nic.* 10,8; *IG* I³ 83; cf. Bengtson 1962: n° 193). Este curioso y casi increíble episodio ha suscitado numerosos interrogantes entre los estudiosos, interesados en conocer cómo pudieron confiar los espartanos en Alcibíades si sabían que se oponía a Esparta, por qué no denunciaron inmediatamente el hecho a Nicias o a la Asamblea o cómo es posible que Endio, uno de los embajadores ridiculizados, colaborase estrechamente con Alcibíades años más tarde e incluso preparase su acogida en Esparta (Hatzfeld 1940: 89; McGregor 1965: 29; Ellis 1989: 38).

Un primer problema nos lo plantea el qué se entiende por plenos poderes. Los embajadores espartanos llegaban a Atenas para conseguir la devolución de Pilos y evitar la alianza argivo-ateniense, pero no tenían nada que ofrecer como contrapartida, porque Esparta no podía renunciar a su alianza con Beocia a riesgo de perder la amistad de ésta, ni podía obligar a sus aliados a devolver Anfípolis y reconstruir Panacto para los atenienses, es decir, los plenos poderes consistían en esperar todo sin otorgar nada[37]. Es evidente que si hubieran tenido algo con que negociar, Nicias no habría vuelto de su viaje con las manos vacías[38]. Esto hizo, en mi opinión, que los enviados espartanos acudieran a la llamada personal de Alcibíades, un político en progresivo ascenso, de excelente cuna y con amplios contactos en el mundo griego, que se había caracterizado por su belicismo y recelo hacia Esparta, para ver si lo podían ganar para su causa y así unir su influencia a la de Nicias, que tradicionalmente había mostrado una disposición al entendimiento con los lacedemonios (Ellis 1989: 39; *contra* Bloedow 1991a: 57, que considera todo el episodio inverosímil). Los vínculos de la familia de Alcibíades en Lacedemonia, como su propio nombre denuncia y el intento de recuperar la amistad y la proxenía espartana hacían más factible esta hipótesis. Es incluso posible que fueran los embajadores espartiatas quienes se dirigieran directamente a Alcibíades en busca de su apoyo y le expusieran sus pretensiones. En este sentido me parece interesante constatar la opinión de Hatzfeld (1940: 92-93), para el que «la maniobra de Alcibíades consistió en hacer confesar a los espartanos ante la Asamblea que sus plenos poderes escondían el viento». Una alternativa que apenas merece consideración, ya que se trata de pura conjetura, sin apoyo en fuente alguna, es la propuesta por Edmund Bloedow, consistente en que cuando los embajadores espartanos comenzaron a hablar, Alcibíades y sus partidarios se levantaron y les abuchearon, logrando paralizar el normal desarrollo de la Asamblea[39].

Sea cual fuere la explicación, la impresión obtenida es que Esparta fue a engañar y resultó engañada. Prueba de ello sería que la estratagema de Alcibíades podría haber acabado con la carrera de los embajadores espartiatas, pero no fue así y no hubo resentimiento por parte de los poderes lacedemonios, ya que era lógico no obtener nada de su visita a Atenas. De hecho Endio llegó a desempeñar el eforado en los años 413/2 (VIII,6,3) y 404/3 (X. *HG.* II,3,1; 3,10). Precisamente Endio estaba unido por lazos de amistad ritualizada y hospedaje a la familia de Alcibíades (VIII,6,3), razón que debió de contar mucho a la hora de elegirle como integrante de la embajada espartana con destino a Atenas. Además, a Endio se le ha hecho militar en la facción «belicista» espartana y se le han atribuido ambiciones imperialistas en detrimento de los dos diarcas espartanos Agis y Plistoanacte, ya que fue éforo en el año final de la guerra, cuando Esparta puso gran empeño en poner fin de una vez a la misma (Kebric 1976; cf. Westlake 1938). Esto ha llevado a Kebric (*ibid.*) a elaborar una arriesgada hipótesis sobre una colaboración mutua entre Alcibíades y Endio desde su primer encuentro en Atenas con la finalidad de romper la paz y reanudar la guerra, para así conseguir ambos aumentar su poder e influencia en sus respectivas *póleis*. Más sencilla y coherente me parece la justificación que da Herman (1987: 147-150 y 1990: 97-99) a la colaboración entre Alcibíades y Endio, dentro de los parámetros de la *xenía* o amistad ritualizada que vinculaba a ambos y les obligaba a cooperar en favor de los intereses inmediatos de uno de ellos, mientras permanecen de fondo la solidaridad y compromiso de clase; muy al contrario Mitchell (1997: 166) ve en la actuación de Alcibíades un raro ejemplo de traición a la confianza (*pístis*) depositada en el *xénos*, que nunca esperaría recibir semejante tratamiento. La explicación de Herman, que presupone una estrecha interrelación entre alianzas privadas y tratados estatales, no es incompatible con lo expuesto arriba sobre el acercamiento espartano al demócrata ateniense para ganarlo para su causa, sólo que en este caso la aproximación diplomática se mantendría en la esfera privada y con el

---

[37] Hatzfeld 1940: 91; Brunt 1952: 67; Delebecque 1965: 200; Ellis 1989: 39. Por analogía con IV,118,10, Andrewes *HCT* V,45,2 piensa que esos plenos poderes se limitarían a jurar ciertas proposiciones si Atenas las aceptaba; con esta misma base argumentativa, que incluso los embajadores plenipotenciarios (*autocrátores*) rendían cuentas a la Asamblea al regreso de su misión (cf. Andoc. III,34), Cawkwell 1997: 11 supone que los enviados espartanos no querrían rebasar el margen de libertad de negociación que se les había otorgado. También Rhodes 1988: 137 recela de que Esparta hubiera comprometido a sus representantes a pactar algo que después se vería obligada a cumplir. Por contra, Bloedow 1991a: 54-56 opina que los espartanos no tenían tanto que pedir, «solamente» la devolución de Pilos y que les fuera permitido conservar su alianza con Beocia, una entente que *per se* vulneraba la paz de Nicias.

[38] Bloedow 1991a: 56 sospecha, sin la más mínima base, que Nicias fue objeto en Esparta del mismo trato que en Atenas se había dispensado a sus enviados, esto es, una especie de absurda venganza atribuible a la facción de Cleóbulo y Jenares. La mala comprensión de este autor acerca de las relaciones interestatales del momento se manifiesta por ejemplo en la propuesta que hace de un posible intercambio de Pilos por Panacto pasando por alto puntos tan importantes como la actitud de los beocios ante un hecho que les concernía directamente y, sobre todo, que Esparta estaba obligada por la paz de Nicias a ser la primera en efectuar la devolución de lo adquirido en la guerra, lo que dejaba a Atenas a la expectativa, sin necesidad de arriesgar en intercambios simultáneos.

[39] Bloedow 1991a: 58-59 apartándose totalmente del pasaje tucidídeo, algo que el historiador canadiense censura en otros autores. También ha de mencionarse su hipótesis de 1991b: 21-22, según la cual los espartanos ignoraron a Alcibíades en las negociaciones de la paz de Nicias porque éste no era prominente en Atenas, lo que me lleva a preguntarme qué prominencia y qué respaldo es necesario para controlar de la manera que postula Bloedow la sesión de la *Ekklesía*. Indudablemente nos encontramos ante una clara contradicción.

resultado justamente opuesto, Alcibíades conseguiría imponer sus tesis a los embajadores. Pero tanto en la hipótesis de Kebric como en la de Herman lo interesante no es el hecho de que triunfe la diplomacia de una u otra ciudad, Atenas o Esparta, sino constatar que individuos pertenecientes a la elite sociopolítica de las mismas miraban más por sus intereses de clase que por los de su respectiva comunidad. Esta actividad e influencia sociopolítica ejercida de forma privada por las elites funcionaba en numerosas ocasiones al margen y en conflicto con -y no dentro y en beneficio de- la política exterior de la propia *pólis*, pese a dos recientes e idílicas interpretaciones avanzadas por estudios relativos a este tema: la primera de ellas (Mitchell 1997: *passim*) tiende a presentar a un *dêmos* contento agradecido por el uso comunitario que sus *prostátai* hacían de sus redes de amistad personal, mientras que la segunda (Konstan 1997: 60-67 y 83-87) resta importancia a la significación de los vínculos privados, percibidos como una reminiscencia homérica casi ornamental y sin apenas trascendencia política.

En cualquier caso, cumpliera o no sus con deberes de ξένος para con Alcibíades, parece lógico pensar que Endio no se sintió humillado por el fracaso de una embajada que apenas tenía posibilidades de triunfo, supo ver las ventajas de acoger a su huésped en su exilio del 415 y continuó una carrera política que culminó por dos veces en el eforado, máxima magistratura lacedemonia. Probablemente Herman (1987: 149 y 1990: 98) y Mitchell (1997: 69) estén en lo cierto al argüir que Endio serviría de intermediario e introductor de Alcibíades ante las autoridades espartanas en 414, del mismo modo que Alcibíades, ya en Persia, consiguió el oro del Rey para la causa de Endio. Estas ventajas se plasmaron, además de en la mencionada intervención de Alcibíades en Persia, en una mayor presencia peloponesia en Sicilia y en la fortificación de Decelia en el Ática, decisiones ambas de las que fue responsable en gran medida el ateniense y que tuvieron una importancia decisiva en el devenir del conflicto (VI,91,4-6; 93,1-2).

En cuanto a cómo no protestaron los espartanos ante Nicias y la Asamblea por el engaño sufrido la única explicación posible radica, en mi opinión, en que su credibilidad estaba rota y ello hizo que sus esfuerzos resultaran baldíos.

Quedan por analizar los posibles medios esgrimidos por Alcibíades para convencer a los espartanos de que refutaran ante la *Ekklesía* su anterior afirmación de plenipotenciarios en el Consejo. En este punto contamos con la ayuda de Plutarco (*Alc*. 15,1), quien prolonga la versión tucidídea para informarnos de que Alcibíades dijo a los espartanos que, a diferencia de la *Boulé*, la Asamblea tenía más orgullo y menos moderación, por lo que si confirmaban sus plenos poderes los ciudadanos atenienses les exigirían demandas imposibles de cumplir. La explicación de Plutarco es convincente y tiene sentido, ya que como es sabido en la Asamblea de ciudadanos se dirimían los debates políticos (Levi 1955: 205-206; Ellis 1989: 38-39; Plácido 1997a: 213). No tenemos pues motivos para rechazarla, a pesar de las objeciones de Bloedow (1991b:

57) y Andrewes (*HCT* V,45,2), y debemos considerarla en la medida en que nos ayuda a comprender mejor este extraño episodio.

Por último, esta anécdota desarrollada de forma amplia por Tucídides y que según éste permitió el ascenso de Alcibíades a primer plano de la vida pública ateniense, no resulta tan novedosa como en un principio podría parecer. En mi opinión, podemos encontrar un precedente similar no muy lejano en el tiempo en la actitud adoptada por Cleón, a quien muchos consideran el modelo de Alcibíades por los métodos empleados en política, frente a la embajada espartana llegada a Atenas en 425 para ofrecer la paz tras el desastre de Pilos. En aquel entonces el demagogo denunció ante el *dêmos* ateniense la intención lacedemonia de negociar en secreto, con lo que dejaba en evidencia a los embajadores, presentados como albergadores de malas intenciones cuando lo único que pretendían era negociar a espaldas de sus propios aliados la recuperación de los *hómoioi* capturados en Esfacteria (V,22).

Una vez firmada por cien años la Cuádruple Alianza entre Atenas, Argos, Mantinea y Élide, Corinto definitivamente desoye los cantos de sirena procedentes de la misma ante el peligro de verse acompañada por democracias y vuelve al abrigo de Esparta en lo que constituye su alineamiento natural, que bajo mi punto de vista nunca pretendió seriamente abandonar (V,48; cf. Salmon 1984: 329). Los esfuerzos diplomáticos de la oligarquía corintia se habían visto así coronados por el éxito al poner la bases de la configuración de los bandos enfrentados en espera de reanudar las hostilidades en el ámbito del nordeste del Peloponeso (*contra* Sealey 1976a: 339 y Roberts 1983: 49). Por otra parte, esta tremenda actividad diplomática subsiguiente a la paz de Nicias, propiciada por la clase dominante corintia en interés propio, nos sirve también para confirmar la precariedad de la *symmachía* como acuerdo bilateral sólido y duradero y que tenga que ser concebida como la respuesta a unas necesidades inmediatas, como una decisión de *Realpolitik* (Garlan 1989: 147).

Por su parte, el pueblo ateniense ratificó su confianza en Alcibíades otorgándole la estrategia en 420 (Plu. *Alc*. 15,1). Sin embargo, a pesar de esta presentación tan destacada, Tucídides no prestará demasiada atención a las actividades del estadista ateniense entre los años 419 y 416 -sin que ello signifique que el historiador ático quiera transmitirnos la impresión de que Alcibíades era una figura oscura como ha sugerido Bloedow 1992: 144-, limitándose a una escueta narración de los hechos relacionados con su política argiva, hasta que de nuevo adquiera prominencia en su *Historia* con la famosa expedición a Sicilia. En mi opinión, esta labor de Alcibíades en el Peloponeso, siempre más olvidada frente a ulteriores hechos en los que aparece involucrado, determinará en gran medida la política exterior de Argos en estos años y tendrá graves consecuencias en el orden interno que culminarán en la *stásis* del 417.

V.- LA GUERRA EN LA ARGÓLIDE: PRIMERAS FISURAS EN EL EQUILIBRIO SOCIAL ARGIVO[1]

La alianza entre argivos y atenienses había sido más buscada por los segundos que por los primeros, pero era un alineamiento más natural para Argos que verse unida a Esparta, una vez constatado el hecho de que sólo existen dos *hegemónes* en Grecia al frente de sus respectivas ligas. Aunque parece indudable que la mayoría del *dêmos* argivo se inclinaba por el acercamiento a Atenas, «una ciudad tradicionalmente amiga, con un régimen político similar y con un gran poderío naval» (V,44,1), tenemos pruebas de la presencia y actividad de una facción oligárquica prolacedemonia ya durante la guerra arquidámica. Así en 430 tenemos al argivo Pólide que, a título privado, dado que Argos era oficialmente neutral, acompañó a la fracasada expedición peloponesia a Persia en busca de ayuda financiera del Gran Rey (II,67,1). Sin duda se trataba de un personaje importante poco dispuesto a participar de las instituciones democráticas de su ciudad, que con su sola presencia prestaba un servicio a Esparta en recuerdo de las buenas relaciones entre argivos y persas (cf. cap. IV, pág. 59 con n. 5; Alonso Troncoso 1987: 157, 198 n. 38). Tenemos además que en 425 el desembarco ateniense cerca de Soligia con la intención de invadir Corinto fue impedido gracias al aviso llegado desde Argos[2]. Alonso Troncoso (1987: 156) y Bultrighini (1990: 131) consideran que la creación institucional de los Χίλιοι fue también obra de los oligarcas argivos, que aprovecharían así un momento de cierta desorientación en las relaciones exteriores, pero yo prefiero atribuirlo a la predisposición al enfrentamiento contra Esparta, dentro de los márgenes democráticos de la *politeía* argiva, bien es cierto que reconociendo una significativa presencia de *gnórimoi* en este cuerpo que más tarde prestará sus servicios en favor de los intereses oligárquicos y en detrimento de la propia democracia. Puede considerarse, pues, un error confiar la base de un poder fáctico como el ejército a individuos poco dispuestos a respaldar el sistema político que les auspicia y otorga su confianza cuando llegan los momentos delicados. Pero no es impensable que los *áristoi* luchen contra estados con regímenes oligárquicos como Esparta y no tenemos más que recordar la *stásis* de Corcira, provocada por los doscientos cincuenta *prôtoi* corcirenses capturados por los corintios en Sibota, donde sin embargo combatían contra una *metrópolis* que tenía una oligarquía como régimen (III,55; 70).

No es de extrañar esta activa presencia de una facción oligárquica en el seno de una *pólis* que tenía un tipo de democracia bastante moderada, asentada sobre una *politeía* hoplítica, similar a la ateniense anterior a Efialtes o a la de los Cinco Mil de 411, en la que los notables detentaban aún el control de ciertas instituciones (Tomlinson 1972: 192-199; Alonso Troncoso 1987: 156; Piérart, Touchais 1996: 43; *contra* Ruzé 1997: 287). Así por ejemplo, el Consejo de los Ochenta, que tan importante papel desempeña en la conclusión de la alianza con Atenas en 420, parece ser un reducto aristocrático y predemocrático que ha perdurado bajo la estructura del sistema democrático y que trae a la mente el Areópago ateniense[3]. Este grupo oligárquico trabajaría en favor de una victoria espartana, cuya posterior colaboración sería esencial para derribar la democracia en Argos y reemplazarla por un régimen más afín a las pretensiones de los *áristoi* (más aventuradamente Kagan 1962: 210-11 y 1981: 95 llega a pensar en recompensas territoriales y quizá un gobierno en común del Peloponeso). De esta forma, el nacimiento de los Mil es, en esencia, un destello aristocrático más de los muchos que reverberan en la Constitución argiva, ya que la concesión de prerrogativas a esta elite militar atenta directamente contra la teórica e imposible igualdad anhelada por los regímenes democráticos.

La ciudad no parece haber sufrido graves disensiones internas durante los diez años de conflicto entre Esparta y Atenas, lo que haría pensar en un cierto equilibrio social que propició la continuación de su estatuto de neutral y su consiguiente prosperidad (Westlake 1971: 320); sin embargo, esta aparente concordia entre las diferentes clases sociales es sólo superficial y los acontecimientos venideros vendrá a confirmar el juicio de Bultrighini (1990: 130) de que en realidad nos encontramos ante «una fachada estable, pero con centro interno de activa oposición». La proximidad del fin del tratado con Esparta movilizó a la población argiva con el fin de presionar a los espartanos, pero sin que ello signifique la búsqueda de una alianza con Atenas, ya que ambas *póleis* veían más peligros que beneficios en esta asociación. Los argivos creyeron los ofrecimientos corintios en torno a la formación de una tercera liga bajo su mando, pero pronto comprendieron la imposibilidad real de este proyecto. Asistimos entonces a los primeros síntomas de nerviosismo y temor en una ciudad que parecía confiada en recuperar su pasado esplendor en el Peloponeso. La difícil coyuntura fue seguramente aprovechada

---

[1] Las líneas maestras de este capítulo fueron expuestas por primera vez en Fornis 1992/3.

[2] IV,42,3. Alonso Troncoso 1987: 159 trata de explicar cómo en Argos pudo disponerse de información sobre una maniobra militar teóricamente secreta de los atenienses ateniense por el hecho de que los ciudadanos argivos, que accedían libremente como neutrales a mercados y centros comerciales, entre ellos el Pireo, tuvieron que notar los preparativos navales de los atenienses al final del verano y, por lo tanto, con un objetivo cercano que podría ser Corinto; por su parte, Hornblower *CT* IV,42,3 sugiere que ciudadanos atenienses asistentes a la Asamblea en que se decidió el ataque dieron origen a rumores que se extendieron por el Pireo, como sucede en la anécdota relatada por Plu. *Nic*. 30. Dentro del terreno hipotético en que nos movemos, prefiero sospechar una filtración de la información emanada de las conversaciones que Cleón mantuvo con los representantes del estado argivo en 425 (Ar. *Eq*. 465-7); previsiblemente el demagogo ateniense intentaría animar a los argivos para entrar en la guerra habládoles de futuros planes de ataque, entre ellos el que afectaba a Corinto, vieja enemiga argiva, siendo difícil que la noticia no alcanzara a elementos oligárquicos de tendencia filolaconia, presentes, según veremos, en todas las instancias de poder (una hipótesis que Alonso Troncoso, pág. 180, no descarta).

[3] V,46,5. Cf. Wörrle: 12 ss., 21 ss., 56-61 y Tomlinson 1972: 195-196 para la estructura gentilicia de este Consejo, probablemente integrado por veinte hombres de cada una de las cuatro tribus argivas; por el contrario, Ruzé 1997: 269 piensa que, en todo caso, la actividad de los Ochenta estaría más orientada hacia el ámbito judicial que hacia el política y, por tanto, sin un papel importante en el proceso deliberativo del estado. Sobre la organización tribal en Argos, Charneaux 1984; Piérart 1985; Jones 1987: 112-118; Ruzé 1997: 250-253.

por los oligarcas, tal vez en estrecha relación con la facción espartana conducida por Cleóbulo y Jenares, para hacer comprender al *dêmos* la gravedad de su aislamiento y la necesidad de ampararse al abrigo de Esparta por medio de un tratado. Es en momentos críticos cuando salen a relucir las deficiencias del sistema democrático, como sucedería en 411 en una Atenas más desarrollada democráticamente, por lo que más fácil es que suceda en una Argos con más destellos aristocráticos en su régimen. Entre estos oligarcas estarían incluidos Eustrofo y Esón, los embajadores argivos encargados de negociar el tratado con Esparta, elegidos precisamente por su amistad con los lacedemonios (V,40,3). Pactaron las mismas condiciones que habían regulado sus relaciones durante los últimos treinta años, renunciando nuevamente a la Cinuria, lo cual era beneficioso para Esparta, que evitaba así una posible amenaza en el Peloponeso, y no tanto para Argos (Kelly 1974: 95; *contra* Gillis 1963: 200-201). Tuvo que ser necesaria la intervención de Alcibíades desde Atenas para que el *dêmos* argivo mantuviera vivas sus pretensiones, se olvidara de sus enviados en Esparta y pactara decididamente con otras democracias en la llamada Cuádruple Alianza (cf. cap. IV, págs. 70-72).

La aparente estabilidad de la política interna argiva se había quebrado por completo y había dejado paso a una búsqueda de la amistad de una u otra potencia hegemónica, de forma que comienza el proceso que culminará con la situación de *stásis* desencadenada en la ciudad en 417. De ahora en adelante los oligarcas permanecerán a la expectativa mientras continúan desempeñando sus funciones en la esfera institucional y dejando sentir su influencia hasta que llegue otra oportunidad para intentar llevar su ciudad hacia la alianza lacedemonia. Manifestarse abiertamente en contra del acuerdo con Atenas hubiera podido hacer peligrar sus privilegios e incluso sus vidas y propiedades debido a la mayoría de demócratas y afines que conformaban el *dêmos* argivo (Kagan 1962: 211 y 1981: 96). No por ello dejaron de hacerse presentes en determinados momentos de la política argiva de estos años hasta su definitivo asalto al poder como consecuencia de la grave situación creada por la derrota en Mantinea en 418 (en contra de la *apragmosýne* o alejamiento de los asuntos públicos que Ruzé 1997: 288 atribuye sin fundamento a los notables argivos). Pese a todo el *dêmos* no hizo uso del ostracismo, mecanismo que Aristóteles acredita en Argos (*Pol.* 1302b 3; cf. Sch.Ar. *Eq.* 855), para deshacerse de aquellos *áristoi* que pudieran suponer un peligro para la supervivencia del régimen, en lo que tal vez tengamos que ver una nueva muestra del insuficiente desarrollo de la democracia argiva, incapaz de hacer valer este instrumento de defensa del pueblo.

El primer punto de tensión entre la Cuádruple Alianza y la liga peloponesia tuvo lugar durante la celebración de los juegos olímpicos del 420. Los eleos, organizadores de los mismos, excluyeron a los lacedemonios de los sacrificios y competiciones argumentando que no habían pagado la multa por la ocupación militar de Lépreo, que se habría producido estando vigente la tregua sagrada (V,49,1). Esto suponía una violación de la paz de Nicias, donde se contemplaba el libre acceso a los santuarios (V,18,1). Las protestas espartanas - justificadas, puesto que los *spondophóroi* no habían alcanzado Laconia y, por tanto, no habían aún recogido el compromiso espartano de interrumpir las hostilidades- no sirvieron sino para que las fuerzas democráticas protegieran el recinto en previsión de un posible ataque laconio, aunque finalmente no hubo reacción por parte de una Esparta cada vez más humillada a los ojos del mundo griego[4]. Posiblemente esta apatía lacedemonia motivó un último acercamiento argivo a Corinto con objeto de hacerla su aliada, todavía sin comprender el odio encarnizado de la cúpula dirigente corintia por Atenas, manifestado en un nuevo rechazo (V,50,4). Hay que tener presente también que los previsores oligarcas corintios todavía no se habían retirado oficialmente de la alianza defensiva que tenían con los argivos, por si acaso se producía otro vuelco en la política espartana y poder seguir manejando a los argivos en la medida de lo posible (Kagan 1981: 74).

En la campaña siguiente, verano del 419, Alcibíades había sido reelegido estratego en lo que puede vislumbrarse como un nuevo triunfo y una confirmación de su política argiva o peloponesia por parte del *dêmos* ateniense; al mando de un reducido número de hoplitas y arqueros, Alcibíades atravesó el Peloponeso hasta llegar a Patras, en Acaya, donde convenció a los habitantes para construir unos Muros Largos que uniesen la ciudad con el mar y más tarde intentó hacer lo mismo en la vecina ciudad aquea de Río[5]. Normalmente, se piensa que la expedición del ateniense tenía el objetivo propagandístico de poner de relieve la fuerza de la recién creada alianza y la debilidad de Esparta en su propio territorio, pero existía también una razón estratégica, puesto que si Atenas unía el dominio de Patras y Río, haciéndolo extensivo más tarde a toda Acaya, controlaría prácticamente todo el golfo de Corinto, pues en la otra costa poseía Naupacto y Acarnania[6]. Es posible que, como supone Alonso Troncoso (1987: 228), Alcibíades persiguiera aislar a Corinto y Mégara, dos de las claves de la perdurable hostilidad peloponesia hacia Atenas, para así empujarlas a la neutralidad. Aunque el estadista ateniense no concretara alianzas con las ciudades aqueas, ponía las bases para el acercamiento de éstas a los atenienses a través de lazos

---

[4] V,50,3; cf. Cozzoli 1980: 578 para las fuentes filolaconias de Tucídides en la composición de este pasaje y Andrewes *HCT* V,50,4 para la venganza espartana a esta afrenta elea en 402, relatada por X. *HG*. III,2,21-23. Sobre la inconsistencia y falta de fundamento jurídico de la resolución dictada por los helanodicas o jueces eleos de los juegos argumentando que la tregua ya regía en Élide y con ello bastaba, véase Goodman, Holladay 1986: 153 con n. 10 y Fernández Nieto 1995: 180-183, quien lo califica de «pueril», «contrario a derecho» y de «atropello».

[5] V,52,2; Plu. *Alc.* 15,6; cf. Isoc. XVI,15, que parece referirse de forma confusa a esta expedición. Según Alonso Troncoso 1987: 226 esto no fue más que un gesto de buena voluntad por parte aquea y, por tanto, exento de consecuencias políticas del tipo de las que convulsionarían Argos poco después.

[6] Hatzfeld 1940: 98; Anderson 1954: 84; Delebecque 1965: 202; Westlake 1968: 215; Amit 1973: 157; Ellis 1989: 41-42. Por contra Gomme, Andrewes *HCT* V,52,2 no advierten características estratégicas en la expedición, sino que ésta responde a «la osadía, la teatralidad y el escaso valor práctico como rasgos propios de Alcibíades».

de influencia con miembros destacados de la sociedad indígena, de tal manera que en torno a estos individuos se agruparan facciones que vieran con buenos ojos la amistad de Atenas y canalizaran la política local en beneficio de la misma o, en caso contrario, conspiraran para derrocar un régimen poco propicio para ella (Paus. VII,6,4 habla de una disposición favorable hacia los atenienses; cf. Alonso Troncoso 1987: 229-231). En ello radica el auténtico poder y el fundamento del imperialismo ateniense del siglo V. Sin embargo, esta vez sicionios y corintios abortaron el intento de Alcibíades, que se tuvo que retirar con sus escasas fuerzas[7]. Plutarco (*Alc.* 15,6) recoge un dicho atribuido a Alcibíades, quien al afirmar uno de Patras «los atenienses os tragarán», respondió, «puede ser, pero poco a poco y por los pies, mientras que los lacedemonios lo harán por la cabeza y de una sola vez». El biógrafo beocio pretende sin duda adornar su relato con hechos anecdóticos para hacerlo más atrayente[8]. El ingenio y la ironía en el fácil discurso de Alcibíades se inscriben en esas fuentes de la tradición hostil hacia el estadista que el de Queronea asumió en gran medida y que componen la caracterización esencial del personaje que nos ha transmitido (Levi 1955: 196-227, 363, 373-374; Fornis 1994).

Corinto seguía siendo el reducto hostil más activo contra Atenas, por lo que el siguiente paso de Alcibíades en colaboración con los argivos fue la invasión de Epidauro, cuya conquista permitiría, según Tucídides, controlar los movimientos corintios y, además, proveer una vía de comunicación más directa entre Atenas y Argos a través de Egina (V,53). Una vez más se invocó un pretexto religioso: los epidaurios no habrían cumplido con la obligación de entregar una víctima a Apolo Piteo, cuyo culto regían los argivos, a cambio de un derecho de pastoreo[9]. Kagan (1981: 83) cree que se pretendía ante todo aislar a Corinto para conseguir al menos su neutralidad -ante la manifiesta imposibilidad ateniense de convertirla en su aliada (Fliess 1966: 117)-, lo cual en su opinión tendría importantes consecuencias estratégicas como el impedir que Beocia y Mégara pudieran ayudar a Esparta en el Peloponeso. No obstante, Kagan parece olvidar que los estados neutrales podían dejar pasar tropas a través de su territorio,

máxime cuando tradicionalmente venían manteniendo relaciones de amistad (Alonso Troncoso 1987: 81).

Esta vez se trataba de un ataque directo sobre un miembro de la liga del Peloponeso, con un firme régimen oligárquico al frente, por lo que era esperable una inmediata intervención espartana. Sin embargo, por dos veces el ejército lacedemonio se retiró al llegar a la frontera porque los sacrificios no fueron propicios, dejando que los argivos devastaran libremente las llanuras epidaurias (V,54,2; 55,3). La razón real de la retirada espartana estriba posiblemente en que quisieron evitar un enfrentamiento directo con argivos y atenienses que condujese a una guerra a gran escala para la que Esparta no estaba preparada en esos momentos, pues su prestigio se encontraba más bajo que nunca y su autoridad era desafiada en el Peloponeso. La preparación y avance del ejército hasta la frontera sería un arma disuasoria contra la iniciativa argiva (Cartledge 1979: 253), pero no tuvo éxito en lograr la intimidación pretendida. Kagan (1981: 84) prefiere pensar que Esparta ganaba tiempo para que los oligarcas argivos pudieran actuar en su *pólis* y así evitar un enfrentamiento que costara muchas vidas espartiatas. En mi opinión, la idea de Kagan es consecuente con los acontecimientos posteriores, aunque en estos momentos la política exterior argiva parece ofrecer una colaboración con los atenienses sin mostrar aún signos de una franca y decidida oposición interna a la labor de la facción demócrata en el poder. No falta tampoco quien trata de explicar la actitud espartana por auténtica devoción religiosa[10], algo improbable si consideramos las consecuencias que podría tener para Esparta el perder la fidelidad de la segunda ciudad en importancia de la Argólide.

Previamente habían tenido lugar dos asambleas en Mantinea convocadas por los atenienses con el aparente deseo de conseguir la paz (V,55,1). La presencia en ellas de los corintios hace pensar más bien en una nueva iniciativa por parte de argivos y atenienses para presionarlos y buscar su colaboración[11]. Pero los miembros de la clase gobernante corintia, siempre conocedores de los recursos diplomáticos, por boca de su embajador Eufamidas -sin duda uno de los oligarcas en el poder (*vid. supra* cap. III, pág. 57)-, remarcaron la contradicción de hablar de paz mientras se atacaba Epidauro; su reclamación consiguió la retirada de las tropas argivas, pero al romperse las conversaciones en la segunda reunión, Argos volvió a invadir la Epidauria (V,55,2). Las manipulaciones de los oligarcas corintios no sólo habían hecho fracasar la

---

[7] Anderson 1954: 84 cree que Corinto y Sición ayudaron a una facción oligárquica de Patras que requirió su presencia, apoyándose en el relato de Plutarco, que presupone una división de la opinión pública en la ciudad. Para Alonso Troncoso 1987: 235 la intervención peloponesia reforzó la posición de los neutralistas y aplazó *sine die* las negociaciones en curso entre aqueos y atenienses, mientras Salmon 1984: 329-330 con n. 19 se muestra contrario a exagerar el interés corintio en la zona.

[8] Levi 1955: 207; Alonso Troncoso 1987: 233 piensa que tras esta anécdota se esconde la existencia de grupos de oposición a este acercamiento aqueo hacia Atenas y que bajo su patriotismo ocultarían sentimientos prolacedemonios. Desgraciadamente, no tenemos noticia de que esta supuesta *stásis* latente llegara a desencadenar auténticos disturbios civiles para dirimir el apoyo a uno u otro contendiente.

[9] Este es uno de los argumentos que esgrimen algunos autores para defender la existencia de una anfictionía argiva agrupada en torno a un enigmático santuario de Apolo Piteo que se quiere localizar en la zona de Asine, pero véase la réplica reciente de Piérart 1995: 299-302 con bibliografía.

[10] Popp 1959: 42-46; Gomme-Andrewes *HCT* V,54,2; Goodman, Holladay 1986: 159. El argumento ha sido retomado recientemente por Fernández Nieto 1995: 165-167 en su planteamiento de que los argivos contaron con el peso de la tradición al atacar en el día anterior a la entrada del mes Carneo, lo que impediría a los estados dorios intervenir a no ser que fuesen atacados, si bien reconoce que también jugaron con la indiferencia política de los no dorios para dejar sin respuesta la agresión.

[11] Así Busolt 1904: 1235 n. 1; Seager 1976: 263; Kagan 1981: 86, que rectifica su posición de 1960: 307, donde seguía a Ferguson 1927: 268 y Gomme *HCT* V,55,1 en pensar que las asambleas fueron obra de los «pacifistas» atenienses con el sincero objetivo de mantener la paz de Nicias, todavía vigente. Por contra, Hatzfeld 1940: 101 inscribe la convocatoria de estos sínodos dentro de la propaganda de Alcibíades.

iniciativa ateniense, sino que habían logrado un retraso sustancial de los planes aliados en su empeño por implicar a los espartanos en el conflicto, quienes hasta ahora se mantenían al margen pretextando la sacralidad del mes de Carneo.

Por fin, en el invierno del 419/8 Esparta decidió ayudar a Epidauro mediante el envío de una guarnición de trescientos hombres que burló el bloqueo ateniense propiciado por sus bases en Egina y Metana, lo que motivó el enfado argivo hacia su aliada por la vulnerabilidad de su control marítimo (V,56,1-2; cf. Gomme, Andrewes *HCT ad loc.*). Este hecho es significativo de que los dos *hegemónes* prestaban un apoyo limitado a sus respectivos aliados con el propósito de no provocar una ruptura total de la paz de Nicias. Por su parte, Argos llevaba el peso de un conflicto peloponesio que, por el momento, resultaba infructuoso en su objetivo de tomar Epidauro, lo que daba lugar a nerviosismo y quejas hacia Atenas entre la ciudadanía argiva (Seager 1976: 264). La protesta argiva tuvo una rápida respuesta en la actitud de Alcibíades, quien convenció al *dêmos* ateniense para inscribir en la estela del tratado entre Atenas y Esparta que los lacedemonios no lo habían respetado y, además, se aprobó la reinstauración de hilotas en Pilos para que prosiguieran con sus incursiones en territorio laconio (V,56,3; Andrewes *HCT ad loc.* nota que la inscripción no hacía mención del envío de la guarnición lacedemonia a Epidauro, sino de la incapacidad de Esparta para cumplir las estipulaciones de la paz de Nicias). Sin embargo, Atenas no renunció al tratado en su totalidad -según demuestra por ejemplo el que no se proceda a la ruptura de la estela que recoge el tratado, acto que indicaría la rescisión y denuncia del mismo-, como manifestación de una opinión pública dividida en la que todavía dominaban aquéllos con escaso ánimo de reanudar la lucha contra Esparta. En esta coyuntura era mucho más interesante y cómodo para la ciudad hegemónica seguir manteniendo una ayuda limitada a sus aliados peloponesios, de forma que se evitaba una guerra abierta contra Esparta que supondría costosas pérdidas y anuales devastaciones del Ática.

El logro de Alcibíades fue efímero, porque una parte considerable del *dêmos* ateniense veía con recelo una mayor implicación de Atenas en el Peloponeso que podía arrastrarla a un conflicto con Esparta y ello significó probablemente que Alcibíades no fuera reelegido en la estrategia del 418/7, hecho de gran importancia que le impediría respaldar con solidez sus planes peloponesios y estar al frente de las tropas atenienses en la batalla de Mantinea[12]. En cambio sí obtuvieron el generalato Nicias y Laquete, quien al aparecer siempre asociado al primero pasa por ser uno de sus colaboradores, que estaban obligados a continuar una vía política que no habían comenzado y a la cual se oponían ostensiblemente[13]. Esta división en el *dêmos* ateniense y el escaso apoyo de los partidarios de mantener la paz con Esparta en el poder en 418 se traducirían en el fracaso parcial de la política argiva o peloponesia de Alcibíades. Este giro de poder en el tablero político ateniense pudo contribuir en la decisión espartana de implicarse más directamente en el conflicto local entre Argos y Epidauro[14]; los lacedemonios eran conscientes de la reticente actitud de Nicias y su *factio* a desarrollar una política agresiva y vieron entonces una oportunidad de zanjar sus problemas en el Peloponeso sin necesidad de enfrentarse de forma directa con los atenienses.

En el verano del 418 los espartanos reunieron a sus coligados peloponesios con la intención de invadir la Argólide y esta vez no iban a ser parados por la «voluntad divina» manifestada a través de los sacrificios fronterizos. Fliunte era el punto de encuentro del ejército de Agis -en el que servían incluso hilotas, indicio de la situación casi extrema por la que atravesaba Esparta- con el resto de los aliados del norte del Peloponeso, Istmo y Grecia central, entre ellos Corinto, alineada abiertamente en el lado lacedemonio una vez cumplidas sus expectativas de movilizar al *hegemón* de la liga, por lo que más que nunca respaldó esta campaña con dos mil hoplitas (V,57). Los argivos debían de impedir dicho encuentro si querían tener algunas oportunidad de victoria, por lo que avanzaron hacia Agis y lo interceptron en Metidrio, donde ambos ejércitos tomaron posiciones en altura para combatir al día siguiente. Sin embargo, Agis levantó su campamento de noche y burló el bloqueo argivo para conseguir llegar a Fliunte (V,58,2). Éste fue el primero de una serie de errores estratégicos cometidos por el mando militar argivo, constituido probablemente por individuos de alta extracción social y por tanto susceptibles de albergar inclinaciones oligárquicas, lo que ha llevado a pensar que la teórica negligencia de estos *strategoí* se explicaba por un intento de demorar o evitar la batalla, según demostrarán acontecimientos posteriores (Kagan 1962: 212 y 1981: 93).

Agrupados bajo la dirección de Agis, los lacedemonios y aliados constituyeron, en opinión de Tucídides, «el más espléndido ejército heleno que pudo haberse visto hasta esos momentos» (V,60,3). Frente a él, los argivos y aliados, que se encontraban en franca inferioridad tanto numérica -doce mil hoplitas sin caballería frente a los veinte mil más tropas ligeras y caballería puestos en el campo por la liga peloponesia- como

---

[12] Fontana 1976: 124; Seager 1976: 265; Hatzfeld 1940: 103 añade que se estaba perdiendo para los atenienses la finalidad originaria de la alianza con Argos; dejándose llevar por la imagen de rebelde, insolente e impío que de Alcibíades nos proporciona Plutarco, Gomme *HCT* V,57,1 cree que el ateniense pudo cometer alguna «travesura» que le hizo perder temporalmente su popularidad.

[13] En la inscripción que recoge los pagos hechos por el Tesoro de Atenea para los años 418 a 414 (*IG* I³ 370) no figura expresamente Alcibíades y sí Laquete y Nicias en la estrategia del 418/7, a no ser que quiera restituirse su nombre completo en el hueco de la línea 17 (como hacen los editores de *IG* I³ y Fornara 1971: 62-63, aunque este último en su lectura de 1983: nº 144 ya no lo mantiene), algo excesivamente arriesgado ya que el espacio admite otros muchos nombres (cf. *GHI* nº 77; Develin 1989: 144-145); además, parece inverosímil que Tucídides, que menciona el desempeño de esta magistratura por Alcibíades en los años anteriores y posteriores, hubiera «olvidado» éste tan crucial.

[14] Según Hatzfeld 1940: 104 los espartiatas deliberadamente esperaron hasta la nueva elección de *strategoí* en Atenas, pero Gomme *HCT* V,57,1 y Seager 1976: 266 lo consideran una asunción gratuita y prefieren pensar que Esparta no pudo esperar más ante la insistencia de sus aliados.

cualitativa, eligieron Nemea como eje central en su intento de parar el avance lacedemonio hacia Argos, en lugar de Micenas, desde donde se controlan la principales vías de acceso y que, en palabras del historiador militar B.W. Henderson (1927: 308) «cualquier general moderno hubera escogido como cuartel general para defender Argos»; si bien la comparación, con dos mil quinientos años de por medio, está fuera de lugar, este segundo y grave error argivo -que Kagan 1962: 212 vuelve a atribuir a los *strategoí*- permitió que Agis, gracias a una brillante estrategia de división en tres columnas de su ejército y a una marcha nocturna inesperada en terreno abrupto y desconocido, alcanzara la llanura y comenzara la devastación de Saminto (V,58,3-5; cf. Ferguson 1927: 270; Henderson 1927: 307-310); estas maniobras obligaron a los argivos a regresar rápidamente para colocarse entre Agis y su propia ciudad, en una precaria situación, pues no habían llegado las tropas atenienses y estaban rodeados de enemigos, aunque incomprensiblemente optimistas por poder combatir en su territorio (V,59,3-4; D.S. XII,78,4 no menciona la dificultad de la posición argiva). Cuando ambos ejércitos se encontraban preparados y el enfrentamiento parecía inevitable, se produjo un extraño hecho que ha acaparado el interés de los investigadores por las consecuencias que llevó asociadas.

Trasilo, uno de los estrategos argivos, y Alcifrón, próxeno espartano en Argos, se adelantaron a parlamentar con el rey y acordaron con éste un armisticio de cuatro meses (V,59,4; cf. Fernández Nieto 1975: II, n° 67). Tucídides deja muy claro que los dos argivos actuaron por iniciativa propia y sin consultar con nadie, de igual manera que Agis aceptó la propuesta tras hablar con uno solo de los altos magistrados, un éforo es de suponer, ordenando inmediatamente la retirada del ejército sin ni siquiera explicar los motivos a sus aliados[15]. Queda así planteada la incógnita de qué pudo suceder para que Agis desaprovechase la oportunidad de aplastar de una vez y para siempre la continua amenaza argiva a la hegemonía lacedemonia en el Peloponeso.

Las explicaciones estratégicas y/o militares no parecen tener excesivo fundamento. Henderson (1927: 314-316) pensó que Agis carecía del apoyo de beocios, megarenses y sicionios, que integraban la columna de la izquierda y que no habrían llegado todavía, pero a los que no pudo culpar más tarde por ser aliados indispensables; en realidad este supuesto retraso no aparece en ninguna fuente y menos en Tucídides, mientras que Henderson no aclara de dónde saca tal información que le permite trastocar totalmente la situación y mostrar a un Agis indeciso y temeroso (cf. Kagan 1962: 213-214 y 1981: 99). Tampoco resulta plausible que el rey temiera la llegada de los atenienses -como postula Busolt 1880: 170, 176-, quienes finalmente lo hicieron tarde y en escaso número (cf. V,61,1) y, en todo caso, ello sería óbice para que Agis comenzara cuanto antes la batalla y no para retrasarla. Además, Agis no fue un rey que se caracterizara precisamente por temor o recelo a la hora de emprender campañas -circunstancia que sí se puede observar en su padre Arquidamo-, al margen del hecho de que los estados del Istmo y nordeste del Peloponeso podrían haber avisado de la llegada de efectivos atenienses. Menos atención aún merece la suposición del siempre socorrido miedo espartano a las revueltas hilotas en Laconia -según propone también el eminente historiador germano (*ibid.*)-, primero porque no se encontraban tan lejos de su territorio y, segundo, porque entonces Esparta nunca podría haber realizado una campaña externa. Para Seager (1976: 264; cf. Hatzfeld 1940: 104) los parlamentarios argivos pactaron una rendición en toda regla que incluso preveía el pago de indemnizaciones por los daños causados, pero no es más que una conjetura poco probable basada en la falta de definición en los términos del acuerdo. Christien y Spyropoulos (1985: 461 con n. 40) ciñen la actitud de Agis a la disputa con Argos por la Cinuria o Tireátide, a la que suponen que el rey no quiso dar una solución que pasase por el aplastamiento de los argivos, pero su explicación, sacada de contexto, no prosigue en buscar una justificación a la posterior labor del Agiada en el enfrentamiento en Mantinea. Por último, Hammond (1981: 384) ha pensado que Agis tenía como objetivo político y militar hacer volver a Élide y Mantinea a su alianza, pero ¿y Argos, continuaría siendo aliada de Atenas en una entente que Esparta siempre había temido se materializase de manera efectiva?

Ante las insatisfactorias soluciones geoestratégicas, necesitamos razones políticas que expliquen o justifiquen el comportamiento de los representantes de ambos bandos. Busolt (1904: 1240-1242) fue el primero en llamar la atención sobre este hecho, si bien no estableció una relación con los errores previos de los generales argivos ni con los acontecimientos subsecuentes a la batalla de Mantinea. Pero ha sido Donald Kagan (1960: 308; 1962: 214; 1981: 100) quien más ha desarrollado la probable motivación política del acuerdo a través del seguimiento de las actuaciones de la facción oligárquica argiva en pos de lograr una alianza con Esparta y el derrocamiento de la democracia en su ciudad. Según el autor norteamericano, Alcifrón, como representante de los intereses espartanos en Argos, y Trasilo, uno de los cinco *strategoí* cuyo cargo al igual que el resto de las otras magistraturas era alimentado principalmente por la clase aristocrática, formarían parte del grupo oligárquico, cuya intención era evitar un enfrentamiento con Esparta que imposibilitase toda oportunidad de acuerdo. Como demostrarán sucesos posteriores, los oligarcas proespartanos tenían un peso específico cada vez mayor en Argos, algo que Trasilo y Alcifrón se encargarían de hacer entender a Agis, prometiéndole que en poco tiempo podrían hacerse con el gobierno de su ciudad gracias al protagonismo que estaban desempeñando en evitación de una catástrofe militar; la toma del poder conllevaría la posterior avenencia con Esparta sin necesidad de gastar inútilmente vidas espartiatas en una sangrienta batalla. Es empero errónea la conclusión de Grundy (1948: II, 225) acerca de un régimen oligárquico en Argos en estos momentos, explicación que él mismo reconoce carente de evidencia, ya que en tal caso los intereses de los *olígoi* argivos no estarían enfrentados a los de los lacedemonios según la continua y creciente hostilidad hasta el choque final en Mantinea parece demostrar y, por otro lado, el hecho de que una oligarquía ejerciera el poder en Argos anularía el sentido del derrocamiento de la democracia con la

---

[15] V,60,1. Una muestra del teórico poder absoluto de los reyes espartanos al frente del ejército y fuera de las fronteras laconias (cf. V,66,3); no obstante, los acuerdos contraídos en campaña habían de ser ratificados posteriormente por la *Ekklesía* espartiata.

colaboración de los Mil un año más tarde (*vid. infra* cap. VI). El *archegétes* agiada era consciente también de que sólo el control político de la propia ciudad de Argos supondría el final de la amenaza argiva y esto difícilmente podía conseguirse por medios militares, habida cuenta de la insuficiencia de la poliorcética griega para tomar ciudades fortificadas (cf. *supra* cap. III, pág. 25 con n. 8), por muy aplastante que pudiera resultar la derrota de los oponentes en la batalla previa (baste recordar que en 494 los argivos dejaron en el campo de Sepea seis mil hoplitas y ello no implicó la caída de Argos ante Cleómenes I). Es de suponer que el fallido intento de tratado entre Argos y Esparta en 420, frustrado únicamente por la intervención de Alcibíades, pesara en la determinación adoptada por Agis, quien consideraría bastante factibles los proyectos de Trasilo y Alcifrón; éstos, por otra parte, no actuarían en solitario, sino que su actitud refleja el sentir de la clase aristocrática, puesto que para retirar el ejército del campo se necesitaba el consentimiento del resto de los estrategos argivos (Andrewes *HCT* V,60,1; Tomlinson 1972: 197).

Naturalmente estas negociaciones fueron mantenidas en secreto, como es lógico pensar si tenemos presente que suponían traición a la *pólis* por parte de los argivos. Esta «traición» a los intereses de la comunidad no lo era sin embargo a los intereses de clase, pues el ἔθος aristocrático no entendía de lealtad y devoción hacia los focos de poder institucionales, sino hacia sus propias redes de alianza e interacción, que superaban las fronteras entre estados (Herman 1987: esp. 156-161). Así, el sentimiento de la facción oligárquica filolaconia en Argos era canalizado a través de su πρόξενος, encargado de formalizar el contacto con los responsables espartiatas. Por otra parte, hemos visto que no era nada extraño en este período que muchos acuerdos no salieran a la luz, de ahí la falta de información de Tucídides y la indignación de ambos ejércitos con sus mandos, pensando en la oportunidad perdida (V,60,2-6). No tenemos medios de calibrar el poder e influencia real de proespartanos y proatenienses en Argos, ni siquiera si esta polarización del *dêmos* argivo responde a la realidad social del momento, aunque sí podemos suponer que la inminencia de la guerra encrespó los ánimos y extremó las opiniones en uno u otro sentido hasta desembocar en la lucha civil o *stásis*. Esto no es óbice para que los argumentos de Kagan resulten plausibles y, por ello, han tenido una gran aceptación entre los estudiosos[16].

El acuerdo alcanzado no satisfizo ni a los hoplitas lacedemonios ni a los argivos, pero mientras los primeros acataron la decisión de Agis, que como rey estaba capacitado para negociar y firmar tratados, al menos en primera instancia -posteriormente tenían que ser ratificados por la *Gerousía* presidida por los éforos-, los segundos se irritaron con sus jefes y, más concretamente, con Trasilo, quien se salvó con dificultades de la lapidación para ver finalmente sus propiedades confiscadas (V,60,6; en D.S. XII,78,5 tanto Trasilo como Alcifrón son objetivo de la ira del *dêmos* argivo). En efecto, la función de los cinco estrategos era dirigir cada uno de los cinco λόχοι en que se dividía el ejército argivo[17], pero no tenían autoridad para negociar acuerdos, cuya competencia correspondía a la Asamblea (*Aliaía*) al tratarse de un estado democrático, pese a que Tomlinson (1972: 199) habla del ejército como una unidad autónoma y de cómo los asuntos de campaña eran juzgados en presencia de los soldados. En la masa ciudadana argiva estaba el poder último de castigar a sus *prostátai* si éstos intentaban escapar al control constitucional. Sin embargo, el *dêmos* no responsabilizó del tratado ni a los demás generales ni al propio Alcifrón, quien poco después pudo desempeñar un papel destacado en la actitud popular ante los atenienses[18]. Además, Argos no renunció inmediatamente al acuerdo con Esparta, en lo que a mi entender constituye una nueva prueba de su ingenua y vetusta fidelidad hacia los tratados firmados y, al mismo tiempo, es indicativo de la influencia de los oligarcas en el *políteuma* del estado. Tal influencia se hará aún más evidente cuando lleguen por fin los atenienses, con sólo mil hoplitas y trescientos jinetes y el cuerpo cívico argivo les impida en principio presentarse ante la Asamblea, hasta que finalmente fuera convencido por mantineos y eleos[19].

---

[16] En general, las ideas de Kagan, ya intuidas por Ferguson 1927: 270-271, son aceptados por Kelly 1974: 96 con n. 66; Mitsos 1983: 247 habla de un primer acercamiento de los oligarcas argivos a Esparta, aunque hemos visto que existían varios precedentes de colaboración; Gillis 1963: 203 tal vez se exceda en imaginar toda una escena preacordada que no necesitaba consulta alguna, lo que supone que Agis planeó el asunto en solitario, pues si otros magistrados hubieran sido partícipes, el rey no habría sido tan criticado. *Contra* Seager 1976: 264 con nn. 114 y 177. Cf. también Tomlinson 1972: 122-123, que menciona el «curioso» episodio, pero no alude a sus posible causalidad. Para Bultrighini 1990: 133 cálculos militares y políticos influyeron en igual medida en la decisión del diarca.

[17] Charneaux 1991: 314 n. 115 ha argüido que estos cinco *lóchoi* eran sólo la reserva de veteranos y que el total del ejército argivo sumaría la veintena, basándose en criterios de organización tribal de las listas de caídos en detrimento de la idea que obtenemos de V,72,4 y 95,5 de un ejército dividido en cinco batallones, cada uno dirigido por un estratego; *contra* Jones 1987: 116 asume que, al igual que sucede en Mégara, no existe una correspondencia entre la disposición del ejército y el formato adoptado por las listas de caídos. Lo cierto es que existe un amplio criticismo hacia Tucídides a la hora de cuantificar y detallar las fuerzas lacedemonias, sobre todo las que combatieron en Mantinea en 418 -el propio historiador en V,68 reconoce la dificultad de obtener datos fiables ante el secreto impuesto por el régimen espartiata-, donde cabe la posibilidad de que llame *lóchos* a la unidad táctica superior, que en realidad era la *móra*, cada una de las cuales estaba constituida por dos *lóchoi*, de modo que, en este caso, habría que duplicar las cifras que nos suministra (Ste. Croix 1972: apénd. XVI; Figueira 1986: 187-192) y esto hace que el recelo se extienda a los datos que nos aporta sobre otros ejércitos.

[18] Kagan 1962: 214-215 y 1981: 101, seguido por Kelly 1974: 96, cree que Trasilo fue acusado de cobardía y no de traición, porque se le responsabilizó de los errores estratégicos y se consideró su pacto con Esparta como producto del miedo a luchar. Más sugerente y sólida resulta la hipótesis de Moggi 1995: 156 según la cual Alcifrón estaría revestido de la inviolabilidad que habitualmente se confería a los *kérykes* o heraldos, ya que actuaba en una misión propia de éstos, función que por otro lado no era extraña a los *próxenoi* en épocas de conflicto; la elección del próxeno para servir de introductor propicio que preparara el camino para llegar a un acuerdo con el estado antagonista ya había sido señalada por Gauthier 1985: 137 n. 14. El artículo de Moggi describe perfectamente como el próxeno sentía que el estado al que representaba era su segunda patria y la fuerza del compromiso adquirido para con ella, que le reportaba un estatuto y unos privilegios especiales, al tiempo que aumentaba su prestigio en la ciudad de origen.

[19] V,61,1. Cf. Gomme, Andrewes *HCT ad loc*. Para Bultrighini 1990: 135 esta primera vacilación se debió a la labor obstruccionista del aristocrático Consejo de los Ochenta, encargado teórico al igual que la *Boulé*

El retraso en la llegada del contingente ateniense es significativo y a mi juicio refleja una vez más la división de opinión del *dêmos*. Dirigen la expedición Laquete y Nicóstrato, considerados generalmente amigos de Nicias y por tanto de la facción «pacifista», pero también les acompañaba Alcibíades en calidad de embajador[20]. Este poder compartido en la expedición no es extraño y se repetirá en la gran expedición a Sicilia, con Nicias y Alcibíades al mando de la misma. Obligados por el tratado con Argos, el grupo político «pacifista» en el poder en Atenas retrasaría en lo posible el envío de las tropas para evitar el enfrentamiento con Esparta, mientras que el escaso número de hoplitas respondería igualmente a la poca voluntad de comprometerse en el conflicto que se estaba desarrollando en el nordeste del Peloponeso y al cual se habían visto abocados por la agresiva política del siempre ambicioso y activo Alcibíades[21].

Reunidos por fin los aliados, Alcibíades tomó de nuevo la iniciativa y los animó a reanudar la guerra, ahora contra la ciudad arcadia de Orcómeno, cuyo control dificultaría la comunicación entre el sur del Peloponeso y el Istmo (V,61,3; D.S. XII,79,2). El balance de poder en la *pólis* argiva hizo que en un principio ésta no se sumase a la campaña en curso y permaneciese dudando acerca de respetar o romper el compromiso de cuatro meses con Esparta para al fin unirse al sitio de Orcómeno, probablemente cuando asumieron que Esparta no respondería al ataque sobre su aliada[22]. Orcómeno se rindió enseguida y pidió entrar en la alianza de los sitiadores (V,61,5). De esta forma, la Cuádruple Alianza se adueñaba de la quinta ruta que conducía al Istmo y tenía controlada por tanto la entrada y salida del Peloponeso, ya que los argivos dominaban desde hacía tiempo las cuatros restantes (Grundy 1948: II, 222).

La caída de Orcómeno supuso un notable incremento de las críticas hacia Agis por parte de las instituciones espartiatas al haber perdido la ocasión de aplastar a quienes ahora les causaban daño y se le llegó a sancionar con el derribo de su casa y con una multa de cien mil dracmas. El diarca consiguió dejar en suspenso la sentencia a cambio de la promesa de una gran victoria frente a los violadores del tratado. Sin embargo, como el propio Tucídides señala, se promulgó una ley sin precedentes que asignaba al monarca diez σύμβουλοι o consejeros para que le acompañaran en la dirección del ejército fuera de las fronteras (V,63,2-4; cf. Gomme, Andrewes *HCT ad loc.*). Esta restricción del mando militar era fruto de la desconfianza de muchos *hómoioi* hacia un rey que no sabía imponer el poder de las armas y hemos de considerarla un aviso por parte de la *Ekklesía* antes de quitar el cargo a Agis y otorgárselo a otro miembro de la familia real, como había sucedido anteriormente con Leotíquidas II, Pausanias el Regente o Plistoanacte (cf. Ste. Croix 1972: apénd. XXVI). No obstante, hay que destacar el hecho de que Agis no fuera castigado inmediatamente después de la tregua con Argos -a pesar de D.S. XII,75,6-, sino tras la capitulación de Orcómeno. Si el acuerdo hubiera sido respetado por los argivos, Agis no hubiese tenido problemas, porque gran parte de los espartiatas veía con buenos ojos la paz con Argos para recuperar la hegemonía incontestable en el Peloponeso. El fracaso en su intento de pactar políticamente para evitar bajas en su ejército e instaurar un régimen filolaconio en la ciudad rival, junto a la reanudación de la guerra, puso en una delicada situación al rey, responsable único del benévolo trato a los argivos cuando las condiciones militares eran más que favorables. Agis cometió pues un error político, no militar, al sobrevalorar el poder de la facción aristocrática proespartana en Argos (Gomme, Andrewes *HCT* V,63,2; Seager 1976: 276; Kagan 1962: 215 y 1981: 105).

Al final Agis desechó toda posibilidad de arreglo con los argivos y encabezó una vez más el ejército camino de Tegea, desde donde recibió aviso acerca del peligro de defección, causado sobre todo por una facción interna dispuesta a entregar la ciudad (V,62,2; 64,1; cf. Losada 1972: 19). Efectivamente, Tegea se había convertido en el nuevo objetivo de los aliados -su caída supondría el aislamiento definitivo de Laconia e incluso la posible pérdida de Mesenia-, sugerido por su encarnizada rival Mantinea, a pesar de que los eleos abogaban por marchar contra Lépreo, mucho menos importante estratégicamente porque desplazaría el movimiento hacia el oeste del Peloponeso y dejaría a Mantinea y Orcómeno abiertas a un ataque lacedemonio. El enfado eleo supuso la retirada de su contingente y el regreso a su patria en otro ejemplo del débil nexo moral entre los integrantes de la Cuádruple Alianza (V,61,1).

El auxilio a Tegea llevará al enfrentamiento entre las alianzas argiva y espartana en Mantinea, narrado con gran detalle por Tucídides en los capítulos 64-75 de su libro V y que ha suscitado gran interés entre la historiografía moderna. No es mi intención estudiar las consideraciones tácticas de la batalla ni hacer una reconstrucción del desarrollo de la misma, para lo

---

ateniense de recibir a los embajadores en primera instancia y determinar si accedían o no a la Asamblea. Según Ferguson 1927: 271 muchos argivos dudaban sobre lo acertado de abandonar la alianza con los atenienses habida cuenta del escaso entusiasmo demostrado por éstos.

[20] V,61,2. Hatzfeld 1940: 104 piensa que llegaron tarde a propósito para negociar con los vencedores de la batalla, ya que les unía tratado con ambos bandos, de ahí el envío de dos grupos teóricamente opuestos, los «pacifistas» Laquete y Nicóstrato para un posible pacto con Esparta, mientras Alcibíades, buen amigo y defensor de la amistad con Argos, sería elegido por si ésta quedaba triunfante. Con buen criterio Gomme, Andrewes *HCT* V,61,2 dudan si Alcibíades era o no estratego y de que Laquete y Nicóstrato fueran realmente en este momento partidarios de proteger la paz con Esparta.

[21] Para Kagan 1981: 103 debates y votaciones retrasarían la expedición, pero piensa que mil hoplitas no eran tan pocos para una ciudad diezmada por la peste, olvidando que tres años después Atenas enviaría cuatro mil hoplitas a Sicilia. Por su parte Seager 1976: 265-266 opina que el retraso no fue intencionado, sino debido a problemas logísticos, aunque el aviso alcanzó pronto la ciudad y hubo suficiente tiempo para preparar la expedición.

[22] V,61,3. Según Seager 1976: 264 algunos magistrados argivos comenzaban a respaldar la opción de Trasilo y Alcifrón antes que sufrir una fuerte derrota ante Esparta, mientras Kagan 1981: 215 es más audaz al pensar que los componentes de la tendencia oligárquica se había hecho ya con el control de la política argiva. Más prudente y creo que más acertado se muestra Bultrighini 1990: 136, para quien esta oposición oligárquica se mantenía todavía dentro de las salidas institucionales que contemplaba la estructura democrática de la comunidad argiva.

cual me remito a dicha bibliografía[23], sino ahondar en ciertos aspectos relevantes que nos facilitan una mejor comprensión de los futuros cambios que se producirán en la política interna de Argos.

Un primer punto importante es la rapidez con que Agis reunió a su ejército a mitad del verano del 418 y el hecho de que en el mismo estuvieran incluidos por primera vez *todos* los espartiatas -dejando la ciudad sin defensa-, los periecos compartieran filas con éstos e incluso también hilotas y neodamodes, con el consiguiente peligro de deserción al enemigo o revuelta por parte de esta población sometida si los espartanos sufrían un nuevo fracaso militar (Cartledge 1979: 253-257). Tal vez por esta razón hubo un mayor número de oficiales al frente de las diferentes unidades militares (Ehrenberg 1967: 454 n. 64). Sin duda el rey querría contar con la mayor cantidad posible de fuerzas por si sus aliados eran reticentes a sumarse a la campaña, teniendo en cuenta que la anterior renuncia al combate contra los argivos había dañado de forma considerable su prestigio; una vez supo Agis que los tres mil hoplitas eleos se habían retirado, mandó de vuelta a casa a parte de sus fuerzas como prevención contra los peligros reseñados arriba (V,64,3). Esta gran responsabilidad en el reclutamiento de tropas es sintomática de lo que se estaba poniendo en juego en Mantinea, la supervivencia de Esparta como *hegemón* del Peloponeso y, tal vez, del propio régimen de los *hómoioi*, ya que una derrota en combate hoplítico sería de todo punto definitiva.

Sin embargo, Agis no pudo contar con sus aliados corintios, megarenses y beocios, que no pudieron organizarse y cruzar el territorio enemigo para llegar a tiempo a la batalla. Al igual que a Plistoanacte, el otro rey espartano, que con los más jóvenes y los más ancianos alcanzó Tegea poco después del enfrentamiento, Agis los despidió por no ser ya necesario su concurso (V,75,1). En definitiva, el Agiada tuvo que hacer frente a las tropas de la coalición argiva con un ejército mucho menor del que dispuso frente a la ciudad de Argos y que ahora se reducía a sus aliados arcadios.

Una vez en territorio mantineo, los espartanos comenzaron a devastar la llanura, mientras los argivos tomaban posiciones en la colina de Alesio, fácilmente defendible. Agis ordenó el inmediato asalto de la loma, pero cuando se encontraban a un tiro de piedra de los argivos, recibió el aviso de un veterano sobre la insensatez que estaba a punto de cometer, por lo que en el último momento dio marcha atrás y detuvo el ataque (V,65,1-3). La extraña actitud de Agis ha dado pie a diversas interpretaciones, entre las que destacan dos esenciales que basculan entre considerar al rey un iracundo obnubilado por su deseo de venganza contra aquéllos que habían traicionado el tratado y habían asestado un duro golpe a su prestigio (Kagan 1981: 115; no tan claros se muestran Henderson 1927: 323-324; Ferguson 1927: 272) o, por el contrario, verle como un excelente estratega cuyo fingido ataque al monte Alesio formaría parte de un esquema perfectamente orquestado en todos sus movimientos (Woodhouse 1933: 111-113). Por otra parte, es probable que la advertencia no llegara de un soldado veterano, como dice Tucídides, sino de uno de los diez *sýmbouloi* que le asesoraban/vigilaban, pues los veteranos habían regresado a Esparta desde Oresteo y los generales, polemarcos y demás oficiales solían estar en edad militar[24]. Una muestra más de que el poder militar del soberano era puesto en tela de juicio por parte de las instituciones espartiatas.

La interrupción del ataque espartano y su consiguiente retirada a Tegea hizo estallar el optimismo entre las tropas argivas, que de nuevo censuraron a sus estrategos por no perseguir a unos espartanos que ya no exhibían las virtudes militares tan características en ellos antes de la derrota de Esfacteria. Los desconcertados generales argivos se vieron conminados a decidir el descenso del jército a la llanura[25], ya que de otra forma podían haber seguido el camino de Trasilo, juzgado públicamente por la milicia, humillado y despojado de sus bienes.

También existen problemas en torno a la afirmación de Tucídides de que los espartanos fueron sorprendidos y sintieron un gran temor al ver al enemigo en formación (V,66,2), cuando poco después describe las arengas y el avance de los hoplitas al son de las flautas, lo que parece señalar a un típico combate hoplítico y no sugiere un ataque repentino (V,69-70). El historiador ático elogia entonces el orden y la disciplina de los lacedemonios, en la idea de que ello posibilitó la rápida preparación para el combate y evitó la catástrofe militar[26]. Estas

---

[23]Woodhouse 1916-18 y 1933; Henderson 1927: 317-335; Gomme 1937: 132-155; Gillis 1963: 207-216; Cartledge 1979: 253-257; Lazenby 1985: 124-134; Glotz 1986: 669-671; Hammond 1987: 385-386.

[24]Gomme *HCT* V,64,3; Kagan 1981: 115. De esta posición se desmarca Lazenby 1985: 197 n. 4, que considera probable que Tucídides utilice la expresión «uno de los más ancianos» para designar a un soldado que pertenece a la clase de entre 50-54 años. En una postura poco comprometida Gillis 1963: 206 cree que fue el propio rey quien recapacitó, puesto que no podría oír la voz de aviso en la confusión del ataque.

[25]V,65,5-6. Gillis 1963: 207-208 atribuye el clamor y protesta a la incitación de los elementos oligárquicos argivos, que pretendían entregar el ejército a manos de Agis siguiendo un plan preacordado. Sin embargo, el descenso del Alesio no se produjo en plena retirada espartana, sino cuando éstos se habían marchado definitivamente en dirección a Tegea; además, Gillis no parece tener en consideración la presencia ateniense y la de los demás aliados o la experiencia de Laquete y Nicóstrato en su hipótesis de confabulación entre argivos y espartanos. Kagan 1981: 119 prefiere pensar, más coherentemente en mi opinión, que los mandos argivos seguían intentando evitar el choque contra Esparta en espera de un posible acuerdo de última hora como el logrado por Trasilo y Alcifrón. Henderson 1927: 324 defiende que los argivos intentaron impedir la maniobra espartana de inundar la llanura mantinea mediante el desvío del cauce del Sarandapótamos, pero Gomme 1937: 138-139 puntualiza que, siendo verano, el efecto de las aguas no se hubiera dejado sentir hasta varios días después y postula el exceso de confianza argivo como única causa del abandono de su posición fuerte de defensa (cf. V,65,4-5 para la acción de Agis).

[26]Ésta es la respuesta de Gomme 1937: 143-444 a la pregunta de Woodhouse 1933: 42 ss. acerca de por qué los argivos no atacaron rápidamente aprovechando la confusión espartana, algo que también inquieta a Gillis 1963: 208. Una solución alternativa es apuntada por Lazenby 1985: 128 sobre una posible interpretación errónea de Tucídides al recabar información y en realidad sucedería que los espartanos se extrañaron de encontrar a los argivos tan pronto en la llanura cuando esperaban que lo hicieran al dejarse sentir el efecto de las aguas vertidas. Naturalmente, si pensamos así de este pasaje, podemos poner en duda la credibilidad de todo el

características asociadas al ejército lacedemonio contrastan fuertemente con la aparente desorganización militar propia de los argivos, de la que tenemos ejemplos posteriores en el tiempo: en 413 su precipitación contra los milesios (VIII,25,3) y en 394 su huida ante las tropas de Agesilao (X. *HG.* IV,3,7), conduciendo en ambas ocasiones este desorden del ejército argivo a un desastre que alcanzará incluso a sus aliados (Hanson 1989: 141-143). Resulta casi paradójico que un estado con una milicia tan indisciplinada y, según hemos visto anteriormente, una diplomacia tan arcaizante y poco eficaz, aspirase a la hegemonía en el Peloponeso en detrimento de Esparta, con todos los problemas de sujeción de aliados y población servil que conllevaba el mencionado liderazgo en la península. En realidad sólo con Fidón en la primera mitad del siglo VII Argos pudo disfrutar de esa ansiada preponderancia en el Peloponeso, al menos dentro de lo que podemos considerar tiempo histórico, y eso con toda la problemática acerca de la cronología y actividades de este legendario personaje, al que algunos niegan incluso su victoria sobre Esparta en Hisias en 669[27].

Daniel Gillis (1963) adopta una posición extrema en su estudio sobre el choque que a continuación paso a desarrollar. Para él la batalla de Mantinea fue una especie de farsa teatral fruto de un acuerdo previo entre dirigentes espartanos y *notables* argivos de naturaleza oligárquica, pero en mi opinión no existe una sola prueba que respalde esta arriesgada hipótesis. Gillis aprovecha en demasía nuestro conocimiento del posterior tratado entre Esparta y Argos tras la derrota de la segunda en Mantinea. Podemos considerar los supuestos errores militares cometidos por los estrategos argivos como un intento de evitar el enfrentamiento con los lacedemonios, pero de ahí a imaginar toda una escenificación en el campo de batalla con el objetivo de provocar un desastre militar de su ciudad-estado existe un largo camino. Así, por ejemplo, Gillis ve una prueba de esta confabulación en la colocación de los aliados de cada ejército a la hora de luchar, porque considera que ambos bandos «sacrificaron» intencionadamente sus tropas menos importantes a manos de los cuerpos más selectos del enemigo. Los esciritas, los hilotas liberados de Brasidas y los neodamodes, elementos de escaso valor sociopolítico, que incluso podían suponer una amenaza para el orden espartiata establecido, ocuparían el ala izquierda del ataque espartano que se enfrentó a los expertos mantineos y a la elite argiva de los Mil; estos últimos precisamente forman un contingente aparte del resto de los ciudadanos argivos (V,67,2), desempeñando su papel de *prómachoi*, cuya superioridad moral les exige una entrega próxima al sacrificio. Por su parte, cleonenses y orneatas, integrantes de comunidades de la Argólide sometidas por Argos, junto a la masa poco experimentada del ejército argivo, serían entregados como corderos al preeminente núcleo de los espartiatas (*ibid.*: 209-210, basándose en el perenne temor espartano a hilotas y neodamodes, pero los esciritas eran unos firmes aliados que defendían la frontera norte de Laconia). Sin embargo, la colocación de los aliados fue la tradicional en cada bando -el propio Tucídides indica que los esciritas ocupaban siempre ese lugar- y en el desarrollo de la batalla Agis intentó superar la derrota que sufría su lado izquierdo con el envío por dos veces de tropas en su ayuda (V,71,3; 73,2). Además, Gillis se olvida de que los atenienses acompañaban a los cleonenses y orneatas, lo que suscita la pregunta de si también ellos fueron inmolados sin saberlo. Una sólida prueba de que no fue una batalla «amañada», algo difícil de pensar con sólo observar las bajas de ambos ejércitos y tener presente la complejidad de un combate hoplítico, la tenemos en el hecho de que los espartanos casi sufrieron una derrota de no haber sido porque el rey reforzó el ala izquierda.

Era tal la preocupación de Agis porque su ala izquierda no fuera rebasada, que ordenó a los esciritas, brasideos y neodamodes un desplazamiento más hacia la izquierda, dejando un hueco que sería ocupado por dos batallones de espartiatas procedentes del lado derecho al mando de Hiponoidas y Aristocles, en lo que constituye una arriesgada maniobra ordenada por el monarca con el ejército en movimiento y a punto de chocar con el enemigo[28]. Sin embargo,

---

relato. Cf. también Henderson 1927: 324-325; Kagan 1981: 119-125.

[27] Kelly 1970a y 1970b por citar dos ejemplos significativos ya desde el propio título. La principal objeción aducida en contra de la historicidad de la batalla de Hisias es la existencia de una única y tardía fuente, Pausanias (II,24,7; el resto de las fuentes sobre Fidón, que le sitúan en un abanico cronológico que abarca desde mediados del siglo VIII a principios del VII, con un útil comentario, en Carlier 1984: 386-392). Cartledge 1979: 126 trae en apoyo del relato pausaniano un fragmento de Tirteo recogido en el P.Oxy. 3316, alusivo a la preocupación espartana por Argos a mediados del siglo VII. Huxley 1958 enmarca a Fidón en los acontecimientos de mediados del siglo VIII y atribuye a su nieto Meltas el mérito de la victoria en Hisias. Contra, Salmon 1977: 92-93, con cuyos argumentos básicamente coincido, en particular en la consideración de que sin la innovación que supuso el empleo de la falange hoplítica por parte del rey-tirano argivo no hubiera sido posible su rápido e imparable periplo por el Peloponeso hasta ponerlo bajo su influencia. A este respecto, en el último cuarto del siglo VIII crece considerablemente la riqueza en armas depositadas en las tumbas argivas, paralelamente a la proliferación en la región de figurillas de guerreros en terracota (Courbin 1957; Morgan, Whitelaw 1991: 87). Aunque Cartledge 1977 acepta la existencia de la batalla de Hisias, no sin dudas acerca de la cronología (25 con n. 104), considera a Argos uno de los primeros estados en llevar a cabo la reforma hoplítica (21 con n. 79), aporta testimonios arqueológicos que se suman a los suministrados por el poeta Tirteo en retrasar la introducción de la técnica y equipamiento hoplítico en Esparta hasta mediados del siglo VII, en conexión con la llamada segunda guerra de Mesenia, debido a la especial resistencia de ciertas familias aristocráticas a ceder, aunque sólo fuera parcialmente, a sus privilegios políticos y militares (25-27). Recientemente Christien 1992: 169-170 se muestra más partidario de encuadrar a Fidón en la primera mitad del siglo VI por hacer comprensible la creación de la moneda egineta y la reforma de pesos y medidas en el Peloponeso que se le atribuye al abrigo del camino trazado por la legislación soloniana.

[28] V,71,2-3. Sobre la dificultad e intención de la maniobra ordenada por el rey espartano, véase Ferguson 1927: 273-274; Lazenby 1985: 130; Figueira 1986: 191 con n. 66 soluciona el problema pensando que cada polemarco comandaba una *móra*, de la cual destacaría un *lóchos* para realizar el giro y el restante cubriría los huecos dejados por el movimiento, siempre dentro de su hipótesis de un ejército lacedemonio integrado por seis *mórai* (doce *lóchoi*); Woodhouse 1916-18: 74-75 opina que el hueco fue dejado a propósito por Agis para rodear a los argivos en una muestra más de su destacada capacidad táctica; Henderson 1927: 328-329 no ve en esta maniobra sino un error atribuible a la desobediencia de los dos oficiales espartanos; Gomme 1937: 144-145 también arguye contra Woodhouse y considera la maniobra «la monstruosidad de un lunático»; Kagan 1981: 126 cree que el Agiada se dio cuenta en el último momento de que su ejército no estaba compensado y quiso equilibrar la manifiesta inferioridad de su ala izquierda.

los polemarcos espartanos no obedecieron las órdenes pensando quizá en lo irrealizable de las mismas, hecho por el cual a su regreso a Esparta serían juzgados por cobardía y condenados al exilio (V,72,1). El hueco quedó pues peligrosamente abierto y por él penetraron los mantineos y la elite argiva, que causaron estragos en el ala izquierda, aunque la pericia y valor de los espartiatas de la derecha convirtieron esta derrota en una victoria cuando acudieron en ayuda de sus compañeros frente a unos aislados mantineos y argivos (V,72,3; 73,2).

Pero más importante para el objeto de nuestro estudio resulta el hecho de que la elite argiva de los Mil escapara sin apenas bajas de la batalla, cuando mantineos, atenienses y el resto de los argivos sufrieron numerosas pérdidas. Esto es especialmente llamativo si consideramos que estos λογάδες, término que los autores del siglo V como Heródoto y Tucídides utilizan con idéntico significado que se da a ἐπίλεκτοι desde el IV en adelante, lucharon junto a los mantineos de forma encarnizada en el punto de mayor confusión y dureza, en donde habría de decidirse el combate, y mientras los primeros salieron casi indemnes, los segundos fueron prácticamente exterminados. Tucídides trata de explicar este resultado tan dispar por la tradicional conducta espartana de no perseguir largo tiempo a los enemigos, algo que no es demasiado satisfactorio al afectar tan sólo a parte de los mismos (V,73,4; cf. Hdt. I,82,4; Polyaen. I,16,3; Plu. *Lyc.* 29,9). Diodoro Sículo (XII,79,6), basado en Éforo, da una versión diferente en la que Faracte, un *sýmboulos* de Agis, avisa a éste para que deje huir a la elite argiva. Sin embargo, el relato de Diodoro no ha merecido excesivo crédito por parte de algunos autores, que prefieren hacer descansar todo el peso de la historia en Tucídides, a pesar de que éste fracase en la exégesis de algunos sucesos[29].

Precisamente veremos después que este cuerpo selecto de argivos fue con toda probabilidad el autor del derrocamiento de la democracia en Argos en colaboración con los espartanos. Pero esto no significa, en mi opinión, pensar que hubiera un acuerdo entre lacedemonios y argivos ya en Mantinea en el que tuvieran previsto todo lo sucedido, puesto que los *logádes* se destacaron por su ardor en el combate, sino que posiblemente Agis y sus consejeros fueron conscientes de que los Mil habían quedado como la única fuerza militar significativa en Argos y con ellos, por su condición social y excepcional *aristeía*, sería mucho más fácil el entendimiento con vistas a la instauración de una oligarquía en su *pólis*. En otras palabras, dejar escapar a la elite argiva significaría que podían contrarrestar a las fuerzas democráticas, matarlos significaría que nunca habría cambio político en Argos (Kagan 1981: 132). El poder alinear a los argivos en la liga del Peloponesio seguía siendo una prioridad de la política espartana, esforzada en unir a todo el Peloponeso en su lucha contra Atenas y al mismo tiempo dejar de tener una amenaza en casa. Este objetivo era posible gracias a la presencia de una cada vez más numerosa facción oligárquica en Argos, que anteriormente casi había inclinado la balanza de poder de su lado de no haber sido por Alcibíades y que ahora podría aprovechar la crisis provocada por la severa derrota para actuar en favor de un acuerdo con Esparta.

---

[29]Gomme 1937: 151 piensa que el relato del Sículo es una «tonta historia propia del civilizado Éforo de un aviso para no derrochar vidas en un ataque desesperado». Cf. también *HCT* V,73, 4, donde, aparte de reflejar una idea similar de Gomme, Andrewes cree que éste exagera un poco y que ambos relatos no son tan incompatibles: los espartanos habrían logrado una victoria y no necesitarían exponerla al riesgo de romper la cohesión y sufrir un contraataque que entraña una persecución. De la misma opinión que Andrewes es Lazenby 1985: 133-4, que además llama la atención sobre la posible verosimilitud de Faracte, nombre que portaba el padre de un oficial espartano en Esfacteria (cf. IV,38,1). Woodhouse 1933: 89 acepta el texto de Diodoro, igual que Kagan 1960: 308, 1962: 216 y 1981: 132; también Will 1997: 310 opina que Esparta dejó escapar deliberadamente a este cuerpo aristocrático para que más tarde actuara en su favor dentro de la ciudad, lo que de hecho sucedió. Como siempre Gillis 1963: 221-223 va más allá y habla de un plan de los consejeros, cercanos a los éforos, no sólo para cambiar el régimen político en Argos, sino también para utilizar como propaganda la misericordia de Esparta con los vencidos. Para Losada 1972: 94 y Bultrighini 1990: 137 esta fácil huida, unida al misterioso comportamiento de los generales argivos y de la facción oligárquica, hacen sospechar algún tipo de actividad traicionera en Mantinea, al menos por parte de estos pretendidos oligarcas. Westlake 1968: 324 atribuye los extraños movimientos durante la batalla a la irreflexión de los mandos militares implicados. Por su parte Amit 1973: 160-161 rechaza cualquier conexión entre los oligarcas argivos y el ejército espartano durante el desarrollo de estas campañas en la Argólide y recomienda seguir única y estrictamente el relato de Tucídides.

VI.- LA STASIS ARGIVA[1]

Los Mil constituían un cuerpo de elite del ejército argivo especialmente entrenado en el aspecto militar, libre de otros deberes para con el estado, mantenidos por éste y, según Diodoro (XII,75,7), integrado por τῶν πολιτῶν χιλίους τοὺς νεωτέρους καὶ μάλιστα τοῖς τε σώμασιν ἰσχύοντας καὶ ταῖς οὐσίαις, «mil ciudadanos de entre los más jóvenes y más poderosos tanto por su aspecto físico como por su riqueza». La información del Sículo, tomada con toda seguridad de Éforo, completa la afirmación tucidídea (V,67,2) acerca del oneroso gasto de la *pólis* argiva en el entrenamiento militar de estos soldados escogidos, que en este sentido pueden ser considerados un precedente del conocido batallón sagrado de los tebanos, organizado por Górgidas en 379 (Plu. *Pelop*. 18,1) y de los grupos de ἐπίλεκτοι que proliferan en las ciudades griegas a lo largo del siglo IV. También podemos encontrar antecedentes de una elite militar en la propia Argos, en el llamado Combate de los Campeones que dirimieron a mediados del siglo VI trescientos argivos y otros tantos espartiatas seleccionados para conseguir el dominio de la Tireátide (*vid. supra* cap. IV, págs. 68-69). Hemos visto arriba cómo este tipo de combate es heredero de ancestrales tradiciones dotadas de una fuerte carga ideológica y cultual que implicaban ritos iniciáticos en los que participaban adolescentes de la clase aristocrática, acaparadora de los méritos y virtudes atléticas y militares. La alusión de Diodoro a *neotéroi* en el reclutamiento de los Mil plantea, pues, la incógnita de si su creación ha de relacionarse con un sistema de clases de edad existente en la sociedad argiva, en el marco del cual los jóvenes (*épheboi* o *hebôntes*) prolongan su etapa de entrenamiento militar - ordenamiento que en Atenas adquiere una dimensión institucional con la efebía, documentada como tal a partir del 338, pero sin duda muy anterior- hasta ser incluidos en dicha elite, en cuyo caso ésta funcionaría como receptora de toda una tradición de prácticas de iniciación a la edad adulta[2]; sin embargo, no existe suficiente base para establecer esta conexión con un mínimo de certeza.

Por otra parte, las palabras del historiador siciliota sí nos llevan a pensar que, al menos en su mayor parte, esta elite se componía de personas de alta extracción social, es decir, *áristoi*[3]. Podemos encontrar estos condicionamientos en la mayoría de los cuerpos de elite que se creaban en las diversas ciudades-estado, cuyos integrantes solían distinguirse por su riqueza, egregio linaje y especial entrenamiento militar. W.K. Pritchett recoge diferentes elites, en diferentes *póleis* y en diferentes períodos que ejemplifican lo anteriormente expuesto: los seiscientos siracusanos en 461 (D.S. XI,76, 2), el ἱερὸς λόχος tebano entre 379 y 338 (Plu. *Pelop*. 18,5 y *Moralia* 639 f, con un posible precedente en los trescientos tebanos escogidos que menciona D.S. XII,70,1 como combatientes en Delio en 424, tal vez una traslación temporal que hace el Sículo respecto de los también trescientos que constituyeron más tarde el *batallón sagrado*), los ἐπάριτοι de la liga arcadia (X. *HG*. V,3; VII,4,22; 4,33-34; D.S. XV,62,2; 67,2) y los trescientos eleos (X. *HG*. VII,4,13; 4,16; 4,31), ambos en el siglo IV, a cuyos ejemplos podemos añadir también los trescientos fliasios de X. *HG*. V,3,22-23[4]. En realidad los *Chílioi* no son más que uno de los primeros casos de un fenómeno que adquiere un mayor desarrollo a partir del siglo IV: el intento de hacer descansar la defensa de la comunidad en una milicia profesionalizada integrada por ciudadanos, cuando hasta entonces sólo los espartiatas podían ser considerados profesionales de la guerra (Garlan 1989: 149-150). Todas estas elites militares permanentes son herederas de una tipología más arcaica de λογάδες, aquéllos que con motivo de un suceso concreto eran seleccionados para sacrificar su vida en combate y por ello recibían honores especiales que en ocasiones incluían la heroización, caso por ejemplo de los trescientos orestasios que lucharon contra Esparta en la segunda guerra de Mesenia (Paus. VIII,39,3-5; 41,1) o de los trescientos espartiatas que murieron con Leónidas en las Termópilas (Hdt. VII,205 ss.)[5].

Resulta evidente que estos nobles, por el círculo social en que se desenvolvían, por su educación, que daba preferencia al entrenamiento militar, y por su superior nivel económico, eran conscientes de hallarse en una posición elevada dentro del *políteuma* de la comunidad. El propio aislamiento como milicia especializada y los privilegios obtenidos del estado fomentarían aún más su exclusivismo y su deseo de un régimen oligárquico más acorde a sus merecimientos, mirando a Esparta como modelo ideal lo mismo que cualquier otro grupo oligárquico (David 1986a: 117). Al mismo tiempo la propaganda ideológica

---

[1] Las conclusiones alcanzadas en este capítulo fueron expuestas en una versión anterior, más sucinta: Fornis 1993a.

[2] El punto de partida fueron los estudios de Jeanmaire (1913 y 1939: 540-552) sobre la *krípteía* espartana, rito iniciático a la edad adulta de una pequeña elite, momento en que, según el autor, probablemente se integraban en los *hippeís*, los cuales, a pesar de su nombre, combatían a pie. Vidal-Naquet 1989: 397-398 hace notar también que el batallón sagrado tebano se componía de parejas compuestas por un *erastés* y un *erómenos*, o sea, por un adulto que supervisaba la educación y entrenamiento de su joven amante; cf. *Id*. 1968 y recientemente Cambiano 1993: esp. 115 y 120.

[3] Kagan 1962: 211; Tomlinson 1972: 181; Daverio Rocchi 1990: 30-31. Por contra Wörrel 1964: 130 recela de la posibilidad de que un quinto del ejército argivo fueran jóvenes *áristoi*; Gomme 1937: 151 y Gomme, Andrewes, Dover *HCT* V,67,2 niegan que los Mil fueran forzosamente aristócratas.

[4] Pritchett 1974: 221-224. Nótese la reiteración del número de trescientos en los grupos de *escogidos*, en muchos casos en virtud probablemente del reclutamiento de cien hombres de cada una de las tres tribus dorias tradicionales -aunque Atenas tenía también trescientos *logádes* en Platea según Hdt. IX,21,3-, secuencia que se rompe con nuestro cuerpo de Mil argivos creado en 422. Como ha señalado Rubincam 1991: 185 las cifras de trescientos y mil son las más frecuentes en Tucídides al mencionar las bajas en combate, treinta y cinco veces cada una, por lo que la autora supone que tal vez servían de modelos a los que él o sus informadores recurrían para cuantificar tropas yendo a la batalla o pérdidas humanas tras la misma; esta tendencia a usar números redondos es también subrayada por Krentz 1985: 14. Por su parte Hoffmann 1985: 17 relaciona la cita del millar con el intento de evocar el mundo de los héroes de epopeya.

[5] Más ejemplos en Daverio Rocchi 1990: 17, 34-35, que dibuja en las guerras médicas una especie de línea divisoria entre ambas clases de *escogidos*, en relación con la concienciación de dar la vida por el estado en lugar de por la gloria personal.

transmitida por los *mejores* trabajaba en favor de convencer a las clases inferiores de la necesidad y conveniencia de su dirección al frente de la *pólis* dentro de lo que Ste. Croix (1988: 479-480) ha llamado la «coherente imagen de mundo feliz y conciliador» que se vendía a los sometidos, en general gente campesina e iletrada. En los batallones de elite podemos encontrar reminiscencias del antiguo combate heroico del geométrico, anterior a la transición hacia la falange hoplítica, la cual sin duda comenzó siendo monopolio aristocrático y sólo ulteriormente se fue ampliando al resto del cuerpo social, según se iban asentando las instituciones comunes de la *pólis* arcaica y se diluía el poder de los *basileîs* semiindependientes (Snodgrass 1964 y 1965; Mossé 1967: 8-9; Detienne 1968; Garlan 1975: 85-86; Polignac 1984: 62-64). Conscientes de que detentan privilegios militares, hacen valer estas prerrogativas en el cuadro político y jurídico de la comunidad, aun cuando la definitiva adopción de la táctica hoplítica exigiera una teórica equiparación entre los ciudadanos-soldados que la ponen en práctica. De esta forma es en los grupos elitistas del ejército donde mejor se aprecia la exacta reciprocidad entre privilegios militares y derechos políticos y en este sentido los *elegidos* funcionan como epígonos directos del poder detentado por los héroes en la épica (Detienne 1968: 137). Aunque enunciado con un carácter general y sin referirse a un caso concreto, el polemólogo Yvon Garlan (1993: 95) ha concluido que los cuerpos de *logádes* tenían, por encima de todo, «el interés primordial de imponer la ley a sus conciudadanos». Igualmente, si en la falange hoplítica los combatientes eran miembros de la misma tribu, se conocían y tenían fuertes lazos de amistad o parentesco que fortalecían su voluntad de no retroceder en la lucha, este fenómeno era todavía más evidente entre los integrantes de un cuerpo de elite (Detienne 1968: 134-135; Hanson 1989: 124). En estos grupos de *escogidos* la especial vinculación contraída con su comandante subraya el alejamiento del resto del ejército y de sus correspondientes mandos, más sometidos al control institucional (Daverio Rocchi 1990: 33). Todo ello los hace ideológicamente comparables a los *hippeîs* que integraban los cuerpos de caballería, cuyo estatus social provenía de la cría y mantenimiento del caballo como símbolo de riqueza y prestigio social (Bugh 1988). Argos no tuvo caballería hasta el siglo IV y aun entonces escasa -X. *HG*. VII,2,4 relata su derrota ante tan sólo sesenta jinetes fliasios-, a pesar de tener una cierta tradición en la cría de caballos desde época heroica como recuerdan las leyendas de Adrasto y Anfiarao (Bugh 1988: 90 n. 32; Charneaux 1991: 311-312), lo que tal vez se debiera a la preferencia por sostener económica y socialmente una elite hoplítica más adaptada a las necesidades regionales y rituales de su enfrentamiento con Esparta. Los *elegidos* ocupaban así en la jerarquía socioeconómica el lugar usualmente destinado a los *hippobótai*.

Una visión radicalmente contrapuesta emana del artículo de Hoffmann (1985: esp. 22), quien no sólo niega cualquier privilegio social, económico o político a los *logádes*, sino que llega a afirmar de éstos: «Hoplites eux-mêmes, ils incarnent la fonction militaire dont la permanence est à la mesure de la représentativité. Dépendants économiques, les Choisis sont en effect liés et soumis à la communauté civique qu'ils doivent représenter par-delà ses composantes et défendre contre le danger d'anéantissement». El mero hecho de utilizar un vocabulario de dependencia referido a la elite de ἐπίλεκτοι ya desacredita las conclusiones de un estudio que, por lo demás, se ve limitado a los *hippeîs* espartiatas y a una utilización parcial de las fuentes.

Antes de continuar considero oportuno hacer una salvedad. No obstante su composición, nada indica que *hoi Chílioi* nacieran como institución oligárquica, según han sostenido Gillis (1963: 219) y Alonso Troncoso (1987: 159, 163), probablemente como consecuencia de tener *in mente* sucesos posteriores. Según hemos visto más arriba (cap. IV, pág. 61) la creación de estos *escogidos* se enmarca dentro de los parámetros democráticos que identificaban al gobierno argivo con un claro objetivo de enfrentarlos en un combate restringido a un grupo igual de espartiatas, si bien también hemos matizado que probablemente este cuerpo se benefició de buena parte de los excedentes de producción del estado durante el período de prosperidad. Ver la mano oligárquica tras esta institución no encajaría con el hecho de que Argos demuestre una manifiesta hostilidad hacia Esparta al no querer renovar el tratado del 451 y reclamar la Cinuria. Cualquier gobierno oligárquico mira a Esparta como modelo y apoyo, no como enemiga. Precisamente el objetivo de encarar a Esparta para recuperar la hegemonía en el Peloponeso es recogido explícitamente por Diodoro (XII,75,7) al hablar de la creación de esta elite: οἱ δ'Ἀργεῖοι νομίζοντες αὐτοῖς συγχωρηθήσεσθαι τὴν ὅλην ἡγεμονίαν, para finalmente reincidir en su preparación atlética y bélica: ταχὺ τῶν πολεμικῶν ἔργων ἀθληταὶ κατεστάθησαν.

Pero lo cierto es que la democracia argiva, en su intención de desplazar a Esparta en el Peloponeso, había creado una amenaza potencial para la supervivencia del régimen que finalmente asestaría el esperado golpe aprovechando la crisis por la que atraviesa la ciudad[6]. Hay que remarcar el hecho de que las democracias, incluso la más desarrollada y modélica para las demás, la ateniense, hacían descansar la base de sus instituciones en personajes de alta condición social y *éthos* oligárquico, que copaban buena parte de las magistraturas y cargos de responsabilidad[7], en especial la estrategia, magistratura electiva y no sorteable entre los integrantes de las primeras clases censitarias, que a lo largo del siglo V fue afirmando su control efectivo del estado a través de la política exterior y las finanzas[8]. La dedicación a la política exigía de la

---

[6] Ferguson 1927: 258 ya hablaba de un «peligroso experimento» por parte de la democracia argiva. Me sumo a la opinión de Connor 1971: 48-49, en contra de Adkins 1960: 231 en pensar que los momentos de crisis o guerra en la ciudad no impedían que los *agathoì polîtai* siguieran respondiendo más a los intereses de clase que a los comunitarios.

[7] La idea es perfectamente resumida por Finley 1991: 63-67 al decir que tanto en Grecia como en Roma quedan pocas dudas acerca de un «liderazgo político monopolizado por el sector acaudalado de la ciudadanía»; cf. también Garlan 1975: 154-155; Donlan 1980: 123; Davies 1981: 122-131.

[8] Así el autor conocido como Pseudo-Jenofonte (*Ath*. 1,3) declara que el *dêmos* puede ocupar las magistraturas más beneficiosas, pero deja los importantes asuntos del generalato a los hombres más capaces. Se ha podido comprobar que el 61 % de los estrategos atenienses eran latifundistas (Garlan 1993: 90). Sobre el proceso de consolidación de la estrategia como instrumento de poder en Atenas a lo largo del siglo V, véase Placido 1997b.

disponibilidad de un tiempo libre (*scholé*) al alcance exclusivo de la clase propietaria y sólo en Atenas trató de romperse este monopolio a través del pago por la asistencia a *Ekklesía* y *dikastéria*, gracias a los recursos generados por el imperio (Arist. *Pol.* 1292b 5; cf. Ober 1989: 23). Siempre deseosos de escapar al control institucional del estado y con una conducta muchas veces irreverente hacia la ley común (algunos ejemplos en Pritchard 1991: 77-78), los *áristoi* mostraban una tendencia centrífuga en continua lucha con el desarrollo centrípeto que exigía el orden y el marco impuesto por la *pólis*. Sólo las normas sociales impuestas por la comunidad pueden actuar como freno y regulación de la lucha por el prestigio y riqueza innata en el ser humano, pero más patente en los miembros de las clases superiores (Andreski 1971: 10). En ello reside la debilidad del régimen democrático, siempre dependiente de que los *eugénei* no utilicen este poder e influencia para instaurar una oligarquía. En Atenas, como en Argos, no fueron pocas las sospechas y represalias contra dirigentes que acumulaban excesivo poder o ejercían éste por cauces poco afines a la estructura comunitaria de la *pólis*. Podía llegarse incluso a la paradoja de que el jefe militar servidor de la comunidad pasara a mantener a ésta a su servicio (Garlan 1975: 184).

Sin embargo, hemos de advertir la diferenciación en el reclutamiento entre estos Mil argivos y el cuerpo de *elegidos* atenienses, constatado de forma permanente desde mediados del siglo IV e integrado por hoplitas seleccionados en virtud de los méritos acreditados en combate y no por nacimiento o riqueza (Ps.Aeschin. II,180). Esta mayor «democratización» que el estado ateniense trató de conferir a su elite militar intentaba superar el creciente descenso en cualificación de su ejército tras la reforma militar sin hacer peligrar el régimen democrático, logrando sus primeros frutos en el excelente comportamiento de los *epílektoi* atenienses frente a los eretrios en Taminas en 348 (Tritle 1989: 56). También Daverio Rocchi (1990: 31) ha resaltado el contraste entre el espíritu con que se crea la elite argiva y el que impregna la institución del *demósion* acreditada en otras democracias como Atenas y Tasos, destinada a mostrar el recocimiento de la ciudad a los que caen en su defensa.

Ha quedado suficientemente atestiguada la presencia de elementos oligárquicos en los ámbitos político y militar de Argos, por lo que no hemos de dudar de su estimable participación en este cuerpo que llegó a constituir la médula espinal del ejército argivo. Sin embargo, a mi juicio estos *áristoi* no trabajaron abiertamente en favor de los intereses espartanos, al menos en un principio, dada la profunda hostilidad entre ambas *póleis*, pero cuando la *stásis* se adueñe de la ciudad, los Mil no dudarán en pactar con los espartanos primero y derrocar la democracia argiva después, conscientes de su preponderancia y de la carencia de una oposición organizada que pudiera obstaculizar el logro de estos objetivos (Garlan 1993: 94-95 califica a los cuerpos de elite dentro de las *póleis* de «mercenarios de interior»). Más aún, los *elegidos* probablemente propiciaron y/o fomentaron la *stásis* como fenómeno desintegrador de la *politeía*, aprovechando en su beneficio la desunión cívica producto de la derrota en Mantinea; el valor demostrado en la batalla, acompañado de otras no menos importantes virtudes, les había procurado la admiración de muchos partidarios que ahora consideraban más conveniente para Argos un régimen análogo al lacedemonio,

una vez demostrado el fracaso de su alianza con Atenas (D.S. XII,80,2). En definitiva, los Mil no hicieron sino aprovechar la oportunidad que se les brindaba para encabezar un movimiento integrado por los *gnórimoi* argivos que tenía como objetivo último καταλύειν τὸν δῆμον, es decir, privar al *dêmos* del poder y ello sólo era posible mediante la abolición de la democracia.

La victoria espartana en Mantinea había supuesto el restablecimiento de su control sobre el Peloponeso y de su prestigio militar, devaluado progresivamente desde las derrotas de Pilos y Esfacteria (V,75,3). El triunfo en el campo de batalla tuvo unas consecuencias políticas innegables, porque de un solo golpe Esparta había acabado con el frente democrático nacido en el seno de la península y había recuperado la fidelidad de algunos aliados vacilantes, por lo que de ahora en adelante no volveremos a oír hablar de crítica u oposición a Esparta en la liga que preside, unida otra vez en inmejorable situación para reanudar su lucha contra el imperialismo ateniense. Además de recuperar a Mantinea para su bando, una vez abortadas sus veleidades imperialistas sobre Arcadia, y de neutralizar a los eleos, Esparta iba a conseguir implantar un régimen oligárquico en Argos, aunque fuera por poco tiempo, privando de esta forma a Atenas de sus aliados en el Peloponeso y haciendo que olvide sus sueños de derrotar a Esparta en combate hoplítico. Por otra parte, entre la ciudadanía ateniense se vivía un sentimiento de frustración ante la toma de conciencia de la incapacidad para enfrentarse a Esparta en el Peloponeso que terminará por provocar un giro en la política exterior y que el *dêmos* se entregue a la prometedora y grandiosa expedición a Sicilia (Momigliano 1929; Sanctis 1929; Vattuone 1978: 20). Pese a estos dos grandes choques en Mantinea y Sicilia y a los continuos escarceos de uno y otro bando en la Argólide, Arcadia y Laconia, las hostilidades no se reanudarán oficialmente hasta el 414, con la consabida invasión lacedemonia del Ática, circunstancia por la cual Tucídides afirma que el Peloponeso se mantuvo en calma «a excepción de los corintios, que proseguían su guerra contra Atenas» (V,115,3).

Con todo, la principal ventaja que Esparta obtuvo de la batalla de Mantinea fue que no la perdió, algo que muchas veces es ignorado al abordar el estudio de este período. Plutarco (*Alc.* 15,2) reconoce que un fracaso espartano hubiese significado el final de su hegemonía en la liga del Peloponeso y un golpe del que probablemente no se habría recuperado, mientras que su victoria no había sido decisiva, se había producido a gran distancia de Atenas y sin grandes pérdidas para la misma. Igualmente, Tucídides (VI,16,6) pone en boca de Alcibíades que gracias a él Esparta se jugó el todo por el todo en un solo día sin peligro para Atenas. En definitiva, Esparta había logrado evitar lo que medio siglo después quedó patente en los campos de Leuctra ante los tebanos: el fin de su preponderancia en la Hélade.

Sin embargo, la disolución de la Cuádruple Alianza no tuvo lugar inmediatamente después de la batalla de Mantinea. Un día después de la misma, llegaron los tres mil hoplitas eleos y mil más de Atenas como refuerzo, de nuevo tarde, que junto a los demás aliados emprendieron una expedición contra

Epidauro (V,75,4-5); sólo los atenienses mostraron entusiasmo en las obras de fortificación del Hereo, mientras el resto regresaba a sus ciudades, tal vez porque su interés en continuar el bloqueo del Istmo no era el mismo que el de los primeros (Seager 1976: 268). Si la restauración de *IG* I³ 370 llevada a cabo por West y McCarthy es correcta (1928: 350-351), Demóstenes, recién llegado de Tracia, estaría al mando de este contingente ateniense en sustitución de los fallecidos Laquete y Nicóstrato; sería ésta su primera reaparición en la guerra tras el fracaso de Delio, sin que sepamos el contenido de su misión en Argos -para la cual la inscripción recoge un pago en la segunda pritanía-, ni tampoco la función desempeñada, ya que es mencionado por su nombre y no como general, lo que tal vez indica el carácter privado de su misión (*ibid.*: 352). Probablemente su presencia en Argos tuviera como objetivo dar consistencia a la entente entre argivos y atenienses, en una labor más diplomática que militar que requería un momento tan delicado, un papel que veremos posteriormente desempeñar a Alcibíades. El verano del 418 terminó pues con una alianza argiva diezmada y unida por tenues lazos, principalmente por el fracaso de Atenas en respaldar una sólida política en el Peloponeso.

En el invierno del 418/7 los lacedemonios pretendieron rematar la obra empezada en Mantinea con una nueva campaña contra Argos. Tucídides nos informa de que los partidarios argivos de Esparta encontraban ahora el terreno abonado para actuar por la crisis abierta en la *pólis* tras la derrota. Desde Tegea los espartanos enviaron una oferta de paz por boca de Licas, próxeno argivo en Esparta -en lugar de utilizar el heraldo que exigiría la situación de guerra entre ambos estados-, en una maniobra diplomática encauzada a ganar adhesión entre una ciudadanía argiva presumiblemente desalentada tras la derrota (Alonso Troncoso 1995: 285); la propuesta fue seguida de una amplia discusión en Argos, en donde los oligarcas se manifestaban ahora de forma abierta y franca, haciendo sentir más que nunca el peso de sus reclamaciones. En estos momentos podemos pensar en una conexión directa entre los espartanos y sus seguidores en Argos, según testimonia la presencia del próxeno, figura que a lo largo del siglo V y bajo la influencia del imperio ateniense experimenta una transformación hasta convertirse en un importante instrumento de poder (Davies 1978: 81 ss.) entre cuyas competencias se halla una no declarada consistente en ejercer de intermediario entre una facción conspiradora en el interior de una *pólis* y el ejército atacante o sitiador (Losada 1972: 107; Gerolymatos 1986: *passim*). Esta vez, no obstante, la oferta se hace claramente ante la Asamblea, el órgano que ostenta la capacidad decisoria última -según atestigua el encabezamiento de los decretos, en especial los de proxenía: ἁλιαίαι ἔδοξε τελείαι..., «La Asamblea principal resolvió...» (Charneaux 1958; Rhodes, Lewis 1997: 551)- y no de forma reservada y confidencial como hizo Alcifrón en un momento en que su grupo no era tan fuerte (*vid. supra* cap. V, pág. 77). La oposición democrática se encontraba seriamente debilitada y ni siquiera Alcibíades, de nuevo en el ojo del huracán, pudo impedir que el cuerpo cívico argivo aceptara el acuerdo con Esparta (V,76). Evidentemente, los oligarcas hicieron ver a muchos conciudadanos que era más contundente la presión ejercida por la presencia lacedemonia a las puertas de la Argólide que las palabras vacías de un estadista privado de la estrategia en su ciudad y, por tanto, impedido de ayudar militarmente como quisiera.

En primer lugar se firmó el acto de conciliación (*symbatérios lógos*) entre Esparta y Argos, emanado de la Asamblea de espartiatas, que recogía el abandono del sitio ateniense de Epidauro y la propaganda lacedemonia, sustentada en las *pátrioi nómoi*, de un Peloponeso unido contra cualquier potencia exterior (V,77; cf. Adcock, Mosley 1975: 57; Ostwald 1982: 4, 6-7). Las relaciones continuaron tras la retirada espartana de Tegea y fructificaron en un tratado por el cual los argivos dejaban la alianza con mantineos, eleos y atenienses para firmar una nueva con Esparta por cincuenta años (V,78-79). Lo más destacable de dicha entente era que los argivos renunciaban, al menos temporalmente, a su reclamación sobre la Tireátide o Cinuria, pues se garantizaba la integridad y autonomía territorial de las ciudades peloponesias -tan sólo una profesión de fe, como las futuras acciones espartanas se encargaría de demostrar-, que no estaba reñida con la posición hegemónica conjunta detentada por Esparta y Argos en política exterior (Bengtson 1962: nº 194; Adcock, Mosley 1975: 58; Ostwald 1982: 5-6; Alonso Troncoso 1989: 177). Aunque entendamos esta última cláusula (V,79,3) como «una concesión a la ambición y el orgullo argivos» (Ferguson 1927: 275), a mi modo de ver sería un ardid diplomático con una validez más teórica que práctica, puesto que al trabajar en favor de los lacedemonios los elementos oligárquicos cada vez más influyentes dentro del estado argivo, éste sería un títere que secundaría todas las directrices dictadas por aquéllos, convertidos en realidad en los únicos dueños del Peloponeso⁹. Con el tratado y la alianza Esparta había conseguido del pueblo argivo todo lo que pretendía, por lo que no acierto a comprender dónde ven Gillis (1963: 217) y Mosley (1974: 45) la «magnanimidad» del acuerdo desde el punto de vista argivo, si no es para los propios laconófilos claro está.

El tratado supuso la inmediata ruptura con los atenienses, a quienes los argivos conminaron a marcharse del Peloponeso y a abandonar el sitio de Epidauro, petición que fue aceptada; también enviaron embajadores junto a los espartanos a la costa tracia y a Macedonia, lugares donde Argos tenía gran influencia, para renovar los *spondaí* con los primeros e intentar convencer al siempre interesado y voluble rey Pérdicas para que hiciera defección de Atenas (V,80). Todo ello significaría un fracaso, si bien momentáneo, de la política faccionalista de Alcibíades nuclearizada en el Peloponeso, con ulteriores repercusiones en otras áreas que podían suponer una desestabilización del imperio de Atenas, ya que ésta todavía no tenía bajo su control todas las ciudades tracias rebeldes y necesitaba de la amistad del monarca macedonio tanto para la seguridad del norte del Egeo como para el aprovisionamiento de madera para barcos. El entusiasmo demostrado por los

---

[9] Seager 1976: 268; Andrewes 1992: 440. Cozzoli 1980: 581-582 sí admite esta doble hegemonía en detrimento del resto de los estados peloponesios, entregados a un mayor sometimiento; por el contrario Ehrenberg 1967: 454 n. 65 opina que el tratado elude cualquier afirmación de hegemonía en beneficio de un espíritu de igualdad de derechos y de autonomía política de todos los aliados, dentro y fuera del Peloponeso.

argivos en relación a sus nuevos aliados lacedemonios provocó enseguida la disolución de la Cuádruple Alianza, pues Mantinea, aislada y debilitada, se vio obligada a pactar con los lacedemonios y a renunciar a sus pretensiones hegemónicas sobre parte de Arcadia, mientras los eleos siguieron el mismo camino, aunque no sepamos en qué momento reingresaron en la liga peloponesia (V,81,1; cf. Fornis 1993a: 76 con n. 21). En la amonedación tenemos un claro testimonio de esta desarticulación de la oposición a Esparta tras la batalla de Mantinea. El numerario emitido por la liga arcadia, trióbolos en su mayoría, pierde el carácter federal que poseía desde aproximadamente la década del 470 para pasar a acuñaciones individuales de cada ciudad (Mantinea, Parrasia, Clitor, Herea...), cuya cronología se sitúa en los últimos quince años del siglo V (Kraay 1976: 97-99). En este hecho hemos de ver probablemente un preludio del *dioikismós* impuesto por Agesilao en 385, que completaría la dispersión y autoadministración de cada ciudad arcadia hasta su refundación en 371/0, tras el descalabro espartano en Leuctra (X. *HG.* V,2,3-7; VI,5,3).

El golpe de gracia a la coalición antilaconia en el Peloponeso fue sin duda el derrocamiento del régimen democrático en Argos, la ciudad que había encabezado este movimiento de oposición. Se trata del primer intento espartano de intervenir políticamente en un estado no aliado tras una victoria militar, probablemente siguiendo los métodos que Brasidas había demostrado ser tan útiles durante sus campañas en Tracia (Lintott 1982: 114). Tucídides nos dice que argivos y lacedemonios, mil de cada estado, emprendieron una campaña poco antes de la primavera del 417 en la que, primero los lacedemonios en solitario, establecieron un régimen oligárquico en Sición y después, ya en unión de los argivos, acabaron con la democracia en Argos e instauraron una oligarquía favorable a Esparta[10]. Parece obvia la identificación de estos mil argivos con el cuerpo de elite que escapó de Mantinea y que debía de contar con un amplio, si no único, componente aristocrático entre sus filas[11]. Sin embargo, Tucídides no hace una mención expresa de los mismos y zanja el asunto de forma rápida y escueta, por lo que resultará interesante un acercamiento al resto de las fuentes que abordan esta revolución oligárquica, las cuales han sido en su mayoría ignoradas o rechazadas por los estudiosos, cuyo tratamiento de estos hechos apenas supera la mera paráfrasis del historiador de origen tracio (David 1986a: 113-114).

Diodoro (XII,80,2-3), basado en Éforo, afirma con claridad que los Mil, que habían sido seleccionados de entre el total de ciudadanos y que habían ganado prestigio por su valor y riqueza, disolvieron la democracia e instauraron una oligarquía que se caracterizó por la condena a muerte de los líderes democráticos y la abolición de las leyes. Plutarco (*Alc.* 15,3) también identifica a οἱ Χίλιοι con los revolucionarios argivos que actúan en colaboración con los lacedemonios. Aristóteles (*Pol.* 1304a 9) habla de los γνώριμοι, un término más general para referirse a la aristocracia argiva, sin mencionar expresamente a los Mil. En su relato de la contrarrevolución democrática, Pausanias (II,20,2) implica igualmente a la elite militar argiva. Por último, es posible que el modo en que los oligarcas toman el poder sea descrito por Eneas Táctico en su *Poliorcética*, quien lo pone como ejemplo de las precauciones que hay que adoptar cuando se celebre algún rito o procesión en que el pueblo salga fuera de los límites de la ciudad. Según este autor semianónimo de mediados del siglo IV -en el que muchos ven al estratego arcadio Eneas de Estinfalo-, los conspiradores aprovecharon la procesión de hombres en edad militar con motivo de orar en el Hereo para conservar sus armas y en colaboración con los hoplitas elegidos, ocupar las zonas de la ciudad que les interesaban y llevar a cabo una matanza que sería omitida en el relato tucidídeo (Aen.Tact. 17,2-4). La alusión a hoplitas seleccionados puede ser también una referencia a los Mil (Oldfather 1923: 91 n. 1; David 1986a: 120 n. 32 mantiene sus dudas).

Estas fuentes no contradicen expresamente la información de Tucídides y nos permiten esclarecer la identidad de los revolucionarios argivos[12]. Más problemático resulta en mi opinión aceptar el relato de Eneas, en primer lugar porque habla de una revolución cualquiera en Argos, sin que aparezca siquiera una mención a oligarcas, demócratas, fecha o acontecimiento alguno que nos facilite su identificación con la στάσις del 417 y, por otra parte, porque parece un pasaje demasiado elaborado cuando no tenemos ninguna otra fuente de información acerca de los medios utilizados por los subversores. Mi escepticismo se debe a que el grupo de *epílektoi* y sus partidarios no necesitaban en principio recurrir a acciones clandestinas o a determinados subterfugios si recordamos que habían quedado como la única fuerza militar significativa y que el apoyo y entusiasmo demostrado hacia los espartanos revela una amplia aceptación por parte del cuerpo cívico argivo. En segundo lugar, la narración del Táctico mancha con el delito de sacrilegio (ἄγος) e impiedad la acción

---

[10] V,81,2. Cf. Andrewes *HCT ad loc.* para la lectura e interpretación correcta del pasaje, que impide pensar que los argivos participaron en la acción contra Sición como erróneamente han supuesto Kagan 1981: 136 y Hammond 1987: 366; precisamente el régimen en Sición era ya una oligarquía, por lo que se debió de establecer otra aún más estrecha o se eliminó cualquier atisbo de oposición democrática que adquiriera fuerza. Griffin 1982: 65 considera la intervención espartana en Sición una represalia por su ausencia en la batalla de Mantinea y por la escasa animosidad mostrada contra Argos, pero no explica por qué estos detalles fueron atajados tan de raíz por Esparta, sin duda por la importancia que Sición tenía para las comunicaciones con el norte del Istmo; véase también Skalet 1928: 69.

[11] Así Kagan 1981: 135-137; Hammond 1987: 366; Gehrke 1985: 28 ss. con n. 34; David 1986a: 115 ss.; Hammond 1987: 366; Bultrighini 1990: 138-139; Ruzé 1997: 285. Contra la identificación, Tomlinson 1972: 181, 272 n. 17.

[12] Existe una objeción cronológica al texto de Diodoro, quien afirma que el régimen oligárquico argivo se prolongó por ocho meses, mientras que de Tucídides se desprende que sólo fueron cuatro o cinco, ya que la revolución tuvo lugar a finales del invierno y la contrarrevolución durante las Gimnopedias espartanas de ese mismo año, es decir, en verano (cf. Meritt 1931: 80-81 para la fecha de las Gimnopedias). Busolt 1904: 1256 ve en los ocho meses una imitación del relato de X. *HG.* II,4,21 sobre el régimen de los Treinta en Atenas. Gomme-Andrewes *HCT* V,82,1 plantean que el Sículo pudo confundir la revolución con el primer acuerdo entre argivos y espartanos, porque de otra forma sería retrasar mucho las Gimnopedias, hasta el invierno.

de estos supuestos oligarcas al entrar armados en el altar. No obstante, puesto que sabemos que ciertas acciones suyas fueron objeto de crítica en períodos de predominio político del *dêmos* y a pesar de que éste favoreciera su protagonismo militar, como ocurría por ejemplo con los *strategoí* atenienses, puede que tal vez no resulte tan inverosímil o contradictoria la conspiración para el golpe de estado.

El silencio de Tucídides acerca de la *stásis* argiva es difícilmente justificable, sobre todo porque adolece de las valoraciones y comentarios que habían caracterizado al historiador ático en su tratamiento de otros hechos similares como la lucha civil en Corcira (III,82-83). Descartado el orgullo oligárquico como motivo de la posible supresión deliberada de los horrores cometidos por los aristócratas argivos[13], puesto que Tucídides no renuncia o evita describir las barbaridades realizadas por uno y otro bando -poco después, en V,83,2, reflejará la matanza espartana en Hisias-, es poco lo que puede añadirse en este sentido. No me parece tampoco satisfactoria la explicación de Ephraim David (1986a: 123) de que Tucídides consideraba relevantes los sucesos internos de Argos sólo en la medida en que afectaban al desarrollo de la guerra del Peloponeso, de tal manera que atrajo más su atención la contrarrevolución posterior de los demócratas porque suponía la lucha entre los poderes mayores, Esparta y Atenas, por alinear a los argivos en sus respectivas ligas. Y es que esto mismo podría aplicarse también a la revolución oligárquica, que anuló la alianza argivo-ateniense y propició el afianzamiento de la argivo-espartana. Además, la *stásis* de Argos motivó el definitivo fracaso de la coalición antiespartana en el Peloponeso, así como constituyó un ejemplo sintomático de la interferencia lacedemonia en la política interna de otras *póleis*. Junto a su actuación en Sición y la reorganización de la situación en Acaya, neutral en la guerra con excepción de Pelene, el gobierno oligárquico en Argos significaba un importante pilar en el definitivo asentamiento del poder espartano en el Peloponeso tras la batalla de Mantinea[14]. Esto a mi entender no se puede decir que no tuviera una incidencia en el desarrollo global del conflicto, cuando es sabido que el poder de Esparta se afirma en el control de su propio territorio, agitado por críticas y defecciones desde el final de la guerra arquidámica y ahora de nuevo unido bajo su égida para emprender la guerra jónica o decélica.

Hasta aquí hemos ido analizando los indicios de la actividad llevada a cabo por estos *áristoi* en el seno de la *pólis* y sus contactos con los lacedemonios, instauradores de regímenes oligárquicos allí donde podían. Aunque en el pasaje de Eneas Táctico pretendidamente referido al golpe de estado oligárquico tendríamos el desenlace triunfal de una conspiración contra el gobierno democrático, el fundamento y la base organizativa de los grupos oligárquicos eran sin duda las asociaciones, de carácter netamente ideológico y con un claro objetivo de oponerse a los intereses del estado. Hace ya más de dos décadas desde que Bourriot y Roussel (ambos en 1976) reivindicaron con fuerza en sendas Tesis Doctorales que el surgimiento de la *pólis* no había acabado con la pervivencia de asociaciones menores como *géne*, *phratríai* o *phylaí*, según se venía sosteniendo, sino que estos agrupamientos adquirieron entonces una vitalidad y desarrollo inusitado en el marco de las instituciones cívicas. Sin llegar a aceptar la totalidad de sus planteamientos, lo que nos haría correr el riesgo de poner en tela de juicio todo el bagaje historiográfico anterior (Plácido 1991: 421-422), podemos convenir con Polignac (1984: 16) en que estas formas de agrupación han de entenderse como «lugares indispensables de expresión de la cohesión, de la *philía* que unía a los ciudadanos».

Pero más fuerte aún que los lazos de sangre llegaron a ser la asociaciones políticas en que demócratas y oligarcas, radicales y moderados, se hermanaban en el deseo de un fin común, sin reparar muchas veces en los medios para conseguirlo. Esto se hizo especialmente patente en el siglo V cuando, como bien dice Franco Sartori (1957: 38), heterías y sinomosías se caracterizaban por una audacia y un coraje desmedidos, máxime en situaciones de guerra o *stásis*. Desgraciadamente apenas conocemos la composición y funcionamiento de las ἑταιρεῖαι no áticas, por lo que sólo podemos recurrir a establecer una analogía con las que operaban en Atenas[15]. En este caso tenemos un suceso similar y cercano en el tiempo del cual se ha visto un precedente en la *stásis* argiva del 417, como es la revolución oligárquica del 411 en Atenas, en la que las heterías desempeñaron un papel fundamental. Junto a los diferentes géneros literarios, estos círculos políticos constituían el mejor instrumento de crítica y oposición a la ideología democrática (Carter 1986; Roberts 1994; Ober 1994b). Estas formas asociativas se construían en torno a un personaje destacado de la esfera política, cuyas conexiones personales, a modo de clientelas perfectamente jerarquizadas, constituían el núcleo organizativo de la *hetaireía*. No quedan descartados los vínculos sanguíneos, que subyacen como recuerdo de los círculos aristocráticos arcaicos, aunque adoptan un carácter subsidiario y quedan disimulados dentro del funcionamiento del entramado democrático (Plácido 1997a: 218-219). Aún más importante para el objeto de nuestro estudio es el hecho de que, a través de su especial incidencia en los ámbitos político y judicial, la hetería requería de sus miembros una lealtad que a menudo sobrepasaba con creces la debida al propio estado (Pusey 1940: 220; Chroust 1954: 282). No se conocen heterías integradas por gente pobre, pues se requería

---

[13] Edmunds 1975: esp. 74 y 82 estudia las virtudes y vicios espartanos y atenienses en las situaciones previas a la *stásis* y durante la *stásis* misma en la obra de Tucídides y llega a la discutible conclusión de que éste muestra una inclinación y simpatía por las virtudes lacedemonias u oligárquicas. Cf. también Andrewes *HCT* V,81,2.

[14] V,82,1. Anderson 1954: 85 piensa que esta intervención lacedemonia en Acaya en 417 consistió en el establecimiento de gobiernos oligárquicos, porque Patras y otras ciudades tenían democracias; X. *HG.* VII,1,42-3 las menciona como oligarquías en 367, pero su instauración puede remontarse o no al 417. Cf. también Alonso Troncoso 1987: 235-237.

[15] Merece la pena traer a colación la cita de Elias Bickerman, también recogida por Ste. Croix 1988: 698 n. 33: «el valor de las analogías no es probatorio, sino ilustrativo y, por lo tanto, heurístico: pueden hacernos reconocer ciertos aspectos de los hechos que, si no, habrían permanecido ocultos para nosotros». Para todo lo referente a las heterías atenienses en diversos momentos, véase Calhoun 1913; Sartori 1957; Aurenche 1974: esp. 15-43; Littman 1990: 194 ss.

considerable tiempo libre y medios que sufragaran los gastos de las reuniones, convertidas en suntuosos *sympósia*. Así, en palabras de Connor (1971: 19), estas asociaciones «integraban a una articulada y acomodada minoría». Si en un principio estos banquetes sociales, representativos de los tradicionales ideales aristocráticos, estaban desprovistos de connotaciones políticas, la creciente tensión en la lucha de clases los irá convirtiendo en células conspiradoras que aspiran al derrocamiento del régimen democrático (Sinclair 1988: 141-142).

Se ha dicho, con razón, que para un griego era una humillación intolerable ser gobernado por la facción oponente, haciendo buenas las palabras del espartiata Brasidas en IV,86,5, y para evitarlo no se dudaba en poner la *pólis* en manos de estados enemigos[16]. Son numerosos los casos de «traición» (προδοσία) a la ciudad por una facción, sea oligárquica o demócrata, en la guerra del Peloponeso (Losada 1972: 1-109). Claro que para los griegos el concepto de traición, como el de patriotismo, era muy diferente al nuestro y así, en el marco de la endémica lucha de clases que afectaba a la estructura socioeconómica de los estados helenos, podía resultar natural ver en extranjeros o extraños a la comunidad mejores aliados que los propios conciudadanos, muchas veces auténticos rivales por su condición política y/o social[17]. Y es que desde su propio punto de vista, el «traidor» no actuaba en perjuicio del estado como ente abstracto, sino contra sus opositores políticos, a los que había que derrotar para recuperar una *pátrios politeía* que tanto demócratas como oligarcas hacían suya. Precisamente este trabajo interno de los oligarcas argivos suele coincidir con movimientos de presión ejercidos desde Esparta, quien era consciente de la práctica imposibilidad de tomar una *pólis* amurallada por asalto (*vid. supra* cap. III, pág. 25 con n. 8) y mantenía esta conexión con los *olígoi* argivos para evitar la pérdida de vidas espartiatas en nuevas batallas, algo que podría acarrear serios peligros en Laconia a causa del alto porcentaje de población dependiente (como había sucedido por ejemplo en Esfacteria; cf. Losada 1972: 32). Finalmente, los *áristoi* argivos aprovecharon la presencia del ejército lacedemonio a las puertas de la Argólide pues cualquier revolución interna aumentaba claramente sus posibilidades de éxito si contaba con la ayuda de una potencia exterior (Ste. Croix 1988: 339). Es entonces cuando debemos suponer la unión de todos los grupos oligárquicos de Argos, con base tanto en la organización de clanes y tribus como en las asociaciones políticas, superando sus diferencias -que no es poco, dada la constante lucha por el poder en su seno y el afán de superación sobre los demás que regía el *agón* aristocrático- para aplastar la democracia, de igual modo que sucedería en Atenas seis años después. Hasta ese momento los *epíphanai* trabajaron en secreto en todos los órdenes, incluyendo como hemos visto el desempeño de magistraturas y cargos públicos, lo que les permitía mantener alta su influencia y prestigio, siempre en busca de una ayuda espartana necesaria para superar la tradición democrática existente en Argos.

Naturalmente el triunfo de los conspiradores suponía inmediatas represalias contra sus oponentes políticos en forma de ejecuciones, destierros y confiscaciones, pues a finales del siglo V era más fácil ser radical que moderado (Pusey 1940: 225; Chroust 1954: 286). Por otra parte, de la nueva constitución establecida no conocemos más que su tendencia prolacedemonia, aunque Gehrke (1985: 29) y Bultrighini (1992: 139) suponen que se trataba de una *politeía* básicamente hoplítica, similar por tanto a la que en Atenas dejó el poder en manos de los Cinco Mil en 411. Con ella la *stásis* había cristalizado en una *metabolè politeías*: una transformación en la forma organizativa y en la ley que reglamentaba la vida comunitaria. Ahora se imponía el orden dictado por los *mejores*, que a su vez se presenta como el mejor posible (βελτίστη πολιτεία). El lenguaje de Tucídides, Diodoro, Pausanias y Eneas sugiere que también hubo derramamiento de sangre en la lucha civil que se estableció en Argos durante estos meses del 417, pues los oligarcas apenas disfrutaron de su gobierno, derrocado a raíz de la contrarrevolución emprendida por los demócratas a finales del verano aprovechando que Esparta celebraba las Gimnopedias. La lucha en las calles dio la victoria al *dêmos* ante la desesperación de los *olígoi* por el retraso de los lacedemonios; cuando al fin éstos pospusieron las fiestas y llegaron a Tegea, se enteraron del triunfo democrático y regresaron para continuar sus celebraciones, ignorando las peticiones de ayuda de los oligarcas (V,82,2-3). La *metabolè politeías* fue deshecha, o tuvo lugar una nueva para ser más precisos, la Constitución oligárquica retirada y el gobierno volvió a manos de la facción demócrata prevalente.

Esta vez Tucídides sí se extiende más en los detalles de los hechos como las condenas a muerte y exilio de los oligarcas, consecuencias del odio popular hacia un gobierno que se había caracterizado por la violencia y los excesos, según afirma Diodoro (XII,80,3). Plutarco (*Alc.* 15,4) también recoge el levantamiento en armas del *dêmos* en defensa de la democracia y en contra del régimen oligárquico. Pausanias (II,20,1), en una romántica historia que trata de explicar la caída del gobierno de los *olígoi*, hace de Brías, comandante de los Mil, el causante de la sublevación popular cuando rapta y viola a una joven virgen en su cortejo nupcial. Este relato ha merecido escaso crédito, sobre todo porque la chispa espontánea que desencadena la contrarrevolución parece incompatible con la paciente espera del momento oportuno en las Gimnopedias espartanas por parte de los *prostátai* demócratas que se desprende del pasaje tucidídeo[18].

---

[16] Calhoun 1913: 141; Pusey 1940: 221; Chroust 1954: 286; Ste. Croix 1954/5: 29-30; Sartori 1957: 48; Pritchard 1991: 78. Cf. también Larsen 1962: 231 que, evocando al «Viejo Olicarca», plantea la dicotomía de someter a los oponentes políticos o ser sometido por ellos.

[17] Como Herman 1987: 161 opino que las nociones de traición y patriotismo esconden siempre un trasfondo de conflicto de clases. Cf. también la siempre interesante reflexión de Finley 1977a y 1991: esp. 122-123 sobre el patriotismo heleno, «apelación harto débil cuando estaba en pugna con otros intereses a él superiores» (1977a: 200), y el caso de Alcibíades como antiparadigma del mismo.

[18] Busolt 1904: 1263 n. 2; Andrewes *HCT* V,82,1. Los demás autores no tienen en consideración el relato de Pausanias con excepción de David 1986a: 122 y Bultrighini 1992: 140-141, quienes al margen de la acción de Brías aceptan la historia como complemento del relato tucidídeo y exponente de la virulencia de la contrarrevolución democrática; así Bultrighini piensa que el compendio pausaniano resume perfectamente «la evolución en

Los espartanos convocaron a sus aliados para decidir cómo actuar en relación a la lucha civil entablada en Argos y al final se votó por mandar una expedición que fue retrasada en varias ocasiones (V,82,4). Ciertamente es difícil entender la tranquilidad o desidia con que las instituciones espartanas intentaron mantener la oligarquía en Argos, sobre todo si tenemos presente el esfuerzo empleado en instaurarla. Kagan (1981: 139-140) ha pensado que debió de existir una división de opinión en Esparta a este respecto entre «belicistas» y «pacifistas» en la que estos últimos tomarían conciencia de que la mayoría del *dêmos* argivo sólo esperaba el momento de rebelarse, mientras que eran sólo una minoría los que habían colaborado en el nuevo régimen; así, estos espartiatas moderados preferirían mantener un tratado con un estado argivo democrático y estable y su oposición retrasaría el envío de la expedición de ayuda a los oligarcas[19]. El autor norteamericano ha elaborado esta hipótesis a partir de la premisa de que los embajadores argivos en el congreso de aliados peloponesios eran enviados demócratas -al margen de los oligarcas también presentes- que pretendían legitimar su poder y establecer relaciones amistosas e incluso una alianza, pero los aliados finalmente se decidieron por ayudar a los oligarcas. Sin embargo, Kagan no aporta pruebas que avalen tal teoría, por lo que en mi opinión todo queda en pura conjetura y no hay motivos para no aceptar o ver mucho más allá de lo que nos dice V,82,4. Asimismo, tenemos que recordar que la eliminación de los elementos proespartanos en Argos no fue tan sencilla -según veremos más abajo-, revelando una notable pervivencia de su movimiento tras las represalias adoptadas por la facción demócrata.

Lo cierto es que el retraso espartano dio tiempo a los demócratas argivos para mirar de nuevo a Atenas e intentar convertir su *pólis* en otra «isla temistoclea» con la construcción de unos Muros Largos hasta el mar que evitarían un posible bloqueo por tierra y posibilitarían el abastecimiento por mar. Tucídides destaca el ardor puesto en la obra por todo el *dêmos* argivo, mujeres y esclavos incluidos, que contaron además con la ayuda de carpinteros y canteros venidos de Atenas (V,82,5-6). Plutarco (*Alc.* 15,4) atribuye esta última acción a la instigación de Alcibíades, que no es mencionado por Tucídides, aunque es asumible que si el estadista ateniense había sido el principal promotor de la alianza con Argos y tenía estrechos lazos en ella, fuera también el responsable de los esfuerzos por reanudar las relaciones entre ambas *póleis* (cf. Brunt 1952: 90).

Las obras de fortificación que pretendían unir Argos y su puerto de Temenio eran más preocupantes para Esparta, ya que podían hacer a la ciudad menos vulnerable a las invasiones de la Argólide, por lo que en ese invierno del 417/6 los lacedemonios y sus aliados, con excepción de los corintios, por fin salieron en campaña contra Argos. Tucídides (V,83,1) nos dice que seguía existiendo gente en el interior de esta *pólis* que trabajaba en favor de Esparta, incluso después de una matanza de oligarcas que en Diodoro (XII,80,3) parece haber sido completa. Sin embargo, esta *factio* no pudo poner en práctica el plan espartano para tomar la ciudad en lo que hubiese constituido la segunda interferencia lacedemonia en pocos meses en los asuntos internos de Argos. Al menos Esparta pudo demoler las murallas construidas, que no habían podido ser acabadas en el verano por la considerable distancia de Argos al mar, unos nueve km, y tomaron Hisias, una aldea de la Argólide sin murallas o defensas de consideración, donde mataron a todos los hombres de condición libre (V,83,1-2).

Tal vez fuera una cruel represalia por su frustración en relación a los sucesos de Argos, pero en mi opinión, la elección de Hisias es significativa porque, si hacemos caso de Pausanias (II,24,7), nuestra única fuente, en este lugar los argivos, posiblemente dirigidos por su rey-tirano Fidón, infligieron a Esparta en 669 su única derrota en combate terrestre hasta entonces, gracias a la utilización de la táctica hoplítica, todavía no adoptada plenamente por los lacedemonios (*vid. supra* cap. V, pág. 81 n. 27; Moggi 1974a: 1257 acepta el testimonio de Paus. VIII,27,1, junto a la designación tucidídea de *chorion* para Hisias, como prueba de que ésta había sido absorbida mediante sinecismo por Argos en la década del 460). El escarmiento de Esparta tiene el valor de una advertencia a los argivos para que no vuelvan a desafiar el poder lacedemonio en el Peloponeso, lo que en efecto no se volverá a producir. De todas formas, como señalan Gomme y Andrewes (*HCT* V,83,2), hay que destacar la escasa atención que ha merecido la masacre espartana de Hisias tanto en fuentes antiguas como en autores modernos, los cuales no han moralizado sobre la posible degeneración espartana bajo la presión de la guerra.

Seager (1976: 269) resume de forma clara el breve paréntesis oligárquico en Argos cuando dice que «el triunfo de Esparta había sido tan inconcluso y superficial como el desafío de Argos a su poder». La democracia llevaba décadas de vigencia en Argos, si bien, todavía en mayor medida que en Atenas, descansaba sobre la predisposición de los *áristoi* que detentaban buena parte del poder político para servir a los intereses globales de la comunidad; el peligro para la supervivencia de la *demokratía* se encontraba dentro y no fuera del estado argivo, dispuesto a aflorar con inusitada fuerza en momentos de presión externa o tensión interna entre los grupos políticos. Pero más difícil resulta pensar en una colaboración duradera de los argivos con sus sempiternos enemigos lacedemonios, contra los que desde antaño tenían no sólo las usuales reclamaciones territoriales que afectan a estados vecinos, sino también de orden hegemónico sobre la península sede prevalente del dorismo.

La ausencia corintia del ejército peloponesio durante esta campaña y la siguiente de VI,7,1 merece un comentario. El único que parece valorar el significado de este hecho es Kagan (1960: 309), que se reafirma en su idea -que yo he aceptado

---

sentido político de una institución en origen exclusivamente militar», mientras que la alusión a Brías sería una especie de parábola para ilustrar la oposición popular a la autoridad de los Mil.

[19] Busolt 1904: 1264-1265 atribuye la demora espartana en la expedición a un menosprecio del peligro en un principio que les impediría llegar a tiempo, pero Kagan rechaza esta interpretación porque los lacedemonios llegaron a interrumpir las Gimnopedias, si bien sigue a Busolt en la sospecha de un intento de alianza por parte de los embajadores argivos en Esparta. Goodman, Holladay 1986: 159 admiten la sinceridad de los escrúpulos religiosos lacedemonios como causa del retraso en la intervención y si finalmente las Gimnopedias fueron suspendidas temporalmente se debería a que estas fiestas no eran para ellos tan sagradas como las Carneas o las Jacintias.

aquí- de que Corinto y más específicamente su clase dirigente, no quería ver a Argos alineada en el bloque de Esparta para que ésta no perdiera su motivación de combatir de nuevo a la *arché* ateniense; la privilegiada posición de Corinto en la liga peloponesia se basaba en la amenaza de una poderosa e independiente Argos y si ésta se convertía en un satélite de Esparta los corintios podrían perder este papel preponderante en beneficio de los argivos (Kagan 1981: 141-142), bien es cierto que tampoco desearían arrojar a éstos en manos de Atenas (Busolt 1904: 1264 n. 2; Salmon 1984: 330). Aunque Kagan no lo explica convenientemente, creo que está pensando en la cláusula del tratado entre argivos y espartanos que señalaba al establecimiento de una hegemonía conjunta en el Peloponeso, pero como he argumentado arriba, el gobierno argivo seguiría en realidad las directrices procedentes de las instituciones espartanas, por lo que es difícil que Argos pudiera oscurecer la función en la liga de un estado corintio siempre poderoso por su situación geográfica, esencialmente como medio de enlace con los aliados de Grecia central y por la fuerza de su régimen oligárquico moderado que no permitía la interferencia espartana en su política interna (cuando éstos lo intentaron, Corinto no dudó en oponerse decididamente, según demuestra su participación en la guerra de Corinto). La inseguridad de Kagan en este aspecto le hace especular incluso con la posibilidad de que Corinto viera con recelo este intento de manipular los asuntos internos de sus aliados (1981: 142). Sin embargo, la ausencia de tropas corintias no se explica suficientemente si consideramos que con esta campaña contra Argos podría privarse a Atenas, la peor enemiga de los oligarcas en el poder, de su mejor aliado en el seno del Peloponeso.

En cuanto el ejército de Agis se retiró, los argivos emprendieron campaña contra Fliunte, donde Tucídides (V,83,3) nos dice que habían encontrado refugio la mayor parte de los oligarcas argivos exiliados. Fliunte era una *pólis* de sólido régimen oligárquico, fiel a Esparta y relativamente cercana a Argos como para poder dañar sus intereses (Gomme, Andrewes *HCT* V,83,3). Ya en el verano del 416, Alcibíades, que probablemente era de nuevo estratego si aceptamos la información de Diodoro (XII,81,2-3), navegó con veinte barcos a Argos y tomó allí como rehenes a trescientos sospechosos de ser simpatizantes de los lacedemonios, a quienes deportó a las islas del Egeo (V,84,1; cf. VI,61,3 para el destino de estos rehenes filolaconios). Concluye por último el historiador siciliota (*ibid.*) que Alcibíades ayudó decisivamente a establecer la democracia sobre una firme base antes de regresar a Atenas.

De estos momentos data la inscripción que da fe de la renovación de alianza por cincuenta años entre atenienses y argivos (*IG* I³ 86). La aparición de la pritanía de Eante en l. 2 y en *IG* I³ 370 l. 29 no permite albergar dudas sobre que el decreto fuera pasado en 416 (Meritt 1945: 125; Andrewes *HCT* V,82,5 y VIII,73,3). Pero en este decreto observamos un cambio sustancial respecto al espíritu que insuflaba a la Cuádruple Alianza: no hay constancia de que esta nueva entente tenga un carácter ofensivo. En efecto, si la coalición del 420 nació bajo el presupuesto de ὥστε τοὺς αὐτοὺς ἐχθροὺς καὶ φίλους νομίζειν, «reconocer los mismos amigos y enemigos»,
en la del 416 encontramos la tradicionales cláusulas que prevén ayuda militar sólo en caso de invasión del territorio por parte de otro estado, aquí identificado específicamente con los lacedemonios: ἐὰν ἐσβάλλοσιν ἐς τὲγ γῆν τὲν Ἀργείον ἐπὶ πολέμοι ἒ Λακεδαιμόνιοι ἒ ἄλλος τις, βοηθεῖν...[20] Además, si en el primer tratado el estado invadido requeriría la ayuda que estimase necesaria de sus aliados (V,47,3-4), en la renovación del mismo se especifica una suma desglosada del tributo ateniense para el empleo en este supuesto, lo que supone una evidente limitación ante una nueva e hipotética implicación de Atenas en el Peloponeso (líneas 10-11; cf. Andrewes, Dover *HCT* VIII,73,3). En el intervalo de cuatro años que separa a las dos alianzas se había producido una variación significativa en la idiosincrasia que presidía las relaciones entre Argos y Atenas, variación articulada en torno a dos ejes polarizadores como son el fracaso en Mantinea y la consiguiente progresiva desatención de Alcibíades hacia la vía política que identificaba los intereses de ambas *póleis*, abruptamente cortada al cabo por su huida de Atenas a Esparta.

La mejor prueba para verificar el punto de vista que acabo de exponer resulta de incardinar en los adecuados parámetros cronológicos el contenido de este decreto a través de la observación de sus efectos en la política internacional. En primer lugar se produce por parte de argivos y atenienses el práctico abandono de la estrategia terrestre conjunta encaminada a enfrentarse a Esparta en el Peloponeso: VI,105 pone de manifiesto que los atenienses, a pesar de los continuos ruegos argivos, se habían limitado a participar con éstos y los mantineos en razzias por el Peloponeso que no afectaban a la propia Laconia, con objeto de no violar el tratado de paz que les unía todavía con Esparta. Por otro lado, la intervención en la campaña de Sicilia de argivos, igual que la de mantineos, se debe a la *pístis* o la *philía*, una suerte de *devotio* o fidelidad de estos pueblos hacia la figura de Alcibíades, fundada en las clientelas que el estadista ateniense tenía en la Argólide y Arcadia (VI,29,3; 61,3 y 5; Plu. *Alc.* 19,3 hace extensivo el carisma de Alcibíades a todos los *naûtai* que habían de navegar a Sicilia, aunque también pone especial énfasis en mantineos y argivos). Esta vinculación puede verse reforzada por el ánimo de lucro de estas tropas, a las que Tucídides alude también como movidas por τῆς παραυτίκα ἕκαστοι ἰδίας ὠφελίας, «por el inmediato beneficio personal de cada uno»[21]. Se trata

---

[20] Líneas 6-7. Esto supone no aceptar la postura de Alonso Troncoso 1989: 177 en favor de considerar que las líneas 12-13 y 22 desprenden un neto sentido ofensivo; en vista del mal estado de la piedra, ampararse exclusivamente en estas cláusulas que se refieren a posibles conversaciones con los lacedemonios no me parece una argumentación demasiado convincente, como tampoco lo es la existencia de puntos de fricción que prácticamente garantizarían el estallido del conflicto, según ha postulado Levi 1955: 368. En la línea de ver en este decreto una *epimachía* defensiva están Bengtson 1962: n° 196 y Bonk 1974: 30-31.

[21] VII,57,9. El que Tucídides prácticamente identifique a los hoplitas argivos con mercenarios como los mantineos, quienes sí son designados propiamente como μισθοφόροι, hace poco probable que estas tropas fueran pagadas por el estado argivo, hecho por el cual también podrían ser denominados *misthophóroi*, es decir, en su acepción de cobrar el *misthós* o paga por el servicio militar del mismo modo que ocurría en Atenas. Anteriormente (VI,43) el historiador no se refiere a las fuerzas argivas ni como

pues de un claro ejemplo de lealtad al individuo, al *hegemón*, quien les puede proveer con el tan necesario *misthós*, vital para pueblos cuyo territorio es escasamente productivo (Plácido 1993a: 99). Sin duda Alcibíades difundió a través de sus contactos en Argos la promesa de un cuantioso botín (*kérdos*) obtenido con la dominación de la isla, de forma similar a como se lo hizo comprender a sus conciudadanos atenienses que votaron la partida de la expedición. De ahí el miedo que los atenienses tenían a que la llamada de Alcibíades para responder a las acusaciones de parodiar los misterios eleusinos y profanar los hermas pudiera desembocar en la retirada de los contingentes mantineo y argivo (VI,61,5). No podemos olvidar tampoco que es sólo cuando Alcibíades es llamado a Samos por los dirigentes de la flota ateniense que los argivos envían una embajada de apoyo a él y a los demócratas exiliados frente al régimen de los Cuatrocientos (VIII,86,9).

Al abrigo de esta interpretación y aunque el(los) proponente(s) del decreto se han perdido, puede argüirse con verosimilitud que se trataba de Alcibíades, principal baluarte y defensor de la entente con los argivos, o de alguno de sus clientes políticos[22]. El carácter defensivo del acuerdo responde a las necesidades de uno y otro bando. La oportunidad de vencer a Esparta en tierra que se había presentado en 420, se había perdido en los campos arcadios y con ella y la *stásis* interna posterior Argos había sufrido un notable debilitamiento en su poderío militar. Por su parte, en Atenas la estrella de Alcibíades no declinaba, pero su labor política se encauzaba hacia otro ámbito, el sueño de conquistar Sicilia. Convenía dejar atados los asuntos peloponesios mediante la concreción de un nuevo tratado con la reinstaurada democracia argiva, una alianza que supusiera ayuda mutua y en la práctica limitada en caso de invasión lacedemonia. Todo ello pasaba por asegurar la continuidad de la frágil democracia argiva, visto el calado del sentimiento oligárquico en el tejido social y el encarnizamiento de la lucha fáctica, bajo cuyo funcionamiento institucional era únicamente posible la vigencia de la entente. La caída del grupo político demócrata, aunque en realidad en él colaboraran importantes personajes argivos vinculados a Alcibíades, y su sustitución por un régimen oligárquico, supondría ver otra vez al estado argivo alineado en la liga que preside Esparta.

No hace mucho ha venido a sumarse una nueva evidencia epigráfica para estos convulsos años. Se trata de una estela hallada al suroeste del Ágora argiva que recoge una inscripción, sólo conservada en su parte inferior, prescribiendo severas penas para aquéllos que cometan negligencia o traición contra la ciudad, a fin de evitar acontecimientos recientemente acaecidos, citados seguramente en el fragmento perdido de la estela (Mitsos 1983: 243-246). El tipo de letra nos remite, en opinión de Mitsos (*ibid.*: 246), al segundo o tercer cuarto del siglo V, mientras la lectura de la palabra Λακεδαιμόνιοι en la línea 15 nos sitúa en la mutua hostilidad y continuos enfrentamientos desplegados por espartanos y argivos a raíz de la paz de Nicias. Resulta así coherente la hipótesis de trabajo avanzada por este autor de atribuir el decreto a la *factio* democrática argiva, poco después de su restauración al frente del estado en 417 y respaldada diplomática y militarmente por Atenas, en previsión de ulteriores disturbios civiles o actividades desarrolladas por opositores a su régimen (*ibid.*: 248). Los demócratas tratarían de evitar más intromisiones lacedemonias en su política interna destinadas bien a la instauración de una oligarquía, bien a incorporar a Argos en la alianza peloponesia. La reiterada presencia y manifestación de grupos argivos de tendencia filolaconia hacía temer nuevas conspiraciones nacidas del interior, que combinadas con el reciente fortalecimiento militar espartano tras la batalla de Mantinea y la reticente ayuda ateniense, podrían poner en peligro la continuidad tanto del régimen democrático como de la autonomía política del estado argivo.

Así pues, por lo expuesto hasta aquí, hemos de ver los acuerdos de alianza entre argivos y atenienses a la luz de las relaciones de poder personal entre Alcibíades y sus destacados huéspedes argivos, a los que hemos visto estaba unido por pactos de ξενία. Al igual que en 420, el político ateniense se encargaría de canalizar a través de las instituciones comunitarias los intereses propios, determinados por la red de amistad ritualizada que mantenía con diversos integrantes de la elite social argiva, red que sin duda sería sustentada por continuadas prácticas evergéticas. No en vano estamos hablando del individuo del que tenemos constatados más pactos de *xenía* (cf. el expresivo cuadro de Herman 1987: apénd. C), no sólo con prominentes personajes de *póleis* peloponesias (Argos, Esparta, Mantinea), sino también del norte de Grecia continental (Tracia), el Egeo/Asia Menor (Éfeso, Mileto, Quíos, Selimbria) e incluso Persia. Los *xénoi* de Alcibíades habían conseguido, a través de su actuación como *prostátai toû démou*, lo que Cleón no pudo en 425 en una coyuntura estratégica más favorable y en la cima de su poder, el acercamiento entre las democracias argiva y ateniense. Se requería, pues, de individuos que prestigiasen la política ateniense ante el *dêmos* argivo a modo de campaña propagandística, en un momento además en que la *arché* ática se presentaba como defensora de los regímenes participativos para la masa ciudadana frente al exclusivismo social significado por Esparta. En definitiva, Atenas necesitaba de los vínculos personales de Alcibíades. Esto no es algo extraño o que entre en contradicción con la naturaleza de la *pólis* misma, no es más que la utilización de los canales privados por parte de los más antiguos y prominentes *géne*, preferentemente en política exterior, para influir y actuar en determinados ámbitos geopolíticos que le son favorables, por tradición o herencia, en teoría para defender los intereses de su comunidad, pero en la práctica con el peligro de que el individuo, su familia y su clientela sociopolítica resultasen más beneficiados que la propia *pólis*. Actitudes y prácticas similares, aunque en momentos diferentes, parecen ser llevadas a cabo por Calias en las colonias calcidias de Italia, por Formión en Acarnania, por Lampón en Catania y por Diótimo

---

mercenarias ni respondiendo a obligaciones de tratado, sino que se limita a colocarlas entre ambos tipos de contingentes.

[22] Meritt 1945: 125 ha señalado que esta asunción no tiene que ser necesariamente correcta y ha apuntado otra posibilidad, bastante menos plausible según él mismo reconoce: que fueran los συγγραφεῖς los promotores del decreto. Por su parte Andrewes, Dover *HCT* VIII,73,3 no excluyen que Hipérbolo, en su afán belicista y como opositor a la paz de Nicias, se alineara con Alcibíades para obtener de la Asamblea la firma del tratado.

en Nápoles, haciendo de ellos auténticos «expertos» en política occidental al servicio del imperio ateniense (cf. apéndice n. 15). Lo mismo que la intervención de Alcibíades en 420 evitó el acercamiento de los argivos a Esparta y les alentó a la alianza con Atenas, es muy posible que sin su compromiso continuo y su ardua labor política en el interior de Argos, ésta hubiera regresado a la neutralidad previa a la paz de Nicias, comprobado el fracaso de la coalición que había encabezado junto a Atenas y que repetía a su vez los decepcionantes resultados de la primera guerra del Peloponeso.

A pesar de estos esfuerzos personales de Alcibíades y sus *xénoi* -quienes no por presentarse como antilaconios eran de naturaleza menos oligárquica que sus rivales- por despejar de enemigos políticos la clase gobernante en Argos, su éxito no fue completo, ya que en el invierno del 416/5 las fuentes literarias vuelven a hablar de *olígoi* conspirando dentro de la ciudad en favor de Esparta, la cual interrumpió una campaña al no serles propicios los sacrificios fronterizos; de nuevo asistimos a las represalias de los demócratas, no demasiado efectivas, pues hubo oligarcas que escaparon (V,116,1). Estos hechos sugieren fuertemente que el movimiento proespartano en Argos estaba lejos de haber sido erradicado. La conspiración seguía estando presente en el seno del estado, mientras los exiliados refugiados en Fliunte (*vid. supra*) no cejaban en su empeño de poner en peligro el inestable régimen democrático mediante escaramuzas y emboscadas del tipo de la relatada por V,115,1, que acabó con la vida de ochenta hombres. Resulta difícil creer, con estos datos, en el éxito de la llamada a la reconciliación hecha por los demócratas a los oligarcas, simbolizada por rituales de purificación y la erección en el Ágora de una estatua en mármol de Zeus Miliquio encomendada a Policleto, de la que nos informa Pausanias (II,20,2). Casi medio siglo después, entre mil doscientos y mil quinientos *gnórimoi* fueron muertos por el *dêmos* argivo en ese paroxismo de violencia que fue el *skytalismós* o «bastonada» del 370 (D.S. XV,57,3-58,4; Plu. *Moralia* 814 b); Eneas Táctico (11,7-10) relata un «segundo intento de los ricos contra el *dêmos*», posterior por tanto al del 417 y anterior al del 370 (David 1986b aporta convincentes argumentos para situarlo en los años siguientes a la Paz del Rey), que fue abortado en su gestación por la prudencia y frialdad de un *prostátes toû démou* no identificado. Ambos ejemplos dan idea del alto porcentaje de población ciudadana adscrita a la ideología de las clases acomodadas, es decir, del alcance y calado del sentimiento oligárquico en un estado como Argos que se confiesa abiertamente democrático.

La acumulación de poder en manos de los huéspedes de Alcibíades y la propia implicación de éste en la política interna argiva llegó a tal punto que en 415 los primeros se hicieron acreedores de la sospecha de atentar contra el *dêmos* (VI,61,3), denotando más bien la aspiración a un régimen oligárquico que a uno tiránico, en un claro síntoma de la inestabilidad reinante en el foro político argivo. Su intentona fracasa y termina en otro baño de sangre en donde las ejecuciones, según Diodoro (XIII,5,1), alcanzan a todos los conspiradores. La razón que justifique la acción emprendida por estos ιδιόξενοι o «amigos particulares» del ateniense probablemente haya de encontrarse en el debilitamiento de la facción proespartana, que aún pervivía aunque afectada por diversas purgas, y en el desvío de la ambición imperialista de Alcibíades hacia el Occidente colonial, lo que motiva la búsqueda por parte de estos destacados argivos de un control del aparato de poder. Si su presencia dominante en éste, con la importante mediación de Alcibíades, no puede ser garantizada a través de las instituciones democráticas, se hace necesario el derrocamiento de las mismas. Como hemos señalado anteriormente, el barniz democrático de estos *prôtoi* de la ciudad argólica, que se presentan como *eúnous toû démou*, «bien dispuestos hacia el *dêmos*», escondía en realidad un transfondo oligárquico y el deseo inherente a la clase superior de un régimen acorde a sus aptitudes y merecimientos (Ste. Croix 1972: 41-42). Al igual que ocurre con su modelo y *hegemón*, Alcibíades, demócrata por interés, en estos nobles «se confunde el apoyo popular con las aspiraciones a la tiranía»[23]. Todo ello pone de manifiesto que los términos de demócratas y oligarcas equivalen en definitiva a los de ricos y pobres y que, por tanto, nos encontramos ante la lucha de clases, de carácter netamente económico, que subyace inevitablemente a toda *stásis* o conflicto político interno (Arist. *Pol.* 1279b 6-7; 1291b 19). Así, la democracia argiva se encontraba en permanente mutación, sacudida por continuos movimientos de uno y otro lado encaminados a destruirla. Lejos de concluir, la *stásis* había desencadenado un período en que cada facción trataba de imponerse a las demás haciendo uso de cualquier método a su alcance, lícito o ilícito, constitucional o violento.

Pero, además, la inmediata repercusión de estos sucesos hizo acrecentar en la Atenas del 415 los rumores sobre el talante despótico de Alcibíades, sospechas que habrían de culminar con el envío de la nave Salamina a Sicilia para su retorno y encausamiento (VI,53) tras su supuesta implicación en el delito de *asébeia* contra los hermas y los misterios eleusinos, causantes ambos de temores y nefastos presagios entre la ciudadanía (véase la minuciosa reconstrucción de estos actos impíos y de su repercusión sociopolítica y religiosa en la ciudad llevada a cabo recientemente por Furley 1996). Si la parodia mistérica no pasaba de ser una burla de carácter privado, la mutilación de los pilares fálicos consagrados al dios de los caminos sí tenía una trascedencia política y fue probablemente dictada por el interés de aquellos atenienses definidos como μισόδημοι καὶ ὀλιγαρχικοί, «enemigos del pueblo y oligarcas», por impedir la partida de la expedición siciliana, la cual suponía una reavivación del conflicto que tanto les perjudicaba; esta hipótesis es preferible a la más improbable de que los implicados procedieran a instancias -o sea sobornados- por los corintios, como es sugerido en algunas fuentes (Cratipp. *FGH* 64 F 3; Philoch. *FGH* 328 F 133; Plu. *Alc.* 18,7; cf. MacDowell 1962: 192-193). En cuanto a la posible participación de Alcibíades en este hecho, Tucídides (VI,28-29; 61,1), Diodoro (XIII,2,33-4; 5,1-2) y Plutarco (*Alc.* 19-20) coinciden en que se trató de una maniobra de sus enemigos políticos, tanto oligarcas como demócratas celosos de su poder como Pisandro, Caricles y Androcles, que

---

[23] Plácido 1993b: 25. Es con la gran expedición a Sicilia y, más concretamente, en su discurso de ofrecimiento de servicios ante la Asamblea de espartiatas (VI,89-92), donde se revela de forma más cruda esta aparentecontradicción que se da en Alcibíades (Plácido 1993c: esp. 193-196).

aprovecharon su ausencia y la del *nautikòs óchlos* que le respaldaba mayoritariamente para encauzar la decisión de la Asamblea (Prandi 1996). Finalmente, su juicio *in absentia* es fenómeno suficientemente demostrativo de que en momentos críticos impiedad es sinónimo de traición (cf. Ar. *Au.* 145-147). De modo similar, en 407 renace un eventual proyecto de Alcibíades para convertirse en *týrannos*, fruto del enorme poder emanado de su título de στρατηγὸς αὐτοκράτωρ, inusual en una Atenas que nunca había concedido *de iure* a un estratego prerrogativas superiores a las de sus colegas[24]. Indudablemente tal título porta en sí mismo el germen de la desestabilización del orden constitucional (Bearzot 1988). En la raíz de todo ello no hay otra cosa que la tenue línea que separaba al tirano del oligarca destacado (Escribano 1993: 26). El *dêmos* argivo, como el ateniense, oscilaba entre la necesidad de un *prostátes* sólido, poderoso y triunfador en la defensa de sus intereses y el miedo y la eterna sospecha a que esta prominencia desembocase en tiranía (Plácido 1989: 162-164 y 1997a: *passim*). Finalmente, la actividad de Alcibíades en el Peloponeso, con sus vínculos en Argos y Mantinea, puede tener un paralelo en la desarrollada por Temístocles medio siglo antes, cuando tras su exilio de Atenas llevó aires democráticos por toda la península peloponesia, a Argos, Mantinea y Élide cuando menos, y fomentó una decidida política antiespartana que supuso que los dirigentes de dicho estado no cesaran de perseguirle hasta conseguir su muerte[25].

Recapitulemos la situación sociopolítica del estado argivo durante la vigencia oficial de la paz de Nicias. El conflicto interno había dañado de forma considerable a la facción demócrata en el poder que, además, había sufrido el escaso compromiso ateniense en el Peloponeso. Que Atenas había dado por cerrado el capítulo de aventuras terrestres en el Peloponeso queda patente en *IG* I^3 370 (= *GHI* nº 77), inscripción a la que ya hemos hecho referencia, donde se contemplan los pagos del Tesoro de Atenea para el período del 418 al 414; si el primer año se destinaron fondos para apuntalar definitivamente la entente con Argos, a partir del 417 no hay constancia de que nuevas ayudas sean encauzadas hacia el Peloponeso, mientras adquieren mayor relevancia otros teatros de operaciones, en concreto la Calcídica y Melos, para dejar paso ulteriormente al protagonismo de la gran expedición a Sicilia. Ambas *póleis* permanecerán aliadas durante el resto de la guerra del Peloponeso y así Argos enviará contingentes a Sicilia (VI,20,3; 43; 61,5; VII,26; 57,5 y 9) y al Egeo (VIII,25,1; 27,6), si bien no demasiado numerosos y, según hemos visto arriba, más por vinculación personal a Alcibíades que por obligaciones de tratado. De igual modo, Atenas apoyó algunas campañas, no todas, de los argivos en el Peloponeso (VI,7,1-2; 105,1-3; VII,26), en un principio sin atacar la propia Lacedemonia y siempre desde el mar, sin implicar grandes fuerzas de hoplitas por tierra. Con todo, Jenofonte (*HG.* II,2,7) señala explícitamente que Argos fue la única ciudad del Peloponeso en no unirse al asedio de Atenas en 405.

Una última alusión a la situación en Atenas para cerrar este capítulo. Se ha calificado con frecuencia de desastrosa la política argiva o peloponesia de Alcibíades[26], opinión que no respaldo en absoluto y me remito a mis anteriores conclusiones sobre la utilidad y vigencia de esta línea política en esos momentos (*vid. supra* cap. IV, pág. 70). Reconocer la validez de la política argiva de Alcibíades no significa sin embargo negar su fondo imperialista, consustancial al individuo y a la *pólis* ateniense misma. A pesar de que la derrota en Mantinea acabó con el frente antiespartano en el Peloponeso, Atenas había ganado en Argos un aliado para el resto de la guerra[27], un tanto inefectivo y sin incidencia en el resultado del conflicto, es cierto, pero peor hubiera sido enfrentarse a un ejército lacedemonio fortalecido por las tropas argivas antes de Mantinea y la *stásis* del 417. Gracias a Alcibíades Atenas había asegurado el triunfo de la democracia en Argos y con ella la sombra a una incontestable hegemonía lacedemonia sobre el

---

[24] D.S. XIII,69,3; Plu. *Alc.* 33,2; X. *HG.* I,4,20 le designa como ἡγεμὼν αὐτοκράτωρ; en 415 Alcibíades, Nicias y Lámaco fueron nombrados *strategoì autokrátores*, pero sólo para todo lo concerniente a la guerra en Sicilia (VI,26; D.S. XIII,2,1), sin duda a causa de que la considerable distancia impediría una rápida consulta a la *Ekklesía* ateniense. Sobre los poderes adicionales concedidos a un estratego por encima de sus colegas de magistratura, hecho insólito en la historia ateniense del siglo V, Pericles incluido, véase Fornara 1971: 11-27 y Piérart 1974, *contra* Hammond 1969; Lengauer 1979: 71 ve en este hecho un deseo por parte de Atenas de recuperar su pasado esplendor. La idea de que Alcibíades pudiese ambicionar la tiranía en este preciso momento sólo emerge en Plu. *Alc.* 34,6-35,1, en donde son las clases más pobres y humildes las que expresan este deseo, contrario al miedo que experimentan los ciudadanos más influyentes (*dynatótatoi*); el biógrafo beocio sin embargo no deja claro si el propio político y estadista contempló seriamente la posibilidad de auparse a un poder unipersonal que *de facto* ya detentaba, suprimiendo las instituciones democráticas. Pero Tucídides había avanzado este temor generalizado de los oponentes políticos de Alcibíades, que veían el riesgo de la tiranía tras cada empresa suya, en la defensa que el historiador hace de su talento político y militar en vísperas de la campaña siciliana (VI,15). En su estudio de todas las fuentes sobre Alcibíades, Seager 1967: 15 concluye que «in all accusations against Alcibiades no action or practical plan is attributed to him which might have as its objective the establishment of tyranny». En realidad, detrás de estas sospechas y acusaciones encontramos a menudo disensiones entre grupos políticos, que no cejaban en su empeño de hacerse con el control de la opinión pública. Así, últimamente Nagy 1993 ha atribuido a los enemigos de Alcibíades el retraso en la celebración de las Plinterias en 407, fiestas poco propicias para iniciar empresas (X. *HG.* I,4,12), de modo que coincidieran con el regreso a Atenas del estadista y presentarlo nuevamente como un irreverente hacia los cultos públicos; Alcibíades también hace uso de la religión como factor propagandístico cuando, para lavar esta imagen pública de impío, restaura con gran pompa y a sus expensas las procesiones a Eleusis por vía terrestre, desafiando el control lacedemonio desde Decelia (Prandi 1991).

[25] I,135; D.S. XI,54,1; 55,3; Plu. *Them.* 23,1; Str. VIII,3,2. Véase *inter alia* Forrest 1960; Tomlinson 1972: 104 ss.; Bengtson 1979: 6; O'Neil 1981.

[26] Principalmente por parte de Bloedow (1973: esp. 5-8; 1991a: 60-61; 1991c: 201; 1992: 142-144), pero a pesar de su esfuerzo por desarrollar paso a paso posibles consecuencias de la política argiva del estadista, ninguna de las mismas tuvo un grave efecto sobre Atenas. Juicios positivos, empero, son los de Grundy 1948: II, 176-178; Romilly 1963: 196-200; Usher 1971; Rhodes 1988; Ellis 1989: 43; Balestrazzi 1992, apoyándose todos en la opinión expresada por el propio Tucídides en VI,15.

[27] La errónea afirmación de Roberts 1983: 49 de que Argos permaneció neutral durante el resto de la guerra, hemos de considerarla un desliz propio del apresuramiento con que la autora concibe el capítulo introductorio de su Tesis, centrada en el siglo IV, habida cuenta de la vigencia del tratado que la unía con Atenas y su participación militar, aunque restringida, en Sicilia y el Egeo.

Peloponeso que tomaría nuevo vigor con la guerra Corintia. El *dêmos* ateniense así lo debió de reconocer cuando eligió a Alcibíades de nuevo estratego para la expedición a Sicilia. No se le puede considerar el responsable del fracaso de sus proyectos peloponesios, porque ello se debió en mayor medida a una falta de unión entre sus conciudadanos, que no le otorgaron la estrategia del 418, como el propio estadista señala en VI,16,6 (*contra* Bloedow 1991c: 202 n. 39 y 1992: 7 con n. 29). La opinión dividida del *dêmos* ateniense era fiel reflejo de la oposición encarnizada de sus *prostátai* del momento, Alcibíades y Nicias, quienes en el desempeño respectivo de la estrategia intentaban sabotear en lo posible las directrices emprendidas por la facción contraria (Rhodes 1988: 144), mientras desarrollaban una política personalista presentada ante el *dêmos* revestida de intereses comunitarios. Sin embargo, el genio político de Alcibíades supo reponerse y emerger con renovado brío, como se demuestra en su temporal pacto con su eterno rival Nicias, hecho en el que sin duda tuvieron un papel importante las heterías y clientelas que respaldaban a ambos personajes (Sartori 1957: 79-83), para evitar sufrir ostracismo y conseguir en cambio que fuera Hipérbolo el desterrado (VIII,73,3; Theopomp. *FGH* 115 F 96; Plu. *Nic.* 11,4 y *Alc.* 13,7; Thphr. fr. 139 W, del que se hace eco también Plu. *Alc.* 13,8, coloca a Feacte y no a Nicias como principal adversario de Alcibíades en la ostracoforia del 416). Al mismo tiempo Atenas aprovechaba el período de paz ante todo para recuperarse financieramente; de forma progresiva irá rellenando sus arcas desde el 421 hasta que en 415 los fondos de la Acrópolis alcancen aproximadamente los cuatro mil talentos y se sienta con fuerzas suficientes para embarcarse en la aventura siciliana (Mattingly 1968: 461).

VII.- CONCLUSIÓN

Hesychía y *stásis* son los términos y conceptos que mejor definen las circunstancias por las que atravesaron las sociedades corintia y argiva, respectivamente, durante la guerra del Peloponeso. Ἡσυχία, «paz», «calma», «quietud», «tranquilidad» interna, sin asomo de conflictos o tensiones graves, ni siquiera producto del *pólemos* o guerra externa, parece ser el rasgo más conspicuo de la realidad social corintia, ajena a los continuos y violentos brotes de *stásis* que se suceden en el seno de muchas *póleis* helenas en este último tercio del siglo V. Tucídides no hubiera dejado de mencionar un hecho de tal importancia tanto por su especial atención hacia la subversión de valores y la crueldad que revestían estas disensiones como por su posible repercusión sobre el curso de la conflagración ya que, junto con Esparta, Corinto era el estado peloponesio más interesado en destruir el imperio ateniense. Sin negar la lógica tensión entre las facciones y grupos sociales generada por la marcha de los acontecimientos bélicos e incluso movimientos de oposición dentro de los márgenes constitucionales -detectables en ciertas decisiones de política exterior-, lo que impide hablar de una armonía social plena, la estabilidad general de que hace gala la sociedad corintia es tanto más elogiable cuanto que participó activamente, con amplios recursos humanos y económicos -al menos hasta la expedición a Sicilia-, y sufrió la pérdida de su pequeño imperio colonial en el noroeste continental durante la guerra arquidámica. Ello fue posible porque, además de una proverbial prosperidad económica -los antiguos poetas la cantaban como ἀφνειός, «opulenta» (I,13,5)-, en la sociedad corintia, menos compleja pero más cohesionada que la ateniense, imperaba un gran equilibrio entre sus capas: a la ausencia de elites militares y sociales privilegiadas se sumaba la existencia de lo que hoy llamaríamos una significativa «clase media» y que las necesidades del *pléthos* eran tenidas en cuenta por el grupo oligárquico en el poder, mientras que su Constitución oligárquica moderada y flexible estaba lejos del hermetismo y exclusivismo de las aristocráticas. Esta madurez social del estado corintio hizo posible que la clase dirigente absorbiera y canalizara las fisuras que se crearan en su cuerpo cívico en pro del común objetivo de imponerse a Atenas.

Por el contrario, la sociedad argiva era menos articulada y coherente que la corintia, fruto en gran medida de la traumática reconstitución del cuerpo cívico en el primer tercio del siglo V, fundamentada en la integración de dependientes y libres no argivos (Ruzé 1997: 254-261); esta tensión y violencia endémica entre sus ciudadanos los hacía más frágiles y accesibles a las presiones y a la injerencia externa, lo que coadyuvó a la descomposición social y a la aparición de la στάσις o lucha civil apenas se produjo el primer revés en campaña. El régimen democrático argivo, con un grado de evolución inferior que la ateniense en el aspecto institucional y con un mayor peso político y social de la clase privilegiada -que escapa en mayor medida que en Atenas al control del conjunto del *dêmos* y se refugia en instituciones de marcado talante aristocrático (Ober 1989 y 1996: 18-31; *contra* Ruzé 1997: 287)-, necesitaba de una tranquilidad externa y de una *homónoia* o concordia interna para su supervivencia. La neutralidad oficial del estado argivo durante la guerra arquidámica no evitó que la labor de las facciones proateniense y proespartana, con una larga tradición a sus espaldas y plenamente configuradas y operativas, se deje sentir en determinados movimientos políticos a lo largo de la década. Abandonado el estatuto de no beligerancia, la derrota en Mantinea en 418 trajo consigo que la elite militar, con el apoyo de las clases acomodadas, pactase con Esparta y con la ayuda de ésta instaurase un régimen oligárquico. La recuperación de la democracia sólo fue posible con el respaldo ateniense -bien que parcial, calculado y a la vez condicionado- tras la adopción de purgas políticas entre sus *gnórimoi* y a costa de exhibir una debilidad militar y una inestabilidad interna el resto de la guerra. Corinto y Argos, estados poderosos en primer plano del mapa geopolítico griego, suponen así la cara y la cruz de una moneda lanzada al aire por los dos *hegemónes* griegos, Atenas y Esparta, en el trascurso de una lucha mantenida por el dominio de la Hélade que arrastró a otras muchas *póleis* y *éthne* e hizo víctimas y verdugos de sí mismos a los griegos, marcando el camino para la continuidad del particularismo político y la lucha hegemónica durante el siglo IV.

Pero también debemos preguntarnos qué consecuencias internas de orden económico y social tuvieron los veintisiete años de guerra sobre la estructura socieconómica de los estados corintio y argivo. Para estudiar el caso corintio debemos acudir al testimonio arqueológico -bien documentado a través de las excavaciones realizadas por la Escuela Americana-, que nos permitirá constatar que se produjo un desgaste en los recursos humanos y materiales que, sin embargo, no cristalizó en ningún tipo de crisis o disrupción de naturaleza económica, social, política, etc. A esta erosión económica cabría añadir otra de cariz psicológico, sin que una otra y otra se vieran paliadas por el sustancioso botín de guerra y las ventajas políticas que reportó la victoria, acaparadas todas por el estado hegemónico de su liga, Esparta, en proceso de construcción de un poderoso imperio no ya continental, sino también marítimo, heredero del ateniense.

En el descenso de las importaciones corintias de cerámica ática de figuras rojas y en el comienzo de la producción de una versión propia tanto de este estilo como de los *lékytoi* funerarios en la década del 430, fenómeno atestiguado en las tumbas del Cementerio Norte, se ha visto un corte del comercio y una caída del índice de prosperidad de la población, consecuencia de la guerra entablada contra la *arché* ateniense[1]. Sin embargo, la cerámica no constituye por sí misma un indicador de comercio y no se trata de una materia prima fundamental, pese a lo cual, como prácticamente único resto de cultura material conservado, ha servido para imaginar a partir de ella todo el panorama económico general de una comunidad (últimamente Gill, Vickers 1990: 2-4 con bibliografía de apoyo

---

[1] Así por ejemplo Luce 1930; Pease 1937: 258; Lawrence 1964: 106-107; Eliot 1968: 347; McPhee 1981; 1983; 1987: 277 con n. 8; Blegen, Young, Palmer 1986: 126, 152. *Contra*, MacDonald 1982; Arafat, Morgan 1989: 338-340; Steiner 1992: 391-399, quien rechaza la excesiva dependencia de los artesanos corintios respecto de los áticos y se muestra partidaria de elevar la fecha de inicio de la cerámica corintia de figuras rojas a *c*. 440, sin conexión por tanto con la guerra del Peloponeso.

en nn. 11 y 18). En la circunstancia que nos ocupa sucede, además, que la cerámica ática continúa apareciendo en Corinto durante el período de la guerra del Peloponeso tanto en contextos domésticos (Herbert 1977: 13-27; Boulter, Bentz 1980: 305-306) como cultuales (Dunbabin 1962: 351; Pemberton 1989: 143-151). Tampoco podemos olvidar que en la segunda mitad del siglo V los vasos propiamente corintios alcanzan con el estilo denominado Vrysoula -nombre adoptado a partir de una fuente localizada al este del Barrio de los Alfareros- altas cotas de perfección técnica y estética (Pemberton 1970).

A idéntica conclusión, que hubo un empobrecimiento de la población corintia durante la guerra del Peloponeso, se ha llegado a partir de la constatación del predominio de la forma de enterramiento en cipos, donde el cuerpo era cubierto con tejas vulgares, sobre la inhumación en sarcófago, de mejor calidad y sin duda más costosa (Blegen, Young, Palmer 1986: 73-74). Pero este argumento pierde considerable fuerza si tenemos presente que los enterramientos en sarcófago comienzan su declive a principios del siglo V, probablemente como consecuencia de la imposición de una nueva moda funeraria, ya que subsisten las tumbas en que el hoyo es cubierto con piedras calizas en lugar de tejas, en general con un ajuar más rico que el albergado por los sarcófagos (*ibid.*: 73-75; Shear 1929; 1930: 417, 426). Quizá sí puede detectarse un signo de la penuria económica por la que atravesará la ciudad más tarde, durante la guerra Corintia, en la reutilización de sarcófagos desde principios de la centuria siguiente (Blegen, Young, Palmer 1986: 76).

Por contra, un importante índice de prosperidad material, la construcción de obras tanto públicas como privadas, nos sirve para comprobar que el estado corintio, a pesar de sufrir un agotamiento de recursos, no se vio sometido a un período de colapso económico durante la guerra peloponesia. Ilustrativos a este respecto son los ejemplos que detallo a continuación.

El tercer cuarto del siglo V asiste a la tercera fase constructiva de la *Stoá* Norte, comunicada con el «Edificio Pintado» y el templo arcaico a Apolo (Scranton 1951: 163-175), mientras que en el último cuarto se erige el llamado «Baño del Centauro», probablemente una λέσχη o complejo público utilizado como lugar de encuentro y de almuerzo, bastante común en las ciudades dorias (Williams II, Fisher 1976: 109-115; Williams II 1977: 45-51; Williams II, Zervos 1991: 3). En este último cuarto se construyen igualmente en el área suroeste del foro romano el «Edificio I», identificado con un santuario de culto ctónico y el «Edificio II», un edificio de carácter oficial con acceso al sistema de aguas subterráneas de la Fuente Pirene (Williams II, Fisher 1972: 152-153, 164-165, 172-173). Cuatro altares de adobe son incorporados al *temenos* de la Fuente Sagrada (Williams II 1970: 21). A la construcción griega denominada «Edificio Norte», hallada bajo la basílica romana, se añadió a finales del siglo V o principios del IV una imponente columnata -uno de cuyos muros albergaba tiendas- que tal vez sustituyera a otra ya obsoleta (Fowler, Stilwell: 212). De c. 415 data el primer teatro en piedra con que contó la ciudad, con asientos de forma simple y un emplazamiento en ligera pendiente, inscrito en un área ocupada por suntuosas casas y en conexión con un gran patio columnado[2]. En el mismo período se levanta también el teatro de Istmia, que confirma la importancia que el santuario de Posidón adquirió durante el siglo V como centro religioso, deportivo y cultural (Broneer 1973: 4; Sturgeon 1987: 5). A finales del siglo V la introducción en Corinto del culto a Asclepio merecerá la edificación de un santuario que un siglo más tarde verá su témenos notablemente ampliado y convertido en todo un complejo cultual conocido como el «Asclepeo y Lerna» (Roebuck 1951: 22). También en el Barrio de los Alfareros la actividad constructiva se deja sentir en la segunda mitad del siglo V, contrastando con la pasividad que presidió la primera mitad, traducida en la erección de un santuario circular, tres depósitos, un piso de cemento, un pequeño cementerio y un pozo rectangular (Stillwell 1948: 29-33).

La coroplastia corintia sigue dando muestras de vitalidad y calidad a lo largo de toda la época clásica, con diversas factorías en funcionamiento y sin que se aprecien signos de declive ni en la técnica ni en la producción (Davidson 1952: 9-10; Weinberg 1957; Merker 1988: 202). En particular, la «Factoría de Terracota» del Barrio de los Alfareros se pone en marcha poco después de la mitad del siglo V y en el último cuarto será ampliada con varias estancias anejas. El fenómeno trasciende al ámbito de la metalurgia, donde también se documenta una notable actividad, sobre todo en relación a períodos anteriores (Mattusch 1977: 382).

En el apartado de fortificaciones, continúa la controversia sobre si Corinto levanta los Muros Largos, que unen la ciudad con el puerto de Lequeo y que estuvieron en uso hasta el 146, en la década del 450 o durante la guerra del Peloponeso (Carpenter, Bon 1936: 82-125; Tomlinson 1992: 76). Sí parece seguro que existió una reconstrucción del sistema defensivo en el límite noroeste de la ciudad a finales del tercer cuarto del siglo V, que Williams II (1981: 412) conecta con los desastres causados por el terremoto de 426 que menciona Tucídides (III,89,1) o con las necesidades creadas por el conflicto, que hicieron ver que las murallas del protocorintio final habían quedado desfasadas. A los momentos finales del siglo V parece segura la atribución del muro llamado Queliotónilo, dentro de los límites de la *pólis* (Carpenter, Bon 1936: 82), y tal vez también el muro oeste que circunda el Barrio de los Alfareros (Stillwell 1948: 62).

Esta fiebre constructiva no se ve limitada al área central de Corinto. El santuario de Deméter y Core en el Acrocorinto, que tenía habilitados catorce comedores para un centenar de personas, dispone desde finales del siglo V de entre veinticinco y treinta -un número de edificaciones que cumplen esta función no encontrado en ningún otro templo-, duplicando así su capacidad en lo que hemos de ver una apertura del culto a la población celebrante, cuya presencia queda justificada al lado de los cargos sacerdotales (Bookidis 1993: esp. 45); en el

---

[2] Su excavador R. Stilwell (1952b: 131) relacionó la construcción del teatro con una supuesta recuperación económica del estado corintio tras la paz de Nicias, pero su hipótesis, basada de por sí en una datación extrañamente precisa, proviene de concebir este proyecto como un hecho aislado del resto de la planificación urbanística comprobada para todo este período y, además, de dar por sentado que durante la guerra arquidámica se produjo una total interrupción del comercio, lo que hemos visto que no es cierto en absoluto.

mismo sentido apunta el hecho de que en este mismo período se adopten mayores facilidades de asiento, aseo y cocina para estos comedores (*ibid.*: 47). En la península de Perácora un pequeño templo sito en la llanura superior, el «Edificio Z IV», puede fecharse en la guerra del Peloponeso, mientras los «Edificios A I y A II» parecen pertenecer a algún momento del siglo V (Tomlinson 1969: 173-175, 184-186). Entre finales del V y principios del IV se llevan a cabo importantes obras de remodelación en los templos de Hera Limenia y Hera Acrea, santuarios que, a juzgar por los exvotos, ocupan un lugar destacado en los viajes colonizadores hacia el Oeste; además de la construcción de la estoa y el Ágora del Hereo, se acondiciona el puerto y la rampa de acceso desde éste al templo, se construyen numerosas casas y cisternas en el área y se realizan operaciones de fortificación de las dos acrópolis (Payne *et alii* 1940: 25).

Resumiendo, si exceptuamos hechos aislados y puntuales como la destrucción del «Edificio del Ánfora Púnica» (cf. cap. II, pág. 12) o la interrupción de las emisiones regulares de pegasos debido la carencia de la plata iliria (cf. cap. III, pág. 48), los hallazgos arqueológicos demuestran que los efectos de la guerra del Peloponeso sobre el estado corintio no fueron tan graves como en un principio podríamos suponer por su activa participación en la misma. Los daños que el conflicto pudo causar al comercio sin duda perjudicarían o incluso arruinarían a ciertos individuos que dependieran de dicha actividad como medio de vida, en especial metecos y ciudadanos de escaso nivel económico, pero el conjunto del cuerpo cívico y, sobre todo, los propietarios de tierras no debieron de resentirse de una forma irreparable, máxime si lo comparamos con la devastación continua del territorio y el desastre económico que traerá consigo la guerra de Corinto. Un rasgo común a todas las sociedades preindustriales es su dependencia económica y social del trabajo de la tierra, de modo que dificultades o interrupciones en su explotación, así como saqueos y rapiñas sobre su territorio habitualmente traen consigo una aumento de la inestabilidad y el desequilibrio social; esto último se produjo en la sociedad corintia de principios del siglo IV, pero está ausente en el período de la guerra del Peloponeso. Tampoco existió durante la misma un fuerte descenso en el número de hoplitas corintios, según podemos apreciar en los contingentes aportados a las distintas campañas -detallados en el cap. II, pág. 14-, lo que hubiera podido indicar un empobrecimiento de la clase propietaria, algo que Donald Kagan expuso en su Disertación Doctoral sin demasiados argumentos en qué apoyarse (1958: 66-68). De haber conllevado la guerra resultados más desastrosos, la política interna ciudadana probablemente hubiera dado indicios de agitación y oposición a la clase gobernante, aparentemente firme, y no hubiese perdurado el clima beligerante en la sociedad corintia hasta el 404. También habremos de esperar a la guerra Corintia para que la clase hoplítica se vea progresivamente desprovista de recursos económicos y, al mismo tiempo, se inhiba de sus deberes de defensa para con su *pólis*, fenómenos ambos que motivarán que esta última recurra cada vez en mayor medida al uso de mercenarios. Será entonces cuando en Corinto se deje sentir el enfrentamiento fáctico y la stásis, que alcanzarán su punto álgido en 392, con la matanza de los notables prolacedemonios en el Ágora corintia durante las Eucleas (X.

HG. IV,4,2-4), cuyas raíces sin duda han de ser buscadas en la larga, agotadora y cruenta guerra del Peloponeso.

El caso de Argos es completamente antagónico al de Corinto. Con mucha menor implicación en el conflicto, el *dêmos* argivo asistió al cierre del período de prosperidad económica adquirida al abrigo de la neutralidad durante la guerra arquidámica y el tratado de paz por treinta años signado con Esparta en 451, si bien no hubo una merma o un desgaste prolongado de los recursos del estado argivo y, por supuesto, nada comparable con las pérdidas humanas y financieras que producirá la guerra de Corinto. Pero lo que es aún mucho más grave, la sociedad argiva se vio azotada por graves disensiones internas producto de la acentuación del conflicto de clases, que culminaron en una contienda civil y en un derrocamiento de la democracia a cargo de unos *áristoi* cuyo número e influencia minaban los cimientos del régimen. En este sentido, la lucha faccional, exacerbada por influencias exteriores provenientes de las potencias imperialistas, acabará por concretarse en una *metabolè politeías*, un cambio constitucional. Las consecuencias de la entrada en la guerra fueron pues de orden sociopolítico, lo que unido a la brevedad de su participación beligerante -apenas cuatro años-, que no redundó en pérdidas territoriales (como las sufridas por Corinto en el Noroeste), ni en limitaciones a su control de la llanura argólica, ni en devastaciones de su territorio (ya que las invasiones del ejército lacedemonio buscaban el enfrentamiento hoplítico, no la destrucción de cosechas como en el Ática), ha impedido dejar huellas visibles en un registro arqueológico que se resiente, además, de la falta de un estudio sistemático tanto de la ciudad como de su *chóra*. Son las fuentes literarias, con Tucídides a la cabeza, las que ponen de relieve cómo la entrada de Argos en la guerra mostrará las deficiencias de un régimen democrático que concedía excesivos privilegios y relevancia a su elite social y militar.

Temporalmente aliadas gracias a la política faccionalista de Alcibíades, desarrollada con singular énfasis en los foros públicos ateniense y argivo, estos hechos harán que ambas *póleis* terminen por renunciar a participar en gran medida en terrenos que les son ajenos y desfavorables, donde tenían más que perder que ganar. El régimen democrático argivo emergente de la *stásis* era demasiado débil, lo que sumado a sus setecientas bajas en Mantinea y a la carencia de su cuerpo de elite, quebrantaron considerablemente su capacidad militar en lo sucesivo (Kelly 1974: 98). En lo que resta de siglo el estado argivo tratará de recuperar la estabilidad social, algo nada sencillo a juzgar por las reiteradas purgas entre sospechosos de ser oligarcas filolaconios, pero muy necesario para plantar cara a la hegemonía lacedemonia en el Peloponeso. Esta fragilidad interna tendrá su reflejo en la política exterior de este período, muy coartada y, fuera de algunas correrías en territorio laconio en compañía de los atenienses, reducida a la participación de unos cientos de hoplitas en la gran expedición ateniense a Sicilia, que responde más a unos vínculos personales de dignatarios argivos con Alcibíades y a las promesas de éste de un rápido enriquecimiento; su máxima prioridad será mantener el control sobre la Argólide, donde llevará a cabo la anexión de Orneas hacia el 416, donde los lacedemonios habían asentado a los oligarcas exiliados de Argos (VI,7,2; Paus. II,25,6; cf. Moggi 1974a: 1258-1259 y 1976: 212-213), así como pequeñas campañas en poblaciones limítrofes, alguna de las cuales reportó un sustancioso botín; es el caso de la incursión en la Tireátide de 414, de la que se obtuvo el equivalente a veinticinco talentos, con los que se dedicó en Delfos el llamado «Caballo de Troya», obra en bronce del escultor argivo Antífanes (VI,95; Paus. X,9,12). En definitiva, como han expresado Kelly (1974: 99) y Piérart, Touchais (1996: 57), la política de Argos en la segunda mitad del siglo V, que se había caracterizado por ser proargiva, amparada por una neutralidad buscada de forma casi instintiva, había adquirido, una vez inmersa en la guerra, un marcado cariz antilaconio que al mismo tiempo no era por fuerza proateniense. El panorama en el primer tercio del siglo IV no será muy diferente: oposición a Esparta en el exterior por un lado y conflicto social por otro, este último alcanzando al menos en dos ocasiones en tan corto período de tiempo la abierta *stásis* y la amenaza al régimen democrático imperante. Al igual que Isócrates en el pasaje que hemos colocado como preludio a este libro (V,51-52), podemos ver en Argos a una *pólis* afectada por un estado de guerra continuada, producto por un lado de la inútil lucha contra un vecino más poderoso, los lacedemonios, y, por otro, de la violenta disensión interna endémica en el *políteuma* de la ciudad.

Apéndice.- **EL IMPERIO COLONIAL CORINTIO: RETROSPECTIVA Y PROYECCIÓN**[1]

Dentro del fenómeno colonizador griego, Corinto constituye un caso muy particular. A diferencia de sus primeras fundaciones de la segunda mitad del siglo VIII a.C., Corcira y Siracusa, que inmediatamente se organizan como *póleis* independientes de la metrópoli[2], la segunda oleada colonizadora corintia, centrada en el NO de Grecia, se va a caracterizar por presentar numerosos rasgos indicativos de unos lazos de unión hacia la ciudad madre que trascienden la práctica habitual. La fundación de estas segundas *apoikíai* coincide *grosso modo* con el período de tiranía cipsélida en Corinto - según la cronología alta tradicional mayoritariamente aceptada (la principal oposición proviene de Will 1955: 363-440) -, durante la cual asistimos a una auténtica política colonial de carácter dinástico. Pero el ámbito hegemónico de Corinto no se limita a sus colonias, sino que éstas se constituyen en puntas de lanza para penetrar en el transpaís indígena, dentro del proceso general de predación que suponía la colonización helénica.

Curiosamente el control ejercido por Corinto en el noroeste continental no ha recibido tanto la denominación de «imperialismo» como la de «monopolio comercial», concepto que por inaplicable que sea al mundo antiguo, lo es en mayor medida a Corinto, que nunca trató de acaparar el «mercado» occidental con sus productos, a pesar de que el predominio de su cerámica en el arcaísmo ha llevado a concebirlo como un estado mercantilista en sentido moderno, sólo preocupado de evitar la competencia en la obtención de beneficios comerciales e incluso la «rivalidad comercial» entre Corinto y Atenas por los mercados occidentales sirvió a algunos autores para explicar el origen de la guerra del Peloponeso[3]. Sin embargo, Corinto levantó en el NO una auténtica ἀρχή[4], un imperio político, fundamentalmente marítimo, aunque bien diferente del ateniense del siglo V, con el que inevitablemente chocó cuando la ναυτικὴ δύναμις de Atenas vio en el Occidente un nuevo y explotable ámbito de expansión[5]. Por otro lado, tampoco hemos de ver en las *apoikíai* corintias un modelo semejante a las cleruquias áticas, en las que los colonos conservaban la ciudadanía originaria, ni un territorio que fuera mera prolongación del estado corintio[6]. En mi opinión, nos moveríamos en un estadio intermedio: la colonia se organiza de forma autónoma, pero existían ciertos mecanismos, más importantes que el uso de una fuerza militar, por los que Corinto proyectaba su dominio sobre sus *ktíseis*, asegurándose un afecto y fidelidad que iba más allá del simple respeto a la μητρόπολις y de la autoridad moral, fundamentada κατὰ τὸ ξυγγενές, reconocida usualmente a ésta (I,25,4; 38,2). Así, en ningún momento dejaron de respaldarla en los conflictos en que se vio inmersa, sea en el bando o por el motivo que fuere (guerras médicas, guerra del Peloponeso, guerra de Corinto, expedición de Timoleón a Sicilia), para acabar sufriendo idéntico destino que Corinto tras su oposición a Filipo en Queronea; a cambio la metrópoli proporcionaba soporte militar, diplomático o refugio para los exiliados, siempre que no entrara en contradicción con sus propios intereses (Littman 1974: 67; Salmon 1984: 390).

---

[1] Una primera versión de este apéndice fue leída en la *I Reunión Española de Historiadores del Mundo Griego Antiguo: Imágenes de la Polis* (Madrid, 23-25 de noviembre de 1994) = Fornis 1997.

[2] No podemos restar importancia en este hecho al factor geográfico, pues la distancia era un notable impedimento para el establecimiento de cualquier control sobre una colonia; para Piccirilli 1995: 171-173 la razón de la independencia de que gozaron Siracusa y Corcira estriba en su poderío económico y militar, sin caer en la cuenta de que otras colonias posteriores como Ambracia, Potidea o Apolonia fueron enormemente ricas y poderosas y no por ello dejaron de ser fieles a la metrópoli. Pese a todo, la historia de Siracusa está jalonada de ejemplos de solicitud de ayuda diplomática o militar a la ciudad madre en virtud de una común *syngéneia*, así como de prósperas, pero no exclusivas, relaciones comerciales entre ambas (Finley 1968b: 32-35). Talbert 1974: 52-55 ve en la decadencia económica corintia durante la primera mitad del siglo IV la clave para que estas llamadas siracusanas a la colaboración en muchos casos no prosperasen o apenas fueran significativas, al menos desde el auxilio prestado contra la expedición ateniense del 415 hasta el envío a Sicilia de Timoleón en 344, lo que no impidió que «the formal ties between mother-city and colony were maintained»).

[3] Como Cornford 1907: 1-76 y Grundy 1948: *passim*. Además de la demoledora réplica de Ste. Croix 1972: 214-220, los hallazgos arqueológicos se han encargado de refutar esta visión «modernista» de la economía corintia, pues testimonian que las fundaciones de Siracusa y Corcira son anteriores a la difusión de los productos corintios por el Oeste y señalan más bien en sentido contrario: la cerámica y manufacturas corintias se beneficiarían de estas colonias griegas en la apertura del mercado occidental; cf. Graham 1964: 218-223 para bibliografía y un resumen de la polémica al respecto. Sin entrar en profundidad en el problema diré que estas primeras colonias responden a las nuevas condiciones sociales que se viven en Corinto en el siglo VIII, principalmente aumento demográfico y precariedad y mala distribución de las tierras productivas, proceso que se conoce como *stenochoría*, que motivaron la salida de campesinos sin parcela en busca del reparto de lotes en nuevos asentamientos; Corcira y Siracusa son, pues, en su origen, colonias de poblamiento, no *empória* comerciales -por usar una terminología tradicional- como certifica su proverbial riqueza agrícola en la Antigüedad.

[4] Graham 1964: 118-153; Mossé 1970: 69-81; Will 1955: 527 prefiere la expresión «comunidad colonial corintia» y Fidio 1995: 129 habla de «relaciones de hegemonía en el seno de una esfera de influencia» sólo para alejarse de la evocación del modelo ateniense de *arché*; *contra* Ehrenberg 1967: 253 con n. 5 y Bakhuizen 1986: 166, 169. Considero ingenuas las afirmaciones de Beaumont 1936: 168 de que Corinto únicamente «asked for sentimental recognition» y de Cataldi 1990: 128, para quien los corintios detentaban una autoridad moral en virtud de la afinidad étnica.

[5] Este conflicto, en gran medida determinante del estallido de la guerra del Peloponeso, no tiene un fundamento comercial, como se ha dicho a menudo, sino político: la lucha por imponer su poder al otro, dentro de la tendencia general griega de que la libertad de un estado se entiende como el derecho de aplastar a los demás. No obstante, es innegable que el dominio político lleva implícita la explotación fiscal y comercial sobre la región. Es precisamente a mediados del siglo V cuando la inestabilidad de la situación en la región de la actual Crimea motivó que Atenas buscara nuevos lugares de aprovisionamiento de grano y ello redundó en el aumento de la tensión en las relaciones con el estado corintio, que veía en esta injerencia una amenaza a su propio suministro de grano y a su control del NO. En este sentido, el control de las fuentes de aprovisionamiento iba implícito y no se concebía al margen de la dominación política (Gernet 1909).

[6] Como hicieron Kahrstedt 1922: 357 ss., Hampl 1939: 39 ss. y Gschnitzer 1958: cap. 23. Graham 1964: 119 ss. desmonta, no siempre de forma convincente, sus argumentos.

Cípselo y su hijo Periandro pusieron los cimientos de este *Kolonialreich* al mandar como *oikistaí* a otros miembros del *génos* cipsélida. Así Ambracia, Léucade y Anactorio fueron fundadas por hijos de Cípselo[7], mientras Potidea, la única colonia oriental de Corinto, en la península tracia de Palene, tuvo como ecista a Evágoras, hijo de Periandro (Nic.Dam. *FGH* 90 F 59). Sin ser específicamente atribuidas a los tiranos, Solio, Calcis y Molicrio forman parte del mismo esquema colonial diseñado por los cipsélidas en este área (Will 1955: 520; Gomme *HCT* III,102,1), pero dos razones nos hacen considerar más probable que su fundación se llevara cabo por parte de la oligarquía que les sucedió en el gobierno, continuadora de la idiosincrasia de dicho programa de política exterior. La primera es el difícilmente justificable siglo y medio de silencio de las fuentes, ya que estas tres colonias no aparecen en las mismas antes del siglo V[8]. Una segunda razón es la terminología que emplea Tucídides para referirse a ellas, con expresiones como τῶν Κορινθίων πόλιν/πόλισμα, mientras el resto de las colonias corintias recibe la designación habitual de ἀποικία, lo que ha llevado a Salmon (1984: 277-278) a pensar que tal vez no fueran colonias, sino *polísmata* arrebatadas a los indígenas por Corinto en el siglo V. El estudio analógico de estas expresiones en Tucídides que ha realizado Graham (1962) demuestra que lo que el historiador ático pretendía era más bien dar a entender el control político que Corinto ejercía sobre estas colonias, control que probablemente fuera más estrecho si se confirma una fecha más tardía de fundación, además de estar enclavadas en el propio golfo Corintio, pues con el tiempo los oligarcas corintios fueron consolidando estos lazos de unión con los miembros de su *arché*. Excepto Potidea, las demás colonias se escalonan a lo largo de la costa e interior noroccidental del continente (Etolia, Acarnania y Epiro), conformando una cadena cuya finalidad analizaremos más adelante (*vid.* fig. 4). Asimismo, con Periandro Corcira, y con ella presumiblemente Epidamno, pierden su independencia y pasan a ser dominio corintio a través del gobierno de un sobrino suyo (Hdt. III,52,6; Nic.Dam. *FGH* 90 F 59). Por último, ya en el Ilírico, Periandro funda Apolonia[9], al margen de la controvertida participación corintia, entre la que destaca el propio *oikistés*, Falio, en la colonización de Epidamno por los corcirenses (I,24,1-2; 38,5; Ps.Scymn. 435-436; Str. VII,5,8; App. *BC.* II,39,157).

Puesto que el οἰκιστής dirigía la empresa colonizadora y organizaba todo lo referente a la fundación[10], al elegir a uno próximo ideológicamente al poder político, se garantizaba de este modo la fidelidad, cuando no la sujeción, de la colonia a la metrópoli. Por más que sencillo no deja de ser efectivo este medio de control elaborado desde la cúspide de la pirámide social del ámbito colonial. No obstante, a la caída del régimen tiránico en *c.* 582 no se esfumaron las relaciones metrópoli-colonia, sino que se mantuvieron vigentes y con inusitada fuerza, si bien ahora revestidas de un carácter cívico que sustituye al dinástico y personalista manifestado con los tiranos (Will 1955: 526; Mossé 1970: 75), pero sin merma en absoluto de cierta dependencia política respecto de Corinto. Bajo este manto cívico y político amparado en las estructuras de la *pólis* subyacen, no obstante, estrechos vínculos entre miembros de la oligarquía corintia y las elites locales, los descendientes de los primeros colonos convertidos en *gamóroi* o grandes propietarios, en un instrumento que nos ayuda a entender la naturaleza del vínculo entre colonia y metrópoli y nos da la clave de su supervivencia (Fernández Nieto 1971: 95-96). Por otra parte, la elite colonial, conformada por estos primeros *époikoi*, consumía cerámica corintia de calidad cuya temática tenía el papel simbólico de remitir a los ancestros y mitos de la madre patria, lo mismo que los festivales y cultos comunes, reforzando su cohesión de grupo y su preeminencia social ante el resto de la comunidad colonial (Arafat, Morgan 1989: 335). También a través de la literatura de tema heroico el poder corintio buscaba justificar el predominio establecido en el Noroeste continental y así tenemos que en el siglo VI un vate anónimo, que sigue las pautas marcadas por el poeta épico Eumelo -perteneciente al *génos* aristocrático baquíada- a finales del siglo VIII en su *Corintiaca*, codifica bajo nuevas claves el mito de Alcmeón y su hermano Anfíloco con el fin de legitimar ideólogicamente el imperialismo corintio en Acarnania y Anfiloquia, artificio del que todavía un siglo más tarde se hace eco Eurípides, para denunciarlo, en su *Alcmeón en Corinto* (Jouan 1990). Tucídides (I,60,2) nos aporta un buen ejemplo de los pactos de *xenía* y/o patronazgo cuando presenta al oligarca corintio Aristeo con intereses en Potidea y la Calcídica tracia y acaudillando la revuelta contra Atenas (cf. cap. III, págs. 28-29). El caso de Aristeo, que no sería único y aislado[11] -si ha llegado hasta nosotros ha sido fruto de la talla historiográfica de Tucídides-, demuestra que al menos parte de la clase

---

[7] I,55,1; IV,49; Str. VII,7,6; X,2,8; Ps.Scymn. 435f; Plu. *Moralia* 552e-f; Nic.Dam. *FGH* 90 F 57,7; 59. Arist. *Ath.* 17,4 confirma el carácter hereditario del régimen ambraciota.

[8] Es Tucídides quien nombra por primera vez estas colonias, en su relato de la guerra arquidámica: Solio (II,30,1), Calcis (I,108,5), Molicrio (III,102,2). No obstante, reconozco que la validez del argumento *ex silentio* está lejos de ser concluyente.

[9] I,26,2; Plu. *Moralia* 552e-f; Plin. *HN.* III,145; D.C. XLI,45; St.Byz. *s.v.* Ἀπολλωνία. Str. VII,5,8 y Ps.Scymn. 439 la hacen colonia conjunta corintio-corcirense; según Paus. V,22,4 sería exclusivamente corcirense. Esta discrepancia entre las fuentes, según Graham 1964: 131 y Piccirilli 1995: 150, reflejaría la lucha por el control de la colonia, que al final caería del lado corintio. Por otra parte, el material arqueológico de Apolonia confirma una fecha de fundación en torno al 600.

[10] El papel del ecista evoluciona de forma paralela al modo en que lo hace el carácter de las colonias, siendo en las más antiguas un individuo de poder omnímodo, casi monárquico, para ir perdiendo poder a medida que la ciudad madre interfiere en los asuntos internos de la *apoikía* (Graham 1964: 29-39; Malkin 1987: 189-266; Domínguez Monedero 1991: 106-108).

[11] Tal vez tengamos otros ejemplos en Jenóclides, hijo de Euticles, jefe de la guarnición que Corinto envió en ayuda de Ambracia en 426 (III,114,4) y que ya había comandado la flota corintia en Sibota (I,46,2), y en Eufamidas, hijo de Aristónimo, que encabezó la expedición de ayuda al tirano acarnanio Evarco en 431/0 (II,33,1) y más tarde representaría al estado corintio en la firma de la tregua del 423 (IV,119,2) y en la conferencia de Mantinea en 419 (V,55,1), por lo que debemos sospechar que ambos podían mantener algún vínculo o interés especial en esta región, quizá posesiones privadas en alguna de las colonias corintias, participaciones en las ricas minas ilirias a las que los corintios accedían por vía terrestre o simplemente algún tipo de ascendencia sobre los oligarcas locales de Ambracia.

gobernante corintia tenía en las colonias el fundamento económico de su patrimonio, sea de tipo comercial, metalífero, esclavista o de cualquier otra índole y no sólo en los latifundios de la Corintia, según la norma casi axiomática que regía entre la aristocracia tradicional helénica. Estos miembros de la oligarquía corintia no sólo se preocupaban por mantener estrechos vínculos con los *dynatoí* locales en sus colonias y ciudades aliadas de Acarnania y Anfiloquia, sino que miraban por instalar y sustentar regímenes afines, es decir, oligarquías que restringieran el acceso a la ciudadanía plena de colonos e indígenas como medio de interferir en el funcionamiento institucional de la comunidad[2]. Esta tendencia natural no impide que se pueda respaldar a otro clase de regímenes cuando existen intereses de por medio, como por ejemplo sucede con la ayuda a la facción demócrata de Epidamno para hacer frente a los *áristoi* filocorcirenses (I,25-26) o con la restauración del tirano filocorintio Evarco, depuesto por los atenienses del gobierno de la ciudad acarnania de Ástaco en 431 (II,33,1).

No podemos descartar que, como ocurrió en el último caso citado, la metrópoli enviara nuevos contingentes de colonos para que se integraran en el cuerpo cívico de las colonias, lo mismo que se preocupó de mandar guarniciones militares a Léucade (III,7,5) y a Ambracia (III,114,4), en ambos supuestos con vistas a asegurar la permanencia de la colonia en su esfera de influencia frente a posibles desestabilizaciones sociales propiciadas por agentes externos (Kagan 1958: 12). Precisamente fomentar la discordia (*éris*) y buscar la contienda civil (*stásis*) en Corcira en plena guerra arquidámica fue la pretensión del audaz plan de los oligarcas corintios para tratar de sustituir el régimen democrático por uno oligárquico, que finalmente provocó la ruptura de la alianza con Atenas y el acercamiento a Corinto y a los peloponesios; la forma de conseguirlo era una vez más a través de las actividades de un sector influyente de la sociedad corcirense, los doscientos cincuenta *prótoi* de la ciudad capturados por los corintios en Sibota y convencidos por éstos de la necesidad de trabajar en aras de un cambio constitucional que aupara a los primeros al poder en su *pólis* (III,70,1).

Pero la pretensión corintia de control y explotación sobre el territorio rebasaba los límites de sus establecimientos coloniales y transgredía el espacio indígena. Así, la asistencia militar y logística provista por la cadena colonial corintia permitía a los leucadios la explotación de la perea situada en el continente, en frente de la isla (Murray 1982: 189, 204 con n. 41, 285), motivando que en general el *koinón* acarnanio se mostrara hostil a la presencia y expansión colonial corintia en el NO, pues significaba verse privados de tierras productivas y, tal vez, de población destinada al gran mercado de esclavos instalado en Corinto (cf. cap. II, pág. 27 n. 52). Bajo esta luz hemos de ver también la *stásis* que estalló a mediados del siglo V en Argos, la principal ciudad de Anfiloquia, donde los argivos autóctonos convivían con elementos ambraciotas. Éstos terminaron por expulsar a aquéllos de la ciudad, motivando que, para hacer frente a la presión procorintia, el *koinón* acarnano-anfiloquio solicitara la ayuda ateniense, que cristalizaría en la expedición de Formión[13]. El estratego ateniense liberó Argos, esclavizó a la población ambraciota y entabló alianzas con los pueblos acarnanios (II,68,7-8). Estos compromisos, que se levantaban sobre redes personales cimentadas en la amistad y la fidelidad y que funcionaban a modo de clientelas con personajes conspicuos del espectro sociopolítico acarnanio, le permitían gozar de considerable predicamento y abonaban el terreno para la intervención ateniense durante la guerra del Peloponeso[14], ya que Atenas necesitaba del *koinón* acarnano-anfiloquio para deshacer la influencia corintia en la región, irradiada a partir de sus centros coloniales. Reconocimiento y recompensa al apoyo prestado a los tenienses por los *phíloi* de Formión es sin duda la concesión de ciudadanía ateniense hacia el año 400 a un acarnanio que porta el mismo nombre que el estratego, confirmada dos generaciones más tarde a su nieto (IG II2 237.15-21= GHI II: n° 178; cf. Mitchell 1997: 98). Esta forma de actuación política de tradición personalista encarnada por destacados individuos atenienses que conservan vínculos aristocráticos con las familias coloniales ha sido bien estudiada en el marco de las relaciones de Atenas con las ciudades occidentales durante el siglo V[15]. Por tanto, los métodos empleados por Formión en sus campañas en Acarnania y Anfiloquia no difieren de los

---

[2] Un estrecho régimen oligárquico, encarnado en los descendientes de los primeros colonizadores, es confirmado en Apolonia por Arist. *Pol.* 1290b 5, Str. VII,5,8 y Ael. *VH* XIII,16, y en Epidamno -al menos hasta la *stásis* que en 435 llevó a la expulsión de los *poderosos*- por Arist. *Pol.* 1301b 10.

[13] La cronología de estos hechos y de la subsecuente expedición de Formión ha sido un problema muy debatido entre los estudiosos por ser crucial para determinar la responsabilidad corintia o ateniense en los acontecimientos que desembocaron en la guerra del Peloponeso. Aunque las diferentes fechas oscilan entre los años 454 y 432, en mi opinión el contexto histórico más favorable es la década del 430, sin que se pueda alcanzar mayor precisión. Véase principalmente Busolt 1904: 736; Beloch 1923: 299 n. 2; Meritt, Wade-Gery, McGregor 1950: 320; Beaumont 1952: 62-63; Gomme *HCT* III,105,1; Wade-Gery 1958: 253-254; Kagan 1969: 252, 385; Ste. Croix 1972: 85-88; Meiggs 1972: 204 con n. 1; Sealey 1976: 318; Murray 1982: 293-295; Salmon 1984: 422-423; Krentz, Sullivan 1987; Hammond 1987: 317; Cataldi 1990: 63-65; Lewis 1992: 145 n. 110.

[14] Plácido 1997a: 221. Murray 1982: 295 prefiere hablar de un patronazgo de Formión sobre los «partidos» filoatenienses acarnanios; sin embargo, éstos no existirían como tales, sino que se trataba de los círculos de poder personal de los *gnórimoi* acarnanios, cada uno de los cuales tendría un papel determinante en su respectiva *pólis*, *pólisma* o *kóme*. Por contra, Lengauer 1979: 45 niega cualquier papel político a Formión y limita su participación exclusivamente a la faceta militar.

[15] Así, por ejemplo, la labor política y diplomática de Formión en favor de Atenas entre la sociedad acarnania tiene un claro paralelo en la llevada a cabo contemporáneamente por Diótimo en Neápolis, que fructificó en un tratado de *philía* con el rey mesapio Artas (Cataldi 1990: 69-102 con amplia bibliografía) y por Lampón en Sicilia, un avezado especialista en asuntos occidentales, que aseguró la alianza de Catana en una fecha incierta que recientemente se ha situado con sólidos argumentos en los comienzos de la guerra del Peloponeso (Iust. IV,3,4-5; cf. Scuccimarra 1986; Cataldi 1990: 140-160; Burelli Bergese 1992). El mismo proceso es ya observable en una fecha anterior en la actividad política de Calias con respecto a las colonias calcídicas de Italia (Raviola 1993: 90-91) y en otra posterior en la construcción de una política de alianzas por parte de Laquete durante la primera expedición ateniense a Sicilia en 427 (Scuccimarra 1985: 43). En esta línea de reconocer la importancia de las alianzas personales se encuentran Mazzarino 1944/5: 13-14; Wentker 1956: 128-129; Smart 1972: 142.

observados en los oligarcas corintios para intentar ejercer el control sobre este territorio. Igualmente, estas conexiones políticas quedan plasmadas tanto en el requerimiento acarnanio primero de Formión (II,81,1) y después de un hijo o pariente en sustitución de éste (III,7,1) como en la negativa al asentamiento ateniense en Ambracia (III,113,6), signo evidente del rechazo global de los acarnanios a la militancia o subordinación de sus *éthne* a la *arché* ateniense. Tras su campaña anfiloquia de 426, los acarnanios encontraron en Demóstenes un digno continuador de la labor de Formión, con un agradecimiento que quedará patente en su participación como mercenarios en Sicilia y en otras campañas, más por vinculación personal con él que por obligación de tratado hacia Atenas (VII,31,5; 57,10). Iliria fue también objeto de la atención diplomática de Atenas, según demuestra un decreto que honraba a prominentes personajes ilirios en *c.* 433, cuando su *epimachía* con Corcira hizo inevitable para los atenienses el enfrentamiento con Corinto (*IG* I^3 162; Rendic-Miocevic 1977/8; Anamali 1983: 219-220). Por su parte, el imperialismo corintio-ambraciota tenía unos buenos aliados en las tribus epirotas, en especial en los poderosos caones, enemigos de los corcirenses por la expansión de éstos por el continente, que amenazaba la llanura caonia[16].

Varios epitafios nos hablan de la resistencia indígena a la coerción aplicada por los colonizadores. El primero de Próclidas, en alfabeto corintio y fechado en el segundo cuarto del siglo V (*IG* IX 1^2, 2.214; Jeffery 1990: 229 n° 8), testimonia que entregó su vida en el norte de Acarnania defendiendo a su estado, sin duda en algún choque con elementos anfiloquios o acarnanios[17]. El segundo, el del corcirense Arniadas, de finales del siglo VII o principios del VI, muerto en combate en el golfo Ambrácico (*IG* IX 1, 868; Jeffery 1990: 234 n° 11), seguramente dentro del tira y afloja que mantienen los dos poderes, ambos coligados con indígenas, por ampliar el control sobre la región (*vid. infra*). En Ambracia un bello ejemplo de epigrama funerario arcaico compuesto de cinco dísticos, en alfabeto corintio del siglo VI, honra la memoria de unos embajadores corintios asesinados junto con su escolta ambraciota por «los niños de *Pýraiboi*», posiblemente un clan local cuyo nombre evoca a los παῖδες Ἀθηναίων (Bousquet 1992: 596-606). En un lugar aún más remoto, Epidamno, encontramos al pueblo ilirio de los taulantios ayudando a los *áristoi* corcirenses -a los que otorgaban notables privilegios en los intercambios comerciales- a resistir la presión del imperialismo corintio, que intentaba arrebatarles el control de su colonia (I,26,4; cf. I,24,1; Plu. *Moralia* 297f-298a). Por otra parte, los apoloniatas dedicaron en Corinto el botín obtenido en una guerra contra las ciudades de Abantis y Tronio, en su proceso expansivo hacia el sur durante los siglos VI y V[18], según reza una inscripción erigida en Olimpia, fechada en el tercer cuarto del siglo V[19]. El genérico *hoi Kypselídai*, por último, aparece en una *phiále* ofrecida en Olimpia procedente del expolio de Heraclea, topónimo ampliamente documentado en Grecia, pero que verosímilmente se refiera a la ciudad acarnania situada en las inmediaciones del golfo Ambrácico (Casson 1935: 513-514; Salmon 1984: 213-214; *contra* Antonelli 1993).

Las excavaciones albanesas en Epidamno-Dirraquio y Apolonia han constatado la presencia indígena en estas fundaciones coloniales, principalmente a través de la onomástica en epitafios y monedas (Anamali 1970; Rendic-Miocevic 1983: 189; Ceka 1983: 207-210; Bakhuizen 1986: 171; Cabanes 1993a: 150-153). Este elemento indígena, a pesar de la existencia de una aristocracia que fue lentamente helenizándose, consumidora de productos de lujo a juzgar por los ajuares de las sepulturas tumulares del cementerio de Apolonia (Mano 1974: 308 y 1977/8: esp. 78-80), ocupaba sin duda una posición de servidumbre frente a los privilegiados descendientes de los primeros colonos (Arist. *Pol.* 1267b 23; 1290b 5; Cabanes 1988b: 55-56; Wilkes 1992: 113). En Corcira planchas de plomo con transacciones de carácter privado, la mayor parte de las cuales parecer ser manumisiones, y ofrendas en el santuario de Hera *Akraía* han dado a conocer nombres de origen ilirio, testimonio de la supervivencia de un segmento de población heredera de los primitivos habitantes de la isla, los liburnios, sin duda sometidos por los colonos corintios a finales del siglo VIII (Calligas 1971: 84); la población esclava en Corcira debió de ser muy numerosa, según demuestra su empleo abundante y regular en la flota (I,55,1) y en los campos, donde ha dibujado una configuración del paisaje en la que predomina el gran latifundio y existe un solo núcleo urbano en una isla de considerable extensión (cf. cap. II, pág. 51). No es de extrañar que los ilirios plantearan una dura resistencia a la colonización griega en general y a la corintio-corcirense en particular, siendo en gran medida responsables de la escasa penetración helénica en el sur de Iliria (Casson 1968: 320; Mano 1983: 229-230).

Pasemos ahora a examinar la finalidad que cumplían estas colonias en el NO. En principio, al igual que la mayor parte de las fundaciones helénicas de época arcaica, se daba salida al excedente poblacional que sufría Corinto,

---

[16] III,85,2. Cf. Beaumont 1952: 63-64: Hammond 1967: 490, 497; Calligas 1971: 84; Salmon 1984: 276 sospecha también que los corintios podían dar protección a los epirotas frente a los corcirenses. Como claramente ha señalado Alonso Troncoso 1987: 295, «algunas tribus epirotas, si no ya todas ellas, estaban ligadas a Corinto por tratados de amistad, que llegado el caso podían traducirse en ayuda militar como la del 433, pero que con toda seguridad no comportaban obligaciones permanentes, equivalentes a las de sus colonias o a las de cualquier integrante de la alianza peloponesia».

[17] La suposición de Salmon 1984: 276 n. 20 de que dicho combate pudo ser con ocasión de la primera expedición de Formión en ayuda de los acarnanios queda en el terreno de la mera conjetura, ya que hemos de suponer que la resistencia nativa a la expansión corintia daría lugar a continuos enfrentamientos.

[18] Según Beaumont 1936: 170 y 1952: 65-68 con la intención de abrir o asegurar la ruta terrestre que uniera Apolonia y Ambracia con Corinto, de modo que se evitara una posible interferencia de la cada vez más poderosa Corcira.

[19] Paus. V,22,2-4; la ofrenda consistía en un grupo escultórico en bronce obra de Licio, hijo de Mirón, que floreció en *c.* 450. Cf. Beaumont 1936: 169-170 y 1952: 65-66; Graham 1964: 130-131; Hammond 1967: 433; Salmon 1984: 274 con n. 13; Jeffery 1989: 221 n° 21; Cabanes 1993a: 146-150; Piccirilli 1995: 150.

suministrando lotes de tierra para los emigrantes, en su mayoría no propietarios en su *pólis*, con lo que se paliaban en cierta medida los problemas socioeconómicos que afectaban a la ciudad (cf. cap. II, págs. 9-10). Así, la mayoría de los núcleos urbanos creados *ex novo*, cuentan con una *chóra* lo suficientemente extensa y productiva para mantener a los colonos asentados. Más importante era su función de puertos de escala en la ruta a Occidente, sobre todo a Sicilia y la Magna Grecia, recomendables, si bien no imprescindibles, en la navegación de cabotaje. Las tasas impuestas por recalar en los puertos y los beneficios indirectos generados por el comercio occidental propiciaron una notable prosperidad a estas *apoikíai*. Por otra parte, a través de las colonias Corinto se nutría de las materias primas vitales para la ciudad y su población, principalmente grano[20], metales[21] y madera[22], productos de lujo[23], de los que carecía o eran insuficientes, al mismo tiempo que encontraba mercados en donde colocar sus productos manufacturados (cerámica, perfumes, terracotas, bronces, tejidos, telas, vino, aceite...)[24]. Ya hemos dicho que no se trata de un monopolio del mercado occidental, sino de explotar en condiciones ventajosas el especial nexo que le une a sus colonias[25]. Corinto, además, importaba en grandes cantidades debido a que a sus necesidades particulares se sumaban los repartos que desde el Istmo se hacían al Peloponeso dentro de su función redistribuidora de bienes y servicios (cf. cap. II, pág. 9). En este sentido, la clase gobernante corintia, como directa responsable de su *arché* y merced a la reputada tradición naval de la ciudad, debía de velar por la seguridad en los mares, limpiándolos de piratas, para permitir el libre desarrollo del comercio y del aprovisionamiento por vía marítima (I,13,3-5), bases de la prosperidad económica de las ciudades de este área. La localización costera de muchas de estas colonias hacía posible su utilización como bases navales de apoyo en esta labor de vigilancia (Ste. Croix 1972: 87; cf. fig. 4). Entre las ciudades acarnanias, Eníade se mostró como un fuerte bastión procorintio que sólo cedió al empuje ateniense cuando, después de las victorias de Demóstenes en 426, el entramado corintio en el NO quedó prácticamente desmantelado (IV,77,2; cf. I,111,3). En el capítulo III (pág. 30) advertimos cómo la relación de amistad de los eníadas con los oligarcas corintios se fundaba en la participación de los beneficios comerciales y fiscales que generaba la ruta a Occidente, que caía en la esfera de influencia corintia. Idéntica base económica fomentó el rápido crecimiento y la prosperidad de Léucade (*ibid.*). Igualmente, Anactorio controlaba las tasas cobradas por el puerto de Accio, con una excelente localización a la entrada del golfo Ambrácico (*ibid.*). Conectada con el golfo Ambrácico a través del río Aracto se encontraba Ambracia, en una zona de cruce de grandes rutas comerciales y militares, lo que la proporcionó un poder y una riqueza que se perciben en la monumentalidad de la ciudad, recuperada recientemente por la arqueología (Andreou 1993). Estos ejemplos nos sirven para confirmar cuál era la principal naturaleza de los beneficios que producía la explotación del área geopolítica noroccidental. Con los mismos fines fiscales y comerciales, Periandro hizo construir en el golfo Corintio el puerto artificial de Lequeo, unos de los mejor acondicionados de la Antigüedad, y el llamado *diólkos*, camino pavimentado que cruzaba el Istmo y permitía traspasar las naves, trirremes y mercantes, del golfo Sarónico al Corintio y viceversa, evitando así la circunvalación del Peloponeso y el

---

[20] Para la perenne necesidad corintia de importar grano, cf. cap. II, págs. 11-12. El principal proveedor fue Sicilia y en especial Siracusa, con la que siempre mantuvo excelentes relaciones comerciales, pero el Epiro e Iliria probablemente tuvieron un papel productor más importante del que usualmente les es atribuido; así, el orador del siglo IV Licurgo (*Contra Leócrates* 26) acusó al meteco Leócrates de utilizar moneda ateniense para financiar un cargamento de grano epirota a Léucade y de allí a Corinto, mientras de la feracidad agrícola apoloniata da testimonio una ofrenda en Delfos de tres mil medimnos de trigo (Guarducci 1969: 266). En cuanto a las posibilidades agrícolas de Acarnania y Anfiloquia, véase Jardé 1979: 71 n. 2; Grundy 1948: I, 347 planteó la existencia de una ruta cerealística explotada por Corinto que comunicaría Apolonia y Epidamno con Ambracia y Eníade. Por último y aunque no en el Noroeste, Potidea se asienta en Palene, la más rica de las tres penínsulas de la Calcídica, que todavía hoy produce una gran cosecha de grano (Alexander 1963: 18; Casson 1968: 56-57).

[21] *Vid. infra* nn. 27-30 para el suministro de plata para amonedación; Corinto también podía obtener en el NO cobre y estaño para alear y obtener el bronce necesario para la escultura y la construcción, además de hierro, abundante en Istria y Eslovenia, y estaño de Bohemia (Craici 1953: 408; D'Andria 1990: 283).

[22] El NO era rico en bosques de madera resistente para fines navales (Munn 1983: 5-6; Legon 1981: 219). Meiggs 1984: 130, 493 cree que las costa de Acaya y el norte de Arcadia sustituyeron al NO como fuentes madereras para Corinto cuando ésta perdió su imperio durante la guerra del Peloponeso. No podemos olvidar que la madera era el principal recurso de Potidea, cubierta de espesos bosques (West 1918: 5; Alexander 1963: 16-18; Casson 1968: 52; Hammond 1987: 346), que además era también escala en la importación de la apreciada madera macedonia (Cataldi 1990:25 con bibliografía).

[23] En el Adriático era posible acceder al codiciado ámbar procedente del Báltico, a las raíces de iris de los valles ilirios del Drina y del Narenta -usado para los famosos perfumes corintios (Plin. *NH.* XIII,5),-, al betún del valle de Aosta, etc. (Beaumont 1936: 184; Craici 1953: 408; Hammond 1987: 346; D'Andria 1990: 283). Por otro lado, ánforas para transporte de pescado y vino procedentes de Potidea se han hallado en el llamado «Edificio del Ánfora Púnica», establecimiento comercial sito en el núcleo urbano de Corinto, que fue abandonado en el tercer cuarto del siglo V, tal vez, como sostiene su excavador, como consecuencia de la toma de la colonia por los atenienses y los cortes sufrido por el comercio corintio (Williams II 1979: 117-118).

[24] Queda más allá de las miras de este trabajo abordar en detalle los productos, mecanismos y alcance del comercio corintio; véase un extenso tratamiento de este tema, incorporando los últimos hallazgos arqueológicos, en Munn 1983, Salmon 1984: 101-158 y Fidio 1995.

[25] Si el comercio corintio triunfó en el Oeste se debió a que las vías y medios de distribución, en parte sustentados en sus colonias, se encontraban más consolidados y a la buena calidad de sus manufacturas y no a acuerdos comerciales preferenciales o a la imposición de mecanismos de monopolización (como sostenían, entre otros, Dunbabin 1948: 244, Loicq-Berger 1967: 90 y Roebuck 1972: 113-114), mientras que en el Mediterráneo oriental tenía fuertes competidores como Atenas o Egina. Así, por ejemplo, cuando la cerámica ática de figuras negras desplace a la corintia, lo hará también en los mercados occidentales, pero ello no implicará la caída en las importaciones y exportaciones de otros productos (Siegel 1978: 257, 370; Salmon 1984: 388-390).

peligroso cabo Malea[26].

Pero no todas las fundaciones se orientaban al mar Jónico y al Occidente. La presencia corintio-corcirense en la costa adriática, encarnada en Apolonia y Epidamno, en parte apoyadas por Ambracia y Anactorio en el interior, sólo puede justificarse como asentamientos destinados a la provisión de la plata necesaria para la acuñación monetaria, plata que se encontraba en abundancia, junto a otros metales, en los yacimientos del sur de Iliria[27]. Hace más de cuatro décadas que, en un artículo póstumo, Beaumont argumentaba con vehemencia en favor de la existencia de una ruta terrestre utilizada por Corinto que unía el Adriático y Tracia, aproximadamente desde Epidamno hasta Potidea, trazado que posteriormente seguirá la *Via Egnatia* romana[28]. El propósito sería el mismo, la explotación minera, que en el caso romano se nuclearizaba en el famoso yacimiento de *Damastion*[29]. No puede ser una casualidad que el monedaje corintio en plata cese casi por completo a partir de 430 (Wartenberg 1995: 36), precisamente cuando el clima bélico se impone en el noroeste continental y culmina con la pérdida del control de la región por parte del estado corintio. La principal objeción a esta hipótesis proviene del reconocido numísmata Colin Kraay (1962: 16-20, 33-34), que, basándose en análisis por activación de neutrones, negaba un origen ilirio a la plata de la moneda corintia, pero este tipo de examen no permite ver la procedencia de las trazas metalúrgicas y hoy día se considera poco fiable para cuestiones de identificación[30].

Por último, es posible que encontremos otro motor de la penetración corintia y corcirense en Iliria en la adquisición de esclavos, arrebatados generalmente de territorios fronterizos y marginales que apenas han sido alcanzados por la helenización dentro del proceso de apropiación «por la espada» que suponía la colonización griega (Garlan 1988: 90-92; Rihll 1993: esp. 95-96). El destino que les aguardaba era bien la venta en Corinto o en cualquier otro de los grandes mercados de esclavos dispersos por la Hélade, bien trabajar los fundos de los colonos o, en el caso de Corcira, ocupar un lugar a los remos de una nave (*vid. supra*). Tanto en Epidamno (Arist. *Pol.* 1267b 16-19) como en Apolonia (*Pol.* 1290b 9-14) tenemos constancia de una numerosa población esclava, propia de enclaves muy activos comercialmente. Las tierras coloniales se prestaban además a lo que se conoce como «servidumbre tributaria», consistente en que los indígenas trabajan su propia tierra a cambio de la entrega de una contribución (Garlan 1988: 102-106); precisamente los colonos corintios de Siracusa fueron pioneros en poner en práctica esta forma de explotación del trabajo en la persona de los *kyllýrioi* sículos, que tampoco es extraña a esta región, pues la sociedad iliria, de carácter eminentemente guerrero, conocía al menos dos tipos de servidumbre colectiva (Ducat 1993: 215-217).

La dependencia política de las fundaciones coloniales corintias respecto de la metrópoli se hace especialmente visible en el monedaje, pues Ambracia y Léucade, y con ellas presumiblemente todas las colonias del NO, acuñan no sólo con el mismo peso y tipo que la metrópoli, el famoso Pegaso, sino que en un principio, en torno al 480, las monedas ambraciotas proceden de cuños corintios, lo que sin duda indica que fueron producidas en una ceca sita en la ciudad madre, siendo la abreviatura del étnico -A en Ambracia y Λ en Léucade, en lugar de la K corintia- la única diferencia apreciable[31]. Esto último sucede también en las dracmas y estáteras acuñadas por

---

[26] Para las características y funcionamiento del *diólkos*, cuyos restos arqueológicos confirman una fecha en torno al año 600, véanse ante todo los trabajos de su excavador N. Verdelis (1956; 1957; 1958), así como Daux 1957; Broneer 1958: 80; Cook 1979: 152-153; MacDonald 1986 y Raepsaet 1993 hacen hincapié en que este tipo de vía -una perfecta obra de ingeniería para su tiempo por la calidad de los materiales y de la mano de obra empleada, la precisión de su trazado y el uso de avanzadas técnicas de apoyo y arrastre- era especialmente conveniente para el transporte de mármol, madera y, quizá, metales a través del Istmo. Para las fuentes antiguas, cf. cap. II n. 10.

[27] Str. VII,7,7 habla incluso de un descendiente de los Baquíadas gobernando entre los lincestas. A favor del aprovisionamiento argentífero por parte de Corinto se muestran Milne 1925: 26; Beaumont 1936: 181-185; Craici 1953: 409; Will 1955: 536-538; Mossé 1970: 71; Braccesi 1971: 43-46; Hammond 1987: 346; Cabanes 1988: 55; Cataldi 1990: 23-24; D'Andria 1990: 285; Wilkes 1992: 110. Seltman 1925: 128-129 y Wilson 1987: 26 piensan, asimismo, que la explotación de las minas fue motivo de conflicto entre Corinto y Corcira. May 1939: VIII-IX y Graham 1964: 142 no se pronuncian y dejan el asunto en el campo de la «conjetura probable», pero el segundo hace notar la riqueza de los ajuares de la necrópolis de Trebenishte, muy cercana a Damascio, algunos de cuyos objetos pueden tener un origen corintio. En contra de esta línea argumentativa se han expresado Finley 1965: 11-18; Kagan 1969: 210-213 (rectificando la posición que mantenía en 1958: 16 y 1961: 334); Ste. Croix 1972: 87 n. 54; Salmon 1984: 173 n. 11; Piccirilli 1995: 162. Para la riqueza metalífera de los valles de Shkumbin, Mati, Drin y Vardar, cf. Mano 1976: 119 y en general para las de Tracia y Macedonia, Casson 1968: 59-79. También es probable que Potidea, próxima a las minas del Pangeo, suministrara plata a Corinto hasta que a mediados del siglo V su militancia en la liga délica creara un conflicto de intereses con Atenas. Por otra parte, es muy improbable que la gran cantidad de plata requerida para la amonedación pudiera ser suministrada exclusivamente por las tasas y peajes sobre el comercio como ha supuesto Munn 1983: 5.

[28] Beaumont 1952: 62-73. Véase también May 1939: 2; Braccesi 1971: 45; Mano 1976: 123; Will 1955: 532-538, aunque este último no cree que la génesis de esta ruta se remonte a época cipsélida. Casson 1968: 322 ya había señalado la coincidencia de esta ruta continental, alternativa a la marítima, con la *Via Egnatia*. Oberhummer 1887: 246 prefiere ver intereses comerciales en la ruta terrestre y explicar la prosperidad de Ambracia por servir de encrucijada entre las arterias de comunicación epirotas, ilirias y macedonias. Finalmente Grundy 1948: I, 374 expresa sus dudas acerca de que el comercio que siguiera este itinerario hubiera podido atravesar el territorio de las belicosas tribus ilirias.

[29] Sobre la localización de las minas de Damascio, en algún punto entre Iliria y Macedonia occidental, véase May 1939: 1-25. Milne 1938: 96-97 es también de la opinión de que al menos parte de la plata de Damascio tendría por destino Corinto vía Ambracia. Sutherland 1942: 8 hace a la plata iliria fuente indirecta de buena parte del monedaje de la Magna Grecia y no sólo de Corinto, pero fue contestado por Kraay 1976: 187 y 202, que consideraba más probable una procedencia local de la plata italiota, bien de la región de Longobucco, bien a través del comercio etrusco.

[30] Agradezco a la Dra. Mª Paz García-Bellido, del Centro de Estudio Históricos (CSIC), su valioso dictamen en esta problemática.

[31] Para las emisiones ambraciotas, véase Ravel 1928: 83 y para las estáteras leucadias Kraay 1976: 82. Salmon 1984: 271-272 se muestra reacio a aceptar una significación política en estas emisiones: la leucadia buscaría facilitar el cobro de tasas en el canal de su isla, mientras la ambraciota sería excepcional, en conexión con la campaña helénica contra el Gran Rey.

Anactorio en la década del 430, en las que el Pegaso se acompaña de la ϝ, inicial del nombre de la ciudad (Kraay 1976: 125). Dos emisiones más, datables en este mismo período, justifican este punto de vista. La primera presenta en el anverso el Pegaso con una E que es posteriormente alterada a K, lo que ha llevado a pensar que se trata de una acuñación de Epidamno en la cual la marca representa la reivindicación corintia ante Corcira en los convulsos años del conflicto que enfrentaba a ambas por el control de la colonia (*ibid.*: 84-85; Wartenberg 1995: 36), máxime cuando Epidamno venía acuñando según el estándar corcirense. La segunda emisión, que tiene como tipo del anverso a Pegaso montado por Belerofonte junto a la letra Π, ha de atribuirse presumiblemente a Potidea, que hasta entonces había acuñado tipos locales que mostraban generalmente a Posidón (*ibid.*); por otro lado, el estudio de J.A. Alexander (1953: 216-217, aceptado por Kraay 1976: 85) sobre el monedaje potideata ha puesto de relieve cómo la colonia corintia acuñó moneda en bronce entre 432 y 429 -fecha de su caída ante las fuerzas atenienses que la asediaban- para satisfacer las necesidades de intercambio de sus ciudadanos y pagar al contingente corintio y peloponesio que acudió en ayuda de la ciudad, sublevada contra Atenas, hipótesis a la que se suma Kraay; las emisiones fueron reanudadas en 405, cuando tras la batalla de Egospótamos la población exiliada pudo regresar a la ciudad. En cualquier caso, la ruptura de la tradición local para adoptar el tipo corintio significa una vuelta a los orígenes de la colonia tras su pertenencia a la liga ático-délica, una vez demostrada la imposibilidad de resistir el cada vez más opresivo imperialismo ateniense en el Egeo. En realidad la conexión con el pasado continuaba vigente a través de un nexo institucional si recordamos que esta colonia recibía anualmente *epidemiurgoí* de la metrópoli (*vid. infra*), lo que ocurre es que en los momentos críticos de la revuelta adquiere nuevo vigor y se recuperan y estrechan aún más los lazos comunes.

Al margen de las emisiones comentadas, a lo largo de todo el siglo V el numerario de Léucade y Ambracia conserva tal fidelidad a los tipos corintios que Kraay (1976: 123-124) no excluye la posibilidad de que se trate de los mismos grabadores que trabajan en diferentes cecas coloniales. En la centuria siguiente, sobre todo en la segunda mitad, la emisión y utilización del monedaje de tipología corintia se hace extensiva a todo el área geopolítica del NO, más allá de las propias colonias corintias, abarcando a ciudades acarnanias, anfiloquias e ilirias (*ibid.*: 126), lo que permite hablar de una auténtica, aunque breve en el tiempo, *koiné* corintia en esta región, coincidente con un momento de gran prosperidad en Corinto tras un siglo de guerra continuada. Las ciudades en la esfera de influencia corcirense, incluida la propia Corcira, así como una Siracusa bajo el mando temporal de Timoleonte, se suman circunstancialmente a las emisiones de pegasos.

Existe la asunción casi dogmática para la Antigüedad de que la utilización de idénticos tipos monetarios indica una subordinación política, así como el hecho de emitir numerario en plata es sinónimo de autonomía (*ibid.*: 79; algunas excepciones en Graham 1964: 123-128). Aplicado a nuestro caso, las emisiones en plata de las colonias corintias demuestran su autonomía en la organización interna, pero el uso de los tipos corintios atestigua una dependencia de la metrópoli, refrendada por otros datos, que se hace más evidente en política exterior[32]. Por otra parte, no menos significativo es que las colonias de Siracusa y Corcira, ambas con un floreciente comercio, sólo acuñaron los tipos corintios cuando cayeron bajo directo control de Corinto (*vid. supra*), es más, recién fundada, Corcira adoptó un patrón próximo al euboico por su temprana hostilidad hacia la ciudad madre. En el marco de esta lucha continua con Corinto por el control del NO, Corcira también dejará sentir su impronta en la región, más visible en las colonias septentrionales, Epidamno y Apolonia, según demuestra la adopción de su patrón y tipos monetarios, la vaca y el ternero[33].

Otro vínculo entre metrópoli y colonia, el envío anual de *epidemiurgoí* a Potidea, es rescatado por Tucídides al hablar de las *aitíai* que desencadenaron la guerra del Peloponeso (I,56,2). Aunque el carácter y función de estos enviados corintios -no me atrevo a utilizar el término magistrados- permanece oscuro, es improbable que tuvieran algún poder efectivo sobre el orden y organización de la colonia[34], pues por un lado del pasaje de Tucídides se colige que se trata de una especie de embajada o inspección anual, probablemente breve, y no de una magistratura corintia permanente y estable en la colonia y, por otro lado, resulta prácticamente imposible pensar que Atenas hubiera admitido tal injerencia en la política interna de uno de los aliados tributarios de su liga. Posiblemente el ejercicio del cargo de ἐπιδημιουργός se inscriba en el ámbito de las prácticas cultuales, representando a la ciudad madre en las fiestas y ritos, cuando se hacía más patente el sentimiento de un origen común, sobre todo entre ambas elites sociales, concretado en el ofrecimiento de las primicias de los sacrificios y en el lugar destacado que ocupaban en ceremonias cívicas

---

[32]Graham 1964: 122-124 ha objetado que las razones para adoptar los tipos de la metrópoli pudieron ser exclusivamente comerciales (ya Beaumont 1936: 168 lo había hecho en el caso corcirense), basándose en que los pegasos corintios tuvieron gran aceptación en el Mediterráneo occidental, pero hay una gran diferencia entre aceptar/traficar con los pegasos y acuñarlos, ya que la moneda testimonia, valida y exalta símbolos, valores e historia de una *pólis* o de sus gobernantes, es decir, «se convierte en expresión de orgullo cívico o personal», por utilizar palabras de Kraay 1976: 321.

[33]Kraay 1976: 129. Salmon 1984: 274 resta valor a esta prueba por no remontarse más allá del siglo IV. Sobre la mayor influencia corcirense en estas colonias, Bakhuizen 1986.

[34]Según postulaban O'Neill 1930: 158, Gomme *HCT* I,56,2 y Alexander 1963: 21-23, quien pensaba que pudo haber un magistrado local denominado *demiurgós* y, por encima suyo, como indicaría la preposición *epí*, el *epidemiurgós* corintio; en realidad, el estudio comparativo de Vatin (1961: 253 n. 4), corroborado por Jeffery (1973/4: 320 n. 4), ya había puesto de manifiesto que *epí* no modifica el sentido de la palabra ni indica superioridad, sino que le da una extensión más limitada, de modo que las funciones del epidemiurgo, sean cuales fueren, se desenvolverían en un territorio restringido o en un sector particular de la administración colonial. Para Kagan 1958: 18 los epidemiurgos reemplazaron a los antiguos representantes de la dinastía cipsélida, pero no explica en qué medida o con qué poderes.

compartidas³⁵. No obstante, el vínculo religioso podía suponer sólo la necesaria base o el barniz que recubre una genuina relación de tipo político. La exigencia ateniense en 432 de expulsión de los *epidemiurgoí* corintios, como la de demolición de las murallas y entrega de rehenes potideatas, no tiene otro objeto que el de, una vez comprobada la hostilidad corintia por la interferencia ateniense en Sibota, evitar el peligro de insurrección en Tracia, un área extremadamente importante para Atenas por el tributo y el suministro de madera y metales³⁶. ya que los epidemiurgos, al igual que próxenos y embajadores, podían actuar como canales de información en las conspiraciones y revueltas (Losada 1972: 109; Davies 1978: 81 ss.; Gerolymatos 1986: *passim;* contra Mitchell 1997: 28-37). La mera presencia de estos enviados corintios era un recuerdo de la filiación de Potidea y de la influencia más o menos fuerte sobre la misma que se seguía ejerciendo desde la clase dirigente de la ciudad madre, hostil a la expansión ateniense. Difícilmente Potidea, aislada en el nordeste, pudo ser un caso único en recibir este tipo de embajadores dentro de la comunidad colonial corintia y, por indemostrable que pueda ser, podemos suponer que las *apoikíai* del noroeste, más próximas a Corinto, sufrirían una mayor y más efectivo control que garantizase su permanencia en la *arché* corintia. Un ejemplo de estas periódicas visitas a las colonias podemos tenerlo en los tres *présbeis* corintios asesinados en el camino del puerto de Ambraco a la ciudad de Ambracia, a pesar de la protección prestada por una escolta ambraciota (*vid. supra*).

Al problema planteado por el cargo de epidemiurgo Pierre Cabanes (1988a: 98) ha aportado un segundo enfoque que, aunque sirve como vía de compromiso entre las colonias y su entorno indígena, resulta mucho más hipotético. Puesto que inscripciones del siglo IV atestiguan que los *demiurgoí* eran los magistrados superiores dentro del *koinón* de los molosos, principal tribu epirota asimiladora de grupos étnicos vecinos, Cabanes no descarta que los epidemiurgos corintios actuaran como magistrados reconocidos por los diferentes *éthne*, encargados de regular la vida en las comunidades mixtas de bárbaros y grecoparlantes.

La medida de la naturaleza y carácter del imperio corintio en el NO es dada por los embajadores corintios en el discurso pronunciado ante la *Ekklesía* ateniense con motivo de evitar la alianza de éstos con los corcirenses (I,37-43). Más allá del tono retórico que envuelve el discurso, propio de la ocasión, el fondo del mismo se revela como una importante fuente de información sobre cómo la elite dirigente corintia entendía las relaciones con la población de las fundaciones coloniales. En primer lugar, queda claro que dicha relación se basa en el respeto y obediencia de un súbdito hacia su ἡγεμών (I,38,2). Sus fundamentos sólo son violados por Corcira, que se niega a cumplir los compromisos adquiridos de acuerdo con *tà koinà tôn Hellénon nómimas*, el derecho de gentes griego (I,41,1; cf. I,25,4). Por dos veces se establece una equiparación con la *arché* ateniense al sostener que cada *hegemón* estaba legitimado para sofocar las revueltas surgidas en su esfera de poder (I,40,5; 43,1). Puesto que Corinto había votado en 440 contra la intervención de la liga del Peloponeso en favor de una Samos sublevada (I,40,5; cf. I,115-117), posibilitando así que Atenas asentase a su antojo los asuntos en la isla, ahora Atenas debería de hacer lo mismo y no inmiscuirse en el intento corintio de doblegar a su colonia rebelde. Se trata, por tanto, de la interferencia política de la *arché* ateniense en los dominios de la corintia (Jones 1952/3: 44). Por encima de las diferencias sustanciales entre ambos imperios, principalmente el hecho de que el corintio no se construía sobre obligaciones de tratado o acuerdos legales ni sobre el tributo de los estados integrantes como se desprende de VII,58,3, es importante retener que para Corinto sus colonias son aliados que le deben fidelidad a cambio del apoyo y defensa que la metrópoli presta en momentos de necesidad. Más difícil es pensar que la clase dominante corintia contemplara alguna vez la posibilidad de integrar a sus colonias en la liga del Peloponeso, como ha supuesto Salmon (1984: 407), puesto que sólo los estados peloponesios, geográficamente hablando, podían ser «miembros» de pleno derecho, mientras los extrapeloponesios ostentaban la condición de «aliados» (Snyder 1973: 12-50).

Por otra parte, según hemos podido apreciar, el conflicto entre Corinto y Corcira rebasa los límites de tensión o disputa entre metrópoli y colonia, de la exigencia de una «piedad filial». Se trata de una genuina lucha de poder, por el control imperial de los mares Jónico y Adriático y, por ende, de la ruta a Sicilia y Magna Grecia, así como por los beneficios de su explotación, de la que τὰ Κερκυραικά es sólo un episodio más³⁷. Este conflicto muy posiblemente se remonta, como sostiene Heródoto (III,49,1), a los orígenes de la colonia y ya en 664 fueron, según Tucídides (I,13,4), los protagonistas de la primera naumaquia griega conocida. La importante política exterior desarrollada por Periandro, en especial en el golfo Corintio y sus aledaños, alcanzó a Corcira, que terminó por caer temporalmente bajo la égida corintia y ser gobernada por sus descendientes Psamético y Licofrón (Hdt. III,52,6; Nic.Dam. *FGH* 90 F 59). Como un mecanismo para debilitar o suprimir la oposición de la clase dirigente corcirense y consolidar el control sobre la isla -no hemos de olvidar que en Corcira encontraron acogida los Baquíadas desterrados por Cípselo (Nic.Dam. *FGH* 90 F 57,7)- y no como pura venganza por la rebeldía de la colonia hemos de entender el conocido episodio

---

³⁵I,25,4; Salmon 1984: 393-394. Kahrstedt 1922: 364, seguido por Will 1955: 524 n. 1, ya defendió que estos magistrados eran una reliquia del pasado, sin ningún poder práctico.

³⁶Cf. Alonso Troncoso 1995 para la dimensión política y jurídica del ultimátum como instrumento de presión en la diplomacia griega clásica y especialmente págs. 258-260 para el caso potideata en particular.

³⁷Hammond 1945: 31; Graham 1964: 146-153; Kagan 1969: 218-221; Fernández Nieto 1971: 96 con n. 5; Munn 1983: 19; Salmon 1984: 283; Piccirilli 1995: esp. 171-172. Beaumont 1936, Craici 1953, Braccesi 1971: 40-41 y Fidio 1995: 99-100 dan más valor a los motivos económicos que a los puramente políticos. A pesar de los ilustrativos ejemplos de esta lucha por el NO que citamos más adelante, Wilson 1987: 26, 33-34 niega que los corcirenses aspiraran a un dominio o expansión territorial, sino que se contentarían con la prosperidad proporcionada por sus prácticas piráticas, aunque reconoce, por otra parte, que Corinto no podía tolerar el desafío de Epidamno y Corcira a su control de la ruta a Sicilia y la Magna Grecia.

herodoteo (III,49-50) en el que Periandro envía al rey lidio Aliates trescientos jóvenes de las mejores familias para que sean castrados y esclavizados, aunque finalmente logran eludir este destino con ayuda de los samios. En este período, Corcira había fundado en territorio ilirio, con el patronazgo supervisor del tirano cipsélida, la colonia de Epidamno y tal vez la de Apolonia (*vid. supra*), pero nada más verse libre de la tutela impuesta por los oligarcas corintios, Corcira reanudará el enfrentamiento contra su metrópoli y tratará de extender su influencia por el NO. En un momento indeterminado de la época arcaica, Apiano (*BC.* II,39,157) muestra a los corcirenses controlando los mares e imponiéndose a los piratas liburnios, mientras Tucídides (I,14,2) señala que Corcira y los tiranos de Sicilia poseían las flotas más poderosas a finales del siglo VI. Pero es en el siglo V cuando vemos agudizarse este conflicto de poder, probablemente porque contamos con más abundante información literaria y arqueológica. Así Temístocles, designado árbitro en la disputa entre Corinto y Corcira por la isla de Léucade, falló en favor de la segunda y multó a los corintios con veinte talentos, decisión que le valió el nombramiento de εὐεργέτης de los corcirenses (I,136,1 y escolios; Plu. *Them.* 24,1; P.Oxy. 1012,C [fr. 9] II, ll. 23-34; cf. Piccirilli 1973a, 1973b: n° 13 y 1995: 154-156). Según avanza el siglo la presencia de Corcira se hace dominante en el Adriático, donde asegura, controla y explota las rutas de navegación mediante la protección que otorga su cada vez más potente flota de trirremes (Kiechle 1979). Son sin duda estos recursos financieros los responsables del aumento del poder marítimo de los isleños, que acabará por ser superior (*dynatóteroi*) al de los corintios (I,25,4), en una demostración más de la importancia y vinculación de la *periousìa chremáton*, el excedente de riqueza, con el *nautikón*, la flota, a lo largo del texto tucidídeo (Kallet-Marx 1993: esp. 71-78). La máxima expresión de esta creciente *dýnamis* la encontramos en el discurso de los corcirenses en Atenas en 433, donde afirman con orgullo que su armada, constituida por ciento veinte trirremes, sólo es inferior en toda Grecia a la de los propios atenienses (I,25,4; 33,1; 36,3).

Hacia el 435 la facción demócrata de Epidamno, hostigada por aristócratas exiliados y bárbaros ilirios, dio al estado corintio la oportunidad de aspirar a detentar la potestad sobre la ciudad, inmersa en el área de influencia corcirense[38]. La embajada epidamnia a Delfos no es otra cosa que un intento de legitimar ante el mundo griego esta intervención, evitando que se convirtiera en *casus belli* y pesara sobre Corinto la responsabilidad de la guerra. La Pitia, máxima autoridad reconocida en materia colonial, quebrará la jerarquía tradicional en las relaciones entre colonia y ciudad madre para sancionar la nueva dependencia de los epidamnios respecto de Corinto, metrópoli de la metrópoli (I,25,1; cf. Craici 1953: 406-407; Fornis 1993b). De hecho, poco después, los embajadores corintios en Atenas afirmarán que Epidamno es colonia propia: *Epídamnon hemetéran oûsan* (I,38,5). La ofensiva propagandística corintia, un paso más en la escalada de tensión hacia el definitivo estallido de las hostilidades, será contrarrestada por Corcira, que, tras su victoria en Leucimme, adoptará represalias contra las colonias y aliados corintios (I,30,2-3), sin duda para desprestigiar al antiguo *hegemón* y dejar sentir la fuerza de la nueva dueña del mar. Esta renovada influencia dio pronto sus frutos en Anactorio, donde existían elementos corcirenses -Ps.Scymn. 459-461 recoge una fundación conjunta de la colonia, mientras Tucídides (I,55,1) habla de una propiedad común de Corinto y Corcira-, porque los corintios tuvieron que apoderarse de la ciudad y asentar nuevos colonos a su regreso de Sibota (en IV,49 el historiador ático se refiere a ella ya como «ciudad corintia»). Es fácil imaginar una situación de *stásis* latente en el seno de una sociedad colonial tan heterogénea, que aflorara según se desarrollaban los acontecimientos y según qué poder marítimo imponía sus directrices en esta área geopolítica, de forma que Anactorio figuró primero bajo control corcirense, perdido en favor del corintio tras la batalla de Sibota para, finalmente, pasar a dominio ateniense a través de sus aliados acarnanios[39]. También en Apolonia tendría lugar este conflicto interno entre elementos coloniales originarios de Corinto y los de Corcira, lo que explicaría la confusión en las fuentes sobre la filiación de la colonia (cf. *supra* n. 9).

También pudimos percibir y valorar debidamente en el capítulo III que el NO siguió teniendo un gran protagonismo durante la guerra arquidámica y fue uno de los principales teatros bélicos, consecuencia del deseo ateniense de acabar con el control corintio de la región. Ya durante la primera guerra del Peloponeso el asentamiento de mesenios en Naupacto por parte de Atenas amenazaba la posición de Corinto en este área, pues por primera vez situaba naves atenienses en el golfo Corintio (cf. cap. II, pág. 11 con n. 23). En este mismo conflicto Pericles condujo un ataque que no prosperó contra Eníade (I,111,3), Calcis cayó en manos atenienses durante la expedición de Tólmides en 457 (I,108,5) y es posible que Molicrio también sufriera ese destino ya que en 429 aparece en poder de Atenas (II,84,4), aunque será arrebatada temporalmente a ésta por el espartiata Euríloco (III,102,2); igualmente Solio fue tomada en 431 (II,30,1), Anactorio en 425 (IV,49) y Eníade fue obligada a entrar en la alianza acarnania en 424 (IV,77,2). Desde el invierno del 430/29 (II,69,1) y hasta el 411 (D.S. XIII,48,6), las naves atenienses instaladas en Naupacto ejercieron un bloqueo del golfo Corintio que, aunque no totalmente efectivo, debió de afectar al aprovisionamiento de grano desde Occidente y originar graves pérdidas en el comercio a y desde Corinto (cf. cap. II, págs. 11-13). Las victorias de Demóstenes en Olpas e Idómene en 426 (III,105-114) supondrían la definitiva sustitución de Corinto por Atenas como dominadora del NO, al menos hasta el final del período que nos concierne, la guerra del Peloponeso.

---

[38] I,24,5-6. La intercesión corintia ha de verse desde un prisma político, como un intento de acrecentar su dominio del NO y no respondiendo a «una obligación moral de ayuda a una ciudad rechazada por su metrópoli», como sostiene Salmon 1984: 283.

[39] Piccirilli 1995: 152-154; cf. además Graham 1964: 133-134, Losada 1972: 64-66 y Salmon 1984: 274, que atribuyen esta última acción a agentes corcirenses.

BIBLIOGRAFÍA

Accame, S. 1971: «Tucidide e la questione di Corcira», en *Studi in onore di V. de Falco*, Nápoles, 141-164.

Adcock, F.E. 1927: «The Archidamian War, 431-421 B.C.», *CAH* V, 193-253.

Adcock, F.E., Mosley, D.J. 1975: *Diplomacy in Ancient Greece*, Londres.

Adkins, A.W.H. 1960: *Merit and Responsability*, Oxford.

Alexander, J.A. 1953: «The Coinage of Potidaea», en E. Mylonas, D. Raymond (eds.), *Studies Presented to D.M. Robinson* II, San Luis (Missouri), 200-217.

- 1963: *Potidaea. Its History and Remains*, Atenas (Georgia).

Allison, J.W. (ed.) 1990: *Conflict, Antithesis and the Ancient Historian*, Columbia.

Aloni-Ronen, N. 1997: «Hera and the Foundation of Aristocratic Collective Identity: Evidence from the Argive Plain», *SCI* 16, 9-19.

Alonso Troncoso, V. 1987: *Neutralidad y neutralismo en la Guerra del Peloponeso (431-404 a.C.)*, Madrid.

- 1988: «Neutralismo y desunión en la segunda guerra médica», en G. Pereira Menaut (ed.), *Actas Primer Congreso Peninsular de Historia Antigua (Santiago de Compostela 1986)*, Santiago de Compostela, 55-70.

- 1989: «Algunas consideraciones sobre la naturaleza y evolución de la *symmachía* en época clásica (I)», *Anejos de Gerión II. Homenaje a S. Montero Díaz*, Madrid, 165-179.

- 1995: «Ultimatum et déclaration de guerre dans la Grèce Classique», en Frézouls, Jacquemin 1995: 211-295.

Alty, J. 1982: «Dorians and Ionians», *JHS* 102, 1-14.

Amandry, P. 1952: «Observations sur les monuments de l'Heraion d'Argos», *Hesperia* 21, 222-274.

- 1980: «Sur les concours argiens», en *Études argiennes, BCH* supl. 6, París, 211-253.

Amit, M. 1973: *Great and Small Poleis*, Bruselas.

Ampolo, C. 1987: «I contributi alla prima spedizione ateniese in Sicilia (427-424 a.C.)», *PP* 42, 5-11.

- 1993: «La funzione dello Stretto nella vicenda politica fino al termine della guerra del Peloponneso», en *Lo Stretto crocevia di culture, Atti XXVI Convegno di Studi sulla Magna Grecia (Taranto-Reggio Calabria, 9-14 ottobre 1986)*, Nápoles, 45-71.

Amyx, D.A. 1958: «The Attic Stelai», *Hesperia* 27, 163-307.

Anamali, S. 1970: «Les villes de Dyrrhachion et d'Apollonie et leurs rapports avec les Illyriens», *SA* 7, 89-98.

- 1983: «Les illyriens et les villes de l'Illyrie du Sud dans les inscriptions de la Grèce», en *Modes de contacts et processus de transformation dans las societés anciennes. Actes du Colloque de Cortone*, París-Roma, 219-225.

Anderson, J.K. 1954: «A Topographical and Histocal Study of Achaea», *ABSA* 49, 72-92.

- 1961: *Ancient Greek Hormanship*, Berkeley-Los Ángeles.

- 1970: *Military, Theory and Practice in the Age of Xenophon*, Berkeley-Los Ángeles.

Andreski, S. 1971: *Military Organization and Society*, Berkeley-Los Ángeles[2].

Andreou, I. 1993: «Ambracie, une ville ancienne se reconstitue peu à peu par les recherches», en Cabanes 1993b: 91-101.

Andrewes, A. 1959: «Thucydides on the Causes of the War», *CQ* 9, 223-239.

- 1978: «Spartan Imperialism?», en P.D.A. Garnsey, C.R. Whittaker (eds.), *Imperialism in the Ancient World*, Cambridge, 91-102.

- 1980: «Argive *Perioikoi*», en E.M. Craig (ed.), *'Owls to Athens': Essays on Classical Culture presented to Sir Kenneth Dover*, Oxford, 171-178.

- 1992: «The Peace of Nicias and the Sicilian Expedition», *CAH* V[2], 433-463.

Antonelli, L. 1993: «Corinto, Olimpia e lo spazio ionico: il problema della *phiale* di Boston», en Braccesi 1993: 25-44.

Antonetti, C. 1992: *Les etoliens. Image et religion*, París.

Arafat, K., Morgan, C. 1989: «Pots and Potters in Athens and Corinth: a Review», *OJA* 8, 311-346.

Asheri, D. 1967: «Il 'rincalzo misto' a Naupatto», *PP* 22, 343-358.

Aurenche, O. 1974: *Les groupes d'Alcibiade, de Léogoras et de Teucros. Remarques sur la vie politique athénienne en 415 av. J.-C.*, París.

Austin, M., Vidal-Naquet, P. 1986: *Economía y sociedad en la antigua Grecia* (trad. de T. de Lozoya), Barcelona (= 1972).

Aymard, P. 1959: «Remarques sur la poliorcétique grecque», *Études d'Archéologie Classique* 2, 3-15.

Babut, D. 1981: «Interprétation historique et structure littéraire chez Thucydide: remarques sur la composition du livre IV», *BAGB* 40, 417-439.

Badian, E. 1990a: «Thucydides and the Outbreak of the Peloponnesian War. A Historian's Brief», en Allison 1990: 46-91 (= *From Plataea to Potidaea. Studies in the History and Historiography of the Pentecontaetia*, Baltimore-Londres 1993, 125-162 y 223-236).

- 1990b: «Athens, the Locrians and Naupactus», *CQ* 40, 364-369.

Bakhuizen, S.C. 1986: «Between Illyrians and Greeks: the Cities of Epidamnos and Apollonia», *Iliria* 1, 166-173.

Balestrazzi, M. 1992: «Note sulla figura di Alcibiade: il suo ambiente e la spedizione in Sicilia», en Cataldi 1992: 21-35.

Baltrusch, E. 1994: *Symmachie und Spondai. Untersuchungen zum griechischen Völkerrecht der archaischen und klassischen Zeit (8-5 Jahrhundert v. Chr.)*, Berlín-Nueva York.

Bar-hen, E. 1977: «Le parti de la paix à Sparte à la veille de la Guerre du Peloponnèse», *AncSoc* 8, 21-31.

- 1978: «Le decret megarien», *SCI* 4, 10-27.

Bauslaugh, R.A. 1991: *The Concept of Neutrality in Classical Greece*, Berkeley-Los Ángeles-Oxford.

Beattie, A.J. 1960: «Nisaea and Minoa», *RhM* 103, 21-43.

Bearzot, C. 1988: «Strategia autocratica e aspirazione tiranniche. Il caso di Alcibiade», *Prometheus* 14, 39-

Beaumont, R.L. 1936: «Greek Influence in the Adriatic Sea before the Fourth Century B.C.», *JHS* 56, 159-204.
- 1952: «Corinth, Ambracia, Apollonia», *JHS* 72, 62-73.

Beloch, J. 1884: *Attische Politik*, Leipzig.
- 1886: *Die Bevölkerung der griechisch-römischen Welt*, Leipzig.
- 1922: *Griechische Geschichte* III: 1, Estrasburgo-Berlín.
- 1923: *Griechische Geschichte* III: 2, Estrasburgo-Berlín.

Bengtson, H. 1962: *Die Staatsverträge des Altertums II: Die Verträge der griechischen-römischen Welt von 700 bis 338 v. Chr.*, Munich-Berlín.
- 1979: *Zu den strategischen Konzeptionen des Alkibiades*, Munich.
- 1986: *Historia de Grecia* (trad. de J. Calonge), Madrid (= 1965).

Best, J.G.P. 1969: *Thracian Peltasts and their Influence on Greek Warfare*, Groninga.

Bettali, M. 1995: *I mercenari nel mondo greco I. Dalle origini alla fine del V sec. a.C.*, Pisa.

Bickerman, E. 1950: «Le droit des gens dans la Grèce classique», *RIDA* 4, 199-213.

Billot, M.-F. 1997: «Recherches archéologiques récentes à l'Héraion d'Argos», en *Héra: images, espaces, cultes*, Nápoles, 11-81.

Blegen, C.W., Young, R.S., Palmer, H. 1986: *Corinth XIII: the North Cemetery*, Princeton.

Blíquez, L.J. 1969: «Anthemocritus and the *Orgás* Disputes», *GRBS* 10, 157-161.

Bloedow, E.F. 1973: *Alcibiades Reexamined*, Historia supl. 21, Wiesbaden.
- 1975: «Corn Supply and Athenian Imperialism», *AC* 44, 20-29.
- 1981: «The Speeches of Archidamus and Sthenelaidas at Sparta», *Historia* 30, 125-143.
- 1983: «Archidamus the 'Intelligent' Spartan», *Klio* 65, 27-49.
- 1987a: «Pericles' Powers in the Counter-Strategy of 431», *Historia* 36, 9-27.
- 1987b: «Sthenelaidas the Persuasive Spartan», *Hermes* 115, 60-66.
- 1990: «'Not the Son of Achilles, but Achilles Himself': Alcibiades' Entry on the Political Stage at Athens II», *Historia* 39, 1-19.
- 1991a: «On 'Nurturing Lions in the State': Alcibiades' Entry on the Political Stage in Athens», *Klio* 73, 49-65.
- 1991b: «Alcibiades: a Review Article», *AHB* 5, 17-29.
- 1991c: «'An Alexander in the Wrong Place': Alcibiades 'the Ablest of All the Son of Athens'?», *SCO* 41, 191-216.
- 1991d: «Athens' Treaty with Corcyra: a Study in Athenian Foreign Policy», *Athenaeum* 79, 185-210.
- 1992: «Alcibiades, Brilliant or Intelligent?», *Historia* 41, 139-157.

Boardman, J. 1970: «A Sam Wide Group Cup in Oxford», *JHS* 90, 194-195.

Bolte, F. 1960: «Sparta», *RE* III A, 2, col. 1265-1373.

Bonk, P. 1974: *Defensiv und Offensivklauseln in griechischen Symmachieverträgern*, diss. Bonn.

Bonner, R. 1921: «The Megarian Decrees», *CPh* 16, 238-245.

Bookidis, N. 1993: «Ritual Dinning at Corinth», en Marinatos, Hägg 1993: 45-61.

Bosworth, B. 1992: «Athens' First Intervention in Sicily: Thucydides and the Sicilian Tradition», *CQ* 42, 46-55.

Boulter, C.G., Bentz, J.L. 1980: «Fifth Century Attic Red Figure at Corinth», *Hesperia* 49, 295-306.

Bourriot, F. 1976: *Recherches sur le génos. Étude d'histoire sociale athénienne*, París.

Bousquet, J. 1992: «Deux épigrammes grecques (Delphes, Ambracie)», *BCH* 116, 585-606.

Braccesi, L. 1971: *Grecità Adriatica*, Bolonia.
- 1973/4: «Ancora su *IG* I² 53 (un trattato fra gli Ateniesi e il re Artas?)», *ArchClass* 25-26, 68-73.
- (ed.) 1993: *Hesperìa, 3. Studi sulla Grecità di Occidente*, Roma.

Brelich, A. 1961: *Guerre, agoni e culti nella Grecia arcaica*, Bonn.
- 1969: *Paides e parthenoi*, Roma.

Broneer, O. 1958: «The Corinthian Isthmus and the Isthmian Sanctuary», *Antiquity* 32, 80-88.
- 1973: *Isthmia II. Topography and Architecture*, Princeton.

Brookes, A.C. 1981: «Stoneworking in the Geometric Period at Corinth», *Hesperia* 50, 285-290.

Brown, E.L. 1974: «Kleon Caricatured on a Corinthian Cup», *JHS* 94, 166-170.

Bruce, I.A.F. 1971: «The Corcyraean Civil War of 427 B.C.», *Phoenix* 25, 108-117.

Brunt, P.A. 1951: «The Megarian Decree», *AJPh* 72, 269-282 (= Brunt 1993: 1-16).
- 1952: «Thucydides and Alcibiades», *REG* 65, 59-96 (= Brunt 1993: 17-46).
- 1965: «Spartan Policy and Strategy in the Archidamian War», *Phoenix* 19, 255-280 (= Brunt 1993: 84-111).
- 1993: *Studies in Greek History and Thought*, Oxford.

Bugh, G.R. 1988: *The Horsemen of Athens*, Princeton.

Bultrighini, U. 1990: *Pausania e le tradizioni democratiche (Argo ed Elide)*, Padua.
- 1991: «Il <pacifismo> di Archidamo: Tucidide e i suoi interpreti», *RCCM* 33, 5-28.

Burelli Bergese, L. 1992: «'Catanienses quoque' (Iust., IV,4-4,3)», en Cataldi 1992: 63-79.

Burford, A. 1993: *Land and Labor in the Greek World*, Baltimore-Londres.

Busolt, G. 1880: *Forschungen zur griechischen Geschichte*, Breslau.
- 1904: *Griechische Geschichte bis zur Schlacht bei Chaeroneia III, 2: Der Peloponnesische Krieg*, Gota.

Cabanes, P. 1988a: «Les habitants des régions situées au Nord-Ouest de la Grèce antique étaient-ils des étrangers au yeux des gens de Grèce centrale et meridionale?», en Lonis 1988: 89-111.
- 1988b: *Les Illyriens de Bardylis à Genthios*, París.

- 1993a: «Apollonie et Épidamne-Dyrrachion: épigraphie et histoire», en Cabanes 1993b: 145-153.
- (ed.) 1993b: *L'Illyrie méridionale et l'Epire dans l'Antiquité* II, París.

Calhoun, G.M. 1913: *Athenian Clubs in Politics and Litigation*, Austin.

Calligas, P. 1971: «An Inscribed Lead Plaque from Korkyra», *ABSA* 66, 79-94.

Cambiano, G. 1993: «Hacerse hombre», en Vernant y otros 1993: 101-137.

Canfora, L. 1982: «La dichiarazione di guerra: una analisi oligarchica della strategia periclea», en *Studi in onore di A. Colonna*, Perugia, 69-77.

Carlier, P. 1984: *La royauté en Grèce avant Alexandre*, Estrasburgo.

Carpenter, R., Bon, A. 1936: *Corinth III, 2: the Defenses of Acrocorinth and the Lower Town*, Cambridge (Mass.).

Carter, L.B. 1986: *The Quiet Athenian*, Oxford-Nueva York.

Cartledge, P.A. 1976: «A New 5th-Century Spartan Treaty», *LCM* 1, 87-92.
- 1977: «Hoplites and Heroes», *JHS* 97, 11-27.
- 1978: «The New 5th-Century Spartan Treaty again», *LCM* 3, 189-190.
- 1979: *Sparta and Lakonia. A Regional History 1300-362 B.C.*, Londres-Boston-Henley.

Casillas, J.M., Fornis, C. 1994: «La *comida en común* espartana como mecanismo de diferenciación e integración social», *ETF (Historia Antigua)* 7, 65-83.

Casson, L. 1971: *Ships and Seamanship in the Ancient World*, Princeton.
- 1991: *The Ancient Mariners. Seafarers and Sea Fighters of the Mediterranean in Ancient Times*, Princeton[2].

Casson, S. 1935: «Early Greek Inscriptions on Metal: some Notes», *AJA* 39, 510-517.
- 1968: *Macedonia, Thrace and Illyria*, Groninga (= Oxford 1926).

Cataldi, S. 1990: *Prospettive occidentali allo scoppio della guerra del Peloponneso*, Pisa.
- (ed.) 1992: Πλοῦς ἐς Σικελίαν. *Ricerche sulla seconda spedizione ateniese in Sicilia*, Alejandría.
- 1996: «I processi agli strateghi ateniesi sulla prima spedizione in Sicilia e la politica cleoniana», en Sordi 1996: 37-63.

Cavaignac, E. 1912: «La population du Péloponnèse aux Ve et IVe siècles», *Klio* 12, 261-280.

Cawkwell, G.L. 1969: «Anthemocritus and the Megarians and the Decree of Charinus», *REG* 82, 327-335.
- 1975: «Thucydides' Judgment of Periclean Strategy», *YclS* 24, 53-70.
- 1997: *Thucydides and the Peloponnesian War*, Londres-Nueva York.

Ceka, N. 1983: «Processi di transformazzioni nell'Illiria del Sud durante il periodo arcaico», en *Modes de contacts et processus de transformation dans las societés anciennes. Actes du Colloque de Cortone*, París-Roma, 203-218.

Chambers, M. 1957: «Thucydides and Pericles», *HSPh* 62, 79-92.

Charneaux, P. 1958: «Inscriptions d'Argos», *BCH* 82, 1-15.
- 1984: «Phratries et komai d'Argos», *BCH* 108, 207-227.
- 1987: «Du côté de chez Héra», *BCH* 111, 207, 223.
- 1991: «En relisant les décrets argiens II», *BCH* 115, 297-323.

Christien, J. 1992: «De Sparte à la côte orientale du Péloponnèse», en Piérart 1992: 157-170.

Christien, J., Spyropoulos, T. 1985: «Eua et la Thyréatide. Topographie et histoire», *BCH* 109, 455-466.

Chroust, A.H. 1954: «Treason and Patriotism in Ancient Greece», *JHI* 15, 280-288.

Cicciò, M. 1984: «Guerra, στάσεις e ἀσυλία nella Grecia del V secolo a.C.», en Sordi 1984: 132-141.

Ciccolti, E. 1901: *La guerra e la pace nel mondo antico*, Roma.

Cloché, P. 1931: *Les classes, les métiers, le traffic*, París.

Cogan, M. 1981: «Mytilene, Plataea and Corcyra. Ideology and Policy in Thucydides, Book Three», *Phoenix* 35, 1-21.

Cohen, D. 1984: «Justice, Interest, and Political Deliberation in Thucydides», *QUCC* 16, 35-60.

Cole, J.W. 1974: «Perdiccas and Athens», *Phoenix* 28, 55-72.
- 1977: «Not Alexander, but Perdikkas [Dem. 23.200 and 13.24]», *GRBS* 18, 25-32.

Connor, W.R. 1962: «Charinus' Megarian Decree», *AJPh* 83, 225-246.
- 1970: «Charinus' Megarian Decree again», *REG* 83, 305-308.
- 1971: *The New Politicians of Fifth Century Athens*, Princeton.
- 1984: *Thucydides*, Princeton.
- 1988: «Early Greek Land Warfare as Symbolic Expression», *P&P* 119, 3-29.

Cook, R.M. 1979: «Ancient Greek Trade: Three Conjectures», *JHS* 99, 152-155.

Corbetta, C. 1979: «Un mito etnico della storiografia moderna: Dori, Spartani e la 'purezza della razza'», en Sordi 1979: 79-89.

Cornford, F.M. 1907: *Thucydides Mythistoricus*, Londres.

Courbin, P. 1957: «Une tombe géométrique d'Argos», *BCH* 81, 322-386.

Courtils, J. des 1992: «L'architecture et l'histoire d'Argos dans la première moitié du Ve siècle avant J.-C.», en Piérart 1992: 241-251.

Cozzoli, U. 1980: «Lica e la politica spartana nell'età della Guerra del Peloponneso», en Φιλίας χάριν. *Miscellanea di studi classici in onore E. Manni* II, Roma, 575-592.

Craici, L. 1953: «I Κερκυραικά di Tucidide», *Acme* 6, 405-418.

Crane, G. 1992: «The Fear and Pursuit of Risk: Corinth on Athens, Sparta and the Peloponnesians (Thucydides 1.68-71, 120-121)», *TAPhA* 122, 227-256.

Crawford, M.H., Whitehead, D. 1993: *Archaic and Classical Greece. A Selection of Ancient Sources in Translation*, Cambridge.

D'Andria, F. 1990: «Greek Influence in the Adriatic: Fifty Years after Beaumont», en J.-P. Descoeudres (ed.), *Greek Colonists and Native Populations*, Oxford-Camberra, 281-290.

Daubies, M. 1974: «Les préludes à la guerre du Péloponnèse», *RBPhH* 52, 72-78.
Daux, G. 1957: «Le *diolkos* de l'Isthme», *BCH* 81, 526-527.
- 1969: «Argos: Chroniques des fouilles 1968», *BCH* 93, 966-1024.
Daverio Rocchi, G. 1987: «La ἱερὰ ὀργάς e la frontiera attico-megarese», en *Studi di Antichità in memoria di Clementina Gatti*, Milán, 97-109 (= *Frontiera e confini nella Grecia antica*, Roma 1988, 186-194).
- 1990: «'Promachoi' ed 'epilektoi': ambivalenza e ambiguità della morte combattendo per la patria», en Sordi 1990: 13-36.
David, E. 1986a: «The Oligarchic Revolution in Argos», *AC* 55, 113-124.
- 1986b: «Aeneas Tacticus, 11.7-10 and the Argive Revolution of 370 B.C.», *AJPh* 107, 343-349.
Davidson, G.R. 1952: *Corinth XII: the Minor Objects*, Princeton.
Davies, J.K. 1971: *Athenian Propertied Families (600-300 B.C.)*, Oxford.
- 1978: *Democracy and Classical Greece*, Hassocks.
- 1981: *Wealth and the Power of Wealth in Classical Athens*, Nueva York.
Delbruck, H. 1890: *Die Strategie des Perikles*, Berlín.
Delebecque, E. 1965: *Thucydide et Alcibiade*, Aix-en-Provence.
Detienne, M. 1968: «La phalange: problèmes et controverses», en Vernant 1968: 134-142.
Develin, R. 1989: *Athenian Officials 684-322 B.C.*, Cambridge.
Domínguez Monedero, A.J. 1989: *La colonización griega en Sicilia*, BAR Internat. Ser. 549 (i), Oxford.
- 1991: *La polis y la expansión colonial griega (siglos VIII-VI)*, Madrid.
Donlan, W. 1980: *The Aristocratic Ideal in Ancient Greece*, Lawrence (Kansas).
Dover, K.J. 1966: «Anthemocritus and the Megarians», *AJPh* 87, 203-209.
Dow, S. 1942: «Corinthiaca», *HSCPh* 53, 89-199.
Ducat, J. 1993: «L'esclavage collectif en Illyrie. A la recherche d'une hilotisme barbare», en Cabanes 1993b: 211-217.
Ducrey, P. 1968: *Le traitement des prisonniers de guerre dans la Grèce antique*, París.
- 1977: «L'armée, facteur de profits», en *Armées et fiscalité dans le monde antique, Colloques Nationaux du C.N.R.S.*, París, 421-432.
Dunbabin, T.J. 1948: *The Western Greeks*, Oxford.
- (ed.) 1962: *Perachora. The Sanctuaries of Hera Akraia and Limenia II: Pottery, Ivories, Scarabs and other Objects from the Votive Deposit of Hera Limenia*, Oxford.
Edmunds, L. 1975: «Thucydides' Ethics as Reflected in the Description of *Stasis* (3.82-83)», *HSCPh* 79, 73-92.
Ehrenberg, V. 1967: *From Solon to Socrates. Greek History and Civilization during the 6th and 5th Centuries B.C.*, Londres.
Eliot, C.W.J. & M. 1968: «The Lechaion Cemetery near Corinth», *Hesperia* 37, 345-367.
Ellis, W.M. 1989: *Alcibiades*, Londres-Nueva York.
Engels, D. 1990: *Roman Corinth. An Alternative Model for the Classical City*, Chicago-Londres.
Escribano, Mª.V. 1993: «El vituperio del tirano. Historia de un modelo ideológico», en E. Falque, F. Gascó (eds.), *Modelos ideales y prácticas de vida en la Antigüedad clásica*, Sevilla, 9-35.
Falkner, C. 1992: «Thucydides and the Peloponnesian Raid on Piraeus in 429 B.C.», *AHB* 6, 147-155.
- 1994: «A Note on Sparta and Gytheum in the Fifth Century», *Historia* 43, 495-501.
Ferguson, W.S. 1927: «Sparta and the Peloponnese», *CAH* V, 254-281.
Fernández Nieto, F.J. 1971: «Tucídides I,28,5 y el incidente de Corcira», *HAnt* 1, 95-104.
- 1975: *Los acuerdos bélicos en la antigua Grecia* I-II, Santiago de Compostela.
- 1995: «Tregua sagrada, diplomacia y política durante la guerra del Peloponeso», en Frézouls, Jacquemin 1995: 161-187.
Ferrabino, A. 1925: «Armate Greche nel V secolo a.C.», *RFIC* 3, 340-372.
Fidio, P. de 1995: «Corinto e l'Occidente tra VIII e VI sec. a.C.», en *Corinto e l'Occidente, Atti del XXXIV Convegno di Studi sulla Magna Grecia (Taranto 7-11 ottobre 1994)*, Tarento, 47-141.
Figueira, T.J. 1986: «Population Patterns in Late Archaic and Classical Sparta», *TAPhA* 116, 165-213.
- 1988: «Four Notes on the Aiginetans in Exile», *Athenaeum* 66, 523-551.
- 1991: «A Tipology of Social Conflict in Greek Poleis», en Molho, Raaflaub, Emlen 1991: 289-307.
Finley, M.I. 1960: *Slavery in Clasical Antiquity*, Cambridge.
- 1965: «Classical Greece», en *Trade and Politics in the Ancient World*, París, 11-18.
- 1968: *Ancient Sicily*, Londres.
- 1974: *La economía de la Antigüedad*, México (= 1973).
- 1977a: «Los antiguos griegos y su nación», en *Uso y abuso de la historia* (trad. de A. Pérez-Ramos), Barcelona, 185-206 (= 1954).
- 1977b: «Esparta», en *ibid.*, 248-272 (= 1968).
- 1984a: «El imperio ateniense. Un balance», en *La Grecia antigua. Economía y sociedad* (trad. de T. Sempere), Barcelona, 60-84 (= 1978).
- 1984b: «La libertad del ciudadano en el mundo griego», en *ibid.*, 103-123 (= 1976).
- 1991: *Politics in the Ancient World*, Cambridge (= 1983).
Fliess, P.J. 1966: *Thucydides and the Politics of Bipolarity*, Baton-Rouge.
Flower, H. 1992: «Thucydides and the Pylos Debate (4.27-29)», *Historia* 41, 40-57.
Flower, M.A. 1991: «Revolutionary Agitation and Social Change in Classical Sparta», en M.A. Flower, M. Toher (eds.), *Georgica. Greek Studies in Honour of George Cawkwell*, Londres, 78-97.
Fontana, M.J. 1976: «La politica estera di Alcibiade fino alla vigilia della spedizione siciliana», en *Studi di Storia Antica offerti dagli allievi a Eugenio Manni*, Roma, 103-132.

Forde, S. 1989: *The Ambition to Rule. Alcibiades and the Politics of Imperialism in Thucydides*, Itaca-Londres.
Fornara, C.W. 1970: «The Date of the Callias Decrees», *GRBS* 11, 185-196.
- 1971: *The Athenian Board of Generals from 501 to 404*, Historia supl. 16, Wiesbaden.
- 1975: «Plutarch and the Megarian Decree», en *Studies in the Greek Historians. In Memorian Adam Parry*, YclS 24, 213-228.
- 1983: *Archaic Times to the End of the Peloponnesian War*, Londres-Baltimore².
Fornara, C.W., Samons II, L.J. 1991: *Athens from Cleisthenes to Pericles*, Berkeley.
Fornis, C. 1992/3: «Esparta y la Cuádruple Alianza, 420-418 a.C.», *MHA* 13-14, 77-103.
- 1993a: «La *stasis* argiva del 417 a.C.», *Polis* 5, 73-89.
- 1993b: «El papel del Oráculo de Delfos en la tiranía arcaica», en *Actas VIII Congreso de la SEEC (Madrid 1991)* III, Madrid, 145-152.
- 1994: «Tucídides y Plutarco sobre la política argiva de Alcibíades», en M. García Valdés (ed.), *Estudios sobre Plutarco: ideas religiosas, Actas III Simposio Internacional sobre Plutarco (Oviedo, 30 abril-2 mayo 1992)*, Madrid, 499-508.
- 1995a: «A propósito de la flota peloponésica en 431 a.C.», en *VI Coloquio de Estudiantes de Filología Clásica de la UNED: los mares de griegos y romanos (Valdepeñas, Julio 1994)*, Valdepeñas, 285-290.
- 1995b: «Corinto, Beocia y la coalición argiva tras la Paz de Nicias», *Habis* 26, 47-66.
- 1997: «La *polis* como metrópoli: Tucídides y el imperio colonial corintio», en D. Plácido, J. Alvar, J.M. Casillas, C. Fornis (eds.), *Imágenes de la polis*, Madrid, 63-87.
Fornis, C., Casillas, J.M. 1994a: «Corinto: prestigio y riqueza I», *Revista de Arqueología* 159, 36-43.
- 1994b: «Corinto: prestigio y riqueza II», *Revista de Arqueología* 160, 32-43.
Forrest, W.G. 1955: (rec. P. Amandry, *La colonne des naxiens et le portique des athéniens* y J. Jannoray, *Le gymnase*, ambos en *Fouilles de Delphes* II, París 1953), *RBPh* 33, 994-995.
- 1960: «Themistocles and Argos», *CQ* 10, 221-241.
- 1980: *A History of Sparta*, Londres².
Foss, C. 1974/5: «Greek Sling Bullets in Oxford», *AR* 21, 40-44.
Fowler, H.N., Stillwell, R. 1932: *Corinth I, 1: Introduction, Topography, Architecture*, Cambridge (Mass.).
Foxhall, L. 1993: «Farming and Fighting in Ancient Greece», en Rich, Shipley 1993: 134-145.
Freeman, K. 1950: *Greek City-states*, Londres.
French, A. 1976: «The Megarian Decree», *Historia* 25, 245-249.
Frézouls, E., Jacquemin A. (eds.) 1995: *Les relations internationales, Actes du Colloque de Strasbourg (15-17 juin 1993)*, París.
Fuks, A. 1971: «Thucydides and the *Stasis* in Corcyra: Thuc. III 82-3 versus III 84», *AJPh* 92, 48-55 (= *Social Conflict in Ancient Greece*, Leiden 1984, 190-197).

Furley, W.D. 1996: *Andokides and the Herms. A Study of Crisis in Fifth-Century Athenian Religion*, BICS supl. 65, Londres.
Garlan, Y. 1968: «Fortifications et histoire grecque», en Vernant 1968: 245-260.
- 1972: «Les esclaves grecs en temps de guerre», en *Actes du Colloque d'Histoire Sociale de Besançon 1970*, París, 29-62.
- 1974: *Recherches de poliorcétique grecque*, París.
- 1975: *War in the Ancient World* (trad. del francés revisada y ampliada de J. Lloyd), Londres (= 1972).
- 1988: *Slavery in Ancient Greece* (trad. del francés de J. Lloyd), Ítaca-Londres (= 1984).
- 1989: *Guerre et économie en Grèce ancienne*, París.
- 1993: «El militar», en Vernant y otros 1993: 67-99.
Gauthier, P. 1975: «Les ports de l'empire et l'agora athénienne: a propos du décret mégarien», *Historia* 24, 498-503.
- 1985: *Les cités grecques et leurs bienfaiteurs*, Atenas-París.
- 1988: «Meteques, perieques et paroikoi: bilan et point d'interrogation», en Lonis 1988: 23-46.
Gebhard, E.R. 1993: «The Evolution of a Pan-Hellenic Sanctuary: from Archaeology towards History at Isthmia», en Marinatos, Hägg 1993: 154-177.
Gehrke, H.J. 1985: *Stasis: Untersuchungen zu den inneren Kriegen in den Griechischen Staten des 5 und 4 Jahrhunderts v. Chr.*, Munich.
Gernet, L. 1909: «L'approvisionement d'Athènes en blé au Ve et VIe siecles», *Mélanges d'Histoire Ancienne* 25, París, 273-385.
Gerolymatos, A. 1986: *Espionage and Treason. A Study in the Proxenia in Political and Military Intelligence Gathering in Classical Greece*, Amsterdam.
Gill, D.W., Vickers, M. 1990: «Reflected Glory: Pottery and Precious Metal in Classical Greece», *JDAI* 105, 1-30.
Gillis, D. 1963: «Collusion at Mantineia», *RIL* 97, 199-226.
Ginouvès, R. 1966: «Un monument de la démocratie argienne», en *Mélanges offerts à K. Michalowski*, Varsovia, 431-436.
- 1972: *Le Théâtron à gradins droits et l'Odéon d'Argos*, París.
Glotz, G. 1986: *Histoire grecque* II, París⁵.
Gomme, A.W. 1933a: *The Population of Athens in the Fifth and Fourth Centuries B.C.*, Oxford.
- 1933b: «A Forgotten Factor of Greek Naval Strategy», *JHS* 53, 16-24 (= *Essays in Greek History and Literature*, Oxford 1937, 190-203).
- 1937: «Thucydides and the Battle of Mantineia», en *Essays in Greek History and Literature*, Oxford, 132-155.
- 1946: «The Slave Population of Athens», *JHS* 66, 127-129.
Goodman, M.D., Holladay, A.J. 1986: «Religious Scruples in Ancient Warfare», *CQ* 36, 151-171.
Graham, A.J. 1962: «Corinthian Colonies and Thucydides' Terminology», *Historia* 11, 246-252.
- 1964: *Colony and Mother City in Ancient Greece*, Manchester.
Grant, J.R. 1974: «Toward Knowing Thucydides», *Phoenix* 28,

81-94.
Greenhalgh, P.A.L. 1973: *Early Greek Warfare. Horsemen and Chariots in the Homeric and Archaic Ages*, Cambridge.
Griffin, A. 1982: *Sikyon*, Oxford.
Griffith, G.T. 1950: «The Union of Argos and Corinth (392-386 B.C.)», *Historia* 1, 236-256.
Grundy, G.B. 1948: *Thucydides and the History of his Age* I-II, Oxford².
Gschnitzer, F. 1958: *Abhängige Orte im griechischen Altertum*, Munich.
Guarducci, M. 1969: *Epigrafia Greca II. Epigrafi di carattere pubblico*, Roma.
Hall, J.M. 1995: «How Argive Was the `Argive' Heraion? The Political and Cultic Geography of the Argive Plain, 900-400 B.C.», *AJA* 99, 577-613.
Hamilton, C.D. 1979: *Sparta's Bitter Victories. Politics and Diplomacy in the Corinthian War*, Ítaca-Londres.
Hammond, N.G.L. 1936/7: «The Campaigns in Amphilochia during the Archidamian War», *ABSA* 37, 128-140.
- 1945: «Naval Operations in the South Channel of Corcyra, 435-433 B.C.», *JHS* 65, 26-37.
- 1967: *Epirus. The Geography, the Ancient Remains, the History and the Topography of Epirus and Adjacent Areas*, Oxford.
- 1969: «Strategia and Hegemonia in Fifth Century Athens», *CQ* 19, 111-143.
- 1987: *A History of Greece to 322 B.C.*, Oxford³.
Hampl, F. 1939: «Poleis ohne Territorium», *Klio* 32, 1-60.
Hanson, V.D. 1983: *Warfare and Agriculture in Classical Greece*, Pisa.
- 1989: *The Western Way of War*, Oxford-Nueva York.
- (ed.) 1991: *Hoplites: the Classical Greek Battle Experience*, Londres-Nueva York.
Hardy, W.G. 1926: «The *Hellenica Oxyrhynchia* and the Devastation of Attica», *CPh* 21, 346-355.
Hatzfeld, J. 1940: *Alcibiade. Étude sur l'histoire d'Athènes à la fin du V siècle*, París.
Henderson, B.W. 1927: *The Great War between Athens and Sparta*, Londres.
Hendriks, I.H.M. 1980: «The Battle of Sepeia», *Mnemosyne* 32, 340-346.
- 1982: *De interpolitieke en internationale betrekkingen van Argos in de vijfde eeuw v. Chr., gezien tegen de achtergrond van de intra-politieke ontwikkelingen*, diss. Groninga.
Herbert, S. 1977: *Corinth VII, 4: the Red-Figure Pottery*, Princeton.
Herman, G. 1987: *Ritualised Friendship and the Greek City*, Cambridge.
- 1989: «Nikias, Epimenides and the Question of Omissions in Thucydides», *CQ* 39, 83-93.
- 1990: «Treaties and Alliances in the World of Thucydides», *PCPhS* 36, 83-102.
Hodkinson, S. 1983: «Social Order and the Conflict of Values in Classical Sparta», *Chiron* 13, 239-281.
- 1986: «Land, Tenure and Inheritance in Classical Sparta», *CQ* 36, 378-406.
- 1993: «Warfare, Wealth, and the Crisis of Spartiate Society», en Rich, Shipley 1993: 146-176.
Hoffman, R.J. 1975: «Perdikkas and the Outbreak of the Peloponnesian War», *GRBS* 16, 359-377.
Hoffmann, G. 1985: «Les Choisis: un ordre dans la cité grecque?», *Droit et Cultures* 9-10, 15-26.
Holladay, A.J. 1978: «Athenian Strategy in the Archidamian War», *Historia* 27, 399-427.
- 1982: «Hoplites and Heresies», *JHS* 102, 94-103.
Hopper, R.J. 1955: «Ancient Corinth», *G&R* 2, 2-15.
- 1979: *Trade and Industry in Classical Greece*, Londres.
Hunt, P. 1998: *Slaves, Warfare and Ideology in the Greek Historians*, Cambridge.
Huxley, G.L. 1958: «Argos et les derniers Téménides», *BCH* 82, 591-598.
- 1972: «The History and Topography of Ancient Kythera», en J.N. Coldstream, G.L. Huxley (eds.), *Kythera. Excavations and Studies Conducted by the University of Pennsylvania Museum and the British School at Athens*, Londres, 33-40.
Jameson, M.H. 1992: «Agriculture Labor in Ancient Greece», en B. Wells (ed.), *Agriculture in Ancient Greece, Proceeding of the Seventh International Symposium at Swedish Institute at Athens (16-17 May, 1990)*, Estocolmo, 135-146.
Jameson, M.H., Runnels, C.N., Van Andel, T.H. 1994: *A Greek Countryside. The Southern Argolid from Prehistory to the Present Day*, Stanford.
Jardé, A. 1979: *Les céréales dans l'Antiquité grecque*, París (= 1925).
Jeanmaire, H. 1913: «La cryptie lacédémonienne», *REG* 26, 121-150.
- 1939: *Couroi et couretes. Essai sur l'éducation spartiate et sur les rites d'adolescence dans l'antiquité hellenique*, Lille-París.
Jeffery, L.H. 1973/4: «Demiourgoi in the Archaic Period», *ArchClass* 25-26, 319-330.
- 1988: «The Development of Lakonian Lettering: a Reconsideration», *ABSA* 83, 179-181.
- 1990: *The Local Scripts of Archaic Greece* (edición revisada con suplemento de A.W. Johnston), Oxford.
Jones, A.H.M. 1952/3: «Two Synods of the Delian and Peloponnesian Leagues», *PCPhS* 182, 43-46.
- 1957: *The Athenian Democracy*, Oxford.
Jones, N.F. 1980: «The Civic Organization of Corinth», *TAPhA* 110, 161-193.
- 1987: *Public Organization in Ancient Greece*, Filadelfia.
Jordan, B. 1975: *The Athenian Navy in the Classical Period. A Study of Athenian Naval Administration and Military Organization in the Fifth and Fourth Centuries B.C.*, Berkeley.
Jouan, F. 1990: «Les Corinthiens en Acarnanie et leurs prédécesseurs mytiques», en F. Jouan, A. Motte (eds.), *Mythe et politique: Actes du Colloque de Liège (14-16 Septembre 1989)*, París, 155-166.
Kagan, D. 1958: *Politics and Policy in Corinth, 421-336 B.C.*, diss. Ohio State University.
- 1960: «Corinthian Diplomacy after the Peace of

Nicias», *AJPh* 81, 291-310.
- 1961: «The Economic Origins of the Corinthian War», *PP* 16, 321-341.
- 1962: «Argive Politics and Policy after the Peace of Nicias», *CPh* 57, 209-218.
- 1969: *The Outbreak of the Peloponnesian War*, Ítaca-Londres.
- 1974: *The Archidamian War*, Ítaca-Londres.
- 1981: *The Peace of Nicias and the Sicilian Expedition*, Ítaca-Londres.
- 1987: *The Fall of the Athenian Empire*, Ítaca-Londres.

Kallet-Marx, L. 1989: «The Kallias Decree, Thucydides, and the Outbreak of the Peloponnesian War», *CQ* 39, 94-113.
- 1993: *Money, Expense, and Naval Power in Thucydides' History 1-5.24*, Berkeley-Los Ángeles-Oxford.

Kahrstedt, U. 1922: *Griechisches Staatsrecht* I, Gottinga.

Karavites, P. 1989: «Thuc. 2 85.5: Some Implications», *AHB* 3, 25-28.

Kebric, R.B. 1976: «Implications of Alcibiades' Relationship with the Ephor Endius», *Historia* 25, 249-52 (= *Mnemosyne* 29, 1976, 72-78).

Kelly, T. 1967: «The Argive Destruction of Asine», *Historia* 16, 422-431.
- 1970a: «Did the Argives Defeat the Spartans at Hysiae in 669 B.C.?», *AJPh* 91, 31-42.
- 1970b: «The Traditional Enmity between Sparta and Argos. The Birth and Development of a Myth», *AHR* 70, 971-1003.
- 1972: «Cleobulus, Xenares, and Thucydides' Account of the Demolition of Panactum», *Historia* 21, 159-169.
- 1974: «Argive Foreign Policy in the Fifth Century B.C.», *CPh* 69, 81-99.
- 1976: *A History of Argos to 500 B.C.*, Minneapolis.
- 1978: «The New Spartan Treaty», *LCM* 3, 133-141.
- 1979: «Peloponnesian Naval Strength and Sparta's Plans for Waging War against Athens in 431 B.C.», en M.A. Powell, R.H. Sack (eds.), *Studies in Honor of Tom B. Jones. Alter Orient un Altes Testament* 203, Neukirchen-Vluy, 245-255.
- 1982: «Thucydides and Spartan Strategy in the Archidamian War», *AHR* 87, 25-54.

Kent, J.H. 1966: *Corinth VIII, 3: The Inscriptions 1926-1950*, Princeton.

Kiechle, F.K. 1979: «Korkyra und der Handelsweg durch das Adriatische Meer im 5. Jh. v. Chr.», *Historia* 28, 173-191.

Knight, D. 1970: «Thucydides and the War Strategy of Pericles», *Mnemosyne* 23, 150-161.

Kolb, F. 1981: *Agora und Theater, Volks- und Festversammlung*, Berlín.

Konstan, D. 1997: *Friendship in the Classical World*, Cambridge.

Kraay, C.M. 1962: *The Composition of Greek Silver Coins: Analysis by Neutron Activation*, Oxford.
- 1976: *Archaic and Classical Greek Coins*, Berkeley-Los Ángeles.

Krentz, P. 1985: «Casualties in Hoplite Battles», *GRBS* 26, 13-20.

Krentz, P., Sullivan, C. 1987: «The Date of Phormion's First Expedition to Akarnania», *Historia* 36, 241-243.

Kritzas, C. 1992: «Aspects de la vie politique et économique d'Argos au Ve siècle avant J.-C.», en Piérart 1992: 231-240.

Laffi, U. 1974: «La tradizione storiografica siracusana relativa alla spedizione ateniese in Sicilia (415-413)», *Kokalos* 20, 18-45.

Laistner, M.L.W. 1957: *A History of the Greek World (479-323 B.C.)*, Londres-Nueva York³.

Larsen, J.A.O. 1962: «Freedom and its Obstacles in Ancient Greece», *CPh* 57, 230-234.

Lauter, H. 1973: «Zur frühklassischen Neuplanung des Heraions von Argos», *MDAI (A)* 88, 175-187.

Lawrence, P. 1964: «Five Grave Groups from the Corinthia», *Hesperia* 33, 89-107.

Lazenby, J.F. 1985: *The Spartan Army*, Warminster.

Legon, R.P. 1966: *Demos and Stasis. Studies in Factional Politics in Classical Greece*, diss. Cornell University.
- 1968: «Megara and Mytilene», *Phoenix* 22, 200-225.
- 1969: «The Peace of Nicias», *Journal of Peace Research* 6, 323-334.
- 1973: «The Megarian Decree and the Balance of Greek Naval Power», *CPh* 68, 161-171.
- 1981: *Megara. The Political History of a Greek City-State to 336 B.C.*, Ítaca-Londres.

Lehmann-Hartleben, K. 1923: *Die antiken Hafenanlagen des Mittelmeeres*, Leipzig.

Lendon, J.E. 1994: «Thucydides and the 'Constitution' of the Peloponnesian League», *GRBS* 35, 159-177.

Lengauer, W. 1979: *Greek Commanders in the 5th and 4th Centuries B.C. Politics and Ideology: a Study of Militarism*, Varsovia.

Levi, M.A. 1950: «Studi su Alcibiade», *RSI* 62, 88-97.
- 1955: *Plutarco e il V secolo*, Milán-Varese.

Lewis, D.M. 1992: «The Archidamian War», *CAH* V², 370-432.

Lintott, A. 1982: *Violence, Civil Strife and Revolution in the Classical City*, Londres-Nueva York-Sidney.

Lissarrague, F. 1989: «The World of the Warrior», en C. Bérard et alii, *A City of Images. Iconography and Society in Ancient Greece*, Princeton, 39-51.
- 1990: *L'autre guerrier: archers, peltastes, cavaliers dans l'imaginerie attique*, París-Roma.

Littman, R.J. 1974: *The Greek Experiment. Imperialism and Social Conflict, 800-400 B.C.*, Londres.
- 1990: *Kinship and Politics in Athens, 600-400 B.C.*, Nueva York.

Loicq-Berger, M.-P. 1967: *Syracuse. Histoire culturelle d'une cité grecque*, Bruselas.

Lonis, R. 1969: *Les usages de la guerre entre grecs et barbares des guerres médiques au milieu du IV s. avant J.-C.*, París.
- 1985: «La guerre en Grèce. Quinze années de recherche: 1968-1983», *REG* 98, 321-379.
- (ed.) 1988: *L'étranger dans le monde grec*, Nancy.

Loraux, N. 1977: «La 'belle morte' spartiate», *Ktema* 2, 105-120.

- 1980: «Thucydide n'est pas un collègue», *QdS* 12, 55-81.
- 1991: «Reflections of the Greek City on Unity and Division», en Molho, Raaflaub, Emlen 1991: 33-51.

Losada, L.A. 1972: *The Fifth Column in the Peloponnesian War*, Mnemosyne supl. 21, Leiden.

Luce, S.B. 1930: «Attic Red-Figured Vases and Fragments at Corinth», *AJA* 34, 334-343.

Luppino, E. 1980: «Ξενία e προξενία a proposito di ῎Αρτας δυνάστης τῶς Μεσσαπίων (Thuc. VII,33,3-4)», *RSA* 10, 135-143.

MacDonald, B.R. 1982: «The Import of Attic Pottery to Corinth and the Question of Trade during the Peloponnesian War», *JHS* 102, 113-123.
- 1983: «The Megarian Decree», *Historia* 32, 384-410.
- 1986: «The *Diolkos*», *JHS* 106, 191-195.

MacDowell, D. 1962: *Andokides. On the Mysteries*, Oxford.

MacLeod, C.W. 1979: «Thucydides on Faction (3.82-83)», *PCPhS* 25, 52-68.

Maddoli, G. 1980: «Il VI e V secolo a.C.», en E. Gabba, G. Vallet (eds.), *La Sicilia Antica* II, 1, Nápoles, 1-101.

Malkin, I. 1987: *Religion and Colonization in Ancient Greece*, Leiden.

Mano, A. 1974: «Les rapports commerciaux d'Apollonie avec l'arrière-pays illyrien», *Iliria* 4, 307-316.
- 1976: «Commerce et artères commerciales en Illyrie du Sud», *Iliria* 6, 119-124.
- 1977/8: «Considérations sur la nécropole d'Apollonie», *Iliria* 7-8, 71-82.
- 1983: «Problemi della colonizzazione ellenica nell'Illiria meridionale», en *Modes de contacts de transformation dans las societés anciennes. Actes du Colloque de Cortone*, París-Roma, 227-235.

Marinatos, N., Hägg, R. (eds.) 1993: *Greek Sanctuaries. New Approaches*, Londres-Nueva York.

Marshall, M.H.B. 1990: «Thucydides 3.82.1», *LCM* 15, 56-57.

Martin, R. 1965: *Manuel d'architecture grecque* I, París.

Martin, V. 1940: *La vie internationale dans la Grèce des cités*, Ginebra.

Mason, H.J. 1971: «Lucius at Corinth», *Phoenix* 25, 160-165.

Mattingly, H.B. 1961: «The Athenian Coinage Decree», *Historia* 10, 148-188 (= Mattingly 1996: 5-52).
- 1968: «Athenian Finance in the Peloponnesian War», *BCH* 92, 450-485 (= Mattingly 1996: 215-257).
- 1969: «Athens and the Western Greeks: c. 500-413 B.C.», en *La circulazione della moneta ateniese in Sicilia e in Magna Grecia*, AIIN supl. 12-14, Roma, 201-221 (= Mattingly 1996: 259-280).
- 1996: *The Athenian Empire Restored. Epigraphic and Historical Studies*, Ann Arbor.

Mattusch, C.C. 1977: «Corinthian Metalworking: the Forum Area», *Hesperia* 46, 380-389.

May, J.M.F. 1939: *The Coinage of Damastion*, Oxford.

Mazzarino, S. 1944/5: «Pericle e la Sicilia», *MAIB* 7, 5-28.

McGregor, M.F. 1965: «The Genius of Alcibiades», *Phoenix* 19, 27-46.

McLeod, W.E. 1960: «Boudoron, an Athenian Fort on Salamis», *Hesperia* 29, 316-323.

McNeal, R.A. 1970: «Historical Methods and Thucydides I.103.1», *Historia* 19, 306-325.

McPhee, I. 1981: «Red-Figured Pottery from Corinth, Sacred Spring and elsewhere», *Hesperia* 50, 267-279.
- 1983: «Local Red Figure from Corinth, 1973-1980», *Hesperia* 52, 137-153.
- 1987: «Attic Red Figure from the Forum in Ancient Corinth», *Hesperia* 56, 275-302.

Meiggs, R. 1972: *The Athenian Empire*, Londres.
- 1984: *Trees and Timber in the Ancient Mediterranean World*, Oxford.

Meister, K. 1970: «Die sicilische Expedition der Athener bei Timaios», *Gymnasium* 78, 508-517.

Merker, G.S. 1988: «Fragments of Architectural-Terracotta Hydras in Corinth», *Hesperia* 57, 193-202.

Meritt, B.D. 1931: «The Spartan Gymnopaidia», *CPh* 26, 70-84.
- 1945: «Attic Inscriptions of the Fifth Century», *Hesperia* 14, 61-133.

Meritt, B.D., Davidson, G.R. 1935: «The Treaty between Athens and Haliai», *AJPh* 56, 65-71.

Meritt, B.D., Wade-Gery, H.T. 1963: «The Dating of Documents to the Mid-fifth Century, II», *JHS* 83, 100-117.

Meritt, B.D., Wade-Gery, H.T., McGregor, M.F. 1950: *The Athenian Tribute Lists* III, Princeton.

Merrill, W.P. 1991: «Τὸ πλῆθος in a Treaty Concerning the Affairs of Argos, Knossos and Tylissos», *CQ* 41, 16-25.

Meyer, E. 1937: *Geschichte des Altertums* IV, Stuttgart³.

Michell, H. 1940: *The Economics of Ancient Greece*, Cambridge.

Miller, S.G. 1973: «The Date of the West Building at the Argive Heraion», *AJA* 77, 9-18.

Millett, P. 1989: «Patronage and its Avoidance in Classical Athens», en A. Wallace-Hadrill (ed.), *Patronage in Ancient Society*, Londres-Nueva York, 15-47.

Milne, J.G. 1925: *Greek Coinage*, Oxford.
- 1938: «The Monetary Reform of Solon: a Correction», *JHS* 58, 96-97.

Mitchell 1997: *Greeks Bearing Gifts. The Public Use of Private Relationship in the Greek World, 435-323 B.C.*, Cambridge.

Mitsos, M.T. 1983: «Une inscription d'Argos», *BCH* 107, 243-249.

Moggi, M. 1974a: «I sinecismi e le annessioni territoriali di Argo nel V secolo a.C.», *ASNP* 4, 1249-1263.
- 1974b: «Lo stato dei Calcidesi alla luce del sinecismo di Olinto», *CS* 11, 1-11.
- 1976: *I sinecismi interstatali greci*, Pisa.
- 1981: «Alcuni episodi della colonizzazione ateniese (Salamina-Potidea-Samo)», en *Studi sui rapporti interstatali nel mondo antico*, Pisa, 1-55.
- 1995: «I *proxenoi* e la guerra nel V secolo a.C.», en Frézouls, Jacquemin 1995: 143-159.

Molho, A., Raaflaub, K., Emlen, J. (eds.) 1991: *City-States in Classical Antiquity and Medieval Italy*, Stuttgart.

Momigliano, A. 1929: «Le cause della spedizione di Sicilia», *RFIC* 7, 371-377.
- 1944: «Sea-power in Greek Thought», *CR* 58, 1-7 (= *Secondo contributo alla storia degli studi classici*,

Roma 1960, 57-68).
Moorton, R.F. 1988: «Aristophanes on Alcibiades», *GRBS* 29, 345-359.
Moretti, L. 1948: «Sparta alla metà del VI sécolo (II)», *RFIC* 76, 204-222.
Morgan, C., Whitelaw, T. 1991: «Pots and Politics: Ceramic Evidence for the Rise of the Argive State», *AJA* 95, 79-108.
Morris, I. 1991: «The Early Polis as City and State», en Rich, Wallace-Hadrill 1991: 24-57.
Morrison, J.S., Coates, J.F. 1986: *The Athenian Trireme*, Cambridge.
Morrison, J.S., Williams, R.T. 1968: *Greek Oared Ships, 900-322 B.C.*, Cambridge.
Mosley, D.J. 1972: «Diplomacy in Classical Greece», *AncSoc* 3, 1-16.
- 1974: «On Greek Enemies becoming Allies», *AncSoc* 5, 43-50.
Mossé, C. 1961: «Le rôle des esclaves dans les troubles politiques du monde grec à la fin de l'époque classique», *CH* 6, 353-360.
- 1967: *Les institutions grecques*, París.
- 1970: *La colonisation dans l'Antiquité*, París.
- 1986a: «Présentation», en *La Grèce ancienne*, París, 7-13.
- 1986b: «L'esclavage a-t-il existé?», en *ibid.*, 130-144.
- 1986c: «La guerre du Péloponnèse», en *ibid.*, 223-234.
- 1993: «El hombre y la economía», en Vernant y otros 1993: 33-63.
Moxon, I. 1978: «Thucydides and the Archidamian War», *RSA* 8, 7-26.
- 1980: «Sicily and Italy in the Peloponnesian War», *Mnemosyne* 33, 288-298.
Munn, M.L.Z. 1983: *Corinthian Trade with the West in the Classical Period*, diss. Bryn Mawr College.
Murray, G. 1944: «Reactions to the Peloponnesian War in Greek Thought and Practice», *JHS* 64, 1-9.
Murray, W.M. 1982: *The Coastal Sites of Western Akarnania: a Topographical-Historical Survey*, diss. Pennsylvania University.
Musti, D. 1992: *Storia Greca*, Roma-Bari.
Nagy, B. 1993: «Alcibiades' Second 'Profanation'», *Historia* 43, 275-285.
Nenci, G. 1978: «La neutralità nella Grecia Antica», *Veltro* 22, 495-506 (= *Studi sui rapporti interstatali nel mondo antico*, Pisa 1981, 147-160).
Ober, J. 1985: «Thucydides, Pericles and the Strategy of Defense», en J.W. Eadie, J. Ober (eds.), *The Craft of the Ancient Historian: Essays in Honor of Chester G. Starr*, Lanham, 171-188 (= Ober 1996: 72-85).
- 1989: *Mass and Elite in Democratic Athens*, Princeton.
- 1991: «Hoplites and Obstacles», en Hanson 1991: 180-188.
- 1994a: «The Rules of War in Classical Greece», en M. Howard, G.J. Andreopoulos, M.R. Shulman (eds.), *The Laws of War: Constraints on Warfare in the Western World*, New Haven, 12-26 y 227-230 (= Ober 1996: 53-71).
- 1994b: «How to Criticize Democracy in Late Fifth- and Fourth-Century Athens», en P. Euben, J. Wallach, J. Ober (eds.), *Athenian Political Thought and the Reconstruction of American Democracy*, Ítaca, 149-171 (= Ober 1996: 140-160).
- 1996: *The Athenian Revolution. Essays on Ancient Greek Democracy and Political Theory*, Princeton.
Oberhummer, E. 1887: *Akarnanien, Ambrakia und Amphilochien*, Munich.
Oldfather, W.A. 1923: *Aeneas Tacticus, Asclepiodotus, Onasander*, Londres.
- 1933: «Molykria», *RE* 16.1, 34-39.
O'Neil, J.L. 1981: «The Exile of Themistokles and Democracy in the Peloponnese», *CQ* 31, 335-346.
O'Neill, J.G. 1930: *Ancient Corinth*, Baltimore.
Osborne, R. 1991: «Pride and Prejudice, Sense and Subsistence: Exchange and Society in the Greek City», en Rich, Wallace-Hadrill 1991: 119-145.
Ostwald, M. 1982: *Autonomia. Its Genesis and Early History*, Chicago.
Palmer, M. 1992: *Love of Glory and the Common Good. Aspects of the Political Thought of Thucydides*, Lanham.
Panagopoulos, A. 1978: *Captives and Hostages in the Peloponnesian War*, Atenas.
Papastavros, I. 1957: «The Foreign Policy of Perdiccas II during the Archidamian War», *Hellenica* 15, 256-265.
Pariente, A., Piérart, M., Thalmann, J.P. 1986: «Rapports sur les travaux de l'Ecole Française en Argos en 1985», *BCH* 110, 763-773.
Payne, H. *et alii* 1940: *Perachora: the Sanctuaries of Hera Akraia and Limenia* I, Oxford.
Pease, M.Z. 1937: «A Well of the Late Fifth Century at Corinth», *Hesperia* 6, 257-316.
Pédech, P. 1980: «Philistos et l'expédition athéniénne en Sicile», en Φιλίας χάριν. *Miscellanea di studi classici in onore di E. Manni* V, Roma, 1711-1734.
Peek, W. 1974: *Ein neuer spartanischer Staatsvertrag*, Berlín.
Pemberton, E.G. 1970: «The Vrysoula Classical Deposit from Ancient Corinth», *Hesperia* 19, 265-307.
- 1989: *Corinth XVIII, 1: the Sanctuary of Demeter and Kore. The Greek Pottery*, Princeton.
Pettersson, M. 1992: *Cults of Apollo at Sparta. The Hyakinthia, the Gymnopaidiai and the Karneia*, Estocolmo.
Philippson, A. 1950-52: *Die griechischen Landschaften* I, Frankfurt.
- 1959: *Die griechische Landschaften* III, Franckfurt.
Piccirilli, L. 1973a: «Temístocle evergetes dei Corciresi», *ASNP* 3, 317-355.
- 1973b: *Gli arbitrati interstatali greci I: dalle origini al 338 a.C.*, Pisa.
- 1995: «Corinto e l'Occidente. Aspetti di politica internazionale fino al V sec. a.C.», en *Corinto e l'Occidente, Atti del XXXIV Convegno di Studi sulla Magna Grecia (Taranto 7-11 ottobre 1994)*, Tarento, 143-176.
Piérart, M. 1974: «A propos de l'election des stratèges athéniens», *BCH* 98, 125-146.

- 1985: «À propos des subdivisions de la population argienne», *BCH* 109, 345-356.
- 1990: «Un oracle d'Apollon à Argos», *Kernos* 3, 319-333.
- (ed.) 1992: *Polydipsion Argos. Argos de la fin des palais mycéniens à la constitution de l'Etat Classique*, *BCH* supl. 22, París.
- 1995: «Aspects des relations extérieures d'Argos au Ve siècle» en Frézouls, Jacquemin 1995: 297-308.

Piérart, M., Thalmann, J.P. 1987: «Rapport sur les travaux de l'École Française en l'agora d'Argos en 1986», *BCH* 111, 585-591.

Piérart, M., Touchais, G. 1996: *Argos. Une ville grecque de 6000 ans*, París.

Plácido, D. 1984: «De la muerte de Pericles a la *stasis* de Corcira», *Gerión* 1, 131-143.
- 1985: «Platón y la Guerra del Peloponeso», *Gerión* 3, 1985, 43-62.
- 1989: «Tucídides, sobre la tiranía», en *Anejos de Gerión II. Homenaje a S. Montero Díaz*, Madrid, 155-164.
- 1991: «Los marcos de la ciudadanía y de la vida ciudadana en Roma y en Atenas en el desarrollo del arcaísmo», *Florentia Iliberritana* 2, 419-434.
- 1992: *Tucídides. Index thématique de la dépendance*, París.
- 1993a: «La terminología de los contingentes militares atenienses en la Guerra del Peloponeso. Entre las necesidades estratégicas y la evolución social e ideológica», *Lexis* 11, 73-108.
- 1993b: «Las `razones' del poder democrático ateniense», en *IIes Jornades de Debat. El poder de l'estat: evolució, força o raó*, Reus, 13-27.
- 1993c: «La expedición a Sicilia (Tucídides VI-VII): Métodos literarios y percepción del cambio social», *Polis* 5, 187-204.
- 1997a: *La sociedad ateniense. La evolución social en Atenas durante la guerra del Peloponeso*, Madrid.
- 1997b: «El estratego en la ciudad democrática», en M.I. Loring (ed.), *Homenaje al Profesor Abilio Barbero*, Madrid, 539-552.

Polignac, F. de 1984: *La naissance de la cité grecque*, París.
- 1994: «Mediation, Competition and Sovereignity: the Evolution of Rural Sanctuaries in Geometric Greece», en S.E. Alcock, R. Osborne (eds.), *Placing the Gods: Sanctuaries and Sacred Space in Ancient Greece*, Oxford, 3-18.

Popowicz, E. 1997: «La Guerra Total en la Grecia Clásica (431-338)», *Polis* 7, 219-245.

Popp, H. 1959: *Die Einwirkuns von Vorzeichein, Opfern und Festen auf die Krieg fuhrung der Griechen*, diss. Erlangen.

Porzio, G. 1898: «Gli schiavi nelle milizie. Dal principio della guerra peloponnesiaca sino alla battaglia di Mantinea (432-362 a.C.)», *RFIC* 26, 564-585.

Powell, C.A. 1988: *Athens and Sparta. Constructing Greek Political and Social History from 478 B.C.*, Londres.

Prandi, L. 1976: «La liberazione della Grecia nella propaganda spartana durante la guerra del Peloponeso», en Sordi 1976: 72-83.
- 1991: «Il caso di Alcibiade: profanazione dei misteri e ripristino della processione eleusina», en Sordi 1991: 41-50.
- 1996: «I `tempi' del processo di Alcibiade nel 415 a.C.», en Sordi 1996: 65-70.

Pritchard, D. 1991: «Thucydides, Class-Struggle and Empire», *AH* 21, 77-85.

Pritchett, W.K. 1965: *Studies in Ancient Greek Topography* I, Berkeley-Los Ángeles.
- 1974: *The Greek State at War* II, Berkeley-Los Ángeles.
- 1980: *Studies in Ancient Greek Topography* III, Berkeley-Los Ángeles.
- 1985: *The Greek State at War* IV, Berkeley-Los Ángeles.
- 1994: «Thucydides and Pylos», en *Essays in Greek History*, Amsterdam, 145-177.

Proctor, D. 1980: *The Experience of Thucydides*, Warminster-Guilford.

Pusey, N.M. 1940: «Alcibiades and τὸ φιλόπολι», *HSCPh* 51, 215-231.

Raaflaub, K. 1991: «City-State, Territory and Empire in Classical Antiquity», en Molho, Raaflaub, Emlen 1991: 565-588.

Raepsaet, G. 1993: «Le diolkos de l'Isthme à Corinthe: son tracé, son fonctionnement», *BCH* 117, 233-261.

Raubitschek, A.E. 1977: «Corinth and Athens before the Peloponnesian War», en *Greece and the Eastern Mediterranean in Ancient History and Prehistory. Studies to Fritz Schachermeyr on Occasion of his Eightieth Birthday*, Berlín, 266-269.

Ravel, O. 1928: *The Colts of Ambracia*, Nueva York.
- 1936: *Les `poulains' de Corinthe* I, Basilea.

Raviola, F. 1993: «Fra continuità e cambiamento: Atene, Reggio e Leontini», en Braccesi 1993: 85-97.

Rendic-Miocevic, D. 1977/8: «Encore le décret athénien IG, I^2, 72», *Vjesnik archeoloskog muzeja u Zagreb*, 133-140.
- 1983: «I greci in Dalmazia e i loro rapporti col mondo illirico», en *Modes de contacts et processus de transformation dans las societés anciennes. Actes du Colloque de Cortone*, París-Roma, 187-202.

Rhodes, P.J. 1987: «Thucydides on the Causes of the Peloponnesian War», *Hermes* 115, 154-165.
- 1988: «What Alcibiades Did or what Happened to Him», *AH* 18, 134-150.

Rhodes, P.J., Lewis, D.M. 1997: *The Decrees of Greek States*, Oxford.

Rich, J., Shipley, G. (eds.) 1993: *War and Society in the Greek World*, Londres-Nueva York.

Rich, J., Wallace-Hadrill, A. (eds.) 1991: *City and Country in the Ancient World*, Londres-Nueva York.

Rihll, T. 1993: «War, Slavery, and Settlement in Early Greece», en Rich, Shipley 1993: 77-107.

Robert, L. 1948: «Un décret dorien trouvé à Délos», *Hellenica* 5, 5-15.

Roberts, J.T. 1994: *Athens on Trial: the Antidemocratic Tradition in Western Thought*, Princeton.

Roberts, K.L. 1983: *Corinth Following the Peloponnesian*

War: Success and Stability, diss. Northwestern University.

Rodgers, W.L. 1937: *Greek and Roman Naval Warfare*, Annapolis.

Roebuck, C. 1950: «The Grain Trade between Greece and Egipt», *Cph* 45, 236-247 (= Roebuck 1984: 29-41).

- 1951: *Corinth XIV: the Asklepieion and Lerna*, Princeton.

- 1972: «Some Aspects of Urbanization in Corinth», *Hesperia* 41, 96-127 (= Roebuck 1984: 96-127).

- 1984: *Economy and Society in the Early Greek World*, Chicago.

Roebuck, M.C. 1990: «Archaic Arquitectural Terracottas from Corinth», *Hesperia* 59, 47-63.

Roisman, J. 1993: *The General Demosthenes and his Use of Military Surprise*, Historia supl. 78, Stuttgart.

Romilly, J. de 1963: *Thucydides and Athenian Imperialism* (trad. de P. Thody), Oxford (= 1947).

- 1968: «Guerre et paix entre cités», en Vernant 1968: 207-220.

- 1990: *La construction de la vérité chez Thucydide*, Alençon.

Rosivach, V.J. 1985: «Manning the Athenian Fleet, 433-426 B.C.», *AJAH* 10, 41-66.

Rostoker, W., Gebhard, E.R. 1980: «Metal Manufacture at Isthmia», *Hesperia* 49, 347-363.

Roussel, D. 1969: «Remarques sur deux batailles navales: Naupacte (429) et Chios (201)», *REG* 82, 336-341.

- 1976: *Tribu et cité*, Besançon.

Roux, G. 1953: «Argos: Chronique des fouilles en 1952», *BCH* 77, 243-253.

Rubincam, C. 1991: «Casualty Figures in the Battle Descriptions of Thucydides», *TAPhA* 121, 181-198.

Runnels, C.N., Van Andel, T.H. 1987: «The Evolution of Settlement in the Southern Argolid, Greece. An Economic Explanation», *Hesperia* 56, 303-334.

Ruschenbusch, E. 1978: *Untersuchungen zu Staat und Politik in Griechland vom 7-4 Jh. v. Chr.*, Bamberg.

Ruzé, F. 1974: «La fonction des probouloi dans le monde grec antique», en *Mélanges d'Histoire Ancienne offerts à W. Seston*, París, 443-462.

- 1997: *Délibération et pouvoir dans la cité grecque de Nestor à Socrate*, París.

Ste. Croix, G.E.M. de 1954/5: «The Character of the Athenian Empire», *Historia* 3, 1-41.

- 1972: *The Origins of the Peloponnesian War*, Londres.

- 1988: *La lucha de clases en el mundo griego antiguo* (trad. de T. de Lozoya), Barcelona (= 1981).

Sakellariou, M., Faraklas, N. 1971: *Corinthia-Cleonaea*, Atenas.

Salmon, J.B. 1977: «Political Hoplites?», *JHS* 97, 1977, 84-101.

- 1984: *Wealthy Corinth. A History of the City to 338 B.C.*, Oxford.

Sanctis, G. de 1910: «Argo e i gimneti», en *Saggi di Storia Antica e di Archeologia offerti a Giulio Beloch*, Roma, 235-239.

- 1927: «La pace di Nicia», *RFIC* 5, 31-43 (= *Problemi di Storia Antica*, Bari 1932, 93-107).

- 1929: «I precedenti della grande spedizione ateniese in Sicilia», *RFIC* 7, 433-456.

- 1963: *Storia dei Greci* I-II, Florencia[7].

Sartori, F. 1957: *L'etairie nella vita politica ateniese del VI e V secolo a.C.*, Roma.

Sartre, M. 1979: «Aspects économiques et aspects religieux de la frontière dans les cités grecques», *Ktèma* 4, 213-224.

Sayas, J.J. 1971: «La revolución de Corcira», *HAnt* 1, 179-195.

Schachter, A. 1992: «Policy, Cult and the Placing of Greek Sanctuaries», en *Le sanctuaire grec*, Entretiens Foundation Hardt 37, Ginebra, 1-57.

Schilbach, J. 1975: *Festungsmauern des ersten Jahrtausends vor Christus in der Argolis*, diss. Munich.

Schuller, W. 1974: *Die Herrschaft der Athener*, Berlín.

Scranton, R.L. 1951: *Corinth I, 3: Monuments in the Lower Agora and North of the Archaic Temple*, Princeton.

Scuccimarra, G. 1985: «Note sulla prima spedizione ateniese in Sicilia (427-424 a.C.)», *RSA* 15, 23-52.

- 1986: «Sui rapporti tra Atene e Catana fino all'inizio della spedizione in Sicilia del 415 a.C.», *RSA* 16, 17-29.

Seager, R. 1967: «Alcibiades and the Charge of Aiming at Tyranny», *Historia* 16, 6-18.

- 1976: «After the Peace of Nicias: Diplomacy and Policy, 421-416 B.C.», *CQ* 26, 249-269.

Sealey, R. 1975: «The Causes of the Peloponnesian War», *CPh* 70, 101-105.

- 1976a: *A History of the Greek City States*, Berkeley-Los Ángeles-Londres.

- 1976b: «Die spartanische Navarchie», *Klio* 58, 335-358.

- 1991: «An Athenian Decree about the Megarians», en *Georgica. Greek Studies in Honor of George Cawkwell*, BICS supl. 58, Londres, 152-158.

Seltman, C.T. 1925: *Athens: Its History and Coinage*, Cambridge.

Seymour, P.A. 1922: «The `Servile Interregnum' at Argos», *JHS* 42, 24-30.

Shear, T.L. 1929: «Excavations in the Theatre District Tombs of Corinth», *AJA* 33, 538-546.

- 1930: «Excavations in the North Cemetery at Corinth», *AJA* 34, 403-431.

Shipley, G. 1993: «Introduction: the Limits of War», en Rich, Shipley 1993: 1-24.

Siegel, L.J. 1978: *Corinthian Trade in the Ninth through Sixth Centuries B.C.*, diss. Yale University.

Sieveking, F. 1964: «Die Funktion geographischer Mitteilungen im Geschichtswerk des Thukydides», *Klio* 42, 73-179.

Sinclair, R.K. 1988: *Democracy and Participation in Athens*, Cambridge.

Skalet, S. 1928: *Ancient Sikyon*, Baltimore.

Smart, J.D. 1972: «Athens and Egesta», *JHS* 92, 128-146.

Smith, K.K. 1919: «Greek Inscriptions from Corinth», *AJA* 23, 331-393.

Snodgrass, A.M. 1964: *Early Greek Armour and Weapons from the End of the Bronze Age to 600 B.C.*, Edimburgo.

- 1965: «The Hoplite Reform and History», *JHS* 85, 110-122.

Snyder, W.W. 1973: *Peloponnesian Studies, 404-371*, diss. Princeton University.

Sordi, M. (a.c.) 1976: *I canali della propaganda nel mondo antico*, CISA 4, Milán.

- (a.c.) 1979: *Conoscence etniche e rapporti di convivenza nell'antichità*, CISA 6, Milán.

- (a.c.) 1984: *I santuari e la guerra nel mondo classico*, CISA 10, Milán.

- (a.c.) 1990: *'Dulce et decorum est pro patria mori'. La morte in combattimento nell'antichità*, CISA 16, Milán.

- (a.c.) 1991: *L'immagine dell'uomo politico: vita pubblica e morale nell'antichità*, CISA 17, Milán.

- (a.c.) 1996: *Processi e politica nel mondo antico*, CISA 22, Milán.

Spence, I.G. 1990: «Perikles and the Defence of Attika during the Peloponnesian War», *JHS* 110, 91-109.

Stadter, P.A. 1985: «Plutarch, Charinus and the Megarian Decree», *GRBS* 24, 351-372.

Steiner, A. 1992: «Pottery and Cult in Corinth: Oil and Water at the Sacred Spring», *Hesperia* 61, 385-408.

Stillwell, A.N. 1948: *Corinth XV, 1: the Potters' Quarter*, Princeton.

- 1952: *Corinth XV, 2: the Potters' Quarter. The Terracottas*, Princeton.

Stilwell, R. 1952b: *Corinth II: the Theater*, Princeton.

Strassler, R.B. 1988: «The Harbour at Pylos, 425 B.C.», *JHS* 108, 198-203.

Strauss, B.S. 1986: *Athens after the Peloponnesian War. Class, Faction and Policy 403-386 B.C.*, Londres.

Stroud, R.S. 1968: «Tribal Boundary Markers from Corinth», *CSCIA* 1, 233-242.

- 1971: «Thucydides and the Battle of Solygeia», *CSCIA* 4, 227-247.

- 1972: «Greek Inscriptions at Corinth», *Hesperia* 41, 198-217.

- 1994: «Thucydides and Corinth», *Chiron* 24, 267-304.

Sturgeon, M.C. 1987: *Isthmia IV. Sculpture I: 1952-1967*, Princeton.

Sutherland, C.V. 1942: «Overstrikes and Hoards», *NC* 2, 1-8.

Talbert, R.J.A. 1974: *Timoleon and the Revival of Greek Sicily 344-317 B.C.*, Cambridge.

Thalbn-Hill, I., Shaw King, L. 1929: *Corinth IV, 1: Decorated Architectural Terracottas*, Cambridge (Mass.).

Thompson, W.E. 1971: «The Athenian Treaties with Haliai and Dareios the Bastard», *Klio* 53, 119-124.

Tod, M.N. 1927: «The Economic Background of the Fifth Century», *CAH* V, 1-32.

Tomlinson, R.A. 1969: «Perachora: the Remains outside the Two Sanctuaries», *ABSA* 64, 155-258.

- 1972: *Argos and the Argolid. From the End of the Bronze Age to the Roman Occupation*, Londres.

- 1992: *From Mycenae to Constantinople. The Evolution of the Ancient City*, Londres-Nueva York.

Tréheux, J. 1989: «Sur les *probouloi* en Grèce», *BCH* 113, 241-247.

Treu, M. 1954: «Athen und Karthago und die thukydideische Darstellung», *Historia* 14, 41-57.

- 1956: «Der Stratege Demosthenes», *Historia* 5, 420-447.

Tritle, L. 1989: «*Epilektoi* at Athens», *AHB* 3, 54-59.

Tuplin, C. 1979: «Thucydides 1.42.2 and the Megarian Decree», *CQ* 19, 301-307.

Usher, S. 1971: «Alcibiades and the Lost Empire», *HT* 21, 116-122.

Van Andel, T.H., Runnels, C.N., Pope, K.O. 1986: «Five Thousand Years of Land Use and Abuse in the Southern Argolid», *Hesperia* 55, 103-128.

Van Compernolle, R. 1975: «Le mythe de la <gynécocratie-doulocratie> argienne», en *Le Monde Grec: Hommages à C. Prèaux*, Bruselas, 355-364.

Vatin, C. 1961: «Damiurges et épidamiurges à Delphes», *BCH* 85, 236-255.

Vattuone, R. 1978: *Logoi e storia in Tucidide. Contributo allo studio della spedizione ateniense in Sicilia del 415 a.C.*, Bolonia.

Vélissaropoulos, J. 1980: *Les nauclères grecs*, París.

Verdelis, N. 1956: «Der *Diolkos* am Isthmus von Korinth», *MDAI(A)* 71, 51-59.

- 1957: «How the Ancient Greeks Transported Ships over the Isthmus of Corinth: Uncovering the 2500-Year-Old *Diolcos* of Periander», *ILN* October 19, 649-650.

- 1958: «Die Ausgrabung des *Diolkos* während der Jahre 1957-1959», *MDAI(A)* 73, 140-145.

Vernant, J.-P. (ed.) 1968: *Problèmes de la guerre en Grèce ancienne*, París-La Haya.

Vernant, J.-P., Vidal-Naquet, P. 1989: *Travail et esclavage en Grèce ancienne*, Bruselas.

Vernant, J.-P. y otros 1993: *El hombre griego* (trad. de P. Bádenas), Madrid (= 1991).

Vidal-Naquet, P. 1968: «La tradition de l'hoplite athénien», en Vernant 1968: 161-181.

- 1989: «Retour au chasseur noir», en *Mélanges P. Lévêque* II, París, 387-411.

Voelkl, K. 1951: «Das megarische Psephisma», *RhM* 94, 330-336.

Vollgraff, W. 1920: «Fouilles d'Argos 1912», *BCH* 44, 219-226.

Wade-Gery, H.T. 1958: *Essays in Greek History*, Oxford.

- 1970: «Thucydides», en N.G.L. Hammond, H.H. Scullard (eds.), *The Oxford Classical Dictionary*, Oxford², 1067-1069.

Walbank, M.B. 1978: *Athenian Proxenies of the Fifth Century B.C.*, Toronto-Sarasota.

Waldstein, C. 1902: *The Argive Heraeum* I, Boston-Nueva York.

Wallinga, H.T. 1982: «The Trireme and its Crew», en *Actus: Studies in Honour of H.T.W. Nelson*, Utrecht, 463-482.

Wartenberg, U. 1995: *After Marathon. War, Society and Money in Fifth-Century Greece*, Londres.

Wason, M. 1947: *Class Struggles in Ancient Greece*, Londres.

Wasserman, F.M. 1954: «Thucydides and the Disintegration of the Polis», *TAPhA* 85, 46-54.

Weinberg, S.S. 1957: «Terracotta Sculpture at Corinth», *Hesperia* 26, 289-319.

Welwei, K.-L. 1977: *Unfreien im antiken Kriegsdienst, II: Die kleineren und mittleren griechischen Staaten und die hellenistischen Reiche*, Wiesbaden.

Wentker, H. 1956: *Sizilien und Athen. Die Begegnung der Attischen Macht mit den Westgriechen*, Heidelberg.

West, A.B. 1918: *The History of the Chalcidic League*, Madison.
- 1924: «Pericles' Political Heirs.II», *CPh* 19, 201-228.
- 1935: «Prosopographical Notes on the Treaty between Athens and Haliai», *AJPh* 56, 72-76.

West, A.B., McCarthy, B.P. 1928: «A revision of IG, I², 302», *AJA* 32, 346-352.

Westerman, W.L. 1940: «Athenaeus and the Slaves of Athens», en *Athenian Studies Presented to W.S. Ferguson*, *HSCPh* supl. 1, 451-470.
- 1955: *The Slave Systems of Greek and Roman Antiquity*, Filadelfia.

Westlake, H.D. 1938: «Alcibiades, Agis and Spartan Policy», *JHS* 58, 33-40.
- 1940: «Corinth and the Argive Coalition», *AJPh* 61, 413-421.
- 1945: «Seaborne Raids in Periclean Strategy», *CQ* 39, 75-84 (= Westlake 1969: 84-100).
- 1947: «Aristeus, the Son of Adeimantus», *CQ* 41, 25-30 (= Westlake 1969: 74-83).
- 1960: «Athenian Aims in Sicily, 427-424 B.C.», *Historia* 9, 385-402 (= Westlake 1969: 101-122).
- 1968: *Individuals in Thucydides*, Cambridge.
- 1969: *Essays on the Greek Historians and Greek History*, Manchester.
- 1970: «Diplomacy in Thucydides», *BRL* 53, 227-246 (= Westlake 1989: 19-33).
- 1971: «Thucydides and the Uneasy Peace. A Study in Political Incompetence», *CQ* 21, 315-325 (= Westlake 1989: 84-96).
- 1974: «The Naval Battle at Pylos and its Consequences», *CQ* 24, 211-226 (= Westlake 1989: 60-77).
- 1983: «The Progress of *Epiteichismos*», *CQ* 33, 12-24 (= Westlake 1989: 34-49).
- 1989: *Studies in Thucydides and Greek History*, Bristol.

Wet, B.X. de 1969: «The So-called Defensive Policy of Pericles», *Aclass* 12, 103-119.

Wheeler, E.L. 1991: «The General as Hoplite», en Hanson 1991: 121-170.

Wheeler, M. 1951: «Aristotle's Analysis of the Nature of Political Struggle», *AJPh* 72, 145-161.

Whitehead, D. 1977: *The Ideology of the Athenian Metic*, *PCPhS* supl. 4, Cambridge.
- 1984: «Inmigrant Communities in the Classical Polis: Some Principles for a Synoptic Treatment», *AC* 53, 47-59.

Wick, T.E. 1977: «Thucydides and the Megarian Decree», *AC* 46, 79-99.
- 1979: «Megara, Athens, and the West in the Archidamian War: a Study in Thucydides», *Historia* 28, 1-14.

Wilamowitz-Moellendorff, U. von 1969: «Der Waffenstillstand von 423 v. Chr.», en *Kleine Schriften* III, Berlín, 362-379 (= 1915).

Wilkes, J. 1992: *The Illyrians*, Oxford-Cambridge (Mass.).

Will, É. 1955: *Korinthiaka. Recherches sur l'histoire et la civilisation de Corinth des origines aux guerres médiques*, París.
- 1956: *Doriens et ioniens*, París.
- 1975a: «Au sujet des origines de la Guerre du Péloponnèse», *RPh* 49, 93-100.
- 1975b: «Le territoire, la ville et la poliocétique», *RH* 253, 297-318.
- 1995: «Corinthe, la richesse et la puissance», en *Corinto e l'Occidente, Atti del XXXIV Convegno di Studi sulla Magna Grecia (Taranto 7-11 ottobre 1994)*, Tarento, 13-28.
- 1997: *El mundo griego y el Oriente, I. El siglo V (510-403)* (trad. de F.J. Fernández Nieto), Madrid (= 1972).

Willets, R.F. 1959: «The Servile Interregnum at Argos», *Hermes* 87, 495-506.

Williams II, C.K. 1970: «Corinth, 1969: Forum Area», *Hesperia* 39, 1-39.
- 1977: «Corinth 1976: Forum Southwest», *Hesperia* 46, 40-81.
- 1978: «Corinth 1977, Forum Southwest», *Hesperia* 47, 1-39.
- 1979: «Corinth, 1978: Forum Southwest», *Hesperia* 48, 105-144.
- 1981: «The City of Corinth and its Domestic Religion», *Hesperia* 50, 408-421.
- 1987: «Corinth, 1896-1987: a Study of Changing Attitudes», *AJA* 91, 473-474.
- 1993: «Roman Corinth as a Commercial Center», en T.T. Gregori (ed.), *The Corinthia in the Roman Period*, Ann Arbor, 31-46.

Williams II, C.K., Fisher, J.E. 1972: «Corinth, 1971: Forum Area», *Hesperia* 41, 143-184.
- 1973: «Corinth, 1972: the Forum Area», *Hesperia* 42, 1-44.
- 1976: «Corinth 1975: Forum Southwest», *Hesperia* 45, 99-162.

Williams II, C.K., MacIntosch, J., Fisher, J.E. 1974: «Excavation at Corinth, 1973», *Hesperia* 43, 1-76.

Williams II, C.K., Zervos, O.H. 1991: «Corinth 1990: Southeast Corner of Temenos E», *Hesperia* 60, 1-58.

Wilson, J.B. 1979: *Pylos, 425 B.C.: a Historical and Topographical Study of Thucydides' Account of the Campaign*, Warminster.
- 1987: *Athens and Corcyra. Strategy and Tactics in the Peloponnesian War*, Bristol.

Wiseman, J.R. 1978: *The Land of the Ancient Corinthians*, Goteburgo.
- 1979: «Corinth and Rome, I: 228 B.C. to A.D. 267», *ANRW* II, 7.1, 438-548.

Woodhead, A.G. 1962; *The Greeks in the West*, Londres.
- 1974: «Before the Storm», en *Mélanges helléniques offerts à Georges Daux*, París, 375-388.
- 1990: «Conflict and Ancient Society», en Allison 1990: 1-24.

Woodhouse, W.J. 1897: *Aetolia. Its Geography, Topography,*

English Summary

SOCIAL STABILITY AND CIVIL STRIFE IN THE PELOPONNESIAN WAR
The Corinthian and Argive Societies

English summary

The analysis of the military phenomenon as a factor and main component of the ancient Greek society has grown increasingly stronger during the second half of this century, occupying nowadays an outstanding position within modern historiography. The war helps to uncover the social antagonisms and contradictions that remain hidden while in peace, radically alters and dislocates the political structures, and rewrites the values upon which community life is founded. From this viewpoint the Peloponnesian War was paradigmatic as a Greek civil strife, and had deep effects on the various contemporary societies. Conceived of as *megiste kinesis*, it smashed the balance, the order, and the harmony of the contemporary *Hellenike*; the external and obvious division into two blocks emerging from this process pervaded as well the inner organization of the *poleis* involved, thus increasing the class struggle and the fight for power, and finally causing the reversal of the *politeia* and the infringement of the ethical and religious principles that were the mainstays of the community. While the war is in progress, Thucydides will prove the triumph and prominency of relations based on the strength which, far from being unfounded, reign in accordance with a logic which is the logic of power. Besides, the Peloponnesian War will bequeath the next century a heritage of political and ideological clash between those in favor of democracy and the advocates of oligarchy that, intensified by the increase of economic inequalities among both groups, will reach a venomous hostility that will lead the most deprived sectors to demand the condonation of debts and the distribution of the land, unknown in the fifth century. The truth is that this Panhellenic conflict resulted in an extraordinary intensification of the class antagonism present in Greek society and brought to the surface all the underlying tensions both socioeconomic and political. Peering at the consequences of these internal struggles in the various Greek regions is also meant as an approach to the human nature and the answer of man, specifically of the «civilized» Greek, to a civil strife.

The Peloponnesian War shows important differences compared with previous warfare since its campaigns are no longer seasonal affaires, meaning that the hoplites-landowners must leave their land and other activities. As a consequence, their presence becomes scarce as far as the cities' political life is concerned, and this will slowly open an ever deeper gulf between politics and military men progressively specialized in a single field, the former in rhetoric, the latter in concocting the strategy for an increasingly professionalized army. In fact, the mastership of *strategia* will consolidate as an essential instrument of power within the state, a leading element of the processes of social and political transformation. Another consequence is that the prevailing role played by the hoplite-citizen-landowner will give in to the non-hoplite and mercenary troops, a fact that will as well pervade the sociopolitical reality of the city-state. Light-armend troops, archers, javelineers, sling-bullets shooters, and so on, up to then peripheric and marginal elements in the Greek military art, are employed in ever increasing numbers and frequency in «outer» war scenes, such as the north-western or Thraceward areas. These regions will also bear witness to the arrival of larger numbers of mercenary troops (*epikouroi/misthophoroi*), anticipating the prevalence they will acquire in the next century. At the same time, the contenders try to crush the enemy in a war of attrition. All kinds of stratagems become legitimate, and we will even find the breach of the unwritten rules of the hoplite *ethos*. This new situation brings about the obsolescence of the aims prevailing in past times, of «honorably» winning in the battlefield and raising a trophy to celebrate the victory. As a matter of fact, during the twenty-seven years of the war there were only two hoplite battles worth that name: Delium in 424 B.C., and Mantinea in 418 B.C. The new warfare conditions become also apparent at sea, where the need to maintain a powerful navy on a permanent basis, especially by Athens, will demand financial resources in an up to then unknown extent. Equally important is the fact that the magnitude of this war phenomenon will cause the ruin of many a field -notably in Attica, where the theater testifies to the impoverishment of the small and middle peasantry-, that will take a long time to be productive again, and the resulting migration from the countryside to the city.

On the pages of this book we will look at how the phenomena and features just mentioned took shape and developed. But within the overall frame of the Peloponnesian War, we are going to pay particular attention to the Corinthian and Argive societies, that lived through it and suffered in very different ways. Both these states are highly significant within the Hellenic world. Their importance however has been outshined by the two great *hegemones* of the classical period, Athens and Sparta, that, being by far the best documented, have polarized most of the historiographical research.

The book starts with an introduction to the Peloponnesian War and the sources used to study it, the most important of which is doubtlessly Thucydides, the author of one of the highlights of ancient historiography, the *Histories*, so appreciated among his contemporaries that it merited to be continued, not overlapped, chronologically by Xenophon and Theopompus with their respective *Hellenica*, and by the anonymous Oxyrhynchus historian. Other secondary literary sources that are going to be called up, especially although not uniquely when their information complements or differs from Thucydides', are Herodotus, the *Athenaion Politeia* of the so-called Pseudo-Xenophon (or Old Oligarch), Ephorus and

Timeus -mainly through the *Bibliotheke historike* by Diodorus Siculus-, Euripides, Aristophanes, Aristotle, and Plutarch. In order to round the social reality Thucydides presents, we need

Far from disavowing Thucydides as the first source for the study of the war, the archaeological research has made possible the rounding and confirmation of his account in many points; for example, the stelae with the lists of Athenian tribute do not belie at all Thucydides' narrative and, on occasion, there is even an almost literal coincidence between the latter and the stone document, such as in the inscription testifying to the creation of the Quadruple Alliance in 420, while some prosopographic studies endorse Thucydides' excellent information on the characters he mentions. Despite the fact that he is not always perfect as regards his account or exegesis of history, we ought to keep in mind how he perceives it for he is a direct witness -active participant as well-, skilled, a great expert and analyst of the strategy and politics of the states involved who, apart from exposing human nature, intended to convey a story as objective and accurate (*acribes*) as possible from the unavoidable subjectivity of every historian, moreover when influenced by his own time. Thucydides offers a picture of the Greek society and the alterations it went through during the war essential to our knowledge, thus achieving the aim he had first in mind, that his work be an «acquisition for ever» (κτῆμα ἐς αἰεί).

The second chapter of the book sets forth the analysis of the structure and organization of the Corinthian society at the dawn and throughout the war, i.e. the second half of the fifth century. On the one hand we will examine the economic bases of the Corinthian society: ownership, production and distribution of land, the extent and diversification of the crafts and trade, the town and monuments planning for the city and its *chora*, as well as the sectors of the population involved in all of them; on the other, we will look both at the Athenian military strategy during the Peloponnesian War (specially at the controversial blockade of the Corinthian Isthmus) and its bearing on the Corinthian economic and social fabric, and at the Peloponnesian strategy and, in this, the Corinthian contribution in human, material, and ideological resources. In fact, having neither cavalry nor light-armed troops, the strenght of Corinth lies basically in its hoplite levy and, above all, in its fleet.

From the analysis of the military sphere we go on to the social analysis itself, for both are indissolubly linked in the Greek understanding of the citizen soldier. This way we will focus on the several layers of the Corinthian society, on their presence and their political and military role: oligarchs and landlords, middle and small landowners, craftsmen, traders, landless peasants, metics and slaves. Of the members of the Corinthian leading class we only know by name the members of a family, whose political influence and significance can be just sensed, integrated since the end of the sixth century by Ocytus, Adeimantus, Ocytus (II), Aristeus and Aeneas, who will be of outmost importance in the domestic and foreign history of Corinth along the fifth century.

One further matter of interest is the institutional frame (Assembly, Council, *probouloi*) of the Corinthian regime, that can be defined as a flexible oligarchy with a wide social base.

to resort to Archaeology and its auxiliary sciences, Epigraphy and Numismatics, that «give life and color to the historical frame built by the ancient authors», as Louis Robert said. Generally speaking, there is to be found a certain political and social stability in Corinth throughout the Peloponnesian War (albeit admitting the logical *intra classes* tensions, obvious in some of the decisions taken regarding foreign politics), really surprising and praiseworthy if we take into account the huge human and economic toll exacted by the war.

Chapter III tackles the impact on the Corinthian state and its area of influence of the so called Archidamian War, that is to say, the first decade of the Peloponnesian War. In order to do so, we study the military incidents wherein we can glimpse, either directly or indirectly, Corinthian interests. The most important losses are to be found in the North-West (Acarnania, Amphilochia, Aetolia) and the Corinthian Gulf, where the campaigns waged by the Athenians and their allies gradually reduced the control the Corinthian dominant class had over this geographical area, based on the colonial settlements -mainly Ambracia- as well as on the support to local tyrannies and oligarchies (the roots and singular features this control realized itself in, and the profits generated by the Corinthian exploitation of the area are discussed in the appendix). Phormio and Demosthenes were the two Athenian *strategoi* mainly responsible for the virtual destruction of the Corinthian colonial empire. The first one took advantage of the *stasis* that blew up in the middle of the fifth century in Amphilochian Argos -where the autochthonous Argive people lived together with Ambraciotes from Corinthian origin-, to liberate Argos, make slaves of the Ambraciote population and establish alliances with the Acarnanian-Amphilochian *ethne*. These commitments, built upon personal networks founded on friendship and loyalty and working as client relationships with distinguished members of the Acarnanian sociopolitical sphere, allowed him to enjoy substantial prestige and paved the way for the Athenian intervention during the Peloponnesian War, since Athens needed the Acarnanian-Amphilochian *koinon* to break up the Corinthian influence in this region. Therefore, the methods adopted by Phormio in his campaigns in Acarnania and Amphilochia are no different from those exercised by the Corinthian oligarchs to try and impose control over this territory. The political links can be seen when the Acarnanians claim Phormio and later on a son or relative of his in his place (in fact, his son Asopius was sent), as well as in the refusal to the Athenian settlement in Ambracia, a clear sign of the overall rejection of the Acarnanians to the affiliation or subordination of their *ethne* to the Athenian *arche*. After their victorious campaigns in Amphilochia in 426, that finally dismembered the Corinthian power in the area, the Acarnanians found Demosthenes to be a worthy continuator of Phormio's work. They will show their appreciation taking part in the Sicilian expedition and other campaigns as mercenary troops.

Another center claiming attention is Megara, neighboring state with Corinth. Its fields were annually devastated by the Athenians and its trade was cut off to the point that the population was starving. As a result we see an internal strife breaking up in 424 within the civic body that almost amounted to the triumph of the philo-Athenian democrats, which in turn would have meant for Athens direct access to the Corinthia. We notice the same determining factors in the momentous Athenian expedition against Epidaurus, Troezen, Halieis and Hermione in 430, which is to be read too as an appeal to the Argive democrats to abandon their neutrality in favor of the Athenian cause.

In a Peloponnesian mission sent to Persia to request the aid of the Great King, we find the Corinthian Aristeus, of a significant family of the leading oligarchy (*vid. supra*), who had played a prominent role in the outburst of the conflict, because of the serious damage to his interests caused by the Athenian intervention at Potidaea and the Thraceward region. The envoys were captured, and Aristeus' execution in Athens without prior trial shows the Athenian fear to the sociopolitical ties linking the Corinthian aristocrat with the indigenous elites of the North-West.

The *stasis* or civil strife that burst in Corcyra in 427 represents the first event with dramatic consequences to the domestic politics of a city caused by the interference of the two powers contending for hegemony in the *Hellenike*. The liberation by the Corinthians of 250 prisoners of the Corcyraean social elite was intended to promote inner dissent in Corcyra -a strategic island on the route to the West, with a powerful fleet, and the ancient enemy of the Corinthian metropolis- and lead it away from the Athenian alliance; the Corcyraean *protoi* worked in favor of the Corinthian interests and obtained a neutrality statement from the *demos* to begin with, but their later attack to democrat fellow citizens in power led to a civil struggle between 427 and 425 that was brought to an end when the democrats, with Athenian connivance, slaughtered the supporters of an oligarchic regime advocated by Sparta. The bloodiest *stasis* of the whole war, that ended with the selling of the captured women as slaves, highlighted the fact that only the victory of a faction over the other could bring peace to the civic body; in order for the island to be definitely safe within the Athenian coalition, the democrats had to purge the oligarchs from the Corcyraean political arena.

Next we will be paying heed to the first Athenian expedition to Sicily in 427, that meant the opening of a new theater of operations, the West, given that one of the aims of the expedition was to block the shipment of grain from this island to Peloponnesus, mainly through Corinth, so that the lack of provisions spread dissatisfaction and encouraged the uprising of the underpriviledged classes. The Athenian occupation in 424 of Cythera, in the midst of Laconian territory, had exactly the same goal, although this time the shipment of grain came from Egypt and Libya. This occupation was made possible by the scant enthusiasm showed by the *perioikoi* at its defense, given they did not share the Spartan ideology.

Likewise, we are going to analyze the installation and maintaining of a fortified place in Pylos (Messenia), organized by Demosthenes, with such dramatic consequences for the Lacedaemonians. Modern authors have always read the annihilation of the Corinthian fleet in this incident; in our opinion though Corinth did not suffer substantial loss. The leading role was played by the Laconian ships and according to Thucydides these were in fact the ships that had to be turned in to the Athenians as a truce guarantee, and were never given back.

In ten years of Archidamian War the Corinthian territory was the target of a single Athenian invasion, that led by Nicias in Solygeia in 425, doubtlessly intended to crack the unity and consistency displayed until then by the Corinthians in foreign and domestic politics, at a time when Sparta appeared defeated and unable to defend its allies. The clash between Corinthians and Athenians in Solygeia was won by the latter thanks to the support of the cavalry, this fact calling to mind a reflection about the absence of this military and social elite force in the Corinthian state.

To put an end to this chapter we carry out an assessment of the Peace of Nicias, signed between Athens and Sparta in 421. This agreement was built upon the principle of *uti possidetis*, actually meaning going back to the *status quo ante bellum* -when the usual case was that the treaties' base be the *status quo* at the time of signature- which in effect resulted in the recognition and validity of the Athenian *arche*. The Peace of Nicias was really nothing but a patch on the wrecked order of the Greek world, a temporary solution that in no way could mean a solid base upon which to build a peaceful coexistence of the great *hegemones*, since it did not solve the basic problems at the root of the conflict. What Sparta had tried to do in 425 was finally effected: the betrayal of the allies and of the so much repeated proclamation of liberation of Greece in exchange for recovering its Spartiates and stopping the damages and the threat of the helot uprising at Pylos and Cythera. Measured against the best Hellenic hoplite phalanx, Athens had not only survived, but it had ended up victorious. On their part, the Corinthian citizens and particularly their dominant class, got nothing from this peace. The Corinthian oligarchs, who in order to defend their small north-western empire had pulled the strings to bring the Peloponnesian League to clash against the Delian League, saw their efforts go unrewarded and, in a way, even caused economic decline in a traditionally wealthy city. Among the deliberate gaps of the treaty we find the colony of Potidaea, that remained under Athenian rule, as well as Solium, Anactorium and, in general, the whole north-western area, that as we have seen had come to be under the rule of Athens and their allies. Along with the loss of their colonial empire they lost the best markets for their products and the main sources of raw materials, while the maritime trade was undermined by the Athenian blockade of the Corinthian and Saronic Gulfs, the fleet was seriously damaged, and even its territory was reached by Athens' long arm. Not to be forgotten that Athens was still in possession of Naupactus, Aegina, Nisaea and Minoa, and that its navy's dominance remained unquestionable: they mastered the seas. It is thus no wonder that Corinth refused to endorse the signature of this peace treaty and led a movement opposing it together with Boeotia, Elis and Megara.

The next chapter focuses on the diplomatic approaches and negotiations -officially or secretly held, successful and unsuccessful- that take place while the Peace of Nicias is in force. The Corinthians will be the main instigators of these contacts and agreements, and the Argives come now into the international political scene after the period of neutrality during the Archidamian War. First of all we will study the roots, evolution and causes of the statute of neutrality the Argive state availed itself of since the Persian Wars. According to the literary sources, this policy of non-belligerency brought the Argives large profits, especially through their trading mediation. Archaeology confirms this thriving situation for it brought about a feverish construction activity in the second half of the fifth century, both in the city itself and in the notorious *Heraion* of Prosymna (where the feasts and games in the goddess' honor, the *Hecatomboia*, are reorganized and become quite relevant), with the epigraphic documents telling us of money allocation to the phratries by the magistrates known as *Duodeka*. At the same time, Argos is consolidating its dominance over the north-eastern Peloponnesus, turning formerly independent communities such as Mycenae, Cleonae, Tiryns, Midea, etc., into politically dependent *komai* (small villages); in this unavoidable process of synoecism, the Heraeum is the center of territorial reorganization, and of ideologic-cultural justification.

The economic prosperity and the increasing military power, in contrast with the Spartan weakness and its problems not to lose their allies' loyalty, nurtured the Argive hopes with regard to recovering hegemony in Peloponnesus. This is what motivated their refusal to renewing the treaty with Sparta. However, this decision slowly opened some cracks into the Argive social balance, because even though the majority of the citizens favored the alliance with Athens, that shared their democratic regime, the Argive social summit sported a number of *aristoi* ready to support the Lacedaemonians as a means to overthrow democracy and establish an oligarchic regime.

The Corinthian ruling class will then use this Argive ambition for its own interest and profit, to once again mobilize Sparta, where a warminded faction headed by the ephors Cleobulus and Xenares was conspiring as well to break the peace with Athens. After a few hesitating and rather naïf diplomatic maneuvers by Argos, the intervention of young and ambitious Alcibiades, operating from Athens on a private basis, and making use of his wide and powerful contacts in the social elites of Athens, Argos, Sparta, Mantinea, and so on (through the *xenia*, the *philia* and the *euergesia*), will lead to the signature of the so called Quadruple Alliance, made up of four democratic states: Argos, Athens, Mantinea, and Elis. The Corinthian oligarchs and their loyal Chalcidian allies will then go back to the Spartan alliance, which they never really meant to leave. This way the two conflicting blocks are set up waiting for the foreseeable resuming of the hostilities.

The chapter ends with a reflection about the constant turns of Argive foreign politics, due on the one hand to the opposition between democratic pro-Athenian groups, and oligarchic pro-Lacedaemonian groups within the civic body; on the other hand, they are a consequence of the preservation of archaic features, strongly symbolic and ritual in meaning, in the Argive diplomacy and army (the most important of them all doubtlessly being the ancient tradition of cyclic combats between Argive and Lacedaemonian military elites in the region of Cynouria, related with male initiation rites). For in Argos we identify a proudly Doric state concerning traditions, continental, not open to foreign countries, with conservative institutional structures that are nonetheless clad with a democratic façade unable to hide the great weight carried by the *oligoi*; this society's composition seems to have been rather heterogeneous, at least since the huge reorganization of the civic body following disaster at Sepeia in 494, where the six thousand hoplite casualties made it necessary to integrate in the state's *politeuma* first the *perioikoi* from the Argive countryside, and later the independent neighboring communities, no doubt generating tensions and confrontations with the original citizens, who would have tried to keep to themselves all their political rights.

Chapter V revolves around the effects of the war on the Argolid, the most important of which was the mounting social instability in Argos as a consequence of the political groups in conflict defining their positions and enlarging their activity. A majority in the *demos* supported -albeit somewhat passively- the alliance with Athens, where its most passionate champion was Alcibiades, while the *oligoi* silently went on with their opposition to the democratic regime; in spite of being a minority faction, these *gnorimoi* or Argive «notables» played significant political and military roles within the State. From this stance they could sabotage the actions undertaken by the democratic Assembly -where they must be approved by the majority- and come nearer Sparta. The reason is that the Argive democracy had a lesser degree of development than the Athenian system, such as the survival of some markedly aristocratic institutions -for instance, the Council of the Eighty- and the granting of substantial power to conspicuous individuals not really in tune with the regime prove.

A clear evidence of the above assessment is the weird agreement reached by Thrasyllus -Argive *strategos*- and Alciphro -Spartan *proxenos* in Argos- with king Agis to prevent the clash of the Argive and Lacedaemonian armies; in view of the glaring impossibility of the Greek poliorcetics to take a great city such as Argos by the arms, it is possible that Thrasyllus and Alciphro persuaded the Spartan diarch to wait for the inner workings of the Argive *gnorimoi* to yield their fruits, so that he could overthrow democracy and establish an oligarchy favorable to Sparta with no casualties among its *homoioi*. Regarding the battle that was finally fought in the fields of Mantinea in 418, there were some decisions taken by the Argive generals that could be branded as treason. Even more significant though was the fact that after so bloody a battle the Argive elite corps known as «The Thousand» came through almost unscathed, and it was never persued by the Lacedaemonians as they withdrew. These *epilektoi* or selected hoplites will be precisely those in charge of the coup de grâce to the Argive democratic regime taking advantage of the situation after the disaster of Mantinea.

In chapter VI we find a discussion of the Argive *stasis* of 418/7. First of all there is an analysis of the social composition and the ideology of the Argive elite of *hoi Chilioi*, their high education and military training, as well as the privileges the state granted them. Even though the aim in creating The Thousand was to oust Sparta from the hegemonic place in Peloponnesus, the result was that the Argive democracy found itself with a potential threat for the survival of the regime.

When the Lacedaemonian army is already at the gates of Argos, the Argive oligarchs come out into the open and impose their claims upon the Assembly of full citizens. The Argives decide to leave the Athenian coalition and sign an alliance with Sparta, a step prior to the overthrow of democracy in Argos which, according to the inquiry into the literary sources, was the direct consequence of the actions of The Thousand together with the Spartans. Nevertheless, the ideological bases that held and encouraged the oligarchic project of the *beltistoi*, «the best», were the *hetairiai* or associations of political nature of the privileged classes. With the new regime we find a new Constitution, a *politeia*, basically hoplite and similar to the Athenian constitution of 411, that left the power in the hands of The Five Thousand. The members of the oligarchy will immediately carry out executions, banishings and requisitions against their political enemies. This social climate of continued *stasis* went on for several months, until the outburst of a counterrevolution, when the *demos* raised in arms, revoked the oligarchic constitution, and again brought on democracy to Argos. However, such as the epigraphic and literary documents prove, the oligarchic movement in Argos was far from erradicated and in the next few years several episodes of conspiracy and social instability took place. Alcibiades' endeavors from Athens, through his powerful Argive *xenoi*, aimed at moving out of the way the enemies of the Argive ruling class were not enough to strenghthen the weak and threatened democratic regime. Alcibiades' Argive guests and friends will be precisely the authors of the final attack against democracy, the reason being that the growing lack of interest of their *prostates* or Athenian leader concerning the matters of Argos -these were replaced by the plans for the great expedition to Sicily in 415- could not fulfill their ambitions to hold the power in their *polis*. The preserved inscription depicting the payments made by the Athena's Treasury to the various military campaigns between 418 and 414 clearly expresses this turn of the Athenian imperialistic politics from Peloponnesus to Thracian Chalcidice, Melos and Sicily. Athens and Argos will remain allies for the rest of the Peloponnesian War, but their agreement will have a poor effectivity: Athens will not seriously involve itself in the Peloponnesus, while Argos will send to Sicily just small numbers of forces, based rather on a personal relationship with Alcibiades than on the treaty's obligations. All this is mainly a result of the substantial weakening of the Argive civic and military body after the defeat of Mantinea and the consequent civil strife in the city.

Neither Corinth nor Argos are going to play any prominent role (other than the Corinthian diplomatic help aimed at channeling the aid to Syracuse) in the great Athenian expedition to Sicily between 415 and 413 -accounted in books VI and VII of Thucydides- and the Ionian or Decelean war -tackled in book VIII of Thucydides and the first two books of Xenophon's *Hellenica*-. On the one hand, the war in Sicily is part of a reality rather alien to the continental Greeks's, both in idiosyncracy and in history; on the other, the war in the Aegean -where Athens was facing the defection of its allies- and the temporary topplings of the Athenian democracy are not really significant to the exam of the Corinthian and Argive societies in this latter stage of the conflict. Therefore, we have decided not to carry on the diachronic study of both *poleis* beyond the year 415.

The domestic economic and social consequences of the twenty-seven years of warfare on the structures of the Corinthian and Argive states are particularly relevant to our research. For the study of the Corinthian state we must resort to the archaeological testimony -well documented thanks to the excavations carried out by the American School of Athens-, that will let us verify the toll in human and material resources which nonetheless will not take shape in any crisis or disruption of either economic, social or political nature. To this economic erosion we must add the psychological weakening. None of them will find any relief through the substantial war booty and political advantages the victory brought on, all of them hoarded by the hegemonic state of the league, Sparta, in the process of constructing a powerful empire, maritime as well as continental, heir to the Athenian empire.

The dicrease in the Corinthian imports of Attic red figure pottery, and the beginning in the decade of 430 of the production of their own version of this style and of the funeral *lekytoi* does not mean there was, such as some have said, a cut in trade and a fall of the prosperity rates of the population as a result of the war against the Athenian *arche*. Neither can it be deduced from the predominancy of the burials in cippus rather than sarcophagus, of a better quality and more costly. Far from it, a significant indicator of material prosperity, the building of public and private works -both in Corinth itself and in the sanctuary of Poseidon in Isthmia, the sanctuary of Demeter and Kore in Acrocorinth and the temples of Hera Akraia and Hera Limenia in Perachora- shows that the Corinthian state, though running out of resources, did not undergo a period of economic collapse during the Peloponnesian War. The Corinthian architectural terracotta sculpture remains extremely lively and will give high quality works along the classical age, with several factories running and no visible signs of technical or productive decline. This phenomenon pervades also the metallurgical field, where substantial activity is adequately documented, especially compared to previous times.

Excepting a few punctual facts, such as the destruction of the «Punic Amphora Building» or the cutting off of regular issues of currency -the famous Pegasus- due to the unavailability of Illyrian silver, the archaeological findings demonstrate that the effects of the Peloponnesian War on the Corinthian state were not as serious as we could initially think based on its active involvement in it. The damages caused to the trading activity did no doubt harm or even bring bankruptcy those that depended on it to make a living, especially metics and landless citizens, but the overall civic body and, above all, the landowners, are not likely to have suffered irreparable damage, particularly if compared to the continuous devastation of the territory and the economic disaster brought about by the Corinthian War at early fourth century. Judging by the contingents contributed to the various campaigns we can neither infer a great dicrease of Corinthian hoplites in number, which could have pointed to the impoverishment of the landowning class (as suspected by D. Kagan). Had the warfare entailed more catastrophic results, the domestic politics would have given signs of unrest and opposition to the dominant class, apparently on solid ground, and the belligerent climate would not have lived on until 404 in the Corinthian society.

The case of Argos is totally different. Much less involved in the conflict, the Argive *demos* saw the end of the economic prosperity enjoyed under the neutrality during the Archidamian War and the thirty years treaty signed with Sparta in 451, although there was no lengthy loss of resources of the Argive state and, needless to say, it was nothing if compared with the financial and human losses that the Corinthian War was to cause later on. Much more serious is the fact that the Argive society underwent deep internal dissents because of the intensification of the class struggle, which culminated in a civil strife and the toppling of the democracy by the *aristoi*, whose numbers and influence gravely undermined the regime's foundations. The factional fight, aggravated by foreign influences coming from the hegemonic powers, materialized in the end in a *metabole politeias*, that is to say, a constitutional swing. The consequences of entering the war were thus of a sociopolitical nature. This fact together with the briefness of the participation in the war -hardly four years-, that did not bring on territorial losses (such as the losses suffered by Corinth in the North-West), limits to their control of the Argive plain, or devastations of the territory (for the invasions of the Lacedaemonian army were aimed at the hoplite battle and not at the destruction of the harvests as in Attica), have made it impossible to leave visible traces in an archaeological record that is also lacking a systematic study of the city and the *chora*.

The appendix of this work studies the Corinthian colonial empire in the North-West from its foundation to the time of its final dismantling. Corinth offers a very singular case within the Greek colonizing strategy. Unlike the first settlements of the second half of the eighth century B.C., Corcyra and Syracuse, which organized at once as *poleis*, independent from the metropolis, the second Corinthian colonizing wave, focused on north-western Greece, features many characteristics that hint to ties with the metropolis going beyond the usual practice. The colony's organization is autonomous, but there are certain mechanisms, more important than the use of the military force, through which Corinth projected its control over the *ktiseis*, ensuring a measure of affection and loyalty that amounted to much more than the due respect to the μητρόπολις and the moral authority, based on κατὰ τὸ ξυγγενές, which they would usually prompt.

Cypselus and his son Periander laid the foundations of this *Kolonialreich* when they sent as *oikistai* other members of the Cypselid *genos*. When the tyrannic regime fell *c*. 582, the relationships between the metropolis and the colony did not vanish, but they remained alive and unusually strong. Although dressed now in a civic costume instead of the dynastic and personal atmosphere created by the tyrants, a certain political dependence from Corinth is maintained exactly the same, not in the least diminished. Underlying the civic and political cloak fostered by the structures of the *polis* we can find nevertheless close ties between the members of the Corinthian oligarchy and the local elites, the descendants of the first settlers turned into *gamoroi* or landlords, which helps us understand the nature of the link established between the colony and the metropolis and gives us the clue to its survival. The members of the Corinthian oligarchy made it their business not only to keep permanent contact with the local *dynatoi* in their colonies and allied cities of Acarnania and Amphilochia, but also to establish and support regimes similar to their own, that is to say, oligarchies that would limit the access of the settlers and indigenous population to full citizenship, as a means to interfere in the institutional running of the community.

But the Corinthian hopes of territorial control and exploitation surpassed the limits of its colonial settlements and transgressed the indigenous space. Thus, several epitaphs from northern Acarnania and the Ambraciote Gulf tell us of the indigenous resistance to the constraints imposed by the settlers. In general, the military and logistic assistance provided by the Corinthian colonial chain made the Acarnanian *koinon* hostile toward the Corinthian colonial presence and expansion in the North-West, since it meant the loss of productive land and also maybe of people, destined for the large slave market operating in Corinth. In an even more far-off place, Epidamnus, we find the Illyrian people of the Taulantii helping out the Corcyraean *aristoi* -whom they granted substantial privileges in their trading exchanges- to resist the pressure exerted by Corinthian imperialism intended to take the control of the colony away from them. On the other hand, the Apolloniates dedicated in Corinth the plunder obtained in a raid waged against the cities of Abantis and Thronion, part of their expansion process to the South in the 6th and 5th centuries, according to an inscription raised in Olympia and dated in the third quarter of the fifth century. For its part, the Corinthian-Ambraciote imperialism could count on the Epirus' tribes as good allies, especially on the Chaones, these tribes being enemies of the Corcyraeans due the latter's expansion over the hinterland which threatened the Chaonian plain.

The Albanian excavations in Epidamnus-Dyrrachium and Apollonia have confirmed the indigenous presence in these colonial settlements, principally through the onomastics in epitaphs and currency. This indigenous population, in spite of the existence of an aristocracy that in time hellenized, consumer of luxury products judging by the trousseaus found in the burial mounds of the cemetery of Apollonia, occupied no doubt a position of servitude with respect to the privileged ones, the descendants of the first settlers. Lead plates with private transactions in Corcyra, most of which seem to be manumissions, and offerings in the sanctuary of Hera *Akraia* have revealed some names of Illyrian origin, a testimony of the survival of a segment of population heir to the island's first inhabitants, the Liburnians, surely subjugated by the Corinthian settlers at the end of the eighth century. The slave population in Corcyra must have been numerous, as proven by their plentiful presence working in the fleet and the fields, drawing up a landscape where large estates prevail with only one urban center running in a fairly vast island.

As for the purpose of these colonies in the North-West, we can say to begin with, such as is the case in most of the Hellenic settlements of Archaic period, that they are an outlet for the Corinthian population surplus. Most of the emigrants were landless in their own *polis*, but here they were given land, somehow relieving the socioeconomic problems of the city. Thus, most of the urban centers created *ex novo* feature a *chora* that is large and productive enough to keep the settlers. More important though is their function as ports of call in the route to the West, mainly to Sicily and Magna Graecia, that albeit not essential are quite advisable in coastal navigation. The fees due for using the ports, and the indirect profits generated by the western trade fostered substantial prosperity in these *apoikiai*. Besides, Corinth used the colonies to obtain the raw materials that it lacked or had in unsufficient amounts and that were vital for the city and its inhabitants (mainly grain, metals and wood), and also as markets to sell its manufactured products (pottery, scents, terracottas, bronze objects, fabrics, wine, oil...). Corinth imported great amounts of products because to its own needs we must add a redistribution role of goods and services from the Isthmus to Peloponnesus. Recent archaeological findings in Corinthian colonies such as Ambracia, Anactorium, Leucas, and Acarnanian cities as Oeniadae bear witness to the prosperity they enjoyed along this period, expressed by the monument and town infrastructure building, for instance.

But not all the settlements were oriented to the Ionian Sea and the West. The Corinthian-Corcyraean presence in the Adriatic coast, embodied in Apollonia and Epidamnus, can only be accounted for as settlements destined to supply the silver necessary for currency minting, plentiful in the deposits south of Illyria together with other metals. Even though some voices have risen against this hypothesis it cannot be mere chance that Corinth stops minting with silver since 430, precisely when the war climate spreads on the north-western area ending up in the Corinthian losing control over the region. Another reason for the Corinthian and Corcyraean penetration in Illyria could be the purchasing of slaves, generally snatched from border and marginal territories hardly touched by hellenization within the process of forced appropriation that was the brand of Greek colonizing. The slaves were sold in Corinth or any other of the large slave markets scattered around *Hellenike*, or else they ended up working the estates of the settlers and rowing in the ships, as happened in Corcyra. We have evidence both in Epidamnus and Apollonia of a numerous slave population, as befits very active centers commercially speaking.

The political dependence of the Corinthian colonial settlements to the metropolis is particularly obvious in the currency, because they mint coins with the same weight and type: the famous winged horse Pegasus. The only visible difference is the abbreviation of the ethnic. In the study of the Antiquity it is almost dogmatically assumed that the use of identical monetary types indicates political subordination, while minting with silver is the same as being autonomous. Applied to our case, the silver issues of the Corinthian colonies prove their autonomy as regards inner organization, but the use of the Corinthian types demonstrates their dependency from the metropolis, confirmed as well by other data, which is even more obvious in foreign politics. Equally significant is the fact that the colonies of Syracuse and Corcyra, both enjoying a thriving trade, only minted the Corinthian types after falling under Corinth's direct control.

A further link between metropolis and colony, the yearly mission of *epidemiurgoi* to Potidaea, is taken up by Thucydides talking about the *aitiai* that triggered the Peloponnesian War. Although these Corinthian envoies -better than calling them magistrates- are not likely to have had any effective power on the colony's order and organization, and their duties are to be inscribed within the scope of worship practices (on behalf of the metropolis in the feasts and rites), the religious link can only be understood as the necessary base or the varnish covering a genuine political relationship. The mere presence of these Corinthian envoies was a reminder of Potidaea's filiation and of the influence, whatever its degree, exerted on it by the dominant class of the metropolis, opposed to the Athenian expansion.

The measure of the nature and character of the Corinthian north-western empire is given by the Corinthian ambassadors in the speech delivered before the Athenian *Ekklesia* in an attempt to prevent their alliance with the Corcyraeans. It is to be clearly inferred that, such as in the case of Athens with its allies, the Corinthian colonies show the respect and obedience due to the subject's *hegemon*, legitimately empowered to stifle the uprisings within its realm of power. From this point of view, we are witnessing a clear political interference of the Athenian *arche* in Corinthian dominions.

On the other hand, the conflict between Corinth and Corcyra goes beyond the limits of some tension or a dispute between the metropolis and the colony, beyond the claim of «filial devotion». It is a real fight for power, for the imperial control of the Ionian and Adriatic Seas and, consequently, for the control over the route to Sicily and Magna Graecia and its exploitation profits. Herodotus holds that this conflict can be possibly dated to the origins of the colony, and according to Thucydides they were the protagonists of the first known Greek *naumachia* as early as 664. But we see the quarrel worsening in the fifth century, most likely because there is more literary and archaeological information available. For example, Themistocles, appointed arbitrator in the dispute held by Corinth and Corcyra over the island of Leucas, ruled in favor of the latter and fined the former with twenty talents, that decision earning him the appointment of *euergetes* or benefactor by the Corcyraeans. As the century goes on Corcyra will increase its presence in the Adriatic, where they secured, controlled and exploited the navigation routes thanks to the protection granted by their ever more powerful fleet of triremes. Around 435 the democratic faction of Epidamnus, harassed by aristocrats in exile and Illyrian barbarians, gave the Corinthian state the opportunity to aspire to hold the power over the city, immersed within the Corcyraean area of influence; later on similar problems between Corinthian and Corcyraean elements sprouted in Anactorium and Apollonia, two colonies of controversial filiation, to the point that in the end the Corinthians took Anactorium and placed there new settlers. These incidents let us imagine a situation of latent *stasis* in so heterogeneous colonial societies, which surfaced according to the events taking place or to which sea power imposed its rules on this geopolitical area.

The north-western Greece kept its protagonism during the Archidamian war and it was one of the main theaters of the war, due to the Athenian wishes to end with the Corinthian control over the region. However, Demosthenes' victories in Olpae and Idomene in 426 will bring Athens to finally replace Corinth in the North-West, at least until the end of the period of our concern, the Peloponnesian War.

In conclusion, *hesychia* and *stasis* are the terms and notions that best define the circumstances undergone by the Corinthian and Argive societies, respectively, during the Peloponnesian War. Ἡσυχία, «peace», «calm», «quiet», internal «tranquility», not a hint of quarrel or serious tension, not even as a result of the *polemos* or exterior war: this seems to be the most notorious feature of the Corinthian social reality, oblivious to the continuous violent outbursts of *stasis* that followed each other in many Hellenic *poleis* in the last third of the fifth century. Without denying the natural tension between factions and social groups caused by the progress of the war events, and even some opposition movements within constitutional limits -noticeable in some decisions in foreign politics-, which would prevent us from talking of full social harmony, the general stability displayed by the Corinthian society is even more praiseworthy taking into account that Corinth took active part in the war with plenty human and economic resources -at least until the Sicilian expedition-, and lost its little colonial empire in north-western Greece. All of it was possible because on top of their traditional economic prosperity -the old poets called it ἀφνειός, «opulent»-, the Corinthian society, less complex but more coherent than the Athenian society, enjoyed a remarkable balance among its layers: to the absence of military and social privileged elites we must add the existence of what nowadays we would call a significant «middle class» and the fact that the needs of the *plethos* were acknowledged by the oligarchic group in power, while its moderate and flexible oligarchic constitution was far away from the secretiveness and exclusiveness of the aristocracies. The Corinthian social maturity made it possible that the dominant class absorbed and channeled the fissures of its civic body in favor of the common goal of asserting themselves over Athens.

On the contrary, the Argive society showed less articulation and consistency than the Corinthian's, the consequence mostly of the traumatic reconstruction of the civic body in the first third of the fifth century based on the integration of dependents and non-Argive free population. This tension and endemic violence of its citizens made them more fragile and easier prey to the pressures and external interference, which contributed to the social breaking down and the coming out of the στάσις or civil strife as soon as the first military setback occurred. The Argive democratic regime, less developed than the Athenian one from an institutional point of view, where the privileged enjoyed greater political and social weight -they were capable of escaping the control of the *demos* to a greater extent than the latter, and finding refuge in institutions remarkably aristocratic in nature-, needed external tranquility and *homonoia* or internal «harmony» to survive. The official neutrality of the Argive state during the Archidamian War did not prevent the work of the pro-Athenian and pro-Spartan factions, supported by a long history, and fully set up and in operating order, from reflecting certain political maneuvers along this decade. After leaving the non-belligerency statute spurred on by its ambitions to recover the Peloponnesian hegemony in detriment of Sparta, the defeat of Mantinea in 418 made the military elite, with the support of the well-off classes, to negotiate an agreement with Sparta to establish an oligarchic regime with its help; this time, the *stasis* went beyond its original meaning of political positioning to turn into a bloody fight between factions that would bring on the change of Constitution, of the *politeia* that governs the life of the community. We can apply to the Argive society J. Ober's opinion about the Athenian society when he says that the Peloponnesian War meant «that acid test of democratic practice». The process of restoring democracy was only possible through the Athenian support -as much as it was partial, calculated, and at the same time conditioned-, after some political purges among the *gnorimoi*, and at the expense of exhibiting their military weakness and internal instability for the rest of the war.

Corinth and Argos, powerful states in the foreground of the Greek geopolitical map, represent thus two sides of the same coin tossed by the two *hegemones*, Athens and Sparta, in the course of a struggle fought for the control of the *Hellenike* that swept along many other *poleis* and *ethne* and turned the Greeks into their own victims and executioners, paving the way for the political singularity and the hegemonic confrontation to go on in the fourth century.

La Corintia en el siglo V

Figura 1. Escala 1 / 180 000

Leyenda

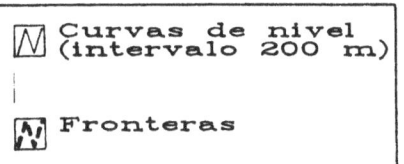

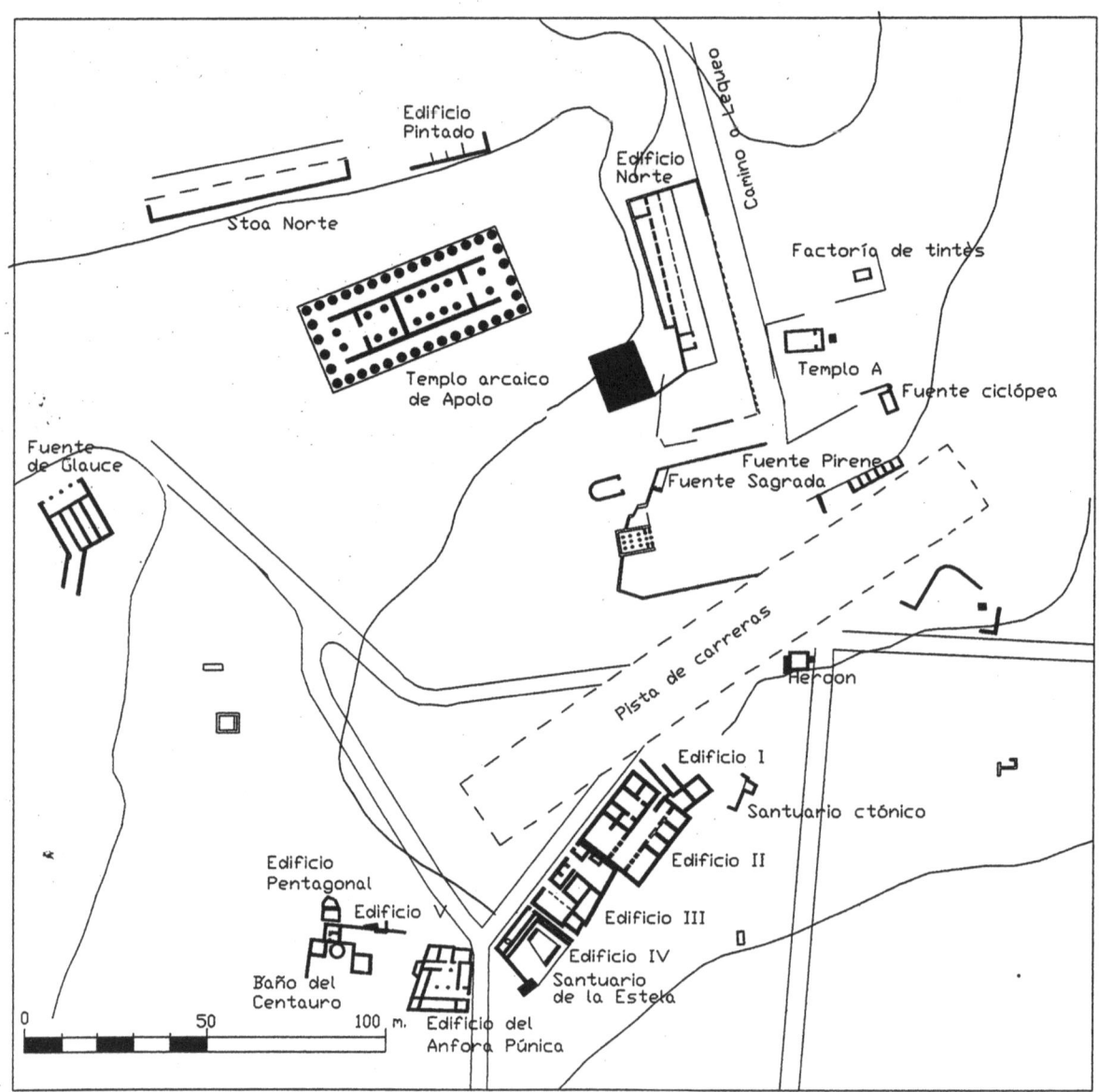

Fig.2: Area central de Corinto a finales del siglo V a.C.

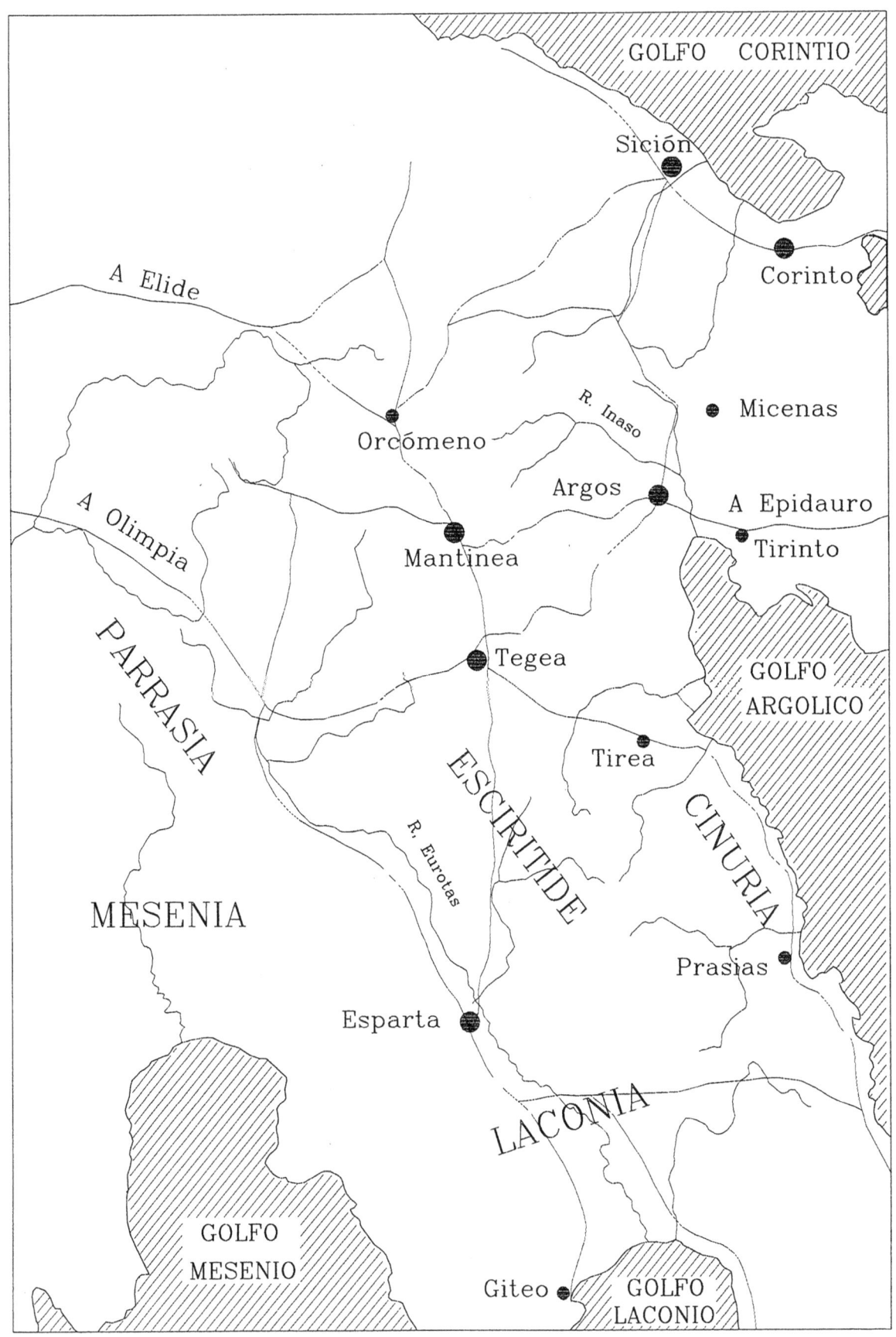

Fig.3: La Cinuria y el Este del Peloponeso.

Estabilidad y conflicto civil en la guerra del Peloponeso

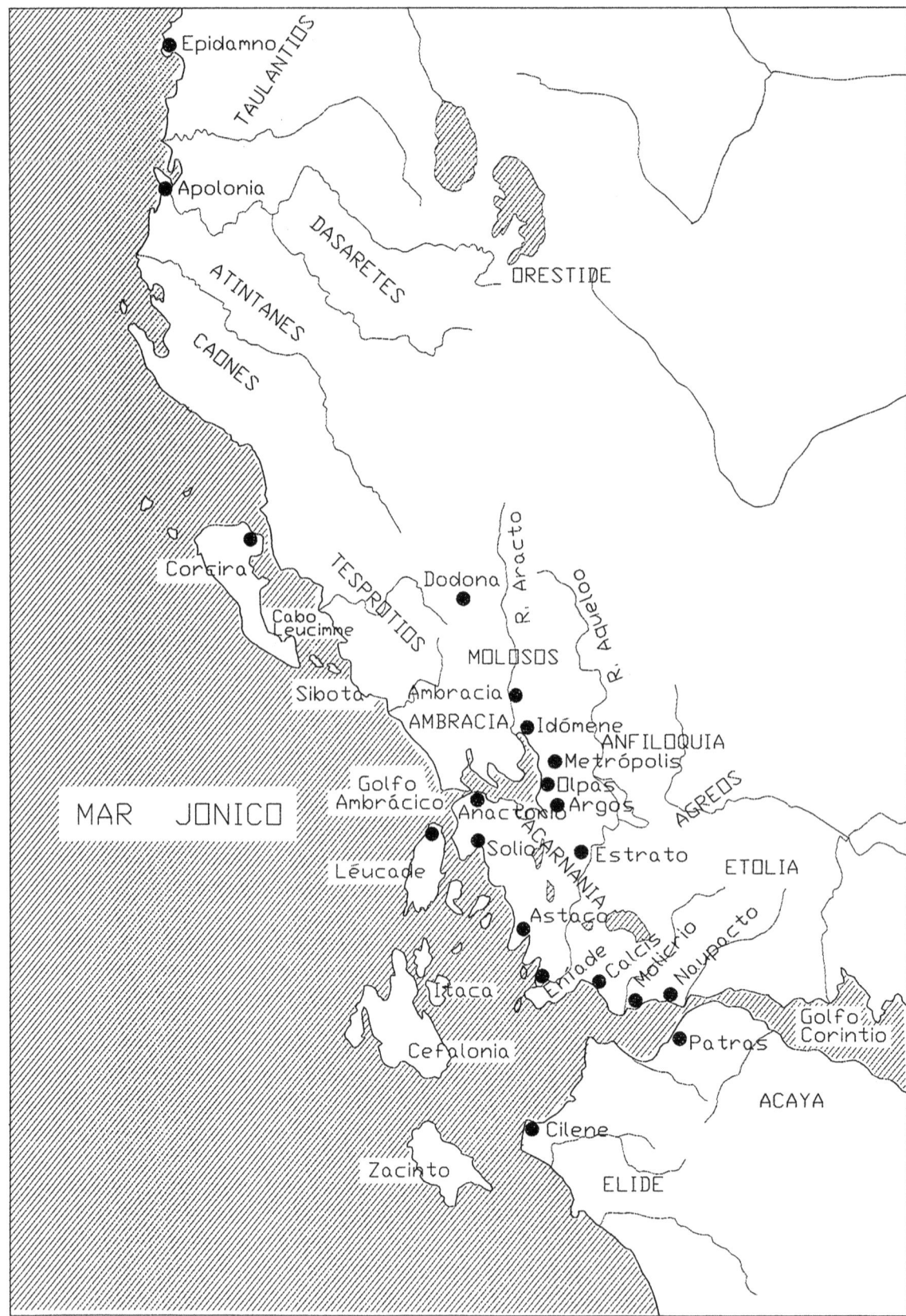

Fig.4: El Noroeste continental e Iliria.

www.ingramcontent.com/pod-product-compliance
Lightning Source LLC
Chambersburg PA
CBHW041704290426

44108CB00027B/2844